평생 읽는 논어

學을 집대성한 경전

# 평생 읽는 논어

이창재 지음

좋은땅

아버지를 기억하며
이순일(1934~2024)

# 머리말

  어느 날 노나라 대부 숙손무숙(叔孫武叔)이 조정에서 대부(大夫)들에게 자공이 공자(仲尼)보다 낫다고 말한 적이 있다. 이 말을 들은 자공은 궁궐의 담장에 비유하면 자신의 담장은 높이가 어깨 정도에 미쳐 집 안의 좋은 것들을 들여다볼 수 있지만, 선생님(공자)의 담장은 높이가 몇 길이나 되어서 그 문을 열고 들어가지 못하면 종묘(宗廟)의 아름다움과 백관(百官)의 많음을 볼 수가 없는 것과 같다고 했다. 그리고 그 문을 열고 들어간 자가 적기 때문에 그 사람이 그렇게 말하는 것이 또한 당연하지 않겠는가 말하였다.[1] 이처럼 공자는 활동하던 당시에도 제대로 이해받지 못했다.

  유가가 시작된 것은 공자의 업적이며, 공자는 요, 순, 우, 탕, 문, 무, 주공의 도를 계승하여 발전시켰다.[1] 그래서 맹자는 공자에 대해서 '집대성(集大成)'이라는 표현을 하였다. 유가가 지키고자 한 것은 한 시대의 견해나 한 학파의 주장이 아니라 참된 도리(道理)였다. 이는 사람으로서 마땅히 실천해야 할 규범으로 인간은 올바른 도리를 떠나서는 삶의 의미를 찾을 수 없고, 삶의 가치도 높일 수 없다는 것이다. 그리고 이런 도리를 실천하는 군자가 되기 위한 배움(學)과 실천을 지속적으로 강조했다. 유학이 일상생활의 근거가 될 수 있었던 것은 바로 이러한 이유였다. 중국문화에서 유가가 주도적 위치를 차지하게 된 것은 공자가 역(易), 시(詩), 서(書), 예(禮), 악(樂), 춘추(春秋)의 육경을 정리한 이후라고 할 수 있다. 유가는

---

1)  叔孫武叔 語大夫於朝曰 子貢 賢於仲尼. 子服景伯 以告子貢 子貢 曰 譬之宮牆 賜之牆也 及肩 窺見室家 之好 夫子之牆 數仞 不得其門而入 不見宗廟之美 百官之富 得其門者 或寡矣 夫子之云 不亦宜乎. 자장 23.

개인에 편중된 도가(道家)나 사회에 편향된 묵가, 국가에 치우친 법가와 달리 개인과 사회, 국가를 모두 중시했다.

　이러한 유교적 사상의 정수를 담은 책이 사서(四書)다.[2] 『대학』, 『논어』, 『맹자』, 『중용』의 사서는 유교를 대표하는 경전이다. 이 가운데 『논어』는 공자의 언행을 기록한 사료집이라고 할 수 있고, 『대학』은 공자가 주장한 학문의 이념과 방법을 제시한 강령집이다. 『중용』은 그 강령에 따라 인간이 실천해 나가야 할 도덕윤리를 정립한 이론서이며, 『맹자』는 다른 학파의 도전으로부터 유교의 교의를 증명하고 방어한 논서라고 할 수 있다.[3] 주자에 따르면 사서 가운데 『대학』은 오로지 덕(德)을 말하고, 『논어』는 오로지 인(仁)을 말하고, 『맹자』는 오로지 심(心)을 말하고, 『중용』은 오로지 리(理)를 말하는데 근본으로 돌아가면 모두 천리로 복귀하는 사상체계다.

　『논어』는 유교의 경전으로서 2천여 년 동안 동아시아 최고의 권위를 지닌 책이다. 사서(四書) 가운데 『논어』는 정치와 사회, 가정 윤리의 지침을 마련했다. 정치인에게는 지도력을 가르쳐 주고 관리자들에게는 경영철학과 조직 운영 방법을 제시한다. 가정에는 자녀교육 방법을 가르치고, 학문을 배우는 사람들에게는 세상의 원리를 알게 한다. 『논어』에서 인(仁)은 전체 약 498장 중 약 59장에 걸쳐서 109회 등장하는 핵심 개념이다. 송나라 때 유학자인 정자(程子)는 『논어』를 읽고 나서 전혀 아무런 일이 없는 자도 있으며, 읽은 뒤에 그중 한두 구절을 얻어 기뻐하는 자도 있으며, 읽은 후에 자신도 모르게 손발을 들썩이며 춤을 추는 자도 있다고 했다. 하지만 『논어』는 선뜻 읽기도 어렵고 읽은 뒤에도 그 의미를 제대로 깨닫기 쉽지 않다. 이렇다 보니 『논어』를 접하더라도 전체적인 이해보다는 몇몇 구절을 통해 인생에 대한 교훈이나 경계를 적은 격언집으로 이해하기 쉽다.

　잘 알다시피 『논어』는 공자가 제자나 당시 사람들의 질문에 대답한 대화와 제자들 간에 서로 토론한 내용, 그리고 공자에게 직접 물어 들은 말을 모은 책이다. 공자의 어록으로 문답이 기본이지만, 발언이나 행적 등이 간결하게 기술돼 있다. 다만 공자가 기록한 것도 아니고 한 사람이 일관되게 쓴 것이 아니라 공자의 제자들이나 그 제자의 제자들에 의해 기록된 것이다. 이처럼 『논어』는 공자의 사상을 체계적으로 정리한 것이 아니기 때문에 읽은 뒤에도 공자의 생각을 제대로 깨닫기 어려운 것이다.

지금 우리가 접하는 책의 모습인 표지와 제목, 그리고 목차가 있는 책의 구성은 쿠텐베르크의 인쇄술 발명 이후에나 나타나기 시작한 것이다. 인쇄시대 이전 필사시대에 책은 일정한 목적과 내용, 체계에 맞추어 사상, 감정, 지식을 글로 표현하기보다 대화 과정의 한 형태였다. 따라서 필사시대의 책은 표지도 없었고 제목도 없는 경우가 많았기 때문에 그 첫머리 혹은 본문의 첫 단어를 가지고 목록을 만들었다. 『논어』도 예외는 아니어서 첫 편인 학이(學而)편의 제목은 첫 구절인 "학이시습지 불역열호(子曰 學而時習之 不亦說乎)"에서 온 것이고, 위정(爲政)편은 "위정이덕 비여북신거기소 이중성공지(爲政以德 譬如北辰 居其所 而衆星共之)"에서 나온 것이다. 마지막 편인 요왈(堯曰)까지 20편의 제목이 이렇게 정해졌다. 따라서 학이(學而)편이라고 해서 배움(學)에 대한 내용만이 있는 것이 아니고 위정(爲政)편이라고 정치에 대한 이야기만 있는 것도 아니다. 이렇다 보니 『논어』를 이해하기가 좀처럼 쉽지 않은 것이다.

필자가 처음 『논어』를 접한 때는 대학 1학년이었는데, 국문학을 전공하다 보니 대학 시절 한문 공부를 위해서 『논어』를 비롯해 사서(四書)를 틈틈이 읽게 됐다. 이를 계기로 평생을 두고 읽어야 할 책이라고 느꼈지만 『논어』의 전체적인 의미를 제대로 파악하지는 못했다. 그리고 대학 졸업 이후 기자 생활을 하면서 손을 놓았지만, 몇 년 전 다시 『논어』를 다시 읽게 되었고 어떻게 하면 『논어』의 뜻을 잘 전달할 수 있을까 다시 고민하게 되었다.

앞서 말했듯이 『논어』는 공자의 언행을 나열했을 뿐 주제나 시간에 따라 정리하지 않았기 때문에 참된 의미를 이해하기 쉽지 않다. 따라서 복잡하고 어려운 사건의 핵심을 파악해 내용을 전달해 온 기자의 경험은 『논어』의 의미를 재해석하는

데 도움이 될 수 있다고 생각한다. 이를 위해서 이 책에서는『논어』를 바르게 이해할 수 있도록 목차와 내용을 재구성하고『논어』와 관련된『대학』과『중용』,『맹자』의 내용을 발췌해 원문과 같이 실었다. 먼저 1장에서는 유학 사상이 탄생하게 된 시대적 배경인 중국의 역사와 문화, 신앙에 대해 정리했다. 2장에서는 공자가 살던 시대와 노나라 그리고 공자의 생애를 살펴봤다. 3장은 공자 사상의 출발점인 배움(學)의 방법 등과 함께 공자 사상을 배운 제자들의 삶을 짚어 봤다. 4장은 배움을 통해서 깨달은 공자의 도에 대한 설명이다. 중국인의 종교적 기반이 된 천(天)의 사상에 이어 성(性)과 도(道) 등 유교 철학, 그리고 유가의 핵심 사상인 인(仁)의 개념과 이를 구현하기 위한 중용과 수기(修己), 치인(治人)의 내용을 담았다. 더불어 중용과 체용 등 유가의 중요한 개념 등을 설명하였다. 마지막 5장에서는 유교와 공자가 한국사회에 미친 영향에 대해 정리했다.

당시 공자는 각국의 제후와 경대부를 만나 나라를 다스리기 위한 방법을 강조했지만 그 내용을 살펴보면 격물(格物)에서 치지(致知), 성의(誠意), 정심(正心), 수신(修身), 제가(齊家), 치국(治國), 평천하(平天下)까지 방법이 모두 담겨 있다. 만약『논어』가 제왕학의 책에 그쳤다면 오랜 시간 동양 사회에 영향을 미치지 못했을 것이다. 따라서 이 책이 2천여 년간 이어져 온 공자의 사상과『논어』를 이해할 수 있는 계기가 되기를 바란다.


이창재

# 목차

# 4. 공자의 도

# 5. 공자의 유산

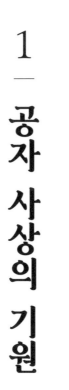

1
공자 사상의 기원

# 1) 신화의 탄생

중국 신화에 따르면 땅과 하늘은 반고(盤古)라는 거인에 의해서 만들어졌다. 아무것도 없는 혼돈 상태에서 거대한 알이 생겨났고 그 안에 있던 반고가 나왔다. 이어 양(陽)은 하늘이 되고 음(陰)은 땅이 되었다고 한다. 반고는 하늘을 손으로 받치고 땅을 발로 누르면서 세상을 넓혔고 1만 8천 년 동안 지탱했는데, 그 동안 하늘과 땅은 점점 벌어지기 시작했고, 이에 따라 반고의 몸도 점점 커지면서 키가 하루에 한 장(丈)씩 커졌다. 한 장은 10척(尺)으로 3.03미터다. 마침내 하늘은 땅에서 9만 리나 떨어지게 됐고 이후 반고가 죽을 때 그의 몸이 세상 만물로 변화했다고 한다.

세상이 만들어지고 난 뒤 인간을 창조한 것은 여신 여와(女媧)다. 여와는 뱀의 몸에 사람의 머리를 지닌 모습을 하고 있었다. 그녀는 황토를 반죽해 사람의 형태를 만들고, 몸 안에 생명을 불어넣었다. 여와는 한동안 인간을 정성껏 빚었으나, 이런 작업이 반복되자 싫증을 느꼈다. 이후 대충 진흙 속에 새끼줄을 넣어 다가 빼낸 뒤에 공중에 휘저어서 새끼줄 끝에서 떨어진 흙으로 인간을 만들었다고 한다. 미남, 미녀와 추남, 추녀의 구분이 생긴 것도 이 때문이라고 한다. 학자들은 여와가 황토로 사람을 만들었다는 것이 흙으로 토기를 만든 신석기 시대의 문화를 반영한 것으로 보고 있다. 이는 채집 생활을 하던 구석기 시대가 끝나고 정착하여 식량을 생산하는 농경 시대로 전환됐다는 것을 의미한다.

신격화된 자연신 대부분은 농경과 관련이 있다. 태양신인 희화(羲和)와 달의 신인 항아(姮娥), 바람의 신인 풍백(風伯), 비의 신인 우사(雨師), 구름의 신인 운사

(雲師), 바다의 신인 우호(禺號)와 우강(禺疆), 그리고 황하의 신 하백(河伯) 등이 신앙의 대상이었다. 상상의 동물인 용(龍)과 봉황(龍鳳)도 농경 문화의 산물이다. 용은 날씨를 마음대로 다룰 수 있는 동물로 구름을 동반한 번개와 천둥, 폭풍우를 일으키고 때로는 가뭄으로 인간에게 고통을 주기도 한다. 그래서 인간들은 가뭄이 오래 지속되면 용을 달래기 위해 기우제를 지냈다. 중국 대륙 가운데를 지나는 장강(長江)과 회수(淮水) 일대에서 농경생활을 한 농경민들은 오랫동안 수해에 시달렸기 때문에 용은 오랫동안 숭배의 대상이었다. 신화 속 봉황 역시 농업생산 및 다산과 연관되어 있다. 처음에는 봉(鳳) 자만 사용했으나, 나중에 수컷을 봉(鳳)으로, 암컷을 황(凰)이라고 나누어서 표기하게 되었다. 은나라의 건국 신화에 따르면 은나라의 시조 계(契)의 어머니인 간적(簡狄)이 목욕을 갔다가 현조(玄鳥)가 떨어뜨린 알을 보고 그것을 삼킨 뒤 임신하여 계를 낳았다고 한다. 이는 남녀의 결합이 아닌 초자연적인 정기를 받아 잉태하게 되었다는 감생설화로 새가 갖는 생명의 회귀와 풍요를 상징한다. 이후 강한 생식력의 상징인 새가 생명의 순환과 부활, 그리고 풍요를 나타내는 봉황으로 변했을 것으로 보인다. 또 신화에 등장하는 죽음과 생명의 여신인 서왕모(西王母)의 사자 삼청조(三靑鳥)와 태양의 정령인 삼족오(三足鳥) 등도 강한 생명력을 가진 신령한 새다.

반고가 천지를 창조한 이래 하(夏)나라 왕조가 시작되기까지 삼황오제(三皇五帝)라 불리는 제왕들이 중국을 통치했다고 한다. 이 삼황오제가 누구인가에 대해서는 여러 가지 설이 있지만 이들이 누구든 간에 이에 대한 신화와 전설은 신석기 시대와 농경문화를 반영한 것으로 분석된다. 특히 삼황오제의 시기 중에서 오제의 시기는 중국인이 황하를 중심으로 정착 생활과 농경생활을 시작했다는 것을 보여 준다. 또 여와 이후에 등장하는 삼황오제 신화는 모계사회가 끝나고 가부장적 부계사회로 이행되었음을 시사한다.

『서경(書經)』에 따르면 삼황(三皇)은 수인씨, 복희씨, 신농씨라고 한다. 『사기』의 기록을 보면 오제(五帝)는 황제, 전욱, 제곡, 요, 순이다. 삼황오제의 신화는 불의 사용과 수렵, 농경의 발달, 부족사회 및 추방사회의 형성 등 신석기시대의 변화상을 반영하고 있다. 추방사회(酋邦社會)는 고대 국가 이전에 정치적 지도자인 군장(君長) 중심의 사회를 일컫는다. 신화에 따르면 삼황 중 수인씨(燧人氏)는 불을 발명했다.[4] 사마천의『사기』에 따르면 복희씨가 BC 2850년에 통치를 시작했다. 복희씨는 거북 등껍질에 나타난 무늬를 형상화한 팔괘를 발명했고 인간에게 목축을 가르쳤다고 기록돼 있다. 복희씨를 이은 신농씨(神農氏)는 소의 머리를 한 반인반수로 염제(炎帝)라고도 불리며, 인간에게 농사를 가르치고 쟁기를 발명했다고 한다. 『회남자』에 따르면 신농씨가 옥토를 고르는 법과 오곡을 씨 뿌리고 경작하는 법, 탈곡하는 법, 그리고 약초와 독풀을 구분하는 법을 사람들에게 가르쳤다고 한다.

황제(黃帝)는 염제(炎帝)와 치우(蚩尤) 등을 물리치고 비로소 황하 유역에 국가를 건설하였다.[5] 전쟁과 대장장이의 신인 치우(蚩尤)와 황제의 마지막 결전은 탁록에서 있었는데, 치우는 안개를 일으켜 황제 군을 공격했다. 그때 황제는 일종의 나침반인 지남거(指南車)를 만들어 안개 속에서도 방향을 잡을 수 있었다. 결국 날개가 달린 응룡(應龍)과 자신의 딸인 태양을 다스리는 여신 발(妭)까지 총동원하여 치우를 쓰러뜨렸다고 전한다. 묘족 신화에서는 여신 발의 미인계에 의해 당했다고 나온다. 그리고 황제에 의해 토막 나서 처형당하는데, 이때 흘린 피가 단풍나무에 스며들어 가을마다 단풍이 붉게 물든다는 전설이 전해 내려오고 있다. 『상서』를 비롯한 중국의 고문헌들에 따르면 황제로부터 중국문명이 시작되었다. 또 황제에게는 모두 25명의 아들이 있었는데, 이들 중 14명은 스스로 성씨를 쓰기 시작했다. 성(姓)은 부족의 명칭을 말하고 씨(氏)는 그 아래 단계의 씨족을 말한다. 강(姜)과 희(姬), 요(姚), 영(嬴), 사(姒) 등의 성에는 모두 여(女)자가 붙어 있다. 이는 성(姓)이 모계사회에서 비롯됐다는 것을 반영한 것이다. 전욱(顓頊)은 황제의 증손자로 고결한 인간으로 묘사됐는데, 제사를 잘 시행한 군주였다고 한다. 제곡(帝嚳)은 태어날 때부터 자신의 이름을 말할 수 있는 명석한 사람이었다고『사기』

에 기록되어 있다.

이들을 이은 요(堯)와 순(舜)은 대표적인 성군(聖君)이다. 요는 20살에 왕위에 올라 덕으로 나라를 다스렸다. 요는 계절의 구분에 따라 농사의 시기를 가르치고, 1년을 366일로 정하고 백관들을 정비하였다. 요는 성군의 자질을 고루 갖추었다. 임금인데도 매우 검소하여 겨울에는 가죽 옷을, 여름에는 삼베 옷을 입었으며 띠 집에서 채소국으로 끼니를 채웠다고 한다. 『회남자(淮南子)』와 『산해경 (山海經)』 등에 따르면 요(堯) 재위 때 열 개의 해가 떠올라 곡식과 초목을 살라버려 백성들이 먹을 것이 없었고, 알유, 착치, 구영, 대풍, 파사, 봉희가 백성들에게 해를 끼쳤다. 이때 명궁인 예(羿)는 요의 부름을 받고 열 개의 해를 쏘아 아홉을 맞추고, 여섯 야수를 모두 제거했다. 순(舜)은 효성이 지극했으며 왕위에 즉위한 이후 여러 신하들을 직분에 따라 임명했고 사방의 오랑캐를 정벌하고 회유하여 넓은 강역에까지 통치가 미치게 되었다. 『서경』에 따르면 순은 왕위에 오른 후에도 성인(聖人)으로서 교화에 중점을 두고 덕으로 나라를 다스렸다고 한다. 순은 무위(無爲)로 나라를 다스렸으며, 법을 적용할 때도 귀양 보내는 것으로 오형을 용서해 주었고 형벌의 적용에는 항상 신중을 기했다고 한다. 특히 홍수를 다스리기 위해 우(禹)를 등용하여 마침내 치수에 성공하였다. 우의 성공적인 치수로 농토가 확대되었다. 이 때문에 태평성대를 이룩한 시기를 요순시대라고 불렀다. 삼황오제는 중국 문화의 원형을 만든 인물들이었고 연구에 따르면 이들은 중국 황하 지역의 부족이나 부락 연맹의 우두머리였던 것으로 보인다.

이처럼 중국 신화의 내용은 농경의 시작과 고대국가의 발전 단계를 그대로 반영했다. 불을 발명한 수인씨 신화는 당시 농법이 원시적인 화전 농법이었다는 것을 나타내고, 신농씨 때는 소를 이용한 우경(牛耕)이 시작됐다는 것을 시사한다.[6] 실제로 고대 중국의 기록을 보면, 오래전부터 쟁기가 존재했다. 쟁기에 붙이는 삼각형 석제 보습이 중국에서 출토되었는데, 그 연대는 기원전 4000년 혹은 5000년대 초기의 것이다. 따라서 중국에서는 소가 끄는 쟁기가 신석기시대부터 사용되었다고 생각할 수 있다. 또 복희씨가 팔괘를 만든 것은 법과 제도를 의미하는 것으로 국가가 형성되고 사유재산제가 강화된 것으로 분석된다. 요순시대의 치수 사업은 중앙집권형 통치의 등장을 보여 주고 있다.

## 2) 농경사회의 등장

중국의 고대인들이 채집·수렵시대로부터 농경문화로 바뀌게 된 데는 자연환경의 변화가 있었다.[7] 중국뿐만 아니라 전 세계가 1만 년 전부터 기온이 점차 상승하기 시작했고 3천 년 전에 이르면 현재와 같은 기온에 이르렀다. 이런 변화 속에서 부족사회 인구는 급격하게 증가해 5천 년 전에 황하 유역에만 1백만 명 이상이 거주하고 있었다고 한다. 이처럼 인구가 갑자기 증가하자 수렵과 채집 등을 통한 방법으로는 식량 해결이 불가능해져 식량 생산이 절실한 문제가 됐다.

기후가 변화하면서 황하와 장강 사이에서 늪지대가 말라 갔다.[8] 두 강 사이에는 드넓은 평원이 나왔고 고지대에는 숲이 형성되었다. 이후 벼 재배가 시작됐고 이에 따라 가옥이 급속히 늘고 마을이 생겨나게 되었다. 특히 가옥이 밀집한 황하 지역에서는 서서히 문명이 발전하기 시작했다. 중국에서 농경이 시작된 신석기시대는 대략 기원전 6천 년으로 추정한다. 신석기시대에 마제석기와 도기의 출현은 식량의 채집에서 곡물의 재배 및 가축 사육으로의 전환을 의미한다. 이 중 가장 주목되는 것은 논에 물을 대 벼를 재배하는 수도작(水稻作)이다. 최초의 논이 장강 유역에서 등장한 이유는 그 지역의 지리 환경과 관련이 있다. 이 지역은 갈대로 덮인 강가 근처로 연못, 늪 등으로 둘러싸인 낮고 습한 땅인 소택지(沼澤池)가 발달했다. 이런 소택지에서 다른 곡식은 재배하기 어렵지만 쌀은 예외였다. 볍씨는 오히려 소택지에서 별다른 관리를 하지 않아도 잘 자랐다.

또한 자연환경의 변화에 지배되는 삶을 살아온 신석기인은 사고방식과 생활 자체가 종교적이고 의례적인 측면이 강하였다. 따라서 특정 동식물을 숭배하는 토테미즘이나 산과 바다, 나무, 돌 등 우주 만물에 영혼이 있다고 믿는 애니미즘과 샤머니즘 신앙 등이 존재했다. 신석기시대 전기에는 씨족 집단이 날로 확대되어 대규모 촌락을 세우게 되었고 종교의식이 널리 행해졌다. 다른 씨족과 교류하는 일이 많아지면서 두 개 이상의 씨족이 합치는 경우가 생겨났다. 씨족과 씨족이 합치면 농사를 짓기도 편하고, 다른 씨족의 공격을 막아 내기도 쉬웠기 때문이다. 이렇게 씨족이 합쳐지면서 여러 씨족의 연합체인 부족이 생겨났다. 부족이라는 공동체는 사회 질서를 유지하기 위한 제도와 구성원들의 역할 분담 그리고 계층의 분화가 필요했다. 신석기시대 후기에는 씨족 공동체가 부족집단으로 확대되면서 각 부족마다 색다른 문화와 생활 양식을 만들어 내기 시작했고 이로써 본격적인 문명 시대가 열렸다.

　황하유역의 대표적 신석기 문화인 앙소문화(仰韶文化)는 대략 기원전 5천 년~3천 년 사이에 존재했던 것으로 추정된다. 앙소문화는 중국에서 가장 일찍 발견된 문화이며 분포 면적이 가장 광범위하고 그 문화적인 성과 또한 뛰어난 신석기 문화였다. 앙소인은 중원에서 처음으로 농사를 시작한 농경민이었다. 농경 방식은 숲을 불사르고 밭을 만들어 심는 화전 경작이었기 때문에 한 장소에 일정 기간 거주한 후 환경이 좋은 다른 곳으로 옮겨가 정착하는 생활을 계속했다.[9] 앙소인의 촌락은 대체적으로 원형으로 형성되며 전체를 해자로 에워싸고 있다. 앙소문화 전기의 모계 씨족 부락의 가장 전형적인 형태를 보여 주는 곳으로는 섬서성 서안의 반파(半坡) 유적과 임동구의 강채(姜寨) 유적이 있다. 모든 촌락이 중앙집중식으로 배열되어 있어 모계 씨족사회의 강력한 혈연관계를 보여 준다. 이들은 죽은 사람을 모두 공동묘지에 묻었는데, 씨족의 공동묘지 등을 통해 강한 공동체 의식을 공유했을 것으로 보인다. 이런 문화적 특징은 당시 앙소문화가 이미 부족사회로 진입했음을 의미한다. 이후 여러 부족이 연합한 추방사회(酋邦社會)도 황하 중류 유역의 앙소문화권에서 가장 먼저 일어났다. 앙소문화는 황하 상하류에 전파되어 산둥의 농경문화까지 영향을 끼쳤다. 중원에서는 앙소문화에 뒤이어 용산문화(龍

山文化)가 생겨났다.

추방사회로 진입한 단계의 문화가 바로 신석기 후기를 대표하는 용산문화다. 신석기 후기 문화인 용산문화의 연대는 기원전 2300~1800년 사이다. 용산문화는 황하 유역의 다른 문화가 발전했던 지역에까지 널리 퍼졌을 뿐만 아니라, 이후 동이족의 문화가 발달한 장강 주변과 산맥을 따라 중국 북동 지역을 중심으로 영향을 미쳤다. 용산문화 역시 앙소문화와 마찬가지로 농경문화를 바탕으로 했고 주곡은 여전히 수수와 조였으나, 이미 벼농사가 광범위한 지역에서 이뤄지고 있었다. 농경 방식은 앙소문화와 마찬가지로 풀과 나무 등을 불태운 후 돌괭이와 호미, 삽 등으로 밭을 일구는 화전 경작이었다. 용산 문화의 사회에서 나타난 가장 큰 변화는 도시의 출현이다. 초기의 주거 형태는 수혈식 주거였는데, 수혈주거(竪穴住居)는 지면에 구덩이를 깊이 파고 평면을 만들어 그 위에 천막이나 지붕을 만든 주거로 구석기시대 후기부터 출현했다. 하지만, 곧 기둥이나 벽을 세운 가옥이 출현했다. 또 흙을 다져 만든 성벽이나 굴 등도 출토됐다. 특히 샨시 용산문화의 유적인 타오시(陶寺) 유적은 용산문화의 도시 유적 중에서도 가장 큰 것이다. 도시 출현과 맞물려 원시 공동체사회가 계급사회로 이행하게 되었다. 한 사람만을 위한 무덤에 귀한 보물과 많은 사람들의 노동력이 투입되었다는 것은 정치권력의 출현을 의미한다. 더불어 농업 생산력의 증가로 세습적 지도자가 등장하여 빈부격차가 발생하고 부족 간의 전쟁이 시작되었다.

중국에서 청동시대는 대략 기원전 2000~500년에 해당한다.[10] 이미 청동시대에 들어섰지만 고대 국가인 상나라의 농업생산은 여전히 자연력에 의존하는 조방경작(粗放耕作)의 형태를 벗어나지 못하였고 생산 도구도 주로 나무, 돌, 조개껍질 등으로 만들어졌다. 이처럼 농기구와 경작 방법은 원시적이었고 화전 농법도 자주 사용되었다. 협전은 많은 사람들이 논에서 함께 하는 경작 방식으로 농기구가 발달하지 못한 상황에서 대규모의 협력은 반드시 필요했다. 이런 상황에도 농업 생산 기술은 발전하고 있었고 이미 잡초 제거를 위한 김매기와 거름 주기를 했다.

기원전 1600년 무렵 건국한 상나라는 농업이 경제의 중심이었고 부의 원천이었기 때문에 농업생산을 아주 중시하였다. 점복을 기록한 갑골문의 복사(卜辭)에는 벼, 수수, 기장, 보리 등의 풍성한 수확을 기원하는 기록들이 자주 등장하고 하늘, 조상, 신령 등에게 비를 내리고 풍년이 되게 해 달라고 기원하는 기록도 있다.[11] 서주 시대에는 상나라 시대보다 개량된 농기구가 사용되었고 소규모 관개시설도 보급되었다. 이 당시 농업생산에 크게 기여한 것은 농토를 일정한 기간 경작하고는 휴경을 하는 농사법과 농민을 단체로 농경에 동원하는 집단 노동이었다.

중국은 여러 가지 면에서 농경에 유리했다. 광활하고 비옥한 토지와 풍부한 수량, 막대한 노동력이 집약적이면서도 대규모 농경을 가능하게 했다. 이후 신석기 시대에 시작된 집약적 농경문화의 특징이 수천 년에 걸쳐 정교하게 다듬어지면서 중국인의 사고와 생활양식 등을 규정하는 문화적 요인이 되었다. 대부분의 농경 사회에서는 농사를 주관하는 초자연적인 존재인 농신(農神)을 숭배하고 있으며, 농경의례의 과정과 내용에는 이와 같은 신앙체계와 관념이 일정한 행위양식으로 나타나게 되었다. 그 시기에 종교는 계절적 주기를 중심으로 재구성되었고, 그 결과 종교적 의식은 작물 재배 및 수확 주기와 일치하게 된다. 그리고 농경이 해마다 주기적으로 이루어짐에 따라 의례도 해마다 반복되는 주기성을 띠게 되었다.

역사학자인 레이 황(Ray Hung)이 지리적 환경과 진나라의 통일을 분석한 연구를 보면,[12] 중국의 중앙집권적인 대통일을 만든 주요한 요인 중의 하나가 토양과 지리적 환경, 즉 황토와 황하였다. 가루처럼 가는 황토는 경작에 편리하지만, 황하에 퇴적된 모래는 재난을 일으켰다. 황하의 경우는 많을 때 모래가 강물의 절반 가까이 되었고 그 지류는 여름철에 모래가 60%가 넘었다. 그 결과 황하의 강바닥은 지속적으로 높아졌고, 제방의 붕괴 위험은 강변을 끊임없이 위협했다. 더구나 강우량이 우기와 건기에 큰 차이를 보였기 때문에 위험을 막기도 힘들었다. 이런 환경이 수리 공사를 대규모로 수행할 수 있는 강력한 중앙집권국가를 필요로 하게 만들었다는 것이다. 또 다른 요소로는 계절풍과 강우량이 있었다. 중국 동북 지역의 중부에서 중원 지역까지 이어지는 400mm 강우량 경계선은 만리장성의 경로와 대체로 일치한다. 이 선은 서부에서 다시 남쪽으로 뻗어 나가 유목과 농경의 경계를 구성한다. 북방의 여러 제후국들은 유목 민족의 침입을 막기 위하여 흙으로 긴 성을 축조했고 진나라는 통일 후에 안보상의 이유로 장성을 쌓았다. 즉 400mm 강우량 경계선과 거의 일치하는 국경선은 중국의 농업사회가 강력한 중앙집권체제 아래 놓이게 된 이유를 설명하고 있다.

농경사회에서는 식량 생산을 위해서 씨 뿌리고 수확하기는 시기를 정하고 기상의 변화를 정확히 예측하지 않으면 안 된다.[13] 이를 위해서는 많은 경험과 지식이 축적된 노인의 지혜와 기상변화 등에 대한 축적된 기록이 필요할 수밖에 없다. 이 과정에서 반복적으로 나타나는 지진, 홍수, 태풍 등의 천재지변조차 자연의 순환 과정에 나타나는 현상으로 해석하려는 사고가 싹트게 됐다. 중국문명의 특징 중 하나인 무신론의 전통은 바로 이런 농경문화의 특성에서 비롯된 것이며 원로를 중시하는 전통 역시 같은 맥락에서 이해할 수 있다고 하겠다.

중국의 전통적인 사상인 유교(儒敎)에서 유(儒)도 농경사회와 관련이 있다.[14] 비를 부르는 주술사인 무(巫)를 살펴보면 갑골문으로부터 주나라 시대 청동기, 전국 시대 죽간에 이르기까지 유(儒)의 글꼴 속에는 비를 부르는 주술사의 의미가 내포되어 있다. 유(儒)는 강우를 전문적으로 다루는 주술사로 최초의 글꼴은 사람과 비의 두 가지 이미지가 결합된 형태다. 즉 비를 나타내는 우(雨)와 큰 대(大. 후에 而로 글꼴이 변화됨)의 자소(字素)를 지닌 유(需)가 그 최초의 형태다. 또 '유(儒)' 자에서 사람 인(人)을 떼어 놓고 보면 위 글자가 비 우(雨)다. 그 아래에는 '이(而)' 가 있다. '이(而)' 자는 머리카락을 묶지 않고 풀어헤친 모습을 상징한다고 한다. 가뭄이 들어 비가 오도록 제사를 지낼 때는 머리를 풀어헤쳤다고 한다. 이처럼 고대 유가들은 물총새의 깃털을 쓰고 기우제를 진행하는 무당들이었다고 한다. 그런데 비가 계속해서 오지 않으면 기우제를 지낸 유(儒), 즉 무당이 대신 책임을 지고 죽여야만 하는 경우도 있었다. 유(儒)는 이처럼 비가 오지 않으면 죽임을 당하는 처지에 있었으므로, 장례식도 아울러 주관하게 되었다고 한다. 유교 경전인 『예기(禮記)』의 전체 49편 가운데 3분의 2에 해당하는 부분이 장례에 대한 내용으로 채워져 있는 이유도 유가의 본래 역할 때문에 그렇게 되었다는 것이다.

이후 유(儒)는 사회가 분화되면서 그 역할이 변화되었다.[15] 갑골문에 등장하는 유(儒)는 주로 제사를 주관하는 존재, 즉 술(術)과 무(巫)가 혼재된 제사장의 성격이 강했다. 그들은 기우제를 주관하는 제사장이기도 했고, 병을 치료하는 의사의 역할도 담당했다. 은나라에서 유(儒)는 조상신을 모시는 일을 맡았던 사람들이다. 이들은 은나라 의관을 입고 상례를 주관하면서 예에 관한 일을 직업으로 삼은 특수한 집단이었다.

또한 예를 주관하는 일을 직업으로 했기 때문에 유(儒)를 예를 담당하는 관직인 예생(禮生)이라고 한 것은 은나라 선비나 술사와 연관 지어 설명할 수 있다. 중국 고대의 술사는 당시 지식 계층으로서 대부분 귀족에 속하였고, 이들 가운데 높은 지위에 오른 사람들은 왕조나 제후국에서 왕의 스승인 태사(太史) 등의 벼슬을 담당했다. 높은 지위에서 오르지 못한 사람들은 각기 지방으로 흩어져 도덕과 학문 기예를 가르치며 부업으로 지방의 예를 관장했다. 주나라 초기의 은나라 선비들은 대체로 이런 역할을 하였다. 그러다 주나라 시기에 이르러 『시경(詩經)』, 『서경(書經)』, 『예기(禮記)』, 『악경(樂經)』, 『역경(易經)』, 『춘추(春秋)』의 육경이 완비됐고, 그러자 유(儒)도 점차 제사장의 성격을 탈피하게 된다. 그러므로 민간에서 도덕과 학문, 기예를 가르치고 예를 관장했던 사람들은 은나라 선비의 변천과 관련이 있다고 할 수 있다.

## 3) 고대 국가의 형성

　농업의 발달과 대규모 부족 출현은 막강한 권력자의 탄생과 고대 국가 형성으로 이어졌다.[16] 황하 유역에서 중국 문명이 시작된 것은 비옥한 땅에도 불구하고 열악한 환경조건 때문에 생존을 위해서는 대규모 인력의 동원이 필요했기 때문이었다. 황하 지역은 홍수가 수시로 일어나 흙탕물이 흘러들어 오는데 이때 농사에 도움이 되는 영양분도 같이 실려오기 때문에 농지가 발달하였고 또한 이러한 범람은 관개와 치수, 건축 기술 및 중앙집권적 정치 권력의 출현을 촉진시켰다. 고대인들은 우물이나 제방, 수리시설이 없었던 탓에 생활의 상당 부분을 물을 찾고 확보하는 데 보냈으며, 물을 못 찾으면 비가 내리기를 하늘에 기원하는 수밖에 없었다. 따라서 농민들은 잦은 가뭄을 대비해 물을 담을 저수지와 홍수를 막을 제방 건설 등을 위해서 협력해야 했다. 따라서 이런 협력을 조정하고, 제한된 수자원을 배분할 수 있는 감독자들이 필요했다. 이런 체계를 갖춘 지역은 촌락이 형성되고 도시가 나타나 문명의 발전을 가속시켰다. 또 거친 환경일수록 강력한 지도력이 요구됐기 때문에 이렇게 나타난 지도자들은 이후 왕이 되었다.

　공동체가 확대되면서 사람들은 처음으로 재산과 신분을 얻게 되었다.[17] 농경의 발달로 잉여 생산물이 생기고 청동기가 사용되면서 사유재산제도와 계급이 발생한 것이다. 그 결과로 부와 권력을 가진 지배자가 등장하였다. 복잡해진 정주 사회에서는 노동의 전문화가 요구되면서 잉여물을 보관하고 분배하거나 인근 집단과 이를 교환하기 위해서 관리자가 필요하게 됐다. 시간이 지나면서 점차 빈부의 차이가 심해지고 새로운 사회는 지배자와 피지배자로 나뉘면서 계급이 생겼다.

계급 사회에서 재산, 생산 수단, 부의 소유권은 권력 분배의 결정적 요소이며 계급 사회에서 사람들은 암묵적으로 사회적 계층 또는 계급을 통해 상하관계를 뚜렷하게 구분한다. 이렇게 등장한 새로운 지배자들은 자신을 정당화하기 위해서 신으로부터 선택된 자 또는 적어도 신이 허락한 통치자라고 주장했다. 이들은 세력을 키워 주변 지역을 아우르고, 마침내 국가를 이룩하였다. 그들 중에는 최고위의 성직자를 겸하는 이들도 있었다. 이러한 관행은 권력자들에게 이용 가치가 있었기 때문에 오랫동안 지속되었다. 실제로 서양에서 로마의 황제들은 자신들이 최고 신관이라고 했고 이집트의 파라오는 살아 있는 신으로 여겨졌다. 중국도 이런 과정을 겪으며 전설의 시대부터 역사시대에 이르는 시기를 통해서 중앙권력이 형성되고 이상적 군주가 등장했다.

## (1) 요·순·우

사마천의 『사기』에 따르면 황제 시기부터 문명시대의 막이 열렸다고 한다.[18] 황제는 희수 물가에서 태어나 지금의 섬서성 황토고원을 주 활동무대로 삼았다. 황제는 통치기간(BC 2696~2598)에 먼저 동생인 염제를 정복해서 통치권을 확대했고 이어 남쪽의 장군 치우를 무찔렀다. 이후 중국의 통치구조에 변화가 일어났다. 황제의 후손인 요(堯)임금은 현명한 왕이었으며 자신의 아들 대신 가난한 농부 순(舜)을 후계자로 선택했다. 『논어』 마지막 편인 요왈편을 보면 요임금이 순에게 '하늘의 역수(曆數)가 너의 몸에 있으니, 진실로 그 중도(中道)를 잡도록 하라. 사해가 곤궁하면 하늘이 내려 주신 녹(祿)이 영원히 끊길 것'이라고 했다. 순임금 또한 이 말씀으로써 우(禹)임금에게 명하셨다.[2] 주자에 따르면 이것은 요임금이 순임금에게 명하여 제위를 선양(禪讓)하면서 한 말이다. 역수(曆數)는 제왕들이 서로 계승하는 차례의 뜻으로 세시(歲時)와 절기(節氣)의 차례와 같이 당연히 돌아

---

2)   堯曰 咨爾舜 天之曆數 在爾躬 允執其中 四海困窮 天祿 永終. 舜 亦以命禹. 요왈 1.

가는 순서다.

순임금은 평소 덕행뿐 아니라 아버지에 대한 지극한 효도로 유명했다. 『십팔사략』에 따르면 순을 죽이려는 음모를 주도한 사람은 계모였다. 아버지 고수(瞽叟)는 기록에 따라 어머니와 한통속이었다고도 하고, 어리석거나 혹은 눈이 멀어서 그런 음모를 알아차리지 못했다고도 한다. 언젠가는 계모가 순을 죽이려고 우물을 파라고 한 뒤, 순이 땅을 파는 동안 그 우물을 무너뜨려 생매장하려고 했다. 그러나 순은 이를 예상하고 미리 빠져나갈 구멍을 만들어 두었기 때문에 살아났다고 한다. 이런 일을 겪었는데도 순은 우물을 파라는 말에 반항하지도 않고, 자신을 죽이려고 했다고 항의하지도 않았으며 아무 일도 없었다는 듯 효도를 다했다. 또한 어머니와 함께 자기를 죽이려고 한 동생 상에게도 우애를 잃지 않았다고 한다. 이에 대해 다른 사람이 왜 그런 계모 밑에서 참고 지내느냐고 순에게 물었을 때 아버지께는 어머니가 필요하기 때문이라고 답했다고 한다.

순은 음악을 좋아해 스스로 오현금을 타며 남풍가(南風歌)라는 노래를 지어 불렀다. "남풍의 훈훈함이여 가히 우리 백성의 한를 풀어 주리라. 남풍이 때맞추어 불어와 우리 백성의 살림을 넉넉하게 해 주리라."[3] 이 노래는 요임금 때 나온 격양가(擊壤歌)와 더불어 태평성대를 상징하는 노래가 되었다. 격양가의 유래는 요임금이 민정시찰에 나섰다가 어느 노인이 나무 그늘에 앉아 배불리 먹고 배를 두드리면서 노래를 부르는 모습을 보았다. "해가 뜨면 들에 나가 일을 하고 해가 지면 집으로 돌아와 쉬며, 우물을 파 목 마르지 않게 마시고 밭을 갈아 음식 배불리 먹으니, 임금이 내게 무슨 소용 있겠는가."[4] 그리고 노인이 잔뜩 먹고 배를 두드리는 모습에서 태평성대를 뜻하는 함포고복(含哺鼓腹)이라는 고사성어가 나왔다.

순은 악공을 시켜 거문고를 개량하게 하고 구소(九韶)라는 악곡을 짓기도 했다. 공자는 순의 구소를 가장 아름다운 음악으로 격찬했다. 『논어』를 보면 공자가 제

---

3)　南風之薰兮 可以解吾民之慍兮 南風之時兮 可以阜吾民之財兮.
4)　日出而作 日入而息. 鑿井而飮 耕田而食 帝力於我何有哉.

나라에 있을 때 순임금의 음악인 소악(韶樂)을 듣고 배우는 석 달 동안 고기 맛을 모를 정도로 심취했다고 하고 음악을 이러한 경지에 이르도록 만들 줄은 생각하지 못했다고 평했다.[5] 또 공자는 무위(無爲)로써 천하를 다스린 분은 순임금이며 자기 몸을 공손히 하고 바르게 임금의 자리에 앉아 계셨을 뿐이라고 했다.[6] 이는 인재를 얻어 적임자에게 직책을 맡겼기 때문에 천하가 다스려져 임금이 작위적으로 행할 이유가 없었던 것이다. 순 역시 아들을 대신 우(禹)를 후계자로 선택했고 우는 중국 최초의 왕조인 하나라를 건국했다.

요순의 선양 전설은 원시공동체로서 아직 권력이 집중되지 못한 부족사회의 모습을 반영한 것으로 보인다. 반면 우(禹)가 현자(賢者)에게 제위를 전하지 않고 자식에게 물려준 것은 원시공동체인 부족사회가 해체되고 추방사회로 이행되었음을 의미한다.[19] 이렇게 보면 황제, 전욱, 제곡, 요, 순, 우 등은 모두 당시 부락의 맹주였을 것으로 추정된다. 시대적으로 구분하면 요순시대는 대략 후기 신석기시대에 해당한다고 볼 수 있다. 요순은 수재(水災)를 해결해 자연재해를 줄이고 농업을 발전시켜 백성들이 안정적인 생활을 보낼 수 있게 도왔다. 당시 황하 유역은 이미 씨족사회의 활동이 빈번하게 이뤄지는 곳이었고 문명도 상당한 발전을 이뤘을 것으로 학자들은 추정하고 있다.

중국의 홍수 전설은 초기 농업 사회로 진입할 무렵에 생겨난 것으로 보인다. 홍수에 대한 최초의 책임자는 우(禹)의 아버지인 곤(鯀)이었다. 곤은 흐르는 물을 막기 위해 주로 둑을 쌓았지만 아무리 높은 둑을 쌓아도 강한 물길에는 역부족이었다. 공들여 쌓은 둑은 세찬 물길에 무너져 버리기 일쑤였다. 이런 방법으로 범람하는 황하를 막을 길이 없었고, 아버지를 이어 치수의 책임을 맡은 우는 둑을 쌓아 흘러넘치는 황하를 막는 대신에 오히려 물길을 터 주어 범람을 막는 방법을 사용했다. 우는 이를 통해 황하의 홍수를 막을 수 있었다.[20] 이 시기에 부수적으로 얻게

---

5)  子 在齊聞韶 三月 不知肉味 曰 不圖爲樂之至於斯也. 술이 13.

6)  子曰 無爲而治者 其舜也與 夫何爲哉 恭己正南面而已矣. 위령공 4.

된 것이 착정(鑿井) 기술의 발명이다. 사람들은 우물 파는 기술을 익히게 되면서 하천에 연연하지 않고 원하는 대로 주거지를 옮길 수 있게 되었다. 또 강의 범람이 줄어들자 사람들은 언덕에서 내려와 평지에 거주하게 되었다. 이와 함께 정치조직이 견고하게 형성되면서 부족사회에서 씨족장이 사망하면 다른 씨족에게 족장 자리가 넘어가던 관행이 끝나게 되고 점차 조직화된 왕국 체계가 마련되었다고 한다.

하나라가 건국되기 이전으로 선양 전통이 있던 사회를 대동(大同)시대라 하고 하나라 건국 이후를 소강(小康)시대라고 한다. 둘 사이에는 근본적인 차이가 있는데, 전자는 천하를 만인의 것으로 여기는 천하위공(天下爲公)의 사회이고 후자는 천하를 특정 집안의 것으로 여기는 사회다. 『예기』예운편에 따르면 대동시대에는 사람들이 홀로 자기의 어버이만을 친애하지 않았으며 홀로 자기의 아들만을 사랑하지는 않았다. 홀아비와 과부, 고아, 자식 없는 노인 즉 환·과·고·독(鰥寡孤獨) 그리고 고칠 수 없는 병에 걸린 사람들을 사회에서 부양했다. 『맹자』를 보면 제선왕이 왕도정치에 대해 맹자에게 물었을 때, 맹자는 늙고 아내가 없는 것을 '홀아비(鰥)'라 하고, 늙고 남편이 없는 것을 '과부(寡)'라 하고, 늙고 자식이 없는 것을 '독거노인(獨)'이라 하고, 어리고 부모가 없는 것을 '고아(孤)'라 하며 이 네 부류는 세상에서 가장 곤궁한 백성으로서 하소연할 곳이 없는 자들이라고 했다. 이어 주나라 문왕은 선정을 펴고 인정을 베푸실 때 반드시 이 네 부류의 사람들을 가장 먼저 배려하셨다고 했다.[7] 이런 선정(善政) 덕분에 당시에는 도적이나 난적이 일어나지 않아 바깥문을 닫는 일이 없었다고 한다. 반면, 우왕이 하나라를 건국한 이후 근본적인 변화가 생겨 대동시대는 소강시대로 들어서게 되었다. 『예기』예운편에 따르면 천하를 특정 집안의 것으로 여기게 되면서, 각각 자기의 어버이만을 친애하며 각기 자기의 아들만을 아들로 생각하고 재화와 인력은 자기 것으로 여기게

---

7)  老而無妻曰鰥 老而無夫口寡 老而無子 曰獨 幼而無父曰孤 此四者 天下之窮民而無告者 文王 發政施仁 必先斯四
     者. 양혜왕 하 5.

되었다.

중국에서 성인(聖人)으로 일컬어지는 요·순·우·탕은 서양의 영웅적 인물과는 달리 오직 높은 덕과 경륜으로 민심을 모아 천하를 다스린 사람으로 묘사되어 있다.[21] 무력으로 나라를 세운 주 무왕 역시 그의 부친 주 문왕과 더불어 오직 인덕(仁德)으로 천하를 차지한 인물로 미화되었다. 이를 통해 알 수 있듯이 중국에서는 집약적인 농경을 성공적으로 이끌기 위해서 초인적인 능력을 지닌 영웅이 아니라 수많은 노동력을 하나로 집약할 수 있는 경륜 있고 인자한 성군(聖君)이 필요했다. 요·순·우 시대는 중국에서 원시공동체사회가 붕괴되고 사유재산제도에 기반을 둔 사회가 형성되기 시작하던 시대라 할 수 있다.[22] 또 사회생산력이 크게 향상되고 기술 발전이 빠른 속도로 진행되면서 정치사회적 변화가 일어난 시대였다. 특히 왕의 자리가 요순에서 우로 넘어오는 과정은 신석기시대가 마감되고 청동기시대로 접어드는 전환기였다. 요임금은 아들에게 왕위를 물려주지 않으면서 "결단코 천하가 손해 보고 아프게 하면서 한 사람만 이롭게 할 수는 없다"[8]고 했다. 이후 왕위를 이어 가던 추방사회의 전통이 사라지고 말았다. 이로써 우를 기점으로 천하의 덕 있는 자에게 왕위를 물려주는 선양의 전통이 끝나고 부자상속의 제도가 확립되었다.

## (2) 하나라

평등한 원시 사회로부터 계급 사회로 이동하는 데 긴 과도기가 있었다.[23] 이 시기는 황제시대로부터 시작해서 요·순·우를 거쳐 대략 수백 년의 시간이 지나서야 비로소 완성됐다. 황제 부락이 염제와 치우 등의 부락을 병합한 후에 건립한 부락연맹은 혈연관계에 따라 조성된 집합체가 아니라 지역에 따르는 결합 또는 지역을 넘어서는 광대한 영역의 연맹 조직이었다. 부락연맹의 수장은 형식상으로

---

8) 終不以天下之病而利一人.

는 가장 위의 자리지만 실제로는 강한 부락의 우두머리가 조종했다. 선양은 부락연맹의 수장이 후임자를 선정한 다음에 진행된 것이며, 그 선정권은 완전히 수장 본인에게 있었다. 그럼에도 선양 때마다 누구에게 권력을 전하는가로 논쟁을 겪었다. 『사기』에 따르면 요임금은 아들 단주가 어리석어 천하를 이어받기에 부족한 것을 알고 능력 있는 순을 발탁해 정권을 넘겨주고자 했다. 그러자 단주 태자의 측근들이 나서서 어째서 아들에게 물려주지 않느냐고 항의하기도 했다.

우(禹)가 부락연맹의 수장을 맡은 후에 그의 권력은 더욱 대단해졌다. 기록에 따르면 우가 도산(塗山)에서 회맹을 할 때 수많은 부족의 족장이 미옥(美玉)과 비단을 들고 와서 참가했다. 도산회맹(塗山會盟)은 도산지회(塗山之會)라고도 하며 우임금이 도산(塗山)에서 제후들을 소집하여 맺은 맹약을 말한다. 당시 고조선에서도 사신을 파견해 참가하였다고 한다. 『고려사』, 『세종실록지리지』, 『응제시주』, 『신증동국여지승람』 등에서는 단군이 세 아들을 시켜 삼랑성을 쌓고 태자 부루를 파견해 하우(夏禹)의 회맹에 참석하게 했다고 한다. 그 이후에 우가 회계산에서 제후를 모이게 했는데, 방풍씨가 늦게 오자 그를 여러 사람 앞에서 참수했다. 또 우는 삼묘(三苗) 등 다른 소수 민족을 공격해 많은 재물과 노예를 약탈하여 이미 천하를 통치하는 제왕이었다.

하나라가 우의 아들 계(啓)에 의해 세습 왕조 제도를 정식으로 건립한 것 같으나, 실제로는 우가 이미 권력을 장악하고 있었다. 하나라가 제정한 형법도 우형(禹刑)이라 칭했다. 우는 표면상으로는 어진 사람에게 임금의 자리를 물려준다고 했지만, 자기 아들이 왕위를 계승할 수 있도록 여건을 만들었던 것이다. 그래서 하나라의 역사는 우로부터 시작한다. 우로부터 걸(桀)에 이르는 하나라는 모두 14대에 걸쳐 17명의 왕이 있었는데, 그중 세 사람은 형제가 서로 계승했다.[24] 사마천에 따르면 우임금이 세운 하 왕조는 BC 2205년부터 1766년까지 400여 년 동안 이어졌다. 고고학자들이 하나라 왕궁과 수도 유적을 발견했지만, 사마천이 기록한 인물들이 존재했다는 직접적인 증거는 아직 발견하지 못했다. 하나라를 세운 우임금이 황하의 홍수와 싸웠다는 것은 당시 홍수가 극심해졌다는 것을 뜻하는데, 이 때문에 열악해진 환경에서 살아남기 위해서는 촌락과 주민들 전체를 아우르는 단일 지도자를 수용하게 되었을 가능성이 높다. 따라서 우임금은 초기 형태의 국가 조직을 형성하는 데 결정적인 공헌을 한 지배 부족의 우두머리를 상징하는 것으로 추정된다. 즉 우의 치수와 건국에 대한 전설은 중국에서 처음으로 집단적인 연맹체제가 출현했음을 시사한다.

하 왕조의 문화와 관련해 눈길을 끄는 것은 이른바 하력(夏曆)이다. 하력의 존재는 하 왕조의 문화가 비록 왕조 국가 단위의 정치문화를 이루지는 못했으나, 농경 등의 생활문화 면에서는 이미 높은 수준에 달하고 있었음을 시사한다. 농경기술의 발전은 기본적으로 정교한 역법 체계가 마련되지 않고는 불가능한 일이다. 오늘날까지 쓰고 있는 음력체계가 바로 하력이다.[25] 중국 최초의 역법 하력에는 1년을 12개월로 정했고, 동지 후의 두 번째 달을 정월이자 한 해의 시작으로 했다. 하력은 농사의 법칙을 정확히 반영했기에 『춘추좌씨전』 등에서도 하나라가 천도를 얻었다는 뜻으로 '하수득천(夏數得天)'이라 칭했고 공자도 하나라 역법을 쓴다는 '행하지시(行夏之時)'를 주장했다. 『논어』를 보면 공자 제자인 안연이 나라 다스리는 법에 대해 물었을 때 공자는 '하나라의 책력(冊曆)을 행하며, 은나라의 수레를 타며, 주나라의 면류관을 쓴다. 음악은 순(舜)임금의 소무(韶舞)를 취하고 정나라의 음란한 음악을 추방하며 말재주 있는 사람을 멀리해야 하는데, 정나라 음악은 음탕하고 말재주 있는 사람은 위태롭기 때문'이라고 했다.[9] 주자에 따르면 공자는 일찍이 자신이 하나라 때를 얻었다고 하였는데, 이것은 그 철의 올바름과 그 절기의 좋음을 취한 것으로 이를 가지고 안연에게 말씀한 것이다. 또 하 왕조 때는 매월 농사 활동의 대체적인 시기를 규정했는데 이것을 하령(夏令)이라 칭했다.

중국에서 이상적인 왕권은 덕과 지혜에 의한 통치였다.[26] 그러나 왕이 황하 연안 지역들에 대한 지배권을 장악하자 결국에는 부패와 억압, 권력투쟁 등이 이어졌

---

9)　顏淵 問爲邦 子 曰 行夏之時 乘殷之輅 服周之冕 樂則韶舞 放鄭聲 遠佞人 鄭聲 淫 佞人 殆. 위령공 10.

다. 하 왕조에서 투쟁이 정점에 달한 것은 걸임금 때였다. 하 왕조의 마지막 왕인 걸(桀)은 포악하고 사치스러웠던 것으로 널리 알려져 있다. 걸왕은 자신의 권력을 자만하여 자신이 천하를 다스림은 하늘에 해가 떠 있는 것과 같아서 해가 끝날 때 자신의 다스림도 끝날 것이라고 했다.[10] 하지만『맹자』를 보면『서경(書經)』탕서(湯誓)에서 백성들이 임금을 미워하여 이 태양은 언제나 없어질까 원망하며 너와 함께 망하겠다고 노래했다고 한다.[11] 걸왕은 거구에 맨손으로 호랑이와 늑대 등의 맹수와 싸워 이길 정도로 강한 힘을 지녔다. 하지만 궁궐 안에 큰 연못을 파고 그곳을 온통 술로 채운 주지(酒池)를 만들고 그 위에 배를 띄워 놓고 미녀들과 함께 음란하게 지냈다. 걸에게는 '말희(末喜)'라고 하는 애첩이 있었는데, 특이하게도 비단이 찢어지는 소리를 좋아했다. 걸은 말희를 즐겁게 하기 위해 국고(國庫)에서 비단을 가져와 그녀 앞에서 찢게 했다. 걸왕에 대한 원성이 하늘을 찌를 듯하자 제후들이 걸을 떠나 은족의 수령인 탕(湯)에게 귀의하기 시작했다. 이윽고 걸 밑에서 벼슬을 하고 있던 이윤(伊尹), 비창과 같은 뛰어난 신하들도 탕 밑으로 귀의했다. 신하들로부터 신임을 얻은 탕(湯)은 결국 걸을 쫓아내고 BC 1766년 상나라 최초의 황제가 되었다.『논어』에 보면 탕왕(湯王)은 검은 희생(玄牡)을 써서 감히 거룩하신 상제(上帝)께 분명하게 다음과 같이 아뢴다고 했다. '죄가 있는 자를 제가 감히 용서하지 못하고 상제의 신하를 제가 감히 숨기고 엄폐(掩蔽)하지 못하여서 인물을 간택함은 상제의 마음에 있습니다. 내 몸에 죄가 있는 것은 만방(萬方)의 백성들 때문이 아니며, 만방의 백성들에게 죄가 있는 것은 그 책임이 내 몸에 있는 것'이라고 했다.[12] 이것은『상서(商書)』탕고(湯誥)의 말을 인용한 것으로 탕왕이 걸왕을 내쫓고 박(亳) 땅으로 돌아와서 모든 제후들을 모아 놓고, 걸왕을 방벌한 이유와 왕위에 오른 자신의 소신을 천하에 고한 것이 탕고편이다. 박(亳)은 상

---

10)  吾有天下 如天之有日 日亡 吾乃亡耳.

11)  湯誓 曰 時日 害喪 予及女 偕亡 民欲與之偕亡 雖有臺池鳥獸 豈能獨樂哉. 양혜왕 상 2.

12)  曰 予小子履 敢用玄牡 敢昭告于皇皇后帝 有罪 不敢赦 帝臣不蔽 簡在帝心 朕躬有罪 無以萬方 萬方有罪 罪在朕躬. 요왈 1.

나라 최초의 도읍지다. 탕왕은 중국에서 역성혁명의 첫 인물인 만큼 그가 어떤 마음가짐이었는지 엿볼 수 있다는 점에 의미가 있다고 하겠다. 이 글은『서경(書經)』의 글과 대동소이한데, 원문에서 '이(履)'는 탕왕(湯王)의 이름인 듯하다. 검은 희생을 쓴 것은 하나라가 흑색을 숭상하였으므로 아직 그 예를 바꾸지 않은 것이다. 간(簡)은 간열(簡閱)의 뜻으로 낱낱이 가려서 조사하는 것이다. 이는 걸왕(桀王)이 죄가 있어서 자신이 감히 용서해 줄 수 없으며, 천하의 현인들은 모두 상제의 신하이므로 자신이 감히 구별할 수 없다. 따라서 낱낱이 조사하여 간열(簡閱)하는 것이 오직 상제의 명(命)에 따름을 말한 것이다. 이것은 맨 처음 상제에게 명을 청하여 걸왕을 칠 때의 말을 기술한 내용이다. 또 임금에게 죄가 있음은 백성들의 책임이 아니고, 백성들이 죄가 있음은 실로 임금이 한 것이라고 말하였으므로 자신을 책하는 데 후하고 남을 책하는 데는 박한 뜻을 볼 수 있다.

하나라의 마지막 군주인 걸과 상나라를 건국한 탕은 늘 망국과 건국의 본보기로 거론되었다.[27] 선양은 왕위를 유덕(有德)한 인물에게 물려주는 일이며, 방벌(放伐)은 무도(無道)한 임금을 몰아내는 것이다. 방벌에 의한 상 왕조의 개국은 이후에도 논란이 되었고 상 왕조를 대체한 주나라의 건국 때도 같은 논쟁이 있었다.『맹자』를 보면 제선왕(齊宣王)이 맹자에게 신하가 그 임금을 시해해도 되는지 물었을 때 맹자는 인(仁)을 해치는 자를 '적(賊)'이라 이르고, 의(義)를 해치는 자를 '잔(殘)'이라 이르고, 잔적(殘賊)한 사람을 '일부(一夫)'라고 말한다. 일부인 주(紂)를 죽였다는 말은 들었으나, 임금을 시해하였다는 말은 듣지 못했다고 답했다.[13] 주(紂)는 상나라의 마지막 군주다. 역사상 최초로 이뤄진 무력에 의한 폭군 방벌은 요, 순, 우와 같은 선양이 종식되고 본격적인 왕조가 등장하게 되었음을 의미한다.

---

13)  曰 臣弑其君 可乎 曰 賊仁者 謂之賊 賊義者 謂之殘 殘賊之人 謂之一夫 聞誅一夫紂矣 未聞弑君也. 양혜왕 하 8.

## (3) 상나라

상 왕조는 여러 부족이 상족을 중심으로 한 혈연 조직을 바탕으로 신정적 결합한 일종의 연맹체였다.[28] '주(周)'를 비롯한 다른 나라에서 '은(殷)'이라는 이름으로 불렸기 때문에 '은'으로 더 잘 알려져 있으나, 스스로 나라 이름을 칭할 때 '은'나라를 세운 '부족' 이름인 '상(商)'이라는 이름을 더 많이 사용했다. 상(商)나라는 여러 차례 수도를 옮겼는데, 마지막으로 옮긴 수도가 '은(殷)'이었으므로, '은(殷)'이라는 명칭이 붙었다. 상왕은 연맹체의 우두머리로 제사와 점복을 주재함으로써 상제와 조상신을 대리하여 지상을 다스리는 신권통치가 가능하였다. 갑골문은 은허에서 출토된 거북이 배딱지와 짐승 견갑골에 새긴 상형문자로서 한자의 원형이다. 이것은 점치는 데에 사용했으므로 복사(卜辭)라고도 하는데, 그 내용은 제사·풍우·사냥(田獵)·농경·군사·사명(使命)·질병·복점 등 다양했다.

상 왕실은 가까운 친척에게 일정한 지역을 다스리도록 하거나 유력한 다른 부족과는 통혼관계를 맺는 형식을 통한 혈연적인 조직이 주요한 통치 기반이었다. 상나라는 읍제(邑制)국가라고 불리기도 하는데, 읍이란 씨족 집단을 중심으로 성벽을 갖춘 국가를 의미한다. 읍은 대읍과 족읍, 소읍으로 나뉘는데, 대읍은 상나라 왕이, 족읍은 상나라 왕과 연합관계에 있던 씨족의 우두머리, 소읍은 씨족의 우두머리와 연합관계에 있던 동족집단의 장(長)이 각각 통치하였다. 특히 상나라 때의 족(族)은 읍(邑)에 거주하는 하나의 혈연집단이며 제사의식의 관계에서는 종(宗)으로 구분되고 정치적인 신분에서는 씨(氏)로 표시되었다. 하지만 족(族)의 원래 의미는 군사집단을 의미하는 것으로 이를 볼 때 군사조직은 본래 혈연이 중심이 되는 단위였다는 것을 알 수 있다.

사회는 부권적(父權的) 씨족제로서 처음은 형제 상속이었으나 곧 부자 상속으로 되었다. 귀족은 정교한 청동기·백도(白陶)·옥기(玉器)를 사용하고 있었다. 농민은 목제 농기구나 석제 농기구를 사용하여 보리·수수·기장 등을 재배하고,

양잠을 하였으며, 말·양·돼지·소 등을 사육했다. 상나라에는 사람을 제물로 바치는 순장 문화가 광범위하게 퍼져 있었고 술에 대한 의존이 심했다.[29] 상나라의 왕은 자신의 조상과 신령에게 사람을 제물로 바쳐야만 했다. 그리고 각지의 귀족들은 왕에게 사람을 제물로 바쳐야 했는데, 한 번에 수십 명에서 수백 명을 죽였다. 하남성 안양 소둔(小屯)의 종묘를 지을 때는 살아 있는 아이를 매장하여 기초를 다졌다고 한다. 종묘의 대문 앞에는 모두 사람을 순장한 흔적이 남아 있고, 종묘의 정면에는 가지런히 줄을 선 시체들이 마차나 말과 함께 묻혀 있었다. 큰 무덤의 경우에는 수십 명에서 수백 명의 유골들이 나오기도 하였다. 또 상나라 귀족은 음주를 즐겼고 이런 경향은 갈수록 심해져서 많은 곡식을 소비하였을 뿐만 아니라 정치적 부패를 낳았다. 상나라의 마지막 왕인 주왕(紂王)은 수많은 별궁을 지었는데, 그곳에 주지육림(酒池肉林)이 갖춰져서 날이 새도록 술 마시고 노래하였다. 일반인들도 예외는 아니었고 서민들이 몰려다니며 술을 마셔서 냄새가 길에 진동했다고 한다. 이 때문에 주나라는 상나라를 멸망시킨 뒤에 금주령을 내릴 정도였다.

주왕(紂王)은 주(紂), 주신(紂辛), 제신(帝辛)이라 불리며, 은나라의 제31대 왕으로 마지막 군주다. 문무를 겸비한 인재로 하나라의 걸왕과 같이 맹수와 격투를 할 정도로 힘이 장사였고 총명하며 언변 또한 뛰어났다고 한다. 하지만 주왕 역시 하나라 걸과 마찬가지로 화려하고 사치스러운 궁궐을 세웠다. 여기에 사구(沙丘)라는 넓은 정원을 만들어 그곳에 온갖 진기한 짐승을 모아 놓았다. 또 사구에 수많은 악공들과 광대들을 불러들인 뒤 술로 연못을 채우고 고기를 나무에 매달아 놓고는 놀았다. 주왕의 폭정은 갈수록 심해져 충신 비간을 죽이고 왕의 스승인 태사 기자(箕子)를 감옥에 가두었다. 비간은 신하로서 죽더라도 군왕에게 충간을 해야 한다며 주왕에게 계속 간했고 이에 주왕이 대노했다. 주왕은 성인의 심장에는 구멍이 7개나 있다고 들었다며 그 자리에서 비간의 가슴을 갈라 심장을 뽑아내는 끔찍한 형벌로 죽였다. 기자가 이 소식을 듣고 두려운 나머지 미친 척하여 남의 노비가 되고자 했으나 주(紂)가 그를 잡아 가두었다. 이때 왕의 스승인 태사(太師)와 태자의 스승인 소사는 은 왕조의 제기와 악기를 가지고 주나라로 달아났다고 한다.

이렇게 민심이 돌아서자 주(周) 무왕이 상 왕조를 토벌하기 위한 군사를 일으켰다. 희창(문왕)이 죽은 뒤에 아들 희발(무왕)이 강태공 등의 신하들과 함께 주왕에 반역한 것이다.『논어』를 보면 "무왕(武王)이 상나라를 정벌한 뒤에 주나라에서 사해(四海)에 크게 베풀어 주어서 선인(善人)이 부귀하게 되었다. 주(紂)에게 비록 지극히 가까운 친척들이 있었으나 어진 사람이 있는 것만 못하였다. 백성들의 과실은 책임이 나 한 사람에게 있는 것이다. 도량형(度量衡)을 삼가고 법도를 살피며 폐지된 관직을 다시 설치하여서 사방(四方)의 정치가 제대로 행해졌다. 멸망한 나라를 일으켜 주고, 끊어진 대를 이어 주고, 숨겨진 사람을 등용한 뒤 천하의 민심이 그에게 돌아왔다. 가장 소중히 여긴 것은 백성의 생계와 상례(喪禮)와 제례(祭禮)였다. 너그러우면 민심을 얻고, 신의가 있으면 백성들이 일을 맡기고, 열심히 일하면 공(功)이 있고, 공정하면 백성들이 기뻐한다."[14] 고 적혀 있다. 원문에서 멸망한 나라를 일으켜 주고 끊어진 세대를 계승해 주었다는 것은 황제(黃帝)·요(堯)·순(舜)과 하(夏)·상(商)의 후손(後孫)을 봉(封)해 준 것을 말한다. 숨겨진 사람을 등용했다는 것은 갇혀 있던 기자(箕子)를 석방시켜 주고, 상용(商容)의 지위를 회복시켜 준 것을 말한다. 상용은 악관(樂官)이자 대부(大夫)로서 주왕에게 간하다가 쫓겨났다. 이 세 가지는 모두 사람들이 원하는 바였다.

그런데 주 무왕이 막 군사를 이끌고 출발하려 할 때 두 노인이 나타나 주 무왕이 탄 말의 고삐를 잡으며 정벌을 만류했다. 이들은 고죽국이라는 작은 나라의 왕자 백이와 숙제 형제였고 주 무왕은 두 사람을 추방했다. 이어 주 무왕이 상 왕조를 멸망시키자 신하가 천자를 토벌한 주나라의 곡식을 먹을 수 없다며 수양산에 들어가 고사리를 캐어 먹다가 일생을 마쳤다.[30]『사기』에 따르면 주 무왕은 상 왕조

---

14)  周有大賚 善人 是富. 雖有周親 不如仁人 百姓有過 在予一人. 謹權量 審法度 修廢官 四方之政 行焉. 興滅國 繼絶世 擧逸民 天下之民 歸心焉. 所重 民食喪祭 寬則得衆 信則民任焉 敏則有功 公則說. 요왈 1.

를 멸망시킨 후 기자(箕子)를 방문했다. 이때 주 무왕은 기자가 간한 말을 듣고 크게 기뻐하며 기자를 조선에 봉하고 그를 신하로 대하지 않았다고 한다. 성리학을 통치이념으로 택했던 조선은 우리 민족의 조상이 기자였던 것으로 간주해 평양에 기자묘를 세우고 대대적으로 숭배하기도 했다.

## (4) 주나라

상나라와 주나라의 교체는 신(神)의 교체를 불러오게 되었다. 본래 상이 숭배하던 신은 제(帝) 혹은 상제(上帝)였으나, 주 대에는 천(天), 즉 하늘이 신으로서 섬기게 되었다. 통치 체제가 하나의 성읍 국가에서 중국 전역을 주관하는 봉건제로 성격이 달라지고 범위가 확장되면서 신의 성격 또한 특정 씨족의 신에서 보편적 신인 천(天)으로 재정립되었다. 이는 천명(天命) 사상으로 발전하고 체제의 유지를 위해서 종법 질서가 확립된다. 즉 맏아들은 대종(大宗)이 되어 해당 직위를 계승하지만, 그 이외의 아들은 소종(小宗)이 되어 대종의 신하로만 활동할 수 있게 된다. 이러한 가부장적인 계승 체계는 조상 제사를 통해 계속해서 재확인되고 성씨가 다른 제후들도 주나라의 소종으로서 친족(親)의 질서 내에 포함되었다. 천명론과 종법 질서 등으로 주나라는 상나라의 신정일치 국가에서 벗어나 제정이 분리된 세속적 고대 국가로 발전하게 되었다.

은(殷)대에 이미 농경생활에 들어갔지만 은을 정복한 주(周)는 본래 유목민이었을 가능성이 높다.[31] 『사기』에 따르면 그 조상은 융적(戎狄)의 땅에 거주하였는데, 후에 장안의 서북에 있는 빈주에 나라를 세우고, 고공단보(古公亶父)의 대에 이르러 남방의 기산으로 옮겼다. 여기에서 비로소 오랑캐의 풍속을 바꾸고, 성곽과 가옥을 짓고 촌락의 제도를 설비하여 정주 생활에 들어갔다고 한다. 이 고공단보의 후손이 바로 주의 문왕이다. 따라서 중국 서북부의 유목민이었던 주의 부족이 은 왕조를 멸하고 천하를 지배한 것으로 보인다. 그때 주(周)가 유목민의 천(天)에 대한 신앙을 그대로 중국에 가지고 들어와 농경생활에 적응함에 따라서 차츰 천도 농업신으로서의 성격을 띠게 되었던 것이다.

주(周)라는 부족은 상나라 바로 서쪽 위수 건너편 연안에 자리 잡고 있었기 때문에 그 수장은 서쪽 제후들의 우두머리라는 뜻의 서백(西伯)이라고 했다.[32] 주나라 최초의 왕은 무왕이었지만 상징적으로 새 왕조의 시조로 옹립된 것은 문왕이었다. 후대에 공자는 무왕의 노래는 지극히 아름답기는 하지만 지극히 선하지 않았다고 언급했다. 공자는 순임금의 음악인 소(韶)을 극진히 아름답고 극진히 좋다고 평했고 무왕의 음악인 무(武)에 대해서는 극진히 아름답지만 극진히 좋지는 못하다고 언급했다.[15] 『논어』에서 "태백(泰伯)은 지극한 덕(德)이 있다고 이를 만하다. 세 번 천하를 양보하였으나 백성들이 그 덕(德)을 칭송할 수 없게 하였다"고 공자는 말했다.[16] 태백(泰伯)은 주나라 태왕(大王) 고공단보의 장자다.[33] 태왕에게는 세 아들이 있었는데, 장자는 태백이고 둘째는 중옹(仲雍) 그리고 유태씨의 딸 태강과의 사이에서 막내아들 계력(季歷)을 낳았다. 계력은 장성한 뒤 지임씨의 딸 태임을 아내로 맞아 주 문왕 희창을 낳았다. 태강과 태임은 모두 유가 사상가들에 의해 최고의 여성상으로 칭송받았다. 이율곡의 어머니인 신사임당의 당호가 사임당(師任堂)인데, 사임은 바로 주 문왕의 생모인 태임을 본받겠다는 뜻에서 나온 것이다. 태왕 때에 상나라의 국력은 점차 쇠약해지고 주나라는 날로 강성해졌다. 이에 태왕은 상나라를 칠 생각이 있었는데 태백이 따르지 않았다. 태왕은 왕위를 계력(季歷)에게 전하여 창(昌)에게 잇고자 하였다. 태백은 이것을 알고 곧 중옹과 함께 장강 이남인 형만(荊蠻)으로 도망쳤다. 태왕은 마침내 계력에게 나라를 물려주어 창(昌)에게 이르러서는 천하의 3분의 2를 소유하게 되었다. 이 임금이 바로 문왕(文王)이다.

문왕은 어질고도 강력한 임금으로 백성의 지지를 받았다.[34] 상 주왕은 주 문왕이

---

15)  子 謂韶 盡美矣 又盡善也 謂武 盡美矣 未盡善也. 팔일 25.

16)  子 曰 泰伯 其可謂至德也已矣 三以天下讓 民無得而稱焉. 태백 1.

위협이 될 것이라 의심해 문왕의 큰아들을 가마솥에 넣고 끓여 죽이는 팽형(烹刑)을 시켰고, 문왕은 자식을 삶은 국을 다 마셨다고 한다. 『공자가어』호생편을 보면 문왕의 인품에 관한 일화가 있다. 우나라와 예나라가 국경의 농지 문제로 송사를 벌였는데 몇 년 동안 결론이 나지 않았다. 이에 두 나라는 서백(주 문왕)이 어진 사람이므로 가서 물어보기로 했다. 그런데 서백의 나라에 들어가 보니 밭 가는 자는 밭두둑을 양보하고 길을 가는 자들은 길을 서로 미루며, 조정에 들어가니 사(士)는 대부(大夫)가 되기를 사양하고 대부는 경(卿)의 자리를 받지 않았다. 이것을 본 우와 예의 임금이 '우리는 소인이다. 군자의 조정에 들어갈 수 없다'고 말하고 마침내 함께 물러가서 모두 분쟁하던 농지를 한전(閑田)으로 만들었다. 공자는 이 일로써 보면 문왕의 도는 더할 것이 없다며, 명령하지 않아도 복종하고 가르치지 않아도 따를 정도로 지극하다고 말했다.

문왕이 죽고 아들 발(發)이 즉위하여 마침내 상나라를 정벌하여 천하를 소유하니 이가 바로 무왕이다. 주나라와 은나라 양군은 은에서 32km 떨어진 목야라는 들판에서 대치했다.[35] 주나라는 방국(邦國)으로 그 국력이 아직 상나라에 미치지 못했는데, 뜻밖에도 목야 전투에서 상나라를 꺾었다. 『사기』 주본기에 따르면 상나라는 70만 대군을 동원했고 주나라는 동맹국의 군대를 더해도 40만 명이었다. 하지만 상나라 군대에는 길흉을 점치는 신관이 포함되어 있었고, 복속된 작은 국가의 군대들까지 섞여 있었다. 상나라 군대의 전열은 전투가 시작되자마자 탈영을 하거나 주나라 군대에게 길을 열어 주는가 하면, 아예 창을 거꾸로 들고 뒤에 있던 본진을 공격하기도 했다. 이 병사들 가운데 노예들까지 섞여 있었고 평소 불만이 많았던 노예나 주변국 병사들은 주나라 군대가 몰려오자 오히려 상나라 군대에 대항하여 싸우기 시작했던 것이다.

주나라 사람들은 의외로 승리를 얻게 된 것이 믿기지 않았기 때문에 자신의 승리를 상제나 천명(天命)으로 이해하려 했다. 그들은 상나라 사람들만이 가지고 있던 상제가 상나라에 대한 보호를 포기하였으며, 혈연이나 부족 사이의 관계가 아나라 다른 이유 때문에 주나라가 천명을 얻게 되었다고 설명했다. 다시 말해서 상나라의 왕이 덕을 잃었고 상제는 주나라에게 천명을 내렸다는 것이다.

『예기』표기편에 따르면 하나라는 천명을 존중하고 은나라는 귀신을 존중했으며, 주나라는 예를 존중했다.[36] 공자는 주나라가 하(夏)·은(殷) 이대(二代)의 예(禮)를 보아 본보기로 삼았기 때문에 그 문채(文彩)가 찬란하다며 자신은 주나라를 따르겠다고 했다.[17] 예를 존중한다는 이른바 존례는 인사(人事)와 윤리, 그리고 정성을 중시하며 예의로 형벌을 대신한다는 뜻이다. 또 혈연을 관계의 기준으로 삼고 작위를 상벌로 간주한다는 말이다. 공자는 백성을 법령으로 이끌고 형벌로 다스리면, 백성들이 형벌을 면하려고만 하고 부끄러워함이 없으며, 백성을 덕으로 인도하고 예로 규제하면, 백성들이 부끄러워할 줄도 알고 자연히 선(善)에 이를 것이라고 말했다.[18] 이는 귀신과 주술에 의한 결정이나 가혹한 형벌에 비해 인심을 얻는 데 효과적이었기 때문에 백성들에게 환영을 받았다. 그래서 대내적으로 참신한 정치를 실행하고 대외적으로 유화적인 정책을 실시해 마침내 주나라는 은나라를 대체할 수 있었다.

## 주공(周公)의 제례작악(制禮作樂)

주나라는 무왕이 죽자마자 왕실의 권위가 흔들리기 시작했다. 아들 성왕은 어린 나이에 왕위를 계승하여 숙부 주공 희단(姬旦)의 보좌를 받았는데, 이 시기에 상나라의 유민을 관할하고 있던 성왕의 숙부인 관숙과 채숙 등은 주공이 왕위를 빼앗을 것이라며 반란을 일으켰다. 주공은 이를 평정하고, 성왕을 대신하여 섭정을 맡아 통치한 다음에 성왕이 어른이 되자 권력을 넘겼다. 그는 주공(周公)이라는 칭호를 받고 중국이라는 나라를 효율적인 관료제 국가로 조직화해 갔다. 이런 과정에서 영토를 지키고 세금 징수 제도, 관리 임용 및 여러 제도를 정비하였다.『공

---

17)   子 曰 周監於二代 郁郁乎文哉 吾從周. 팔일 14.
18)   子 曰 道之以政 齊之以刑 民免而無恥 道之以德 齊之以禮 有恥且格. 위정 3.

자가어』왕언해편을 보면 주나라 제도에서는 300보(步)로 이(里)를 삼았고, 1,000 보로 정(井)을 삼았고, 3정으로 경계인 날(埒)을 삼았으며, 3날로 구(矩)를 삼았다. 50리 되는 거리에는 도시 하나씩을 두고, 100리 되는 곳에는 나라(國)를 두고 물자를 넉넉히 쌓아 놓아서 주나라 밖 사람들이라도 재산 유무와 관계없이 구제하였다고 한다.

주공은 7년 동안 섭정하면서 많은 업적을 쌓았는데, 그중 가장 중요한 것이 의례를 제정하고 음악을 만든 것이다.[37] 이것이 바로 제례작악(制禮作樂)이다. 고대 중국에서 말하는 예(禮)는 제사에 쓰는 제물, 제기, 그리고 그 의식(儀式)을 말한다. 상나라의 은례는 대부분의 천신을 모시고 천신에게 복을 비는 제사에 관한 규정들이었고 그 외의 일에 대해서는 규정이 별로 없었다. 주공은 이 예의 범위를 제사에만 적용할 것이 아니라 사회생활 각 방면에까지 확대시켜 여러 방면에서 모두 일정한 예의를 갖추려고 하였다. 주공은 예의범절을 규정하기 위해 아침에는 책 백 권을 읽고 저녁에는 현사(賢士) 일흔 명을 만나 보았다고 한다. 이러한 노력 끝에 주공은 많은 예의 규범을 제정했는데 그것을 『주례(周禮)』라고 했다. 예는 천지가 움직이는 원리이며, 인간 사회에서 지켜져야 할 규범이라고 주자는 정의했다.[19] 『주례』는 주나라 왕실의 관직 제도를 기록했는데, 이 관직 체계는 후대의 국가 조직과 관직 제도에 큰 영향을 미쳤다. 한대(漢代)에 이미 관부(官府)를 육조(六曹)로 나누는 것이 일반화되었다. 수당(隋唐) 이후로는 중앙 정부로부터 지방에 이르기까지 모든 행정 조직이 이(吏)·호(戶)·예(禮)·병(兵)·형(刑)·공(工)의 육부(六府) 혹은 육조의 형태로 정비되었다. 예의 규범을 보면 군왕과 귀족들은 백성을 대할 때 도덕을 장려하고 형벌을 삼가고 교화를 주로 하면서 백성에게 은혜를 베풀어 세금은 될수록 적게 거둬야 한다고 했다. 또 매년 밭갈이철이 되면 국왕과 백관, 백성들이 모두 참가하는 적전례(籍田禮)를 지내야 한다고 정하고 천지신명과 선조들에 대한 제사의 예의범절을 규정했다.

---

19)  禮者 天理之節文 人事之儀則也.『논어』팔일 12 註.

『주례』에서는 특히 사람을 제물로 바치는 것과 죽은 사람을 위해 산 사람을 순장하는 것을 반대하고 예의에 어긋난다고 강조했다. 그래서 주공을 이은 공자는 순장(殉葬)할 때 사용하는 나무 인형인 용(俑)을 처음으로 만든 자는 그 후손이 없을 것이라 하였다고 『맹자』에 기록돼 있다. 이는 사람을 본떠서 장례에 사용하는 것조차 예의에 맞지 않기 때문이다.[20][38] 의례의 본질은 바로 구별로 귀천, 존비, 장유, 친소 등에 의해 만들어진 사회의 등급에 각각의 행위규범을 정하는 것이다. 주나라의 의례는 대단히 복잡하였는데, 『주례』에는 길례(제사), 흉례(상례), 빈례(교제), 군례(정벌), 가례(경축) 등 다섯 종류가 있었다고 한다. 모든 귀족들은 태어나서 죽을 때까지 인간관계, 제사, 일상생활, 정치 활동 등 모든 부분에서 그 신분에 맞는 의례를 지켜야만 했다.

주공은 음악과 가무 창작도 주도했다.[39] 당시 창작된 음악과 가무가 두 개 있었는데, 하나는 무왕이 상나라를 정복하고 주나라를 세운 것을 노래한 대무(大武)고, 다른 하나는 주공이 동이(東夷)에서 기승을 부리던 상나라 코끼리 부대를 쫓아낸 일을 노래한 삼상(三象)이다. 이런 주공의 노력으로 사회가 준수해야 할 예의 규범이 제정되었으며 가무가 창작되었다. 몇백 년이 지난 춘추시대에 공자도 주공이 제정한 예악을 칭송했다. 공자는 무왕이 말년에 천명을 받으시고, 주공(周公)이 문왕과 무왕의 덕(德)을 완성하였다고 했다.[21] 주공이 정한 예의 규범은 중국 봉건사회의 전통적인 예법이 되었고, 가무도 대대로 내려오면서 사람들을 감동시키는 역할을 했다. 이 때문에 공자는 꿈속에서마저도 주공을 보지 못하게 됨을 아쉬워하며 '쇠약함이 심하구나, 내가 다시 꿈속에서 주공을 뵙지 못한 것이 오래되었다'고 말했다.[22]

주공은 분봉(分封)과 종법(宗法)을 두 기둥으로 권력을 체계화했다.[40] 봉건적 중

---

20)　仲尼曰 始作俑者 其無後乎 爲其象人而用之也. 양혜왕 상 4.

21)　武王 末受命 周公 成文武之德. 『중용』 18장.

22)　子 曰 甚矣 吾衰也 久矣 吾不復夢見周公. 술이 5.

앙집권체제의 유지를 위해 종법은 필수적이다. 종법의 핵심 내용은 가계 계승과 제사다. 적장자가 집안을 잇게 하고 또 제사를 지내도록 하는 것이다. 종법에 의하면 주나라 왕의 적장자는 계속해서 왕이 되고 적장자가 아닌 아들들은 제후나 대부(大夫)가 된다. 천자는 종법의 가족적인 유대관계를 활용하여 어른에게 예를 표하듯 윤리적인 관계를 강조함으로써 천하질서의 기본을 유지하면서 책봉과 정벌의 권한을 가지고 이를 따르지 않는 봉국을 응징할 수 있었다. 봉건, 종법과 오복(五服) 규정에 따라 천하는 하나여야 하며 최고의 대종(大宗)은 국가 하나이고 그 중심에는 유일한 존재로서 왕이 있을 뿐이다. 오복은 초상을 당했을 때 망자(亡者)와의 혈통관계의 원근에 따라 다섯 가지로 구분되는 유교의 상복제도(喪服制度)다.

주나라에서 실행한 제도 가운데 봉건, 종법, 예악을 합하여 가천하제(家天下制) 또는 방국제(邦國制)라고도 부른다.[41] 그 가운데 봉건은 정치제도이며, 종법은 사회제도이고 예악은 문화제도다. 그래서 봉건제는 국가의 체제를 유지하고 종법제는 사회 조직을 관리하고 예악제는 문화적 의식(儀式)을 통제했다. 예(禮)와 악(樂)은 질서 유지를 위한 수단으로 활용되었는데, 『예기』에 보면 대악(大樂)은 천지와 더불어 조화를 같이 하고, 대례(大禮)는 천지와 더불어 질서와 절도(節度)를 같이 한다고 했다.[23] 『논어』에서 공자는 자로에게 명칭이 바르지 않으면 말이 순조롭지 못하고, 말이 순조롭지 못하면 일이 이루어지지 않는다고 했다. 이어 일이 이루어지지 않으면 예악(禮樂)이 일어나지 못하고, 예악이 일어나지 못하면 형벌이 알맞지 못하고, 형벌이 알맞지 못하면 백성들이 손발을 둘 곳이 없게 된다고 하였다.[24] 예와 음악을 하나로 묶어 예악(禮樂)으로 표현하고 있는 것은 사회의 질서 유지와 통합에 필수적인 상호보완적인 기능을 각기 수행하기 때문이다.

---

23)  大樂與天地同和, 大禮與天地同節.
24)  名不正 則言不順 言不順 則事不成 事不成 則禮樂 不興 禮樂 不興 則刑罰 不中 刑罰 不中 則民無所措手足. 자로 13.

예의 역할은 등급을 명확하게 하여 질서를 유지하는 것이다. 등급은 모두 엄격한 규정과 구별을 위한 표지(標識)가 있다. 예를 들어 평민은 모자를 쓸 수 없으며 단지 두건만 쓸 수 있다. 사(士)는 관(冠)을 쓸 수 있지만 면(冕)은 쓸 수 없다. 천자나 제후, 대부만이 가관이나 가면, 즉 관이나 면을 쓸 수 있었다. 천자부터 대부까지 모두 면을 쓸 수 있었지만 그렇다고 다 똑같은 것은 아니었다. 먼저 면에 달린 옥구슬인 유(旒)의 수가 달랐다. 천자는 12개의 유를 달았고 제후는 구(九)류, 상대부는 칠(七)류, 하대부는 오(五)류였다. 사 계급은 면을 쓸 수 없으니 유가 있을 수 없다. 이처럼 종류나 명칭이 상당히 많아 의식주나 몸가짐전반에 대한 자세한 규정이 존재했다. 이를 위반하는 것이 바로 비례다.

따라서 이를 관리하고 책임질 전문 인력이 필요했다. 공자를 대표로 하는 유(儒)가 바로 이를 전문으로 하는 예학가들이었다. 규정이 지나치게 많고 복잡했지만 가장 핵심적인 것은 역시 등급과 규격이라고 할 수 있다. 『논어』를 보면 공자가 노나라의 대부인 계손씨의 집 뜰에서 천자의 제사에만 허용된 팔일무(八佾舞)를 추는 것을 보고 이러한 일을 한다면 어떠한 일을 차마 하지 못하겠는가 하고 비판하였다.[25] 원문에 일(佾)은 춤추는 열(列)인데, 예법에 천자(天子)는 8열, 제후(諸侯)는 6열, 대부(大夫)는 4열, 사(士)는 2열을 세우게 되어 있다. 각 열마다 인원수는 그 열의 수와 같다. 따라서 팔일무는 한 줄에 8명씩 8열로 늘어서서 64명이 춤을 추고, 6열인 제후는 36명, 4열인 대부는 16명, 2열인 사는 4명이 춤을 추는 것으로 추정하고 있다.

주공은 의례에서 신(神)보다는 사람을 더 중시하였다.[42] 주공은 은나라 상제(上帝)의 절대적 권위도 수정하였다. 즉 '천명은 오로지 한 사람에게만 주어지지 않는다'[26]는 것은 천하를 다스릴 수 있는 권리를 무조건적으로 영원히 한 왕조에게 주지 않으며, 민심을 얻은 유덕자(有德者)자만이 천명을 받을 수 있다는 뜻으로 민

---

25)　孔子謂季氏 八佾舞於庭 是可忍也 孰不可忍也. 팔일 1.
26)　惟命不于常.

본 사상의 바탕이 되었다. 또 상나라 사람들은 신령과 귀신을 숭배하였는데, 주나라 사람들은 귀신을 존중하되 거리를 두는 태도를 취하였다. 그들은 현세 사람들의 일에 관심을 기울였고 의례와 제도를 통해 여러 업무를 처리하였다.[43] 이에 따라 주나라의 현실 중심의 세태에 의해 종교적 미신 분위기는 점차적으로 약화되기 시작했다. 상나라는 신을 절대적으로 숭배하고 섬겼지만, 주나라는 예의를 존중하고 신은 존경하면서도 거리를 두었다. 따라서 천신(天神)에 대한 무조건적이고 절대적인 숭배는 제한적이고 상대적인 신앙으로 변화하여 천신은 믿음이자 학문의 대상이 되었다.

### 봉건사회(封建社會)

주나라의 문화는 예의를 기본으로 했다. 공자는 나라를 다스림은 예(禮)로써 해야 한다고 말했다.[27] 또 예(禮)와 겸양(謙讓)으로써 한다면 나라를 다스림에 무슨 어려움이 있겠으며, 예와 겸양으로써 나라를 다스리지 못한다면 예(禮)를 무엇하겠는가 하고 말하였다.[28] 주나라는 하나라와 상나라에 이어 건국된 왕조이고 주나라의 문화는 이 두 왕조의 토대 위에서 발전했다. 주나라는 본격적인 봉건제도를 실시한 국가다. 무왕은 개국 초부터 자신의 친족들과 태공망 등의 개국공신들에게 영토를 나눠 주고 봉지에 파견하여 다스리게 하였고 주(周) 왕실을 지키게 했다.

주나라의 왕은 스스로 천자 즉 하늘의 아들이라고 하면서 하늘에 대한 제사를 독점하였다. 하늘에 대한 제사의례는 왕의 합법성을 의미하였고, 아울러 왕의 권위를 나타내 주었다.[44] 주나라는 피라미드식 구조로 왕을 정점으로 다섯 층의 관료조직이 통치했다. 왕에 이어 그다음 귀족인 봉건제후가 자기 영토의 통치권을 갖고 이어 영토와 세력이 조금씩 낮아지는 세 단계 귀족층이 존재했다. 제후와 함께 국의 지배층을 구성한 계층은 경대부(卿大夫)였다. 이들 경대부는 제후로부터

---

27)  曰 爲國以禮. 선진 25.
28)  子曰 能以禮讓 爲國乎 何有 不能以禮讓 爲國 如禮 何. 이인 13.

받은 비읍을 기반으로 하여 자신의 일족들에게 녹을 주어 이들을 부양했다. 이들은 유사시에 군주의 명을 받아 일족 자제로 구성된 군대를 이끌고 전쟁에 참여했는데, 시간이 흐르면서 점차 하사 받은 식읍(食邑)의 일부를 본읍(本邑)으로 삼아 독자적 기반을 구축해 나갔다. 대부들 중 국의 최고 직책을 관장하는 명문 씨족의 장을 특히 경(卿)이라고 했고 경은 국정을 총괄하는 집정과 더불어 군 사령관직을 겸임했다.

봉건시대의 중국은 천하가 아니었다.[45] 또 봉건시대의 국가 역시 국가가 아니라 국과 가였다. 가(家), 국(國), 천하(天下)는 서로 다른 세 가지 개념이었다. 천하는 천자(天子)의 영역이고 국은 국군(國君)의 영역이며 가는 대부(大夫)의 영역이다. 천하는 몇몇 국으로 이루어져 있고 국은 수많은 가(家)로 나뉜다. 가는 현재의 일반적인 가정이 아니라 가에는 농토와 주민 그리고 독자적인 재정 수입이 있었다. 『맹자』에서 맹자는 사람들이 천자의 천하(天下), 제후의 국(國), 경대부(卿大夫)의 가(家)를 늘 말하는데, 천하의 근본은 국(國)에 있고, 나라의 근본은 가(家)에 있고, 집의 근본은 내 몸(身)에 있다고 했다.[29] 따라서 『대학』에 나오는 수신제가치국평천하(修身齊家治國平天下)에서 제가(齊家)는 일반 가정이 아니라 대부의 가(家)를 가지런히 하는 것이다. 다만 현대에 와서는 가정으로 해석해도 큰 무리가 없게 되었다.

사(士)는 귀족이었지만 봉토가 없었고, 천자나 제후나 대부를 섬기며 그들을 위해서 또는 그들을 도와 백성들을 다스리는 사람들을 말한다. 사(士)는 '벼슬한다'는 뜻인 사(仕)와 관련된 말로서, 일정한 지식과 기능을 갖고서 어떤 직분을 맡고 있다는 의미를 갖는다. 『설문해자(說文解字)』에서는 사(士)의 글자 뜻을 '일한다' 또는 '섬긴다(士, 事也)'는 뜻으로 보아, 낮은 지위에서 일을 맡는 기능적 성격을 나타냈다. '사'는 은대(殷代)에 관직명칭으로 나타나지만 주대(周代)에서는 봉건계급 속의 한 신분계급이 되었다. 다른 귀족과 달리 사(士)는 봉토는 없고 작위만 세

---

29)  孟子 曰 人有恒言 皆曰 天下國家 天下之本 在國 國之本 在家 家之本 在身. 이루장 상 5.

습되었기 때문에 사(士)는 스스로 설 수 없고, 반드시 다른 사람의 쓰임을 받아야 했다. 쓰임을 받기 위해서는 능력을 키워야 하고, 능력을 키우기 위해서는 공부를 해야 한다. 그래서 사(士)의 직업은 공부다. 시간이 지나면서 '사'의 성격은 춘추전국시대에 공자와 맹자를 중심으로 유교 사상이 정립되는 과정에서 관직과 분리되어 인격적 측면이 뚜렷하게 강조되었다. 공자와 그의 제자들은 자신을 '사'의 집단으로 자각하였고 관직을 목적으로 추구한 것이 아니라 도(道)를 실행하기 위한 수단으로 보았기 때문에, 유교이념을 실현하는 인격자로 선비의 개념을 확립하였다.

사(士) 아래가 서민이었고 그 아래에 노예 계층이 있었다. 앞서 상나라는 왕과 귀족, 평민, 그리고 노예로 구성된 신분사회였고 당시에는 귀족만 성(姓)을 가질 수 있었기 때문에 그들을 백성(百姓)이라고 불렀다. 농업 같은 직접 생산에 참여한 계급은 소인(小人)이라고 불렀다. 그리고 최하층을 구성하던 계급은 노예였다. 이들은 전쟁 포로로 민(民)이라 불렸다. 주 왕조 때의 상인들은 주로 상 왕조의 유민들로 구성되었다. 후대에 상인(商人)이라는 말이 나오게 된 것은 바로 여기서 비롯된 것이라고 한다. 당시 농업과 수공업은 주 왕실과 제후 내지 경대부들에게 직접적으로 속해 있었던 반면에 상업은 비교적 이동이 자유로웠다. 이 때문에 은 왕조 유민들의 유입이 많았을 것으로 보인다. 한자(漢子)로 보면 자리를 잡고 장사하는 사람을 가리켜서 고인(賈人)이라 하고, 다니면서 장사하는 사람은 상인(商人)이라 하며 돌아다니면서 물건을 파는 행위를 행상(行商)이라고 한다. 사농공상이라는 말은 기원전 7세기 춘추시대 제나라의 정치가인 관중(管仲)이 지었다고 알려진 『관자(管子)』에 나온다. 여기에서 "사농공상 네 계층의 백성이 나라의 초석이다"[30]라고 하였다. 『논어』와 『맹자』, 『순자』 등을 보면 춘추시대 전기에 이미 사·농·공·상 등 4개 계층의 서열화가 굳어졌는데, 이는 상인(商人)이 망한 왕조의 후손이다 보니 차별을 받게 된 것과 관계가 없지 않다.

---

30)   士農工商四民者 國之石民也.

주나라는 봉건질서를 유지하기 위해 예(禮)와 형(刑)으로 통치했다. 예는 사(士) 이상의 집권층을 통제하기 위한 것이고 형은 노비와 서민들을 다스리기 위한 것이었다. 주나라 형서(刑書)인 『여형(呂刑)』에 얼굴 등에 먹물로 죄명을 적는 묵(墨)·코를 베는 의(劓)·거세하는 궁(宮)·발뒤꿈치를 베는 비(剕)·죽이는 살(殺)의 다섯 가지 형벌이 소개되어 있다. 사 이상의 집권층은 비록 형에 의한 직접적인 통제를 받지 않았으나 높은 도덕적 의무를 지고 있었다. 『예기』에는 예는 서인까지 내려가지 않고, 형은 대부까지 올라가지 않는다는[31] 기록이 있다. 이는 주나라가 가족 질서에 의해 유지되는 종법 사회였기 때문에 가능했다. 혈연 중심의 봉건제도에서 주나라 지배층은 혈연 또는 인척 관계였기에 형벌에서 제외된 것이다.

　하지만[46] 춘추 중기에 이르면 천자 중심의 왕도(王道)정치가 막을 내리고 제후 중에서 힘이 센 자가 왕정을 유지하는 패도정치가 시작된다. 그리고 패도정치도 춘추 말기에 이르면 대부의 정치로 귀결된다. 이런 상황에서 봉건제도는 붕괴하고 종법제에 기초한 계급적 질서도 무너져 기존 사회의 해체가 일어난다. 이를 통해서 제후나 대부들이 서로 천하의 주인이 되려는 끝없는 전쟁이 일어나게 됐다. 이와 함께 종법적 봉건제의 붕괴에는 천이나 천명에 대한 다양한 해석들과 의구심도 한 원인이 되었다. 춘추전국 시기에 접어들면 천에 대한 관념을 계급마다 달리 이해하거나 믿게 되었고 인간의 윤리적 의식이 싹트면서 인도(人道)와 천도(天道)가 분리되고 천에 대한 회의가 시작됐다.

　다른 문명과 마찬가지로 중국 고대 사회 역시 씨족에서 부족, 부족 연맹을 거쳐 부족국가로 변화 발전하는 과정을 겪었다. 전설에 나오는 여와는 모계 씨족사회 시대를 대표하며, 복희는 부계 씨족사회 시대를 대표한다.[47] 염제와 황제는 부족시대, 요·순·우 임금은 부족연맹시대를 대표한다. 이후에 하나라는 부족국가시대이며, 상나라는 부족국가연맹시대고, 주나라는 국가연맹시대라 할 수 있다. 진나라와 한나라 이후로 비로소 국가 시대로 진입한다.

---

31)　禮不下庶人 刑不上大夫. 『예기(禮記)』곡례(曲禮)편.

# 4) 종교의 발달

농업 발달에 따른 식량 생산 증대는 인구 증가뿐 아니라 고대 국가 발전으로 이어졌다. 국가라는 새로운 체제는 정신적으로 통합할 수 있는 신앙이 필요했다. 신앙이나 믿음은 사람이 알지 못하는 것을 설명하고 도덕규범을 정하기 위해 필요했다. 자연에 대한 지식이 없었고, 경험을 기록으로 보관할 수 없었던 시절에는 천둥, 번개나 화산 폭발 같은 자연 활동은 인간의 이해 범위를 넘어서는 것이었고 이는 불확실한 미래에 대한 두려움으로 이어졌다. 이 때문에 인류는 최초의 종교 형태라 여겨지는 토테미즘, 샤머니즘, 애니미즘 등의 세계관으로 자연현상을 이해했다. 여기에 구전으로 내려오는 다양한 경험 등을 접목시키고 도덕 규범을 만들어 공동체를 유지하는 데 필요한 지식을 잇게 하는 방법으로 사용하게 되었다.

신앙은 자연에 대한 두려움에서 출발했지만 신앙의 제도화는 사회 변화에 따라 지배자의 권력을 정당화하기 위한 방향으로 발전했다. 종교의 기능은 그 사회의 의미, 가치를 확립하고 사회질서를 유지하여 전통을 강화하는 데 있으므로 정치와 밀접히 관련되어 있다. 고대사회에 있어 종교는 최고의 권위이며 종교적 권력은 군권에 버금갈 정도로 강력했다. 종교 권위는 사회 질서 유지를 위한 폭력이나 강제력의 정당성을 제공하기 때문이었다.

문명 초기의 인간 사회는 무임 승차자에 의한 내부적 위협과 적대적인 타 집단으로부터 오는 외부적 위협이라는 심각한 두 가지 문제에 직면해 있었다.[48] 대부분의 종교는 공통적으로 나쁜 짓 하지 말고 착하게 살면서 다른 사람을 위하라고 가르친다. 기독교의 기본적 윤리관인 황금률은 자신이 대접받고 싶은 대로 남을 대하라는 원칙으로 인류의 수많은 문화, 종교에서 보편적으로 발견되는 규범이다. 성경을 보면 "너희는 남에게서 바라는 대로 남에게 해 주어라. 이것이 율법과 예언서의 정신이다"라고 했다(마태복음 7장 12절). 이슬람교에서도 "나를 위하는 만큼 남을 위하지 않는 자는 신앙인이 아니다"라고 말했다(사히흐 무슬림 1장 72절). 『논어』에서 공자는 내가 원하지 않는 바를 남에게 행하지 말라고[32] 말했다. 『중용』에서도 충(忠)과 서(恕)는 도에 어긋남이 멀리 있지 않으니, 자기에게 베풀어지기 원하지 않는 것을 또한 남에게 베풀지 말라고 했다.[33]

나아가 종교는 사람들이 도덕적 의식을 가지도록 만들고, 공동체를 지키기 위해 자기희생을 감수하도록 권했다. 기독교의 경우 신의 법을 따르면 천국에 갈 수 있고 신의 법을 어기면 영원한 형벌을 받게 된다고 약속한다. 힌두교와 불교는 인간으로서 나쁜 행동을 한 사람은 하등 생물로 다시 태어난다는 윤회 사상을 가지고 있다. 이런 초자연적 처벌 시스템은 원시 사회에 커다란 이익을 주었다. 신과 같은 초월적 존재가 있으면 누군가가 처벌이나 처분을 실행하는 집행자가 될 필요가 없고, 처벌을 실행하여 복수를 당할 수 있는 위험 부담도 지지 않을 수 있었다.

중국 문명 초기에는 종교와 정치공동체 간의 긴밀한 관련성을 보여 준다. 역사서 『국어(國語)』에 따르면 상나라 이전까지는 종교가 곧 정치적인 기능의 일부를 담당하여, 국가에 의해 지명된 무속집단의 무당이나 주술사들이 이를 수행하였다.[49] 반면 민간에서 사적인 종교활동이 번성하는 것은 도덕과 정치질서가 무너진 상태로 여겨졌다. 상나라 시대에서는 적어도 두 명의 주술사들이 재상(宰相)에 해당되는 고위 관리에 오를 정도로 주술이 흥했다고 한다. 특히 조상 숭배를 천(天)에 대한 초자연적인 관념과 연계시켰는데, 상대 초기에는 혼령들이 돌아가 머무르는 곳이 하늘이라고 믿었기 때문이다. 중국의 전통종교는 토착 종교체계로서 상주시대를 거쳐 한나라에 이르기까지 비교적 외부로부터 격리된 환경 속에서 발

---

32) 己所不欲 勿施於人. 안연 2 및 위령공 23.
33) 忠恕違道不遠 施諸己而不願 亦勿施於人.『중용』13장.

전과 변화를 거듭했으며 전통종교는 조상 숭배, 천신과 같은 자연신 숭배, 점복과 제사 등 4가지의 주요한 요소로 구성이 되었다.

일반적으로 종교는 절대자나 초자연적 질서에 관한 관행, 도덕, 신념, 믿음 등의 문화 체계로 일반적으로 절대적 진리의 추구와 신에 대한 숭배, 인간 생활의 고통을 해결하거나 삶의 궁극적인 의미와 깨달음을 추구한다. 또한 그 신자들을 사회적으로 결속시키고 공동체를 형성하게 함으로써 소속감을 느끼게 한다. 이를 통해 신자들은 자신이 속한 사회적 집단에 근거하여 자신의 정체성을 확립 혹은 강화하고, 자신이 소외된 존재가 아니라 집단에 소속되어 서로 돕고 도움을 받는 관계라는 것을 느낄 수 있다. 그래서 대부분의 종교는 공통적으로 나쁜 짓 하지 말고 착하게 살면서 다른 사람을 위하라고 가르친다. 종교를 통한 개인의 행복이나 인격의 수양 등도 중요한 기능이지만, 사회의 일부로서 소속되어 관계성을 유지하며 사회적 역할을 담당하고자 하는 기본적 욕구를 충족시킨다는 점도 분명하다. 그래서 종교는 사람을 모으는 구심점 역할을 수행한다. 또한 종교는 도덕 시스템의 핵심으로 도덕적 체계로 연결된 집단은 강한 결속력을 보여 다른 집단과 경쟁에서 승리할 수 있다. 나아가 도덕을 바탕으로한 협력 관계가 존재하기 때문에 집단은 개인으로서는 얻을 수 없는 자원과 사회적 관계를 누릴 수 있는 것이다.[50]

## (1) 천(天)

중국에서는 신석기 후기의 추방사회에서 상 왕조에 이르기까지 천신과 소통능력을 지닌 무사(巫師)가 다스렸다고 보고 있다. 서양과 마찬가지로 선사시대부터 상 왕조에 이르기까지 일종의 신탁에 의해 국가의 대소사를 결정했는데, 당시 신탁이 드러난 거북의 등딱지나 짐승의 뼈의 갑골 복사(甲骨卜辭)를 해석하는 것은 곧 국가대사를 결정하는 의식이었다. 한자에서 '점치다' 또는 '점쟁이'란 뜻의 '복(卜)' 자는 귀갑 표면에 갈라진 균열을 문자화한 것이다. 갑골은 17만 5천여 개가 발견되었고 그중 약 5천 개의 조각에 글자가 있었다. 현재까지 이 글자 중 절반 정도만 의미가 해독됐다. 갑골 복사의 해석은 무당인 무사(巫師)가 담당했고 이들을 흔히 정인(貞人)이라고 했다. 상 왕조에서는 정인의 수장(首長)이 바로 왕이었던 것이다.

상 왕조 때의 사람들은 신이 세상의 모든 것을 주재한다고 믿었다. 특히 하늘과 땅이 연결되어 있다는 것은 당시 사람들에게 당연한 생각이었다. 고대 상나라의 사람들은 온 세상을 사방(四方)으로 인식했다. 방(方)은 네모난 형태를 뜻한다. 그들이 살고 있는 중앙의 네모난 땅과 동서남북으로 미지의 네모난 땅이 연결되어 있다고 믿었다. 동양의 우주관을 '천원지방(天圓地方)'이라 하는데, '하늘은 둥글고 땅은 네모지다'라는 뜻이다. 여기에서 땅은 사각의 형태가 아니라 동서남북으로 사각형이 이어져 붙은 '십자(十字)' 모양의 사각형이다. 거북의 배는 십자(十字) 형태와 비슷하고 등껍질은 동서남북과 중앙의 오방(五方)을 덮은 반구형의 하늘을 닮았다. '천원지방'으로 설명되는 공간 개념은 거북의 모습과 다름이 없었다.

정인들은 통상 점복의 방법으로 신의 뜻을 묻고 이에 따라 행동했다. 당시 점복을 전문으로 하는 정인들은 귀갑(龜甲) 및 수골(獸骨)에 구멍을 뚫어 불에 굽고 여기에 나타난 균열을 통해 신의를 읽었다. 이어 그들은 점을 친 사연과 점을 친 뒤에 사건이 어떻게 전개되었는지 등을 문자로 기록해 놓았다. 이를 갑골문이라고 한다. '갑골'이란 거북의 뱃가죽뼈와 소의 어깨뼈를 말하며 갑골문은 갑골의 안쪽 면에 불에 달군 나무를 눌러 급속히 팽창시키면 표면에 균열이 생기는데, 그 균열의 상태를 보아 점을 치고 거기에 점친 날짜와 역술가의 이름, 점친 내용과 결과 등을 새겨 넣은 글이다. 상 왕조에서는 희생, 기도, 왕의 집무, 날씨, 추수, 군사, 왕래 등과 같은 모든 일에 일상적으로 점을 쳤다. 중국 최초의 체계적인 문자로 갑골문의 특징은 일상인 언어 소통을 위한 것이 아니라 국가 대사에 대한 신령의 지시를 받기 위하여 종교적 목적으로 사용되었던 것이다.[51]

갑골문은 한자(漢字)의 본래 형태나 초기 중국어 문법을 연구하는 데 있어서도 중요한 자료다. 원시적인 중국 문자는 BC 4000년 때 종교적인 이유가 아니라 소유권자를 나타내는 표시로 시작되었고 이후 복잡하게 발전한 것이었다.[52] 앙소문화로부터 산둥지방의 대문구문화(大汶口文化)에 이르는 사이에 출토된 토기에 새겨 놓은 부호가 발견됐는데, 이것이 원시 문자라 할 수 있다. 황제의 신하가 문자를 만들었다는 전설이 있는데, 상대의 갑골문은 하대 문자에서 점차적으로 진화되어 이루어진 것으로 볼 수 있다. 초기 기호는 그림이었지만 중국 문자는 그림을 조합해 그림문자 단계를 넘어선다. 결국 그림문자를 여러 개 조합해 추상적인 내용과 관념까지 표현하는 복합 표의문자로 만든 것이다. 상나라가 은에 도읍했을 때 이 복합 표의문자는 신의 계시를 기록할 정도로 발달했다.

뼈로 점을 치는 의식의 중요성이 점점 더해지면서 왕실은 모든 사람들에게 선조들의 신성한 계시를 내려 주는 존재가 되었다. 왕은 신성한 힘으로부터 오는 계시를 전달하는 통로였기 때문에 예언을 담은 뼈는 질문자가 누구든 관계없이 항상 임금의 이름으로 묻게 되어 있었다.[53] 하지만 시간이 흐르면서 점을 치는 정인기구의 축소와 왕권의 신장, 왕실 중심의 제사제도의 변화 그리고 왕위의 적장자 세습 등으로 상왕국의 신정적인 요소가 약화하고 세속적인 왕권이 확립되었다. 이와 같은 왕권의 강화 과정에서 상왕에 대한 절대적인 지지 세력은 혈연적인 조직이었다. 상나라는 언급했듯이 읍제(邑制)국가라고 불리기도 하는데, 읍이란 씨족집단을 중심으로 성벽을 갖춘 국가를 의미한다. 읍은 대읍과 족읍, 소읍으로 나뉘는데, 대읍은 상나라 왕이, 족읍은 상나라 왕과 연합관계에 있던 씨족의 지도자, 소읍은 씨족의 장(長)과 연합관계에 있던 동족집단의 지도자가 각각 통치하였다.

많은 종교는 신, 정령, 영혼 같은 초자연적 존재나 저승 같은 불가사의한 세계 등에 대한 믿음을 포함한다. 그리고 초인간적 존재이면서도 인간의 의식이나 모습을 가진 인격신을 믿어 왔다. 원래 천(天)이라는 글자는 사람의 머리를 강조한 지사(指事)자다. 머리가 큰 사람, 즉 우두머리, 으뜸을 나타내는 말이었는데 주나라 이후 '으뜸', '높은 것'이라는 뜻에서 '하늘'로 의미가 확장됐다. 중국 신화에서 보았듯이 고대에 삼황오제가 나타나기 전에는 사람처럼 생각하고 행동하는 인격신이 존재했다. 앙소문화 시기에는 제(帝)가 등장했고 용산문화 말기부터는 새로운 최고신인 천(天)이 나타났다. 문헌을 보면 요임금과 순임금 때 이미 경천(敬天)과 제천(祭天)의 기록이 있다. 『서경』을 보면 "상제께 제사 지내고 천지사시(天地四時)에 제사 지내며, 산천에 제사 지내고 여러 신들에게도 두루 제사 지냈다"[34]고 했다. 상나라와 주나라의 교체는 신(神)의 교체로 이어졌다. 상(商)이 숭배하던 제 혹은 상제에서 주대에는 천(天) 즉 하늘을 신으로 섬기게 되었다. 주 왕조에 들어와서는 상 왕조 때 숭배하던 제(帝) 대신에 주족의 수호신인 천이 새로운 숭배의 대상이 되었다. 이로써 천을 모든 존재의 근원으로 여기고 생명의 원천으로 인식하게 되었다. 이를 반영하듯『시경』에 보면 "하늘이 뭇 백성을 낳으시니, 사물이 있으면 그 사물의 법칙이 있네. 사람들이 마음에 떳떳한 성품(彝)을 가지고 있으니, 아름다운 덕을 좋아한다"[35]라고 표현했다.

천은 통치자에게 운명 혹은 사명을 수여하였는데, 이를 천명(天命)이라고 하였으며, 왕은 천으로부터 천하를 받아 천자(天子)로서 통치를 수행하게 되었다. 만약 왕이 왕으로서 제 역할을 수행하지 못하면 천명은 다른 사람에게 옮겨갈 수 있었다. 이는 본래 은-주 교체를 정당화하기 위해 등장한 사상이었으나, 후에 맹자 등 제자백가의 사상으로 흡수되었다. 맹자는 일부(一夫)인 주(紂)를 죽였다는 말은 들었으나, 임금을 시해하였다는 말은 듣지 못했다고 했다.[36] 나아가 왕뿐만 아니라, 각 지위에 오른 모든 위정자들은 각자 하늘의 대리인인 천자로부터 사명을 받았으므로 제 역할을 다해야 하였다. 왕은 천하를 고르게 다스리고, 제후는 나라를 다스리며, 경과 대부는 가(家)를 다스리고, 사는 식읍을 받아 스스로를 수양하여 국가에 기여해야 하는 것이 사명이었다.

---

34)   肆類于上帝 禋于六宗 望于山川 徧于群神 書經, 虞書, 舜典.

35)   天生烝民 有物有則, 民之秉彝 好是懿德 詩經, 大雅, 烝民.

36)   曰 臣弑其君 可乎 曰 賊仁者 謂之賊 賊義者 謂之殘 殘賊之人 謂之一夫 聞誅一夫紂矣 未聞弑君也. 양혜왕 하 8.

주나라의 천은 이름만 바뀌었을 뿐 기본 역할은 상나라의 제(帝)와 같았다. 제와 천은 모든 신을 총괄하면서 인간 세상에 재해를 막기도 하고 인간의 생명을 좌우하기도 했다. 따라서 제와 천의 대리자인 왕 역시 같은 역할을 수행해야만 했다. 중국문명의 제왕통치의 근간은 바로 제(帝)와 천(天)에서 나온 것이라고 할 수 있다. 『상서』에 보면 주 무왕은 군대를 일으키며 다음과 같이 말하였다. "하늘(天)은 백성이 보는 것을 보고 백성이 듣는 것을 듣는다. 백성이 폭행을 일삼는 자를 멸하지 못한다 비난해도 그것은 나의 책임이어서 오늘 나는 반드시 민심을 따라 벌할지어다. 우리는 무력을 선양하며 상의 국토를 공격해 폭행을 일삼는 자들을 잡으리라. 우리의 토벌은 계속될 것이므로 상나라 개국보다 더 눈부시리라."[37] 주왕조 때 부각된 천(天)은 이미 조상신의 성격을 벗어나 어떤 씨족의 후예라고 해서 당연히 하늘의 명을 받을 수 없게 된 것이다.

　　역사서인 『국어(國語)』 진어(晉語)를 보면 천도는 특별히 친한 사람이 없고 오직 덕행이 있는 자만을 골라 복을 내린다는 이른바 천도무친(天道無親)과 유덕시수(有德是授)라는 구절이 있다. 노자 『도덕경』에도 천지는 어질지 않고 간섭하지 않는다는 천지불인(天地不仁)과 하늘의 뜻은 편애하는 일이 없이 언제나 착한 사람 편에 선다는 천도무친 상여선인(天道無親 常與善人)의 표현이 있다. 이는 바로 주왕조의 혁명을 합리화한 논리적 근거가 되었다. 즉 주나라에서는 인간이 태어나면서부터 하늘에서 부여된 운명을 따르지만 결정된 것은 아니며, 덕행을 쌓고 노력하는 것으로써 천명을 바꿀 수 있고 그렇지 않으면 천명을 다할 수 없다고 보았다. 따라서 군주가 되는 자는 덕행을 쌓아야 하고 만약 폭군이 나타났을 때는 이를 벌(放伐)할 수 있는 것이다. 이는 동양에서 하늘의 운행인 천도에 근거하여 인간의 윤리적 규범을 제시하고 또한 인간 삶의 길흉화복의 근거를 찾았다. 그만큼 윤리적 행동 규범뿐만 아니라 삶의 길흉화복에 대한 근원도 하늘 즉 천도에 근거하

---

37)　天視自我民視 天聽自我民聽 百姓有過 在予一人 今朕必往 我武維揚 侵於之疆 取彼凶殘 我伐用張 於湯有光. 『상서』 태세편.

여 생각하였고 이는 천인합일 사상으로 이어졌다.[54]

　주(周) 왕조는 천명이론(天命理論)을 내세움으로써 새로운 지배의 정당성의 근거를 만들었다. 상(商) 왕조의 통치자들은 조상신을 숭배하면서 그들의 보호를 기대했다. 반면 주 왕조는 보편적이며 비인격적인 신, 즉 하늘로부터 지배에 대한 인정을 받았다고 주장했다. 이러한 천명은 덕(德)이 있는 가문에게 수여될 수 있는 것이었다. 이 천명론은 통치자가 인간사회를 이끄는 최고의 도덕적 역량을 갖추어야 한다고 강조했다. 따라서 천명론이 주 왕실의 무력정벌을 합리화하는 데 그치는 것이 아니라 주왕을 천자로 격상시켜서 주 왕조의 정통성을 확립하는 논리로 작동하게 된 것이다.

　주나라에서는 인간은 태어나면서부터 하늘에서 부여된 운명을 따르지만 결정된 것은 아니며, 덕행을 쌓고 노력하는 것으로써 천명을 수행할 수 있다. 하지만 부도덕하고 게으르면 천명을 다할 수 없다고 했다. 군주가 되는 자는 덕행을 쌓아야 하고, 만약 폭군이 나타났을 때는 이를 넘어뜨릴 수가 있어야 했다. 「대학장구서」에는 하늘(天)이 사람을 내릴 때 이미 인의예지(仁義禮智)의 성(性)을 받았다. 그러나 그들이 받은 기질은 다 같지 않다. 때문에 사람들이 모두 하늘로부터 받은 본성을(仁義禮智)을 제대로 발휘하지 못했다. 그렇지만 총명하고 지혜가 있어 타고난 성품을 다 발휘할 수 있는 자가 한 사람이라도 나타나면, 하늘이 반드시 그에게 명하여 만백성의 왕(君師)으로 삼아서 그로 하여금 백성을 다스리게 하였고 백성을 가르쳐서 본성을 회복하도록 하였다고[38] 적혀 있다. 중국 왕조가 끊임없이 천명론을 내세운 이유가 바로 여기에 있다. 따라서 오직 덕 있는 자만이 천명을 받을 수 있다는 천명(天命)과 천덕(天德) 개념은 주 왕조 이후 왕조들이 지배의 정당성을 주장하는 중요한 근거가 됐다.

　고대로부터 사회의 수준은 그 사회가 지닌 도덕적 정도와 규범에 대한 준수에

---

38)　蓋自天降生民 則旣莫不與之以仁義禮智之性矣 然其氣質之稟 或不能齊 是以不能皆 有以知其性之 所有而全之也 一有聰明睿智能盡其性者 出於其間 則天必命之 以爲億兆之君師 使之治而敎之 以復其性. 대학장구서.

의해 결정되는데, 도덕규칙과 규범 준수는 종교로부터 커다란 영향을 받았다. 특히 기원전 500년~300년 사이 그리스, 인도, 중국에서 신흥종교가 출현하면서 유라시아 전반에 걸쳐 근본적인 변화가 발생했고 모든 신흥종교들은 하나같이 도덕성, 자기훈련, 금욕 등을 강조했다. 당시 신흥종교인 스토아교, 자이나교, 불교, 그리고 이후 기독교와 이슬람교는 전 세계로 확산되며 지금의 종교로 발달했다. 이는 비(雨)나 풍년을 기원할 때 사람들이 신에게 필요한 희생을 바쳤던 초기 종교가 제사 의식과 기복적인 보상에 기반을 뒀던 것과는 달라진 것이다. 개인이나 사회가 부의 축적으로 더 풍요로워지면서 미래를 생각하게 되고 장기적인 목표를 위해 당장의 보상을 포기하기 시작하게 된 것이다. 따라서 사람들이 종교를 믿게 된 것은 종교가 개인에게 위안을 주기 때문만이 아니었고 종교가 사회의 도덕규범을 제시하며 그 이면에는 초자연적인 존재가 있다고 믿었기 때문이다.

다만 유교의 경우 '종교'의 정의가 쉽지 않다는 것을 보여 주는 대표적인 사례다. 유교에서는 제사 등 종교적 요소가 분명히 존재하지만, 동시에 괴력난신(怪力亂神)에 대한 논의에서 나오듯 초자연적 믿음을 상대적으로 간과하는 등 종교가 아닌 철학으로 이해되는 부분 또한 있기 때문이다. 이는 유교가 신앙적으로 종교로 분류됨에도 불구하고 유교는 종교가 아닌 학문이어서 유학(儒學)으로 불러야 한다고 갑론을박이 이어지는 이유 중 하나다. 또 유가 사상이 이상사회(理想社會)를 지향하는 정치·윤리 철학이기도 하기 때문이다. 유가 학설에 따르면, 이상적인 사회란 질서가 있고 등급이 있지만 조화롭고 갈등이 없는 사회이다.[55] 주나라의 덕치 제도는 단지 덕만을 말한 것이 아니다. 이 외에도 예와 악을 강조했다. 도덕이란 내면세계의 규범으로 자율적 행위다. 그러나 국가를 다스리기 위해서는 강제력이 필요하고 그래서 나온 것이 예다. 예란 예의, 예절, 예법, 예교 등을 모두 포괄하는 일련의 행위규범이며 덕(德)을 쌓는 바탕이다.

그렇다면 악(樂)은 왜 필요한 것인가? 공자는 시(詩)에서 착한 것을 좋아하고 나쁜 것을 싫어하는 마음을 흥기(興起)하고, 예(禮)에서 서며, 악(樂)에서 인격의 완성을 이룬다고 하였다.[39] 주자에 따르면 악(樂)에는 오성(五聲)과 십이율(十二律)이 있는데, 번갈아 선창(先唱)하고 번갈아 화답하여 가무(歌舞)와 팔음(八音)의 절도(節度)를 삼는다. 그리하여 사람의 성정(性情)을 함양하며, 간사하고 더러운 것을 깨끗이 씻어 내고, 찌꺼기를 말끔히 정화한다. 그러므로 배우는 끝에 의(義)가 깨끗해지고, 인(仁)이 성숙해지면 자연히 도덕에 감화하여 순응하는 것이다. 이는 반드시 악(樂)에서 얻게 되는 것이므로 학문의 완성인 것이다. 예는 일종의 질서이자 제약이기 때문에 악을 통해 조율하고 균형을 유지한다. 악은 음악의 뜻이며 즐거움의 뜻이기도 하다. 덕으로 나라를 다스리기 위해서는 반드시 음악처럼 조화를 이루어야 하는데, 예로 상하의 질서를 정연하게 만들고 악으로 사람들의 마음을 편안하게 만든다. 주공이 이러한 제도를 설계하면서 덕을 예의 근본으로 삼고 예를 덕의 표현으로 삼았으며, 악은 예를 완성하는 수단이었다.

또한 유가는 도(道) 개념을 도입해 천을 새롭게 정의하고 나섰다.[56] 유가는 도가(道家)와 달리 도를 천의 상위 개념으로 상정하지 않고 같은 수준에 있는 개념으로 간주했다. 천도(天道)라는 개념이 등장하게 된 이유가 바로 여기에 있었다. 이로써 천은 도덕 가치의 근원이 되었다. 천은 또한 내재적이고 도덕적인 존재로서 인간의 본성이 선한 근거는 바로 천으로부터 부여받은 데 있는 것이다. 『서경』에 보면 하늘은 우리 백성에게 도리(彝)를 준다고[40] 했다. 결과적으로 유가가 내세운 천도 개념 역시 도가와 마찬가지로 천 개념에서 유신론적 요소를 제외하게 되었다. 유가의 경전 중 하나인 『역경』은 천을 인격신에서 우주만물의 이치인 천도 개념으로 전환시킨 논서로 유가와 도가는 『역경』을 통해 사상적 관계를 맺고 있다고 볼 수 있다. 특히[57] 『역경』 가운데 화(和)의 사상에서 출발해 주나라 예제로 존비의 순서, 상하의 절차와 같은 사회 질서의 당위성을 밝히고 그 속에 인(仁)의 핵심 사상을 불어넣었다.

---

39)  子曰 興於詩 立於禮 成於樂. 태백 8.
40)  天惟與我民彝 書經, 周書, 康誥.

옛날 인격신이었던 천신은 만물을 낳고 만물을 보호하는 것을 임무로 하는 신이었다.[58] 『시경』에 보면 하늘이 뭇 백성을 낳아 만물이 있으면 그 만물의 법칙이 있도다, 사람들이 마음에 떳떳한 성품(彝)을 가지고 있어서 아름다운 덕을 좋아한다고 했다.[41] 그래서 하늘은 태평성대를 구하는 군주를 뽑아서 천자로 임명해 보호하지만 만약 폭군이 나타난 경우에는 즉시 무서운 벌을 내렸다. 그런데 이후에 시간이 흐름에 따라 인격적인 요소가 점차 희박해졌다. 이는 주 왕조의 지배가 대체로 안정되었기 때문에 천신의 활동이 줄어들고 인격적 요소도 옅어지게 된 것으로 보인다. 이런 경향은 공자가 살았던 기원전 6세기~기원전 5세기의 시대에는 이미 명확하게 됐다. 『논어』에 '천은 말하지 않아도 사시를 행하고 만물을 낳는다'는[42] 공자의 말이 있다. 천은 인간처럼 말로 명령하는 것이 아니고 사계절이 순환하고 만물이 생육하는 그 속에 천리가 있다는 것이다. 요컨대 천은 사계절의 순환이나 생성의 안에 있는 법칙으로 곧 도(道)다. 말하자면 인격적인 존재가 아니고 도나 리(理) 또는 이성적 존재인 것이다. 천의 비인격화의 경향은 후세가 될수록 강화되었다.

12세기 송의 주자학은 천은 리(理)라고 규정하여, 리(理)의 보편성에 의해서 만물의 본질을 규명하고자 하였다. 성리학은 주로 사회적 인간 관계와 개인의 수양이라는 두 측면에서 그 사상을 심화시켰다. 『주례(周禮)』를 중시함으로써 사회 윤리인 예(禮)를 강조하고 우주 본체, 인간 심성과 같은 형이상학적 관념을 다져 나갔다. 이후 무신론적 경향이 강해졌으나 신에 대한 제사가 계속된 이유는 신(神)을 공경하고 조상을 숭배하는[59] 경신숭조(敬神崇祖)의 뜻을 기른다고 하는 유교적 이념을 중시하였기 때문이었다. 성리학은 가족을 중심으로 하는 혈연 공동체와 국가를 중심으로 하는 사회 공동체의 윤리 규범을 제시하면서 사상체계를 발전시켰다. 이것은 나아가서 가족이나 국가의 결속과 질서의 유지를 가져온다고 하는

---

41) 天生烝民 有物有則, 民之秉彝 好是懿德. 詩經, 大雅, 烝民.
42) 子曰 天何言哉 四時 行焉 百物 生焉 天何言哉. 양화 19.

정치적 이념과도 연결된 것이었다. 제례에서도 이와 같은 효과를 받아들였기 때문에 무신론적 입장에 가까웠던 공자도 제례를 존중하였던 것이다.

## (2) 제사

신이나 신령, 조상 등에게 봉헌하는 의식인 제사는 유교뿐 아니라 수많은 종교에서 이행되는 중요한 행위다. 원시시대에 인간은 자연의 변화에 경외심을 가지고 있었고 자연의 변화에 순응하여야만 인간이 생존·번영할 수 있음을 깨닫게 된다. 또한 만물에는 신령이 깃들어 있다고 여겨 신령들에게 안전과 행복을 기원하게 되었다. 이후 제사는 인류 문명이 발달에 따라 일정한 격식을 갖추게 되었다. 종교가 공적인 의례로 인식되던 고대에는 개인과 공동체의 신앙심을 표현하는 제사가 자연스럽게 중시되었다. 제사(祭祀)는 신령이나 조상에게 음식 등을 바치며 기원을 드리거나 죽은 이를 추모하는 의식으로서 죽은 조상과 살아 있는 자손은 지속적으로 상호작용을 하며, 이 과정에서 조상이 자손에게 복과 해를 줄 수 있다고 믿었다. 공자는『예기』에서 제사를 지내면 복을 받는다고 하였고[43] 제사에는 기원(祈願)이 있고 보답(報答)이 있다고 말하였다. 그러므로 유교의 조상 숭배는 초자연적인 힘으로부터 복을 바라고 화(禍)를 피하고자 하는 마음이 있다는 것을 알 수 있다.

조상에 대한 의례적인 행위는 죽은 사람을 산 사람과 따로 떼어 내기보다는 죽은 사람과 산 사람의 관계를 오히려 활발하게 해 주게 된다. 즉, 상례나 제례는 죽은 사람을 살아 있는 사람들의 사회에 다시 통합하고 받아들이는 행위인 것이다. 따라서 종교는 조상 제사라고 하는 형태를 통해서 공통의 자손 또는 공통의 혈연이라는 관념을 확산시켰다. 『예기』제의(祭義)편에서 "성인은 본을 돌아보고 다시

---

43)    賢者之祭也 必受其福.『예기』「祭統」제25.

시작하여, 생의 근원을 잊지 않는다"[44]고 하였다. 이로써 확고한 질서를 발달시킨 사회에서 사회 구성원들은 종교적 의례와 의식을 통해서 사회의 이익을 위해 헌신한다. 이를 위해 사람이 죽은 뒤 얻은 새로운 신분을 살아 있는 사회에서 그대로 인정해 주는 것이다. 조상의 생전의 지위가 가족의 범위 밖에서는 별로 두드러지지 않았다면, 그 조상은 단지 자기 가족의 조상이 될 뿐이지만 만약 그가 어떤 씨족의 문장(門長)이었다면, 그 씨족의 조상이 될 수 있다. 따라서 어느 한 씨족의 시조나 문장은 때때로 그 씨족 전체를 보호해 주는 시조신 혹은 수호신으로 추앙받기도 한다.[60] 따라서 전쟁이 일어난다면, 그런 사회는 상대적으로 결속력이 약한 사회를 이길 수 있었다. 또 종교를 이용하여 적절한 시기에 농사를 하거나 자원을 관리하는 등 집단 활동을 통제할 수 있는 사회는 그렇지 않은 사회보다 효율적이고 지속 가능했다.[61]

과거 인류는 수확의 풍요, 건강, 사냥의 성공, 전쟁의 승리 등 생존을 위해 많은 것이 필요했다. 그들은 그런 모든 것이 조상의 손에 달려 있으며, 조상신이 주는 것이라고 생각했다. 신석기 시대부터 '희생(犧牲)'으로 돼지, 개, 소, 양 등의 다양한 동물을 불태웠다. '희생'을 바치는 대상은 인간화된 신(神)이자 조상신이었다는 의미다. 물질적 존재가 아닌 혼(魂)과 백(魄)으로 변한 조상신이 섭취하는 음식은 형태도 달라야 했다. 연기와 냄새는 혼백으로 변한 조상들이 먹기에 적합하다고 당시 사람들은 생각했다. 이때 불에 달구어진 동물의 뼈는 소리를 내며 미세한 균열을 냈을 것이고, 옛날 무당들은 이를 자세히 살펴보았다. 이것이 불의 예언, 즉 화점(火占)의 기원이다. 따라서 주술의 힘을 빌려서 인간이 예측할 수 없는 일이나 자연재해 등에 대한 예상과 판단을 의지하게 되었다. 또 신의 징벌을 두려워하는 사람들은 그 명령에 복종하며 사회 전체를 개인의 이익보다 중요하게 생각하게 되었다.

중국 고대인에게 제사란 국가의 중요한 행사였으며 이를 통하여 국가를 다스리

---

44) 聖人反本復始 不忘其所由生也. 『예기』 제의편.

고자 하였다.[62] 중국 고대 제천 형식의 대표적인 것으로 교사(郊祀)와 봉선(封禪)을 들 수 있다. 교사는 본래 봄, 가을 두 번 거행되었는데, 이 두 차례의 대제는 원시 농업제사의 풍속을 가지고 있다. 교사는 천에 대한 제사이나 해(日)와 달(月)의 제사로서 시행되기도 하며 교사는 교제(郊祭)라고도 한다. 하늘의 명을 받고 지배자의 자리에 오른 천자가 제단인 원구(圓丘)를 쌓고, 밤에 섶을 불태워서 거기서 일어나 하늘로 올라가는 연기를 통해 치세(治世)의 실적을 하늘에 보고한 의식이다. 천자가 신령과 만물에게 지내던 제사가 일반인에게는 자기 조상에게 제사를 지내는 방식으로 변화됐다. 제사 지낼 때에는 신령 혹은 조상에게 희생물을 바쳤으며, 반드시 술과 음식이 뒤따랐다. 종묘사직에는 제사를 주관하는 관직이 있었고, 그들은 축문을 읽어서 외경심을 더하였고 신령이 옆에 있는 것처럼 엄숙하고 경건하게 진행되어야 했다. 위정자들은 제사를 통하여 민중을 단속하는 수단으로 활용하였다.

보았듯이 상나라 통치체제는 신정적 결합과 혈연적 조직에 의해 이뤄졌다.[63] 신정적 결합은 점복행사와 제사의식으로 나눌 수 있는데, 상나라에서는 그들의 최고신인 상제, 제와 더불어 조상신 그리고 많은 자연신을 섬기고 있었다. 신의 뜻을 파악하기 위한 점복행사를 주관한 사람을 말했듯이 정인(貞人)이라고 하였는데 상 왕국에서 있어서 점복행사가 매우 중요한 의미를 지녔던 만큼 정인기구의 사회적 지위가 상당히 높았다. 지금까지 확인된 120여 명에 달하는 정인의 이름은 대부분이 갑골문에 보이는 지명, 씨족명 또는 부족명 등과 일치한다. 이것은 정인이 상 왕국을 구성하고 있던 여러 부족의 대표자로서 중앙정부의 최고 결정에 참여한 사람들이었다는 것을 나타낸다. 점복의 결과를 보더라도 객관적인 판단보다는 왕의 뜻을 정당화하기 위한 수단으로 이용되었다. 상 왕국 초기의 상왕은 정인기구의 수장으로서 무사장(巫師長)의 역할을 했으며, 시간이 흐름에 따라 세속적인 왕권이 강화되는 반면에 신정적인 요소는 쇠퇴하게 됐다.

정인기구와 더불어 신정적인 요소로서 중요시되었던 것은 제사 의식이었다. 인간 만사와 모든 자연현상을 신의 섭리로 인식하였던 상족에게 있어서 신에게 기원과 구복의 절차였던 제사의식은 매우 중요한 의미를 갖는 것이었다. 신정일치 국가였던 상나라에서 인신공양은 주로 노예나 강(羌)족과 같은 다른 민족의 포로를 죽여서 하늘에 제사를 지내는 형식으로 했다. 이렇게 제사로 쓸 인간을 죽이는 방법이 12가지나 되었다고 한다. 이러한 제사의식의 내용이 세월이 흐르면서 변화되었다. 초기에 자연신과 조상신이 같이 제사의 대상이 되었는데, 이후 상 왕실의 직접적인 조상에 대해서만 제사가 받들어졌다고 한다.

하지만 주 왕조의 천은 주족만을 보호하는 것이 아니라 종족과 왕조를 초월해 존재하는 최고신이었다. 이는 상 왕조의 최고신인 상제가 오직 상족만을 보호한 것과는 달랐다. 주 왕조의 최고신인 천은 상 왕조 때의 제와 달리 이미 씨족의 조상신에서 벗어나 있었다. 천에 대한 제사를 주관하는 주왕(周王) 역시 제를 제사 지낸 상왕과 달리 샤먼의 성격이 완전히 배제되어 있었다. 이 점이 상 왕조와 주 왕조의 근본적인 차이를 보여 주는 대표적인 사례다.[64] 주 왕조는 자연 만물의 주재자인 천의 뜻에 따라 새 왕조를 세웠다는 취지의 천명론을 수용했다. 이후 하늘에 매년 정기적으로 성대한 제사를 올리게 되었고 주왕 역시 천명을 받은 하늘의 자손 즉 천자(天子)로 받들어졌다. 천자는 천을 대신하기 때문에 하늘 아래의 모든 땅은 천자인 주왕의 땅이고 거기에 거주하는 모든 백성은 주왕의 신민이었다. 이로써 주왕의 지배 영역은 단지 주 왕조의 정치군사적 영향력이 미치는 지역뿐만 아니라 주변의 모든 이민족이 사는 곳을 총망라한 온 세상으로 확대되었다. 이에 따라 천(天)으로부터 천명(天命)을 받은 천자(天子)가 천하(天下)를 다스리는 방식이 성립되었다.

조상에 대한 믿음에 있어서도 상나라와 주나라는 차이가 있었다. 상나라에서는 조상에 대한 숭배와 경외심이 매우 강하였기 때문에, 제사를 게을리하거나 조상의 이름을 더럽히면 당장이라도 자신과 가족들에게 해가 될 수 있다고 믿었다. 반면에 주나라 사람들도 조상에 대한 제사는 지냈지만, 그들에게 있어서 조상은 재앙을 피하기 위한 종교적인 믿음의 대상보다는 경의를 표하는 대상이었다. 더불어 상대에는 일이 있을 때마다 점을 쳤지만 주대에는 그러한 일이 적어졌다.

민간신앙에 있어서는 자연신 계통의 신들에 대한 숭배의례가 주목되는데, 오랫동안 농민들의 의식세계를 지배해 왔다. 이 가운데 가장 오래된 것이 토지와 곡물의 신인 사직(社稷)에 대한 숭배로서 농경사회의 중심 신앙이었다. 사직신에 대한 신앙은 주나라 시대부터 시작되어 점차 자리 잡았다. 주대에 있어서 사직단은 봉건 제후국의 정치공동체적 상징으로 제후국의 왕들이 제사를 주도해 왔다.[65] 농업신 숭배와 관련된 종교의례는 이미 농사 활동의 일부분이 되었을 뿐 아니라, 위기에 직면했을 때 결집된 행동과 의식을 표현하는 수단이 되었다. 지리적으로도 중국은 평탄한 농지와 산들 그리고 항해가 가능한 강들로 집단적인 농경에 적합해 중앙집권적 권력구조에 유리했다. 참고로 서양 사상의 발상지인 그리스는 해안까지 연결되는 산으로 이루어져 사냥, 수렵, 목축, 무역에 적합해 상대적으로 개인주의가 두드러졌다. 중국의 농업경제에서 경작의 주요 생산 단위는 가족이다. 그러나 가족의 범주를 넘어서서 대규모의 단체 협력을 필요로 하는 집단적 작업들이 존재했고 농업신 숭배는 이러한 협력을 위한 대표적인 활동이었다. 장기적으로 국가는 치수, 기우, 제방 등 생산활동을 하는 농민과 그 집단을 통제해 왔고, 농업생산에 영향을 미치는 각종 자연재해 등을 대처해 왔다. 따라서 농업신 숭배의식은 종교적 기능을 통해 국가의 역량을 강화해 온 것이다.

주나라 왕의 하늘에 대한 제사의례는 왕권을 강화하면서 천제를 비롯하여 과거에 제사를 받았던 귀신들의 중요성은 차츰 약화됐다.[66] 주나라 사람들이 받들던 사신과 직신은 이미 토지신이나 곡물신의 범위를 크게 뛰어넘었고 모든 국가 대사와 관련되었다. 정벌, 포로의 처리, 결맹 등에서 기우제에 이르기까지 모든 일마다 사(社)신과 직(稷)신에게 제사를 올렸다. 주나라 사람들에게 사신과 직신은 이미 토지신이나 곡물신이 아니라 민족의 수호신이었기 때문이었다. 제사는 엄정한 의식 절차에 따라 진행되었으며 제사를 거행할 때에는 반드시 음악이 연주되었다. 의례와 상호 보완적인 관계에 있었던 것이 음악이었다. 의례는 차별을 중시하지만, 음악은 조화를 중시한다. 음악은 사람들의 공통적인 정서인 희로애락을 자극하고 동질감을 형성시켜 궁극적으로 사회의 단합을 유지하는 것이 목적이었다. 의례와 음악은 둘 중 하나가 없으면 사회가 균형을 잃게 되는 관계에 있었다. 주나라의 음악은 『시경』과 떼어 놓을 수 없는데, 『시경』 주송편은 제사에 쓰이는 악무(樂舞)이면서 역사시로 의례를 제정하고 음악을 만든 주공이 지은 것이다. 정치와 종교의 전례에서 편종과 편경으로 연주되는 음악이나 공연되는 악무를 아악(雅樂)이라고 한다. 이러한 아악은 주례와 마찬가지로 등급에 따른 엄격한 규정을 갖추고 있었고 질서를 강조하였다.

제례에서 음악 활용의 이유는 근본적으로 감정이 언어보다 훨씬 더 다양하고 더 오래된 소통 방식으로 전해졌기 때문이다. 원시종교에서는 음악적 행위가 곧 종교적 행위로 간주되고 있는 것도 적지 않다. 주술이나 기도에 결부시켜 성악이나 기악을 사용하는 예는 세계 각지에서 찾아볼 수 있고 다양한 종교에서 음악은 매우 중요한 위치를 차지한다. 따라서 바라문교·힌두교·불교·라마교 등 다양한 종교가 각각 지역에 고유한 종교음악을 형성해 왔다. 유교에는 예악일치(禮樂一致)의 사상이 있고 한국의 무속(巫俗)이나 불교에서도 독자적인 종교음악이 발전해 왔다.

또 중국 제례에서는 독한 술을 사용하게 되는데, 우선 술을 땅에 뿌려 조상에게 공양을 하고 난 연후에 의식에 참석한 사람들이 마신다. 이는 다른 여러 문화의 종교의식에서도 자주 볼 수 있는데, 술이 신령과 소통하는 매개체로 여겨졌기 때문이다. 천기(天氣)는 위로 올라가 하늘로 가는데 이를 혼(魂)이라 하고 지기(地氣)는 아래로 내려가 땅속으로 들어가는데 이를 백(魄)이라 한다. 조상을 초청한다는 것은 이 혼과 백을 초청하는 것이다. 향을 피워 연기를 하늘로 보내는 분향(焚香)은 하늘에 가 있는 혼을 초청하는 예식이고 모사(茅沙)에 술을 붓는 관주(灌酒)는 땅속에 가 있는 백을 초청하는 예식이다. 관주는 원래 땅에서 해야 하는 것이지만,

번거롭기 때문에 땅을 제사상 앞으로 가지고 왔다. 그것을 모사라 한다.[67]

조상 숭배가 철학적·윤리적인 체계를 갖추고 뿌리내린 것은 유교의 정착을 통해서다. 유교에서 천신(天神)·지기(地祇)와 함께 조상신(人鬼)의 제사를 길례(吉禮)로 삼은 것은 이미 『주례(周禮)』 이래로 당연시되었다. 조상 숭배 신앙이 실현한 것은 일종의 도덕가치의 상징이며, 또한 이러한 가치들을 안정된 전통으로 지속시키는 데 필요한 수단이었다. 『예기』를 보면 오직 어진 사람이 갖출 수 있는 것이며 능히 갖춘 후에야 능히 제사 드릴 수 있다. 그러므로 어진 사람의 제사는 그 성신과 충경을 다하여, 제물로써 받들고, 예로써 인도하며 악으로써 편안히 하고 때에 맞추어 제사를 모시는 것이라고[45] 했다.

조상 숭배에 있어서 죽은 자를 통해서 나타나는 사회·심리작용은 시공의 제한을 받지도 않고 혈연적 관계를 사회적 관계로 전환시킬 수 있다는 것이다. 실질적인 친족의 관계를 제한할 필요가 없기 때문에 조상 숭배는 다수의 가족 구성원을 하나의 조직적인 혈연 관계로 결속시키는 기능을 갖추고 있는 것이다.[68] 실제로 고조부모, 중조부모, 조부모, 부모 등 4대 조상의 신위를 모신 사당인 사묘들이 지역에서 사회관계를 유지시키는 기능을 담당했다. 이는 가정의 행복과 마을공동체를 보호하는 것에서부터 국가의 행위와 사회적 도덕 질서의 유지에 이르기까지 각 방면의 대소사를 모두 아우르는 것이었다. 유신론 신앙의 일종으로서 조상 숭배는 장례와 제례의 절차가 있고, 혈연가족 조직을 단결시키고 안정시키는 중요한 기능을 발휘할 수 있다. 따라서 동아시아 사회에서 전통적 가족의 유지는 상당 부분 이러한 신앙에 힘입은 것이라 할 수 있다. 위정자들이 조상 숭배를 지지하는 근본적인 동기는 조상에게 제사 지내는 것이 혈연가족체계를 유지하는 데 도움이 되고, 혈연가족체계는 기존의 정치 사회질서를 유지하는 중요한 수단이기 때문이었다.

---

45) 唯賢者能備 能備然後能祭 是故賢者之祭也 致其誠信與其忠敬 奉之以物 道之以禮 安之以樂 參之以時." 『예기』 「祭統」 제25.

결국[69] 제사는 신과 인간의 만남으로 그 속에서 인간은 제물과 정성을 바치고 신은 이를 흠향하고 복을 내려 주는 과정이다. 즉 제사는 인간의 정성과 신의 강복이 교환되는 의식(儀式)인 것이다. 그러므로 아무리 풍성한 제물이 준비되어 있어도 제사를 드리는 사람의 정성이 없으면 제사는 허례허식으로 전락하고 인간이 정성껏 준비하더라도 제사를 받는 신이 흠향하지 않고 강복하지 않으면 제사는 헛일이 되고 만다. 한쪽에서 정성을 보이면 다른 한쪽에서 그 정성에 대해 적절한 보답을 하면서 서로 제대로 주고받을 때 제사는 의미 있는 의례적(儀禮的) 소통으로 완성된다. 때문에 공자는 제사엔 예(禮)보다 정성이 먼저라고 했다. 공자는 선조(先祖)에게 제사를 지내실 때에는 조상이 계신 듯이 하였고, 신(神)을 제사 지낼 때에는 신이 계신 듯이 하였다. 따라서 내가 제사에 참여하지 않으면 제사를 지내지 않은 것과 같다고 했다.[46]

주자를 비롯한 성리학자들의 귀신론은 본래 유신론이라기보다는 무신론 혹은 이신론에 가까운데, 조선의 성리학자들도 그러했다.[70] 율곡 이이의 경우 귀신의 실체성보다는 인간의 정성에 따라 기가 움직인다는 점을 더욱 강조하였다. 조선시대부터 귀신이 실재한다고 여겨서 제사하기보다는 귀신을 대하는 인간의 정성을 더 중시했으며, 기복적인 목적은 배제되었던 것이다.

제사는 초자연의 보호와 축복을 기원하며 혼령에게 행하던 의식으로써『상서』,『시경』등 공자 이전 시기 문헌에 이와 같이 그 의미가 명시되어 있다.[71] 공자와 그 이후 2백여 년간 유학자들이 신앙적 경향을 벗어난 사상적 흐름을 통해서 제사의 도덕성과 사회기능을 끊임없이 강조한 덕분에 제사는 규범적인 사회행위로 정착되었고 나아가 예(禮)의 일부가 되었다.『예기』와『국어』등과 같은 초기의 저작들은 제사의 세속적인 기능이 바로 효와 충 같은 도덕적 가치를 배양하는 데 있다고 보았다.『예기』를 보면 충신은 이것을 가지고 그 임금을 섬기고 효자는 이것을 가지고 그 어버이를 따르니, 그 근본은 같은 것이다. 위로는 귀신에게 순종하며 밖으

---

46)   祭如在 祭神如神在 子 曰 吾不與祭 如不祭. 팔일 12.

로는 군장에게 순종한다. 안으로는 어버이에 효도하니 이렇게 하는 것을 갖추었다고 하는 것이라고[47] 했다.

조상 숭배의 사회적 의미는 매우 분명하다. 험난하고 불확실한 세상에서 사람들은 초자연의 도움을 구하려는 희망과 함께 초자연의 징벌에 대한 두려움을 갖게 된다. 이 때문에 사람들은 안정된 친족 체계에 강하게 의지하게 되고 바로 이 때문에 친족 체계가 유가사회의 핵심이 되는 것이다. 유가의 많은 가치들이 전통으로 자리 잡을 수 있었던 것은 이성주의에 대한 강조뿐 아니라 초자연의 징벌 능력에도 기반을 두었기 때문이다. 『논어』에 보면 위(衛)나라의 권신(權臣)인 왕손가(王孫賈)가 아랫목 신(神)인 임금에게 잘 보이기보다는 차라리 부엌 신(神)인 권신(權臣)에게 잘 보이는 것이 낫다는 말이 있다면서 무슨 말인지 공자에게 물었다. 공자는 그렇지 않다고 강하게 부정하며, 하늘에 죄를 지으면 어디에 빌어도 소용이 없다고 말했다.[48] 또 공자는 귀신의 덕(德)이 성대하다고 말하였다.[49] 공자와 그의 제자들은 전문적으로 상례를 주관하는 선비(士) 집단이었다. 이들은 고대의 무속인에서 발전해 왔기 때문에 공자와 그 제자들이 유가의 의식행위의 일부분이었던 초자연주의적 관념을 완전히 버릴 수 없었다.

## (3) 조상신과 종법제

만물에 영혼이 있다고 보는 것은 일종의 원시적인 종교 관념으로 문명이 시작되기 전부터 인류가 가졌던 다신론의 흔적이며 동시에 한 단계 발전한 것이다.[72] 그런데 천명을 받은 주나라는 만물에 영혼이 있다고 믿는 대신에 조상 숭배 의식이 더욱 강화되었다.[73] 조상 숭배의 목적은 동일한 자손으로 이루어진 집단이 그 사

---

47)  忠臣以事其君 孝子以事其親 其本一也 上則順於鬼神 外則順於君長 內則以孝於親 如此之謂備. 『예기』, 「祭統」 제25.

48)  王孫賈 問曰 與其媚於奧 寧媚於竈 何謂也 子 曰 不然 獲罪於天 無所禱也. 팔일 13.

49)  子 曰 鬼神之爲德 其盛矣乎. 『중용』 16장.

회의 이익을 위해 함께 작업할 수 있는 동기를 부여하는 것이었다. 조상 숭배에 의해 동기가 부여된 협동 작업은 특히 농사에 의존하는 공동체에는 필수적이었다. 사람들은 생존을 위해 서로 협력해야 했던 것이다. 고대국가나 제국이 출현하기 전까지 종교는 대체로 부족 및 언어의 경계선과 일치했다.

초기 사회에서 조상 숭배는 가정(家)을 단위로 하는 풍습이었다. 갑골문에서 가(家) 속의 시(豕)는 실제로 돼지가 아니라 개(犬)다. 갑골문의 견(犬)은 죽어서 다리를 옆으로 늘어뜨린 모양으로 표시되어 있다. 고대 중국에서 개는 제의(祭儀)의 희생물 중 하나였다. 갑골문이 제작되던 시대의 고대인들은 뛰어난 후각을 지닌 개가 신과 통하는 능력을 가졌다고 믿었다. 따라서 가(家) 자는 그들이 쓴 희생의 제물과 관련이 있을 것으로 보인다. 은나라 후기 중국인의 실제적 생활공간에서 가(家)는 이미 사회의 기층조직으로 인식되어 정치사회의 기본단위로 등장했다.[74] 귀족들의 가(家)는 독립적인 제사를 주관했으며, 상당한 규모의 농경지를 소유하면서 대규모 집단으로 성장했다. 독자적인 행정을 실시하면서 생산과 분배 그리고 집단의 갈등을 해결하는 여러 가지 정치적 역할을 하고 있었다. 나아가 중국의 고대국가들은 조상 숭배를 가정 밖으로 확대하기도 했다. 지배자들은 왕국 시조의 자손이라는 사실에 근거하여 초자연 세계와의 관련성을 강조하고, 자신이 고결하고 신성한 초자연 세계와 연결되어 있다고 주장했다. 특히 유교에서 조상 제사는 죽음을 기(氣)의 흩어짐으로 이해하고 후손은 조상신과 같은 기를 받아서 서로 기운이 통한다는 전제하에 제사의 핵심을 정성(誠)에 두고 있다. 이 의례를 통하여 조상신과 후손의 만남과 감응을 이루도록 하는 데 그 목적을 두고 있으며 조상 숭배는 도덕적 기능과 사회통합적 기능을 해 왔다.

농경사회였던 중국인들의 고대 사상은 농민들의 사고를 반영한 것이다.[75] 농민은 농사를 위하여 날씨 변화, 물 관리, 별자리 관측 등에 공을 들였다. 한 지역에 정착해 살았던 농민에게 가족은 중요한 경제 단위였다. 인구가 많을수록 노동력의 확보가 가능하기 때문에 육체적 노동에 유리한 남아를 선호하는 현상이 자연스럽게 받아들여졌다. 가족의 유지에서 중요한 요소로서 조상 숭배 사상은 조상이 마련한 땅에서 양식을 생산하고 저장해 살아가고 있는 만큼 조상을 존경해야 한다는 논리다. 조상신의 존재는 후손의 응집력을 강화할 수 있었고 이를 확장해 국가는 거대한 가족과 같기 때문에 국가를 위하여 목숨을 바칠 수 있는 신념도 여기에서 나온다고 할 수 있다.[76]

학자들은 씨족사회의 의식 형태를 연구하여 고대인들이 토템 숭배로부터 조상 숭배 사상이 나왔을 것으로 보고 있다. 문명의 발달하기 이전 자연현상은 인간에게 불안과 공포의 대상이었다. 이를 극복하기 위해 인간은 주로 동물의 영혼을 숭배하는 경향이 있었다. 여기서 동물은 인격화의 과정을 밟게 되는데, 고대 전설적인 인물들이 동물의 모습으로 묘사된다. 중국 신화에서 복희씨를 이은 신농씨(神農氏)는 소의 머리를 한 반인반수로 염제(炎帝)라고도 불렸다. 그리고 토템 숭배에서 인간 숭배로 전환하는 과정에서 제사가 등장하였다. 상나라의 제사에서는 소, 양, 개, 돼지 등을 바쳐졌고 술이 등장하였다. 제사는 제단을 쌓고 진행되었으며, 제주(祭主)는 무당이 담당하였다. 또한 춤과 음악이 등장하였다.

중국 출신 미국 사회학자인 양경곤(楊慶堃, C. K. Yang)은 중국의 민간 종교 신앙이 세속사회의 제도와 긴밀하게 결합되어 있어서, '분산형 종교'에 해당한다고 분석했다. 분산형 종교는 그 자체로 독립적이지는 않지만 구조적으로 종교적 기초를 갖추고 있다고 설명했다. 즉 중국사회에서 종교는 어느 곳에서나 존재하면서 중국인들의 일상 생활과 집단활동을 좌우하고 있지만 경전이나 종교 조직, 사제 양성제도, 교의 등이 분명치 않고 개인과 사회 생활 그 자체에 녹아들어 있어 제도화되어 있지 않다.[77] 따라서 분산형 종교 개념은 민간의 생활 속에 존재하고 있던 신앙의식을 중국 종교로서 볼 수 있게 해 주었다. 반면 제도종교는 그 자체에 고유한 신학과 우주의 해석체계를 가지고 있으며 숭배와 제사에 관한 의식화된 체계와 함께 독립적인 인사조직을 통하여 신학적 관점을 해석하고 제사활동을 책임진다. 제도종교의 가장 큰 특징은 자체로 세속체계의 밖에 독립하여 있을 수 있으며, 일정 정도 상호 분리되어 있다는 것이다.

분산형 종교는 자체에 신학과 제사, 인사 등에 관한 운영체계를 갖고 있기는 하지만 그 정신적 실체나 또는 의식화된 의례 조직 등이 모두 세속제도 및 사회질서와 결합되어 있기 때문에 그 자체에는 어떠한 독립적 가치와 의미를 갖지 못한다. 양경곤에 따르면 중국 전통문화에서 종교는 일종의 분산형 종교이지 제도종교가 아니며, 그리고 분산형 종교의 특징은 바로 그 교리와 의식 조직 모두가 세속사회의 생활이나 제도에 섞여 있다는 점이다. 따라서 고대 중국의 초기 세계관은 중국 민간사회의 일상생활 속에 스며들어 있으며 대중들의 종교적 의식은 일상생활로서 사회제도와 완전히 하나로 결합되어 있다. 때문에 분산형 종교는 중국사회의 세속구조, 즉 가족제도와 대규모 사회 정치 네트워크를 통하여 그 기능을 발휘한다는 것이다. 그래서 중국사회에서 가족 내의 조상 숭배는 사회 제도 속에 퍼져 있는 종교의 모든 특징들을 포함하고 있다고 할 수 있다.[78]

종교인류학자인 스펜서(H. Spencer)는 죽은 조상에 대한 숭배가 종교의 기원이라고 주장하며 조상 숭배가 만물에 혼이 있다는 정령 숭배보다 앞선다고 했다. 죽은 조상의 혼령은 다른 사람의 몸에 들어갈 수도 있으며, 또는 병이나 죽음을 초래하기도 한다고 믿었다. 이런 믿음 때문에 돌을 깎거나 채색하여 신으로 숭배하며, 우상 숭배(Idololatrie)가 생겨나기 시작했다는 것이다. 망자의 영혼에 대한 믿음을 통해 조상들의 영혼은 도덕적으로나 물질적으로 후대에 커다란 영향을 미치게 되고 자손들은 경건한 자세로 조상들을 향해 경배의 제사를 끊임없이 지낸다. 이러한 전통적인 종교와 신앙적인 요소들은 혈연관계 가치와 가정의 전통관념 속에 깊이 뿌리를 내리고 있다. 즉 장례와 제사의식을 비롯하여 조상들의 죽음과 관련된 가정의 모든 활동은 가족의 삶 속에서 빠질 수 없는 매우 중요한 부분으로 자리 잡고 있다. 가정이나 씨족의 어른들은 조상 숭배에 관련된 일을 관리하며 제사에서 종교인과 유사한 역할을 수행한다. 종교적 모임은 씨족 단위로 구성되며 씨족 구성원들은 각자의 가정에서 나이와 성별, 지위에 따라 질서 있게 의식에 참여한다. 이 때문에 조상을 모시는 것은 가정의 종교적 생활에서 가장 중요한 일로서 신앙과 의식 활동, 상징물 및 그 조직 등이 가정 속에 깊숙이 결합되어 있다. 가정에서의 종교도 매우 조직화되어 있기 때문에 가정 그 자체와 마찬가지로 강력한 것이다.

중국문화의 초기 단계에서부터 종교의 주요 역할이 도덕적 이상의 실현은 아니었다. 인간에게 복을 가져오는 신령을 모시고 악귀를 물리치며 병을 고치고 비를 내리게 하며, 전쟁의 승리와 평화를 기원하는 주술적인 힘이자 대상이었던 것이다. 천(天)은 사람들의 모든 행위에 대한 심판자였으나, 유가의 등장 전까지 천의 도덕적 관념이 명확하게 드러난 적은 없었다. 공자는 하늘에 죄를 지으면 어디에 빌어도 소용이 없다고 말해 도덕적 심판자로서의 천을 강조했다.[50] 유가의 도덕체계가 뿌리를 내릴 수 있었던 원인은 세속사회의 요구에 적합했기 때문이다. 특히 유가는 중국 농경사회의 핵심구조인 가족관계의 필요 조건을 충족시켜 주었는데, 유교의 이념체계는 가족 제도를 유지하는 방향으로 틀이 짜였다. 효를 강조하여 자식들을 부모 옆에 두는 것은 노부모의 노후 생활을 유지하기 위한 방법이면서 노동력을 확보해 생산력을 증가시키는 데 장점이 있었다. 이런 맥락에서[79] 공자의 관심은 현실에서 인생을 어떻게 바르게 살아갈 것인가 하는 것에 있고 신의 세계나 사후의 세계라는 종교적인 문제에 대해서는 상대적으로 무관심하였다. 『논어』를 보면 자로(子路)가 귀신 섬기는 일을 물었을 때 공자는 살아 있는 사람을 잘 섬기지 못한다면 어떻게 귀신을 섬기겠느냐고 답했다. 다시 자로가 감히 죽음에 대해서 물었다. 그러자 공자는 삶을 모른다면 어떻게 죽음에 대해서 알겠느냐고 말했다.[51]

독일의 사회학자 베버(Maximilian Carl Emil Weber)에 따르면 고대 이집트 등에 전형적으로 나타나는 사자(死者) 숭배라는 것은 사자의 내세에 강한 관심을 둔 것

---

50)  子 曰 不然 獲罪於天 無所禱也. 팔일 13.
51)  季路 問事鬼神 子 曰 未能事人 焉能事鬼 敢問死 曰 未知生 焉知死. 선진 11.

이었고 내세 신앙의 성향이 강하다. 그런데 조상 숭배는 이와 달리 현세에 대한 관심을 중심으로 하고 있다. 말하자면 조상의 영혼이 현세의 자손을 지켜 줄 것인가 하는 현실적 관심이 중심이 되었고, '조상의 영혼이 실재하는가' 혹은 '사후 세계가 어떠할까' 하는 문제에 대해서는 대체적으로 무심하였다. 한마디로 말하면 사자숭배가 내세적인 반면 조상 숭배는 현세적이다. 조상 숭배가 지금의 자손의 삶을 결정하는 기능을 가진 것에 반해서 사자 숭배는 그렇지 않다. 이 때문에 사자 숭배가 성행하였던 이집트에서는 씨족제도가 일찍 해체되었지만, 조상 숭배가 강했던 중국에서는 씨족 집단이 오랫동안 지속되었다는 것이다.

주나라가 대체한[80] 은나라에서는 거북점 등을 통해 신의 의지를 읽어 내는 능력으로서 무축(巫祝)이 중요했지만 주나라의 신(神)인 천은 덕을 지닌 위정자에게 통치권을 부여하는 인격신의 성격과 함께 자연의 변화와 만물의 생성·소멸의 법칙을 지닌 즉 '세상의 이치와 법칙으로서의 하늘'인 이법천(理法天)이었다. 따라서 덕을 닦음으로써 천의 이법을 깨닫는 것이 중요했고 천을 자연의 순환과 운행의 법칙으로 이해했다. 천을 숭배한 주나라는 봉건제를 통해 천하를 다스렸다. 봉건제는 천자국과 제후국이 강력한 종교적 뿌리인 천을 기반으로 같은 핏줄에게 영토를 나눠 다스리게 한 것이다. 이를 종법제라고 하는데, 종법제는 천자로부터 제후, 경, 대부, 사, 서인으로 이어지는 사회적 계급 질서제도였다.

주나라가 상나라를 토벌할 때 각 부락의 방국(邦國) 중에서 무왕에게 신하로서 복종한 곳이 625국이었다고 한다. 주나라는 정복한 지역의 안정을 위하여 대규모로 분봉제를 실시하였다.[81] 분봉이나 봉건은 토지와 백성을 나누는 것으로 주나라 왕은 토지와 백성을 제후들에게 분배하였는데, 이것을 건국(建國)이라고 하였다. 제후들은 다시 토지와 백성을 경이나 대부에게 분배하였는데, 이것을 입가(立家)라고 하였다. 이렇게 하여 피라미드식 봉건 제도가 형성되었다. 봉건 제도는 등급을 엄격하게 구분하였다.

종법 제도는 씨족 조직이 변형되어 만들어진 혈연 종족관계의 기초 위에서 등장하였고, 귀족을 대종과 소종으로 구분하였다. 주나라 왕은 스스로를 천자라고 하였다. 천자는 정치적으로는 모두의 군주였고, 모든 동성(同姓)의 대종(大宗)이었다. 왕위는 적장자가 계승하였고 대대로 대종의 지위를 유지하였다. 이것은 상나라 초기 형이 죽으면 동생이 계승했던 관습과는 다르다. 적장자의 형제들은 제후로 분봉되었고 소종(小宗)의 지위를 갖고 있었다. 제후는 봉국 안에서는 자신이 대종이었고 그의 자리도 적장자가 계승하였다. 그리고 적장자의 형제들은 경, 대부로 분봉되었고, 봉국 안에서 소종의 지위를 갖고 있었다. 경, 대부는 가장 낮은 단계의 대종이었다. 주나라 왕(대종)과 비교하여 상대적으로 소종의 지위에 있던 종자(宗子)들은 친족들이 의지하고 복종하는 권위를 지녔으며, 동시에 국가는 그들을 매개로 하여 종족(宗族)들을 관리하였다.

당시[82] 국(國)의 유지와 번영을 위해서 조상신에 대한 제사는 필수적이었다. 제사를 계속 지낼 수 있다는 것은 곧 씨족을 유지한다는 것이었고 제사의 단절은 국의 멸망을 의미했다. 춘추시대에 공(公)으로 불린 국군(國君)의 권위는 바로 씨족 공동체의 제사에서 비롯되었다. 씨족사회 때부터 진행된 계층 분화가 은대 이래 왕후 귀족의 봉건적이고 가부장적 가족의 성립을 촉진시키고, 한편으로 소종적 집단을 사회적 단위로 범주화하여 촌락공동체의 새로운 기초가 형성되었다. 또 조상 숭배와 제사, 그에 따른 가부장적 가족제도의 발달이 곧 종법 출현의 배경이 되었다. 이렇듯 주 왕조의 봉건제는 기본적으로 신석기시대의 씨족에서 발전된 종족을 기본 단위로 하여 정립된 종법제 위에 서 있었던 것이다.

유가에서 말하는 소위 친친(親親)은 바로 주 왕조의 종법제를 이상화한 개념이다. 친친은 가까운 사람을 더욱 가깝게 대한다는 뜻으로『예기』를 보면 어버이를 친히 하면 조상을 존중하게 되고, 조상을 존중하면 종(宗)을 공경하게 되며, 종을 공경하게 되면 친족을 거둘 수 있다. 친족이 거두어지면 종묘가 엄격해지고 종묘가 엄격해지면 사직이 중해지며, 사직이 중하면 백성을 사랑하게 된다. 백성을 사랑하게 되면 형벌이 균형 있게 되고, 형벌이 균형 있게 되면 백성이 편안해지며,

백성이 편안해지면 재용이 충족되고, 재용이 충족되면 백 가지 뜻이 이루어지고, 백 가지 뜻이 이루어지면 예속(禮俗)이 이루어지게 되며, 예속이 이루어지면 즐거울 수 있는 것이라고 했다.[52] 결국 종조(宗廟)와 사직(社稷)을 위한 종법의 유지는 친친(親親)과 존조(尊祖)라는 친족 간의 화목과 위계질서가 바탕이라고 할 수 있다.

결론적으로 중국의 수많은 신화들은 농경문화를 반영한 것이었고 농업의 발달은 사회 변화와 고대 국가의 형성으로 이어졌다. 농사는 기후와 자연재해에 영향을 받는 만큼 자연신을 비롯해 하늘(天)과 조상신에게 풍년을 기원하는 것은 자연스러운 현상이었다. 이 과정에서 집약적인 농경을 성공적으로 이끌기 위해서 초인적인 능력을 지닌 영웅이 아니라 수많은 노동력을 하나로 집약할 수 있는 경륜 있고 인자한 성군(聖君)이 이상적인 군주로 인정받게 되었다. 나아가 유교(儒敎)에서 유(儒)도 농경사회와 관련이 있다. 앞서 살펴본 바와 같이 유(儒) 글꼴의 내면에는 비를 부르는 주술사의 의미가 내포되어 있다. 특히 중국의 경우 민간 종교 신앙이 세속사회의 제도와 긴밀하게 결합된 '분산형 종교' 특성을 띠면서 일상생활과 사회에 밀접한 영향을 미치게 됐다. 농경이 가족 중심으로 이뤄지면서 중국에서는 혈연과 친족 관계가 중시되었고 이는 조상 숭배와 제사의 발달 그리고 제사를 모시기 위한 친족 간의 등급을 나누는 종법제로 이어졌다. 유가에서 말하는 소위 친친(親親)은 바로 종법제를 이상화한 개념이기도 했다. 그리고 유교는 이런 사회 변화와 사상, 제도적 특성을 바탕으로 발달하게 된다.

---

52) 人道親親也. 親親故尊祖, 尊祖故敬宗, 敬宗故收族, 收族故宗廟嚴, 宗廟嚴故重社稷, 重社稷故 愛百姓, 愛百姓故刑罰中, 刑罰中故庶民安, 庶民安故財用足, 財用足故百志成, 百志成故禮俗刑, 禮俗刑然後樂. 『예기』 권16, 대전 16.

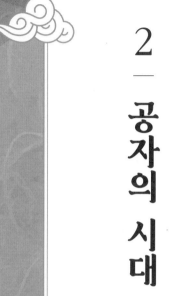

2

공자의 시대

『공자가어』 정론해편에 보면 가혹한 정치는 호랑이보다 무섭다는 뜻인 '가정맹어호(苛政猛於虎)'의 일화가 있다. 공자가 제나라로 가는 도중에 태산 옆을 지나게 되었는데, 어떤 부인이 들에서 슬피 울고 있었다. 공자가 이를 듣고 이 슬픈 곡소리는 한결같이 거듭 우환을 당한 듯하다고 말하였다. 그리고는 자공을 시켜 그 연유를 물어보게 했다. 그러자 부인이 예전에 시아버지가 호랑이에게 물려 죽었고 제 남편 또한 죽었는데, 이제 제 자식마저 죽었다고 대답했다. 이를 듣고 자공이 그러면 왜 이곳을 떠나지 않습니까 물었다. 그 부인은 여기서 살면 세금을 혹독하게 거두거나 못된 관리에게 재물을 빼앗기는 가혹한 정치가 없기 때문이라고 답하였다. 자공이 이 일을 전하자 공자는 가혹한 정치가 사나운 호랑이보다 무서운 것이라고 말했다. 이는 공자가 정치 참여에 적극적이었던 이유를 보여 주는 한 사례다.

주나라 평왕이 도성을 동부의 낙읍으로 옮긴 후 주나라 왕실은 혼란에 빠졌다.[83] 낙읍은 명목상 주나라의 동쪽 도성이기 하지만, 이미 황폐해져 정나라의 지원에 의해 그 통치를 유지할 뿐이었고 제후 세력은 점점 더 강해지기 시작했다. 기원전 707년에 주나라 환왕은 왕실의 권위를 세우기 위해 괵나라를 비롯, 진(陳), 채(蔡), 위(衛)의 군사를 소집해 정나라를 토벌하기로 했다. 하지만 정나라 장공은 제중(祭仲), 고거미(高渠彌)를 파견해 이를 맞아 싸워 대승을 거뒀다. 이로부터 천자의 위상은 더욱 추락해 제후들이 더는 천자를 배알하지 않고 조공도 바치지 않았다. 왕실의 세력이 약해지자 사회는 새로운 질서를 요구하게 되었고 이후로 춘추 오패(五霸)가 등장하게 되었다. 패자는 회맹(會盟)을 주도하여 이민족의 침입을 막고, 주 왕실을 존중한다는 존왕양이의 명목으로 중원을 장악했다. 제나라 환공의 규구(葵丘)의 회(기원전 651년), 진(晉)나라 문공의 천토(踐土)의 회(기원전 632년)가 회맹의 예이다.

패권을 차지한 제나라 환공은 관중의 보좌로 정치, 경제, 군사 개혁을 실시해 국력이 강성해졌다. 진(晉)나라 문공 때에 이르러 패권 다툼은 점점 더 격렬해졌다. 대국 사이의 끊임없는 패권 쟁탈로 그 사이에 끼인 소국의 고통이 심했다. 제후국 내부에서도 분열이 일어나 진(晉)나라는 조(趙), 위(魏), 한(韓) 삼국으로 분할되고, 노나라는 삼환이 정권을 잡고, 제나라는 전씨가 강씨를 대체하게 되었다. 귀족 영주 계층은 쇠락하고 지주 및 자유 신분의 상인 수공업자들이 사회의 주류 구성원이 되었다. 과거 형벌은 대부 이상에 행하지 아니하고 예는 서민 이하에 행하지 않는다는 낡은 제도는 더 이상 새로운 사회변동에 부합하지 못했다. 기원전 536년에 정나라의 자산은 형서(刑書)를 주조했다. 당시는 종이가 발명되기 훨씬 전이므로 법을 공포할 때 책으로 인쇄한 게 아니라 청동솥에 새겨 넣었다. 23년 후 진(晉)나라의 조앙, 순인은 형정(刑鼎)을 주조했다. 당시 이 소식을 들은 공자는 천자로부터 받은 법을 버리고 새로운 형법을 만들었으므로 귀천의 질서가 없어져 나라를 다스릴 수가 없을 것이라고 하였다고 한다.[53] 이로부터 성문화된 법이 나타났다.

춘추시대 이전에는 평민 교육이 없었다.[84] 교육은 귀족의 특권으로서 당시에 배움은 관(官)에 속했다. 춘추 중기 이후 신진 지주, 자작농, 상공업자가 대거 출현하면서 그전의 낡은 체제는 그들의 발전에 장애가 되었다. 이때 공자는 솔선해 가르침에는 부류를 가리지 않았다며(有敎無類. 위령공 38) 교육의 문을 개방했다. 더불어 신생 지식인은 점차 독립적인 선비(士) 계층을 형성했다. 지식과 이성을 근본으로 하는 선비 계층의 등장은 사회 발전을 가속화했다.

---

53)　孔子曰 晉其亡乎 失其度矣 夫晉國 將守唐叔之所受法度 以經緯其民者也 卿大夫以序守之 民是以能遵其道而守
　　　其業 貴賤不愆 所謂度也.『공자가어』정해론편.

# 1) 춘추시대

  춘추시대라는 명칭은 공자가 저술한 『춘추(春秋)』에서 유래했다. 기원전 770년 유목민 견융의 침입을 받은 유왕이 여산 기슭에서 죽고, 주 왕실은 도읍을 낙읍으로 옮겨 겨우 명맥을 유지했다. 이를 '주(周)의 동천'이라고 하는데, 이때부터 전국시대 개막 이전까지의 시대를 춘추시대라고 한다.

  주나라 몰락에는 유왕의 첩 포사(褒姒)가 있었다.[85] 포사는 미녀였지만 잘 웃지 않았는데, 비단 찢어지는 소리를 좋아하자 유왕은 비싼 비단을 사들여 찢게 해 재정을 탕진했다. 이는 앞서 걸왕의 애첩 '말희(末喜)'가 비단 찢는 소리를 좋아한 것과 같다. 또 어느 날 전쟁 등 위급한 상황에 피워야 하는 여산의 봉화대에서 봉화가 피어오르는 일이 생겼다. 놀란 제후들이 병사들을 이끌고 부리나케 모였다가 아무 일도 없는 것을 알고 다들 어이가 없어 화를 냈다. 그런데 그들의 당황한 표정이 너무나 재미있었는지 포사는 큰 소리로 웃었다. 이를 본 유왕은 봉화를 시도 때도 없이 올리게 했다. 이런 일이 반복되자 제후들도 다시는 출병하지 않게 되었다. 마침내 오랑캐 견융이 궁으로 들이닥쳐 유왕은 봉화를 올리라고 했지만 제후들은 나타나지 않았다. 결국 유왕은 침입자들과 싸우다가 죽었고 견융은 궁을 약탈하고 포사를 납치해 돌아갔다.

  서주 왕실이 몰락한 후 제후들의 도움으로 평왕이 낙읍에서 즉위했다.[86] 평왕의 즉위로 주 왕실의 명맥은 유지되었지만 천자로서의 주왕의 권력과 권위는 이미 사라지고 없었다. 주의 동천 후 강한 나라들은 근처의 소국을 병합하여 도시국가에서 영토국가로 발전해 갔다. 서주 말에 1,800개 가까이 되던 국가는 춘추 시대 중기에는 수십 개 나라로 줄어들었다. 춘추 시대 초기에 진(晉)이나 초(楚)는 가까운 도시국가를 정복하면 신하들에게 그 토지를 영지로 주지 않고 현(縣)이라 이름 붙여 국왕의 직할지로 만들어 봉건적 질서가 사실상 해체되었다. 이후 각 제후국은 독립국가의 성격을 띠게 되었고 이들 가운데 세력이 강한 제후국들은 천하질서를 유지한다는 명분을 내세우고 있었다. 이들 패자는 모두 왕실을 높이고 오랑캐를 물리친다는 존왕양이(尊王攘夷)를 내걸었다. 춘추시대 5대 패자인 춘추오패는 제나라의 환공, 진나라의 문공, 초나라의 장왕, 오나라의 왕 합려, 월나라의 왕 구천을 가리키며, 기록에 따라서 진나라의 목공, 송나라의 양공 또는 오나라 왕 부차 등을 꼽는 경우가 있다.

제후국들은 패권전쟁에서의 승리를 위하여 계속해서 국력을 강화하는 부국강병 정책을 단행하였는데, 그 결과 제나라는 동방, 초나라는 남방, 진(晉)나라는 중원, 진(秦)나라는 서방의 대국으로 군림하여 네 개의 강국이 병립하게 되었고 승패를 가름할 수도 없게 되었다. 뿐만 아니라 오랜 전쟁으로 모든 나라들이 지쳐 갔고 각 국의 내부적으로는 경대부의 세력이 성장하여 제후와 경대부, 경대부와 경대부 사이에 대립과 갈등이 심해져 갔다. 경대부들은 오랜 기간의 전쟁에 그들의 봉읍민을 이끌고 참가하였기 때문에 강한 무력을 가지고 있었다. 경대부들은 이런 힘을 바탕으로 세력 확장을 위한 영토쟁탈전을 벌이게 되었던 것이다.

갈수록 경대부의 세력이 커지고 그들의 상급자인 국군(國君)은 이미 그들을 통제할 만한 능력을 잃게 되었다. 이렇게 성장한 경대부의 세력은 춘추시대 중기 이후에는 제후의 세력을 능가할 정도에 이르렀다. 그런데 경대부들은 국군과 권력투쟁에서 승리를 위하여 정치·경제력뿐 아니라 민중의 지지를 필요로 하였다. 이러한 정치상황과 사회변화 과정에서 사(士) 계층 그리고 성안에 살던 국인(國人)의 진출과 분화가 일어나게 되었다. 앞서 언급했듯이 국(國)과 가(家)는 원래 다른 행정 단위였다. 국은 서주의 핵심 지역으로 주왕(周王)이 거주한 곳이면서 서주 초기에 점령한 지역의 중심지에 서주 왕실과 혈연적 관계를 가진 제후를 파견하여 만들기도 했다. 국과 도를 제외한 나머지 지역은 읍(邑) 혹은 비(鄙)로 지칭되었다. 서주의 기본 사회구성단위는 읍(邑)이었고 중요도에 따라 국, 도, 읍·비로 구분됐다. 국은 성곽을 갖춘 제후들의 도읍을 뜻하고 가(家)는 독립된 제사를 행하는 대부들의 집안을 뜻했다. 주 왕실과 그 아래 제후를 섬기는 소규모 영주를 대부라 부르고 대부들 가운데 가장 높은 자를 경(卿)이라고 부르며 국정에 참여하게 했다. 이후 권력을 키운 대부들은 제후들을 공격하여 스스로 제후가 됨으로써 주군을 위협하는 지위를 얻게 되었다.

중국의 사회 구조는 기원전 5세기 이전까지 적어도 천 년 넘게 방대한 토지에 노예들과 귀족들이 존재하는 노예제 사회였다.[87] 이 기간 동안 토지 소유권은 분봉(分封)에서 나오고 국군과 귀족만이 토지를 가질 수 있는 반면, 노예는 주요 생산도구에 지나지 않았다. 노예들은 전쟁 포로나 귀족에게 죄를 지은 평민 그리고 노예의 후손들로 이루어졌다. 당시 노예가 사회 구조상 중요한 위치에 있었던 이유는 땅을 경작하는 데 나무로 만든 쟁기를 사용했기 때문이었다. 쟁기는 많은 인력이 있어야만 끌 수 있었다. 하지만 기원전 5세기 무렵 철기가 보편화되기 시작하면서 나무 쟁기를 대신하여 쇠 쟁기가 등장했다. 나아가 소나 말이 쇠 쟁기를 끌면 노예를 이용하여 경작하는 것보다 더 빨리 땅을 갈고 더 많은 수확을 거둘 수 있다는 것을 발견하게 되었다. 그 결과 농업 생산량이 급격히 늘어났을 뿐만 아니라 사회에 거대한 변화가 일어나 노예 제도의 몰락을 촉진했다. 토지 소유권이 국군과 귀족들로부터 벗어났고 이에 따라 도시의 상업 계급과 토지를 새로 분배받은 지주 계급들이 부상하게 되었다. 이후 기원전 3세기에 들어서면서 세습 귀족들은 몰락하게 되었다.

이런 거대한 사회 구조의 변동 속에서 학술과 사상 분야도 달라졌다.[88] 이 시대에는 평민이라도 새롭게 습득한 지식과 기능을 가지고 귀족의 지위에 오를 수 있었고, 정부관리를 맡거나 부를 축적할 수 있었다. 이런 새로운 사회에서 부와 권력의 형성은 조상의 신분에 따라 좌우되는 것이 아니라 개인의 능력에 따라 결정되었다. 이에 따라 중국의 고대철학과 사상 그리고 문화가 이 시대에 싹을 틔우고 성장하기 시작했다.

## 사(士)의 등장

춘추 말기는 종법제와 봉건제가 붕괴되기 시작하고 새로 탄생한 영역국가가 고대제국을 형성하기 시작한 시기다.[89] 구체제의 말단에 위치하고 있던 공자 같은 사(士) 신분에 있던 사람들이 그 과정에서 최초로 체제에서 벗어나 독립적으로 사상 활동을 시작하게 된다. 그들은 전쟁의 참화, 관계의 단절, 사회질서의 붕괴, 가치관의 혼란 같은 시대적 문제를 심각한 문제로 인식하게 됐다. 구체제를 주술과 종교 면에서 지탱하고 있던 천(天) 사상도 크게 흔들리게 되었다. 그래서 공자는 주대의 천명 사상을 크게 혁신한 천 사상을 발전시키게 되었다. 더불어 끊임없는 전쟁과 강화된 권력은 개인과 사회, 국가의 이익을 침해하는 것을 피하기 위해 강한 자기 규제를 요구하게 되었다.

춘추시대에 군주를 폐하고 모살한 사건이 36차례나 일어났고 망한 나라가 52개나 되며 제후가 사직을 지키지 못하고 도망친 일이 부지기수였다.[90] 왕공(王公)의 봉록을 받아 한 지역을 대를 이어 가며 차지하던 귀족들도 평민으로 전락한 경우도 비일비재했다. 관(官)에서 운영하던 학당도 점차 사학으로 바뀌었다. 정치권력이 바뀌고 사회 조직이 변화됨에 따라 평민 가운데서도 학문을 하는 자가 나오고 제자백가가 등장하는 등 새로운 지식인 계급층이 나타났다. 이들이 바로 사(士) 계급이다. 『논어』를 보면 자장(子張)은 선비가 나라의 위태로움을 보면 목숨을 바치며, 얻을 것을 보면 의(義)로운 것인가를 생각하며, 제사에 공경할 것을 생각하며, 상사(喪事)에 슬픔을 다할 것을 생각한다면 괜찮다고 할 수 있다고 했다.[54] 또 증자는 선비에 대해 마음이 크고 뜻이 굳세지 않아서는 안 되기 때문에 임무가 무겁고 갈 길이 멀다. 인을 자신의 임무로 삼았기 때문에 무겁지 않을 수 없고 죽은

---

54)　子張 曰 士 見危致命 見得思義 祭思敬 喪思哀 其可已矣. 자장 1.

뒤에야 그만둘 수 있어서 멀지 않을 수 없다고 했다.[55] 이를 보면 선비가 갖춰야 할 자질과 수행해야 할 책무가 어떤 것인지 알 수 있다.

사의 기원 가운데 한 가지는 국인이라고 불리는 국가 경제와 군사력의 기초를 이루던 자유 농민들 중에서 건장한 자들을 갑사라고 불렀는데, 전시에는 그들을 동원하여 전사로서 활약하다가 하급 관리로 선발된 것이라는 주장이다.[91] 여기에 몰락한 귀족들이 유입되어 사 계급이 확대되고 지식인 계층을 이루게 되었다는 것이다. 또 한 가지는 귀족 계급들이 분가를 계속하면서 그중에서 몰락한 지배층의 사람들이 하급 관리인 사가 된 것이라고 보는 설이다. 사들은 춘추 시기에 들어와 상공업이 발전되고 인구의 도시 집중 현상이 확대되면서 각국의 상비 병력이 증가되자 농경에서 완전히 분리되어 전사 또는 오로지 다른 전문직에 종사하게 되는 경향이 두드러졌다. 춘추 말기인 공자 때에 이르러 사들은 정치상 필요한 지식을 추구하는 전문 지식인의 성격을 띠게 되었다.

더구나 종법 질서가 무너지고 제후국 간의 전쟁이 지속되면서 위정자들은 부국강병을 위해 다양한 분야의 지식인들을 끌어 모았다.[92] 이들 지식인은 사회, 문화, 외교, 행정, 군사와 전쟁의 지식으로 무장하고, 자신들의 주장을 펼쳐 제후국에서 관리가 되고자 했다. 이러한 상황들은 혈연에 의한 세습보다는 지식과 능력에 따른 인재 등용을 확산시키는 계기가 되었다. 사(士) 계급은 이때 등장한 지식인들인 것이다. 사 계급은 지배계층에서 가장 낮은 지위에 속했지만 서주 이래의 제례와 의례를 포함하는 예악, 활쏘기, 말타기, 학식과 문서 작성, 계산(禮, 樂, 謝, 御, 書, 數)을 위주로 한 육예를 학습한 집단이었다. 당시 사 계급은 제례와 의례를 지키는 사람들로 이해되었다.

사가 출세하여 이름을 떨칠 수 있는 입신양명(立身揚名)의 방법은 수신(修身)과 제가(齊家), 치국(治國), 평천하(平天下)였다. 수신은 자신을 위한 것이고 이어 제가와 치국, 평천하는 각각 대부, 제후, 그리고 천자를 위한 것으로 이들에게는 사

---

55)  曾子曰 士不可以不弘毅 任重而道遠 仁以爲己任 不亦重乎 死而後已 不亦遠乎. 태백 7.

의 도움이 필요했다. 다시 말해 사(士)는 우선 자신을 잘 관리하여 도덕적 수양을 닦고 문예와 무예를 익혀야 하는데, 이것이 수신이다. 그런 다음에 대부를 도와서 채읍을 보살피는 것이 제가다. 또한 제후를 도와 방국을 다스리는 것이 치국이며, 천자를 보필하여 사해를 안정시키는 것이 평천하다.

『논어』에서 자공이 어떠하여야 선비라 할 수 있는지 물었다. 공자는 몸가짐에 염치가 있으며, 사방(四方)에 사신(使臣)으로 가서 임금의 명(命)을 욕되게 하지 않으면 선비라 할 수 있다고 했다. 이어 자공이 그다음을 물었다. 그러자 공자는 종족(宗族)들이 효성스럽다고 칭찬하고 지방에서 공손하다고 칭찬하는 인물이라고 설명했다. 다시 자공이 감히 그다음을 묻겠다고 하자 공자는 말을 반드시 미덥게 하고 행실을 반드시 과단성 있게 하는 것이다. 이렇게 하는 것이 도량이 좁은 소인이기는 하나 그래도 또한 그다음이 될 수 있다고 했다. 자공이 끝으로 "지금 정사(政事)에 종사하는 자들은 어떻습니까" 하고 물었다. 그러자 그런 비루하고 자잘한 사람들을 어찌 따질 것이 있겠느냐고 공자는 말하였다.[56] 이는 선비가 관직이나 신분계급을 넘어서서 인격적인 덕성을 갖춘 인물임을 지적하는 것이다. 정자(程子)에 따르면 자공의 의도는 남들이 알아주는 특별한 행동을 하여 남들에게 소문나려고 하는 것이었는데, 공자께서 말씀하신 것은 모두 독실하여 스스로 만족해하는 일이라고 했다.

『공자가어』유행해편을 보면 공자가 노나라 애공에게 선비에 대해 다음과 같이 설명을 했다. "무릇 성품이 따뜻하고 어짊은 인의 근본이며 삼가 공경하는 것은 인의 바탕입니다. 마음이 너그럽고 넉넉함은 인의 작용이며, 겸손히 대접하는 것은 인의 능함이며, 예절은 인의 모습입니다. 말과 이야기는 인의 꾸밈이며, 노래와 음악은 인의 조화입니다. 재물을 나눔은 인의 베풂입니다. 선비는 이 모든 것을 자

---

56)　子貢 問曰 何如 斯可謂之士矣. 子 曰 行己有恥 使於四方 不辱君命 可謂士矣. 曰 敢問其次 曰 宗族 稱孝焉 鄕黨 稱弟焉. 曰 敢問其次 曰 言必信 行必果 硜硜然小人哉 抑亦可以爲次矣. 曰 今之從政者 何如 子 曰 噫 斗筲之人 何足算也. 자로 20.

신에게 겸하여 가지고 있더라도 오히려 감히 인하다 말할 수가 없으며, 그 존엄과 겸양이 이와 같은 자입니다."

초기에 이들은 유사(遊士) 즉 유세하는 사라고 불리다가 점차로 유(儒), 유자(儒者)라고 불리면서 하나의 학파로 간주되었다. 이들 유자들은 천에 대한 신앙을 유지했다. 여기에다 인본주의적 개념인 인(仁)을 주장하면서도 여전히 주나라의 문화와 지식을 보전하려는 생각을 유지했다. 사는 대부분 고대의 지식인으로 당시의 정치 문화에 대해 중요한 역할을 했다. 그래서 그들 중에 많은 사상가, 교육가, 과학자, 정치가, 군사가들이 나왔고 수많은 저술 등을 통해서 중국에 귀중한 문화유산을 남겼다. 특히[93]『주례』는 의식에 따른 과정인 제례, 장례, 혼례, 관례, 잠례 등을 비롯하여 신분에 따른 전문적인 국왕례, 국군례, 귀족례 등 그 내용이 대단히 많고 복잡했다. 따라서 예(禮)는 전문적인 지식이 필요하기 때문에 이를 맡아 진행하는 일을 직업으로 삼은 전문가들을 당시에는 유가(儒家)라 불렀다.『공자가어』대혼해편을 보면 노나라 애공이 공자에게 유행(儒行)을 물었을 때, '선비는 거처함에 있어서 엄숙하여 범하기 어렵도록 하고 일어설 때와 앉을 때 몸과 마음을 공손히 가지며, 말은 반드시 정성스럽고 믿음성 있게 한다. 또 행동은 반드시 충성스럽고 정직하게 하고 길을 갈 때 험하고 평탄한 것을 남과 다투지 않으며, 겨울과 여름에 따뜻하고 시원한 것을 남과 다투지 않는다. 그리고 그 죽음을 소중히 여기는데 이는 기다리는 일이 있기 때문이고 그 몸을 튼튼히 하여서 일할 수 있도록 하기 위함이다. 그 준비함이 이같이 하는 자'라고 공자는 답했다.

『논어』에서 자로가 어떠하여야 선비라 이를 수 있는지 물었을 때, 공자는 간절하고 자상하게 권면(勸勉)하며 화락(和樂)하면 선비라 이를 수 있으므로 붕우(朋友) 간에는 간절하고 자상하게 권면하며, 형제 간에는 화락하여야 한다고 했다.[57] 남송시대의 성리학자 호인(胡寅)에 따르면 절절(切切)은 간곡하고 지극한 것이고 시시(偲偲)는 자상하게 권면(勸勉)하는 것이며 이이(怡怡)는 화열(和悅)한 것이다.

---

57)    子路 問曰 何如 斯可謂之士矣 子 曰 切切偲偲 怡怡如也 可謂士矣 朋友 切切偲偲 兄弟 怡怡. 자로 28.

이것은 모두 자로에게 부족한 점이어서 공자가 말한 것이다.

공자는 선비(士)가 도를 믿기를 돈독히 하면서도 배우기를 좋아하고, 죽음으로써 지키면서도 도(道)를 잘 행해야 한다고 했다. 이어 위태로운 나라에는 들어가지 않고 어지러운 나라에는 살지 않으며, 천하에 도(道)가 있으면 나와서 벼슬하고 도가 없으면 숨어야 한다. 나라에 도(道)가 있을 때에는 가난하고 천한 것이 부끄러운 일이며, 나라에 도(道)가 없을 때에는 부유하고 귀한 것이 부끄러운 일이라고 했다.[58] 따라서 유가에서 선비는 학식과 인품을 갖춘 사람에 대한 호칭이면서 특히 유교이념을 구현하는 인격체 또는 신분계층을 가리킨다. 이어 선비는 학업을 통해 자신의 인격을 수양하고 학문을 연마하며, 관직을 통해 자신의 뜻을 펴고 신념을 실현했다.

사(士) 집단은 전국 시기에 이르면 경제, 교육, 문화 사업 등에서 대규모로 나타난다. 문화나 지식에서 능력을 갖춘 사람은 지위의 고하를 막론하고 모두 사라고 불렀다. 제나라 수도 임치의 직문 옆에 강의와 토론 그리고 집필에 몰두하는 학사들의 집단인 직하학파(直下學派)가 모여든 사실이 이러한 예다. 이들은 자국의 부국강병을 꾀하던 제후들에게 주장을 설파해 자신의 학설이 채택되기를 희망하며 전국을 떠돌아다니면서 유세했다.

---

58) 子 日 篤信好學 守死善道 危邦不入 亂邦不居 天下 有道則見 無道則隱 邦有道 貧且賤焉 恥也 邦無道 富且貴焉 恥也. 태백 13.

## 2) 노나라

전해 오는 일화에 따르면 어느 날 주공이 강태공에게 제나라를 어떻게 다스릴 계획인지 물었다. 강태공은 문왕에게 뛰어난 전략과 부국강병책을 제시하여 은나라 제후들이 주나라를 따르게 하고, 무왕을 도와 주나라 건국에 절대적 공을 세운 인물로 제나라의 초대 국군(國君)이 된다. 강태공은 오로지 능력 있는 사람을 중용하고 공에 따라 상을 내릴 것이라고 했다. 주공은 그러면 앞으로 제나라에서는 신하가 임금을 죽이는 일이 일어날지 모른다고 말했다고 한다. 이번에는 강태공이 주공께 "노나라를 어찌 다스리려 하십니까" 하고 물었다. 이에 대해 주공은 나이 많은 사람을 중용하고 사람들이 예절을 지키도록 할 것이라고 말했다. 강태공은 그러면 앞으로 노나라의 국력은 쇠약해질 것이라고 말했다고 한다. 과연 강태공의 제나라는 훗날 춘추전국시대에 춘추오패와 전국칠웅에 들면서 중국 최강의 국가를 이루기는 하였으나 신하인 전(田)씨에 의해 강태공의 후손들이 임금 자리에서 쫓겨나게 된다. 반면 노나라는 공자를 배출할 정도로 예를 숭상하는 도덕적인 국가가 되지만 국력이 약해져서 훗날 초나라에 흡수된다.

또 다른 일화가 있다. 강태공이 제나라를 맡고, 백금은 섭정 직을 맡아 분주한 아버지 주공을 대신해 노나라를 다스리게 됐다. 이후 강태공은 단 5개월 만에 대략적인 업무를 마치고 봉국의 상황을 조정에 보고하러 온 반면 백금은 3년이나 지나서야 겨우 입조한다. 한 사람은 너무 빠르고 한 사람은 너무 늦어 주공 단이 그 까닭을 물었다. 강태공은 현지 사정에 맞춰 예법을 간소화했기에 금방 일을 끝낼 수 있었다고 말하고, 백금은 아예 처음부터 풍속을 완전히 뜯어고쳐 예에 합치되게 하느라 시간이 오래 걸렸다고 말했다. 양국의 창업자들이 이토록 사고가 달라 이후에도 그러한 면들이 나라를 다스리는 데 영향을 미쳤다. 주공 단은 두 사람의 대답을 들은 뒤 정치의 요체는 간단함에 있어서 행하기 쉬워야지만 백성들이 모이고 따른다며, 노나라는 장차 제나라에게 잡혀 지내겠다고 탄식했다고 한다.

이처럼[94] 노나라는 주 왕조의 모든 문물제도를 처음으로 세운 주공 희단의 아들 희백금의 봉국이어서 당대의 도서와 문헌을 가장 많이 소유했으며, 귀족들의 문화 수준도 가장 높았다. 주 왕조의 수도 호경이 기원전 8세기 견융(犬戎)에게 함락된 뒤 도서와 문헌이 모두 없어지거나 흩어지면서 노나라의 도서와 문서만 남게 되었던 것이다. 그러다 보니 주 왕조 초기의 문물제도를 가장 완전하게 보전한 봉국이 될 수 있었다. 이 문화유산 중에서 가장 중요한 것은 주 왕조 초기에는 실행하거나 제정한 각종 법령과 각종 예식 때 사용된 의식 절차인『의례(儀禮)』였다.

노나라는 주 왕실에 대하여 본가에 대한 분가인 혈연관계로 묶여져 있었고 같은 조상에 대한 제사로 결합되어 있었다.[95] 주나라는 근본적으로 군신 관계라고 하기보다는 종족 관계를 원칙으로 제후국들을 지배하였다. 종묘 제사에 참여하고 사계절 제사에 쓸 제물을 보낸다는 것은 전시에 군사적 협조를 해야 하는 것과 더불어 제후들의 가장 큰 특권이자 의무였다. 그리고 이와 같은 종족 관계에서 나오는 효제의 소속감은 다른 성씨를 가진 제후국들과의 관계에까지 확대될 수 있었다. 『논어』를 보면 주공(周公)이 아들 백금(伯禽)이 노나라에 부임할 때 다음과 같이 당부했다. "군자는 그 친척을 버리지 않고 신하로 하여금 써 주지 않음을 원망하지 않게 한다. 옛 친구나 선임자가 큰 잘못이 없으면 버리지 않으며, 한 사람에게 모든 것이 다 갖추어져 있기를 바라지 않는다."[59] 노나라 사람들이 이 말을 대대로 전하여 오래도록 잊지 아니하였고 공자도 제자들에게 이렇게 가르쳤다.

노공이 처음 산둥반도에 올 때 은족 출신의 여섯 씨족이 있었는데, 노나라는 주공을 모시는 종묘와 더불어 토지신을 모시는 사직단을 세움으로써 지역 공동체를

---

59)  周公 謂魯公 曰 君子 不施其親 不使大臣 怨乎不以 故舊 無大故 則不棄也 無求備於一人. 미자 10.

형성하였다. 종묘와 사직을 중심으로 제후의 궁이 세워지고, 그 주위에 성벽이 축조됨으로써 이루어진 도시 국가들은 혈연 단체에서 지역 공동체로 넘어가는 과도기적 성격을 띠게 되었다. 그럼에도 혈연관계에서 유래한 종법 사상이 지속되었다. 주나라 초기부터 이어진 종법제는 공자가 효를 정치와 직접 연결할 수 있었던 사상적 배경이었다. 국력이 약한 노나라가 문화적으로 중요한 역할을 담당했던 것은 주나라 문화와 의례를 세운 주공을 조상으로 모셨다는 긍지가 있었기 때문이다. 따라서 천자의 제사에만 쓰였던 팔일무가 노나라 제후의 종묘사직 행사에 허락되던 것도 바로 이러한 배경이 있었다. 공자는 제나라의 패도정치가 발전하여 노나라의 문교(文敎)로 바뀌고 문교는 다시 덕치인 왕도 정치로 되어야 한다고 주장하였다.[60] 이는 노나라가 예교(禮敎)를 중시하고 신의를 숭상하여 당시까지도 선왕(先王)의 유풍이 남아 있었다고 여긴 것이다.

노나라의 사회구조를 보면 제후, 경, 대부, 사의 지배 계급과 국인이라고 불리는 서민 및 노예가 있었다. 노나라 제후인 공(公) 바로 밑에 경(卿)이라고 불리는 최고 관직이 있었는데, 경은 수도의 부근 동서에 주둔한 군의 지휘관이 되며 나라의 제사와 연회를 주재하였다. 경 밑에 있는 대부(大夫)는 사 혹은 부라고 불리는 무사들을 지휘하는 우두머리였고, 사는 귀족 계급의 최하에 위치하여 전차를 타고 전투에 참여하는 것이 가장 큰 임무였다. 노나라의 경(卿) 직위는 환공으로부터 나온 맹손씨, 숙손씨, 계손씨의 삼환씨가 세습적으로 독점하고 있었는데, 각 집안의 시조는 모두 노 환공의 아들들로서 계손씨는 공자 우, 숙손씨는 공자 아, 맹손씨는 공자 경보의 자손이다. 이 때문에 환공의 자손인 세 집안이란 의미로 삼환(三桓)이라고 한다. 삼환의 후손들은 각각 성을 바꾸었다. 하나의 봉국에서 귀족과 관료 전체는 모두 국군의 후손으로 국군과 같은 성이기 때문에 서자의 후손들은 성을 바꿔야 구별했다. 따라서 차자 희경보의 후손은 중손(仲孫) 또는 맹손(孟孫)으로 3자 희아의 후손은 숙손(叔孫)으로, 4자 희우의 후손은 계손(季孫)으로 바

---

60)  子曰齊一變 至於魯 魯一變 至於道. 옹야 22.

꾸었다.

  기원전 6세기 초에 중손멸이 재상을 맡으면서 숙손과 계손 두 집안을 끌어들여 세 집안이 정권을 장악한 채 대대로 권력을 대물림함으로써 400년 동안 계속된 노나라의 삼환 정치가 시작됐다. 삼환은 국군에게서 권력과 광대한 토지소유권을 빼앗고 자신의 봉지에다 도성을 지었다. 그중에서도 계손씨가 춘추시대 중기 이후로 가장 강력하였다. 이들은 각각의 채읍에서 사병을 기르고 가신들에게 충성을 서약 받아 군주권을 무력하게 만들었다. 공자가 태어나기 10년 전인 기원전 562년에 이군(二軍)이었던 군사 조직을 삼군으로 확대하여 삼환씨가 일군(一軍)씩 지휘하도록 하였는데 특히 계씨는 향당의 사(士)들에게 모두 개인적인 충성을 하게 하였다. 공자가 16세가 되던 기원전 537년에는 일군을 다시 폐지하여 이군으로 재편한 후, 일군은 계씨가 사유하고 나머지 일군은 맹손씨와 숙손씨가 반분하였다. 결국 공자 당시 노나라의 정치는 계씨가 군대의 반을 지배하며 군주를 꼭두각시로 만들고 독재 정치를 행하였다. 『논어』를 보면 당시 공자가 삼환 정치를 넌지시 비판한 적이 있다. "천하에 도(道)가 있으면 예악과 정벌(征伐)이 천자로부터 나오고, 천하에 도(道)가 없으면 예악과 정벌이 제후로부터 나온다. 제후로부터 나오면 10대 만에 정권을 잃지 않는 자가 드물고, 대부(大夫)로부터 나오면 5대 만에 잃지 않는 자가 드물고, 가신(家臣)이 나라의 정권을 잡으면 3대 만에 잃지 않는 자가 드물다"고 했다. 또 천하에 도(道)가 있으면 정치권력이 대부에게 있지 않고, 천하에 도가 있으면 일반 백성들이 함부로 정치의 잘잘못을 논의하지 않는다고도 했다. [61] 이어 공자는 녹(祿)이 제후(公室)에서 떠난 지 5대가 되었고 정사(政事)가 대부에게 미친 지가 4대가 되어서 저 삼환 곧 맹손, 숙손, 계손의 자손이 미약해진 것이라고 말했다. [62]

---

61)    孔子 曰 天下 有道 則禮樂征伐 自天子出 天下 無道 則禮樂征伐 自諸侯出 自諸侯出 蓋十世 希不失矣 自大夫出 五世 希不失矣 陪臣 執國命 三世 希不失矣 天下 有道 則政不在大夫 天下 有道 則庶人 不議. 계씨 2.
62)    孔子 曰 祿之去公室 五世矣 政逮於大夫 四世矣 故 夫三桓之子孫 微矣. 계씨 3.

어느 날 노나라 삼환이자 대부인 맹의자(孟懿子)가 효에 대해 물었을 때는 공자가 어김이 없는 것이라고 했다. 공자의 제자 번지(樊遲)가 수레를 몰고 있었는데, 맹손씨(孟孫氏)가 자신에게 효에 대해 묻기에 어김이 없는 것이라고 대답하였다고 공자가 말했다. 그러자 번지가 무슨 말씀인지 물었다. 공자는 부모님께서 살아 계실 때는 예(禮)로 섬기고, 돌아가시면 예로 장사 지내고, 예로 제사 지내는 것이라고 말했다.[63] 이는 당시 삼가(三家)가 예를 참람하였으므로 공자가 이것을 경계해 말한 것이었다.

춘추 말기에 노 소공은 삼환을 진압하려 했으나 오히려 패해 쫓겨나 외국을 떠돌다 객사하였다. 소공 25년(기원전 517년), 계손씨 일족인 계공약(季公若)과 후씨(郈氏)·장씨(臧氏) 등 대부들이 계손씨의 계평자에게 원한을 품었다. 이에 소공의 아우 공약(公若)과 공위(公爲) 등이 권하여 계씨를 공격해 계평자의 아우 계공지(季公之)를 죽이고 계씨의 집으로 쳐들어가 계평자를 거세게 몰아붙였다. 당초 계씨 공격을 반대한 자가의백(子家懿伯)은 계씨의 화의 요청을 받아들이도록 권했으나 받아들이지 않았다. 그러자 숙손씨의 가신들이 힘을 합쳐 계씨를 구하고 관군을 쳐서 물리쳤다. 이에 관망하고 있던 맹손씨도 나머지 삼환을 도와 후소백을 죽이고 소공의 군대를 공격했다. 자가의백은 소공에게 국내에 남아 있도록 권했으나, 소공은 이를 거부하고 장소백 등과 함께 제나라로 달아났다.

노나라 정공 때 계평자의 가신 양호는 계평자가 죽자 그 아들 환자와 그의 친척인 공부문백을 가두고 동맹을 맺은 뒤 풀어 주었다. 그 후 노나라의 국정을 장악하였으나 양호 등은 권력 유지에 실패하여 도망가고 삼환이 다시 정권을 잡았다. 이후의 노나라 애공은 군권 회복을 도모하여 삼가 대신들과 충돌하였으나 반란을 일으킨 삼환 세력에 굴복해서 월나라로 추방되어 기원전 467년에 그곳에서 죽었다.

---

63)   孟懿子 問孝 子 曰 無違 樊遲 御 子 告之曰 孟孫 問孝於我 我 對曰 無違 樊遲 曰 何謂也 子 曰 生事之以禮 死葬之以禮 祭之以禮. 위정 5.

노나라는 문화적인 융성함과는 별개로 나라가 안정적으로 다스려진 것은 아니었다. 지나치게 예법을 강조했던 것과 달리 임금을 시해하는 사건이 잇따랐다. 특히 노 은공이 죽고 노 희공이 즉위하기까지 약 50년 동안의 기간은 동생이 형을 죽이고 숙부가 조카를 죽이고 계모가 의붓자식을 죽이는 등 매우 어지러웠다. 당시 삼환 씨 맹손, 숙손, 계손씨의 세도 가문의 권력 독점 등으로 분란이 심했다. 노나라는 주나라 초기부터 춘추전국시대를 거쳐 약 700년이 넘는 오랜 역사를 이어 왔지만 그 내막을 살펴보면 혼란스러웠다. 사마천도 「노주공세가(魯周公世家)」에서 노나라는 겉으로 보이는 예(禮)는 예전 그대로였건만 벌어진 일들은 어찌 그리 정반대로 도리에 어긋났는가 하며 혹독한 평가를 내렸다.

## 3) 공자의 생애

　춘추시대의 급속한 경제 성장은 철제농구의 보급, 우경의 확산 그리고 수리사업의 발달 등 농업생산의 증가에 의한 것이었다.[96] 이러한 농업생산의 확대는 토지소유제의 출현을 가능하게 하여 경제구조를 변화시키게 되었다. 또 계속되는 제후국 사이의 패권 전쟁과 토지 겸병 그리고 정치 분쟁으로 사회는 혼란과 변화가 계속되었는데, 막중한 조세와 군역 그리고 노역을 부담하여야 했던 민중의 고통은 갈수록 더해 갔다. 여기에 사회적인 갈등과 충돌이 심화되면서 피지배계층인 서민과 노예가 폭동을 일으키거나, 도망하여 도적의 무리를 이루는 일이 빈발했다. 춘추 말기에 이르면 수천 명이 집단을 이룬 도적 무리가 나타나게 되었다. 춘추시대에 이르러 주나라 왕이 천자로서의 권위를 상실하자 존천과 경천 등의 전통적 관념에도 변화가 일어났다. 특히 전통적인 예(禮) 사상도 재해석을 통해서 경천 사상으로부터 중민 사상(重民思想)으로의 변화가 나타났다.

　이러한 변화기에 나타난 사상가가 공자였다. 공자는 새로운 제도나 사회변혁 속에서 주나라 시대의 예질서를 재정립하고자 하였다. 이러한 예 질서의 복구와 수호를 위하여 모든 일을 직위에 따른 명분에 근거하여야 한다는 정명(正名)을 주장하였다. 공자 제자인 자로가 '위(衛)나라 임금이 선생님을 기다려 정치를 한다면 선생께서는 장차 무엇을 먼저 하시겠습니까' 물었을 때 공자는 반드시 명분을 바로잡겠다고 했다.[64] 그리고 덕치와 예치의 실현을 위하여 인(仁)이라는 덕목을 갖추어야 한다고 하였다. 당시에 공자의 이상은 이루어지지 않았지만 그가 동양 사

---

64)　子路 曰 衛君 待子而爲政 子將奚先. 子 曰 必也正名乎. 자로 3.

상과 정치, 교육 등에 남긴 업적은 중국과 동아시아 역사에 크게 영향을 끼쳤다.

공자의 영어식 표현은 'Confucius(컨퓨서스)'로 공자(孔子)의 중국어 발음(Kǒngzǐ, 콩쯔)과 차이가 있는데 이는 예수회 선교사들이 '공 선생님'이라는 뜻의 공부자(孔夫子)를 라틴어식인 'Confucius(콘푸키우스)'로 음역했기 때문이다.[97] 공자는 이 라틴어식 이름으로 서양에 알려지게 되었다. 『공자가어』본성해편에 따르면 공자의 선조는 송나라의 후손이다. 미자(微子) 계(啓)는 은나라 임금 제을(帝乙)의 아들로 조정에 들어가 은나라 주왕(紂王)의 신하가 되었다. 미(微)는 나라이름이고 자(子)는 작위다. 주공이 성왕을 도와 섭정할 때에 미자를 은나라의 후예로 명하고 송나라에 봉해 주었다. 공자는 미자를 은나라의 인자(仁者)라고 칭했다. 미자(微子)는 주왕의 이복형이고, 기자(箕子)와 비간(比干)은 주왕의 숙부였다. 미자는 주왕이 무도(無道)한 것을 보고 떠나가서 종사를 보존하였지만 주왕에게 간(諫)한 비간은 죽임을 당했고 기자는 갇혀 종이 되었다. 이에 공자는 은(殷)나라에 세 인자(仁者)가 있었다고 했다.[65]

미자의 아우는 미중(微仲)이라고 하는데 송공(宋公)을 낳았고 송공 이후로 대대로 송나라의 경사(卿士)가 되었다. 5대가 지난 뒤 공(孔)을 성씨로 삼았다. 송 원공 10년에 '화씨의 난'이 일어났다. 송나라 원공은 송의 유력가문인 화(華)씨, 상(尙)씨들과 관계가 원만하지 못했다. 앙금이 쌓인 끝에 원공은 화씨들을 제거하려 했다. 원공의 계획을 알아챈 화향, 화해, 향녕 등은 도망치지 않으면 죽게 될 것이므로 차라리 자신들이 먼저 손을 쓰자며 우선 제후 친족을 먼저 죽이기로 모의했다. 화해(華亥)가 거짓으로 앓아누웠고 원공의 친척들이 문병을 갔다가 화씨들에게 공격을 받았다. 공자 인(寅)과 여융, 주, 원, 정 등이 살해되고 향승과 향행은 창고에 갇히는 '화씨(華氏)의 난'이 일어났다. 원공이 전갈을 보내 그들을 풀어 줄 것을 요구했으나 화해는 듣지 않고 오히려 원공을 협박하였다. 이들의 충돌은 협상을 통해 해결되었는데, 원공은 태자 난과 동생 신 등을 화씨들에게 인질로 보내고,

---

65) 微子 去之 箕子 爲之奴 比干 諫而死. 孔子 曰 殷有三仁焉. 미자 1.

또 화씨의 아들들을 인질로 데려오는 동맹을 맺었다. 이 밖에 다른 공자들과 손주들은 정나라로 피신했다. 이때 난을 피하여 공자의 증조부인 방숙이 노나라로 도망하여 방숙은 백하를 낳았고, 백하는 공자의 아버지인 숙량흘(叔梁紇)을 낳았다. 어머니는 안씨(顏氏)였다.

『사기(史記)』의 「공자세가」에는 공자가 태어났을 때 머리 중간이 움푹 패어 있었기 때문에 구(丘)라고 이름 했다고 기록되어 있다. 자(字)는 중니(仲尼)다. 공자는 어려서 장난할 때에 조두(俎豆)를 상 위에 차려 놓고 예(禮)를 행하였다고 한다. 자라면서 점점 조상을 모시는 제례에 천착하게 되었다. 의례에 관한 관심은 삶과 죽음, 결혼식 등을 주관하는 일에서부터 제후국 조정과 주나라 왕실에서 하는 의식에 이르기까지 다양했다. 이런 의식에는 의례 절차를 규정한 노래와 시가 함께 했는데, 시가(詩歌)는 문자로 정착되기 이전부터 구전으로 내려오면서 의례 내용을 말해 주는 안내서 역할을 했다. 공자는 이런 시 수백 편을 외고 있었다. 공자가 어렸을 때 아버지가 돌아가시고 가세가 기울었지만 공자는 15세에 학문에 뜻을 두었다.[66] 이후 20세 때 당시 노나라의 귀족인 계손씨의 가신이 되어 창고 관리인으로 있을 때 기록이 정확했고, 소나 양 등의 가축을 관리하는 축산 담당자가 되어서는 가축이 번성하게 됐다고 한다. 공자는 그렇게 10년 정도를 정부 기록 담당자로 일했고 차츰 의례와 예식 분야에서 명성이 높아졌다. 노나라 조정은 필요할 때면 공자에게 의식 집전에 관한 자문을 구했다. 이 때문에 공자에게 배우려는 학생들이 몰려들기 시작했다.

### 오소야천 고다능비사(吾少也賤 故多能鄙事)

이 말은 공자가 젊었을 때 미천했기 때문에 비천한 일에 능한 것이라고 말한 것이다. 『논어』를 보면 공자가 젊은 시절에 대해서 말한 적이 있다. 오나라 사신인 태재(大宰)가 자공에게 공자는 성자(聖者)냐며 어쩌면 그리도 능한 것이 많으신가

---

66)  子 曰 吾 十有五而志于學. 위정 2.

하고 물었다. 이에 자공은 선생님이 진실로 하늘이 내신 성인(聖人)이시고 또한 능함이 많으시다고 했다. 공자는 이 말을 듣고 태재가 자신을 제대로 알고 있다며 젊었을 때 미천했기 때문에 비천한 일에 능한 것이고 대체로 군자는 능함이 많지 않다고 했다. 공자의 제자인 금뢰(琴牢)에 따르면 옛날에 공자는 자신이 등용되지 못했기 때문에 재주가 많다고 말씀하셨다.[67]

　30세에는 자기의 뜻을 세우는 데(三十而立) 이르렀다. 공자는 이때부터 본격적으로 제자를 모아 학문을 가르치기 시작했다. 공자가 30대가 된 무렵부터 노나라 제후는 그에게 정기적으로 자문을 구했다. 공자도 당시에 노나라 고위 관리 자제들의 가정교사를 맡게 되었다. 그즈음에 주나라에 가서 노자(老子)에게 예(禮)를 묻고 돌아왔다. 공자가 작별 인사를 하고 떠날 때, 노자가 그를 배웅하며 말했다. '내가 들으니 부귀한 자는 사람을 전송할 때 재물로써 하고, 어진 자는 사람을 전송할 때 말로써 한다고 한다. 나는 부귀하지 못하나 인자(仁者)라고 자처하기를 좋아하니 다음 말로써 그대를 전송하겠다'고 했다. 그리고 '총명하고 깊게 관찰하는 사람에게는 죽음의 위험이 따르는데 이는 남을 잘 비판하기 때문이다. 많은 지식을 지니고 재능이 뛰어난 사람은 그 몸이 위태로운데, 이는 남의 결점을 잘 지적하기 때문이다. 사람의 자식이 된 자는 아버지뻘 되는 사람 앞에서 자기를 낮추고, 사람의 신하가 된 자는 임금 앞에서 자기를 치켜세우지 않는 법'이라고 했다. 이때 공자가 만난 노자와 『도덕경(道德經)』을 지은 노자가 같은 인물인지는 불분명하다. 공자가 주나라에서 노나라로 돌아오니 제자들이 더욱 늘어났다.

　노나라 소공(昭公) 25년(BC 517년)에 공자 나이 35세였는데, 소공이 제나라로 달아나 노나라가 혼란할 때, 공자는 제나라로 가서 정경(正卿)인 고소자(高昭子)의 가신이 되었다. 공자는 제나라 임금의 스승인 태사(太師)와 음악을 토론했는데 순 임금의 '소(韶)' 음악을 듣고 배우는 3개월 동안 고기 맛을 잊을 정도로 심취하

---

67)　大宰 問於子貢曰 夫子 聖者與 何其多能也 子貢 曰 固天縱之將聖 又多能也 子 聞之曰 大宰 知我乎 吾 少也 賤 故 多能鄙事 君子 多乎哉 不多也. 牢 曰 子 云 吾 不試故 藝. 자한 6.

여[68] 제나라 사람들이 칭송했다. 『사기』「공자세가」에는 이를 "학지삼월 부지육미 (學知三月 不知肉味)"라고 표현했다.

　제나라 경공을 알현했을 때 공자에게 정치에 대해 묻자 군주는 군주답고 신하는 신하답고 아버지는 아버지답고 자식은 자식다워야 한다고 공자는 답했다. 경공이 이를 듣고 옳은 말이라며 만약 군주가 군주답지 못하고, 신하가 신하답지 못하고, 아버지가 아버지답지 못하고, 자식이 자식답지 못하면 비록 곡식이 있더라도 내 어찌 그것을 먹을 수 있겠느냐고 말하였다. [69] 다른 날 경공이 다시 공자에게 정치를 물었을 때 공자는 정치의 요점은 재물을 절제하는 데 있다고 말했다. 경공은 기뻐하며 장차 이계(尼谿)의 땅에 공자를 봉하려고 했다. 그러자 재상 안영(晏嬰)이 무릇 유학자는 말재간이 있고 융통성을 잘 부려 법으로 규제할 수 없으며, 거만하고 제멋대로 하니 아랫사람으로 두기 어렵다고 했다. 이어 상례를 중시해 슬픔을 다한다며 파산까지 하면서 큰 장례를 치러서 그들의 예법을 풍속으로 삼기 어렵고, 도처에 유세 다니며 관직이나 후한 녹을 바라기 때문에 나라의 정치를 맡길 수도 없다며 반대했다. 『논어』에 따르면 제나라 경공(景公)이 공자를 대우하며 말하기를 계씨(季氏)와 같이 대우할 수는 없지만 계씨(季氏)와 맹씨(孟氏)의 중간으로 대우하겠다고 하였는데, 다시 이 말을 번복하면서 말하기를 자신이 늙어 공자를 등용하지 못하겠다고 했다.[70] 결국 공자는 공직에 오르지 못하고 마침내 제나라를 떠나 노나라로 돌아왔다.

　기원전 513년에 진(晉)나라에서 형법을 적은 솥인 형정(刑鼎)을 주조한 바 있는데, 이 소식을 들은 공자는 진나라가 망할 것이라고 말하고 천자로부터 받은 법을 버리고 새로운 형법을 만들었으므로 귀천의 질서가 없어져 나라를 다스릴 수가 없을 것이라고 하였다.

---

68)　子 在齊聞韶 三月 不知肉味 曰 不圖爲樂之至於斯也. 술이 13.
69)　齊景公 問政於孔子. 孔子 對曰 君君臣臣父父子子. 公 曰 善哉 信如君不君 臣不臣 父不父 子不子 雖有粟 吾得而 食諸. 안연 11.
70)　齊景公 待孔子曰 若季氏 則吾不能 以季孟之間 待之 曰 吾 老矣 不能用也 孔子 行. 미자 3.

노나라 정공(定公) 원년(BC 509년)에는 계씨(季氏)의 가신인 양호(陽虎)가 반란을 일으켜 권력을 전횡하며 공자를 회유하려 했다. 하지만 공자는 벼슬하지 않고 물러나 제자들 교육에 전념했다. 양호는 노나라 사람으로 양화(陽貨)라고도 한다. 계손씨(季孫氏)의 가신으로 계평자(季平子) 즉 계손의여(季孫意如)를 모셨다. 평자(平子)가 죽자 그를 대신하여 노나라의 국정을 농단해 노정공 5년(기원전 505년) 계손씨들의 적자인 계환자(季桓子) 사(斯)를 붙잡아 감금하고 자기에게 복종할 것을 강요했다. 노정공 8년(기원전 502년) 삼환씨(三桓氏)들의 적자들을 모두 살해하고 자신과 사이가 좋은 그들의 서자들을 대신 세우려고 난을 일으켰다. 하지만 삼환씨들의 반격을 받아 싸움에서 지고 공실의 보물들과 대궁을 가지고 지금의 산동성 태안시(泰安市) 동남쪽에 있던 양관(陽關)으로 도주했다. 노정공 9년(기원전 501년) 다시 삼환씨들의 공격을 받아 제나라로 도망갔다가 체포되었다. 이후 노나라로 호송되던 도중에 탈출하여 진(晉)나라의 경(卿) 조간자(趙簡子)의 가신이 되었다.

『논어』에 공자와 양화의 일화가 언급되어 있다. 양화(陽貨)가 공자를 만나고자 했으나 만나 주지 않아서 양화가 (공자가 집을 비운 사이) 공자에게 삶은 돼지를 선물로 보냈다. 그러자 공자도 그가 없는 틈을 타서 사례하러 가 길에서 마주쳤다. 양화(陽貨)가 공자에게 "내 그대와 할 말이 있소. 훌륭한 보배를 가지고 있으면서 나라를 어지럽게 내버려 두는 것을 인(仁)이라고 할 수 있겠소" 하고 말했다. 공자는 (인이라) 할 수 없다고 답했다. 또 양화가 "일에 종사하기를 좋아하면서 자주 때를 놓치는 것을 지혜롭다고 할 수 있겠소"라고 물었다. 그러자 공자는 지혜롭지 않다고 했다. 이어 "해와 달은 가는 것이니 세월은 나를 위하여 머물러 주지 않소"라고 양화가 말하자 공자는 알았다며 언젠가 벼슬을 하겠다고 마지못해 말했다.[71] 또 『맹자』를 보면 양화는 공자가 자신을 찾아오게 하고 싶었으나, 이렇게 할

---

71)  陽貨 欲見孔子 孔子 不見 歸孔子豚 孔子 時其亡也而往拜之 遇諸塗 謂孔子曰 來 予 與爾言 曰 懷其寶而迷其邦 可謂仁乎 曰 不可 好從事而亟失時 可謂知乎 曰 不可 日月 逝矣 歲不我與 孔子 曰諾 吾將仕矣 양화 1장.

경우 남들이 무례하다고 비난하는 것이 싫었다. 그런데 당시의 예에 의하면 대부(大夫)가 사(士)에게 물건을 하사할 경우, 사가 자기 집에서 그 물건을 직접 받지 못했으면 대부의 집 문에 가서 절하는 것이 예의였다. 이에 양화가 공자께서 없는 틈을 엿보아 공자께 삶은 돼지고기를 보냈는데, 공자께서도 양화가 집에 없는 틈을 엿보아 그의 집에 찾아가서 사례하였다. "당시에 양화가 먼저 찾아왔더라면, 공자께서 어찌 만나 보지 않으셨겠는가" 하고 맹자는 말했다.[72]

공자 나이 51세인 정공(定公) 9년에 계손씨의 가신인 공산불뉴가 비읍에서 계씨에게 반기를 들고, 사람을 시켜 자기를 도와달라고 공자를 불렀다. 이때 공자는 주나라의 문왕과 무왕은 풍(豊)과 호(鎬)처럼 작은 지방에서 왕업을 일으켰다. 지금 비 땅은 비록 작기는 하지만 대체로 이와 같지 않겠는가 하면서 가려고 했다. 그러나 자로는 기뻐하는 기색이 없이 공자를 말렸다. 공자는 자신을 부르는 것이 어찌 무용한 일이겠는가 하며, 그가 만약 나를 등용한다면 나는 훌륭한 동방의 주나라를 세울 수 있을 것이라고 말했다.[73] 그러나 공자는 결국 가지 않았다.

이처럼 가신(家臣)들이 반란이 일으킬 수 있었던 근본 원인은 노나라를 좌지우지하던 삼환(三桓)이 있었기 때문이다. 그런데, 삼환이 연합하여 노나라의 권력을 빼앗긴 했지만 삼환 또한 자신들을 돕는 가신을 두었다. 이 가신들의 세력은 갈수록 강화됐는데, 가장 강력했던 인물이 계손사의 가신이던 양호였다. 그는 계손을 압박했을 뿐만 아니라 다른 이환(二桓)도 억눌렀다. 양호는 얼마 뒤 노나라의 재상을 맡아 3년 가까이 정권을 잡았다. 보았듯이 양호는 공자를 직접 만나 관직을 맡아 달라고 청하기도 했지만 양호가 이끄는 정권에 회의를 품고 있던 공자는 이를 거절했다. 기원전 502년 계손사가 양호에게 반격을 가해 승리하자 양호는 도망쳤다. 삼환은 양호의 제안을 거절한 공자에게 깊은 인상을 받았다. 그래서 공자에

---

72)  陽貨 欲見孔子而惡無禮 大夫 有賜於士 不得受於其家 則往拜其門 陽貨 矙孔子之亡也 而饋孔子蒸豚 孔子 亦矙其亡也 而往拜之 當是時 陽貨 先 豈得不見. 등문공 하 7.

73)  公山弗擾 以費畔 召 子 欲往. 子路 不說曰 末之也已 何必公山氏之之也. 子 曰 夫召我者 而豈徒哉 如有用我者 吾其爲東周乎. 양화 5.

게 현재 산동성 문상인 중도(中都)의 현장(縣長)에 해당하는 중도재를 맡겼고 이로써 공자의 정치 인생이 시작되었다.

노나라 정공(定公)이 공자를 중도의 읍재(邑宰)로 삼은 지 1년 만에 사방에서 본받았다고 한다. 그 뒤 사공(司空)에 이어 대사구(大司寇)가 되었다. 사공은 토지와 민사를 맡아본 벼슬이고, 대사구는 법무부 장관과 같은 자리였다. 정공 10년에 공자는 정공을 도와서 제나라 군주와 산동성 신태 협곡에서 회담을 했다.[98] 회담이 끝난 뒤 베풀어진 연회에서 제나라가 내(萊) 부락의 토속 무용을 공연했는데, 공자는 『유서(類書)』에 근거하여 제나라 정도라면 전통적인 궁중무를 해야지 야만족의 춤을 춰서 되겠냐며 나무랐다. 『유서』는 중국에서 기원하여 전해진 동양 고유의 서적 편찬 형식으로서 일종의 백과사전과 같은 책이다. 제나라는 즉시 전통 궁중무로 바꾸었다. 하지만 궁중에서 평소 공연하는 가볍고 편한 희극이었다. 공자는 다시 『유서』에 근거하여 평민이 국군을 경시하는 대죄를 범했다며 노나라 호위병들에게 명령하여 남녀 무용수들을 무대 아래로 끌어내려 손발을 자르게 했다. 이후 제나라 국군이 자신의 잘못을 깨닫고 과거에 빼앗았던 노나라의 문수 이북 땅까지 돌려주었다.

정공 12년에 중유(仲由)로 하여금 계씨의 가신을 삼아 세 도읍의 성을 허물게 하고 갑옷과 병기를 거두게 하였는데, 맹씨(孟氏)의 집안에서는 성을 허물려고 하지 않으므로 포위 공격하였으나 함락시키지 못하였다. 정승의 일을 대행하여 정사를 어지럽힌 대부 소정묘(少正卯)를 처형하고 국정(國政)에 참여하니 3개월 만에 노나라가 크게 다스려졌다. 『공자가어』상로편에 따르면 예전에 노나라에 양을 파는 심유씨라는 자가 있었는데 늘 아침에 양에게 물을 먹여 크게 보이게 하여 시장 사람들을 속였고, 공신씨라는 자가 있었는데 처의 음란한 행실을 제지하지 못하였으며, 신궤씨라는 자가 있었는데 사치가 도를 넘었다. 또 노나라의 가축을 파는 자들은 말로 꾸며서 값을 더 받았다. 그런데 공자가 정사를 맡은 뒤로는 심유씨는 감히 아침에 양에게 물을 먹이지 못하였고, 공신씨는 그의 아내를 쫓아냈으며, 신궤씨는 국경을 넘어 이사를 갔다. 3개월이 지나자 소나 말을 파는 자들은 값을 더 받지 않았고, 양이나 돼지를 파는 자들은 말로 꾸미지 않았다. 그리고 남녀가 갈 때에는 길을 달리하였고 길에 떨어진 물건을 줍지 않았으며, 남자는 충성과 신의를 숭상하고 여자는 정절과 순종을 숭상하게 되었다. 또 고을을 찾아오는 사방의 손님들도 관리를 물어보지 않고도 모두 집에 돌아가듯 편안히 행동하였다고 한다.

이에 위협을 느낀 제나라가 아름다운 무희와 악사를 계환자(季桓子)에게 보냈는데, 계환자는 여기에 빠져 국정을 돌보지 않았다. 더구나 하늘에 제사를 지내는 교제(郊祭) 뒤 제사고기를 대부(大夫)들에게 주지 않자, 공자는 노나라를 떠났다. 예를 근본으로 하는 당시에 이런 행위는 대단히 무례한 것이어서 공자는 위나라로 떠났다. 『논어』에 따르면 제나라 사람이 미녀들로 구성된 가무단을 보내왔을 때 계환자(季桓子)가 이를 받고 3일 동안 조회(朝會)하지 않으므로 공자가 떠났다.[74]

공자가 관직에 있을 때의 일이다.[99] 마구간에 불이 났는데, 공자가 조정에서 물러나와 사람이 다쳤느냐고 묻고 말에 대해서는 묻지 않았다.[75] 당시에 말이란 재산인 동시에 사회적 특권을 상징하는 귀한 가축이었다. 그런데 공자는 자기 집의 마사가 불탔다는 것을 알고 말에 대해서는 아무것도 묻지 않고, 사람이 다치지 않았는지만 관심을 표한 것이다. 공가의 마사가 불탄 사건이 일어난 때는 공자가 노나라 국정에 참여하고 있을 시기인 기원전 501년부터 498년 사이(52세에서 55세)였을 것으로 보인다. 그 시기는 대내외적으로 다사다난하였고 개혁을 기대했던 정공은 공자를 국도 직할지의 경찰과 옥송을 담당하는 대사구로 임용하였다. 공자는 노나라가 제나라와 협곡의 회맹을 맺을 때 정공을 수행하여 제나라 임금이 사병을 진열시켜 무력으로 위협하는 것을 예로서 물리치고, 제나라가 노나라에서 빼앗았던 땅을 반환하게 하여 외교적 공적을 세워서 그 능력을 인정받았다. 그러나 계손씨를 비롯한 삼환의 세력을 제압하는 데 실패하자 55세에 노나라를 떠나

---

74)  齊人 歸女樂 季桓子 受之 三日不朝 孔子 行. 미자 4.
75)  廐焚 子 退朝曰 傷人乎 不問馬. 향당 12.

14년간의 망명 생활로 들어갔다.

## 주유천하(周遊天下)

공자는 기원전 497년부터 노나라를 떠나 14년간에 걸쳐 제, 위, 송, 진, 채, 초 등의 나라를 방문하여 자신의 뜻을 펴고자 했다. 먼저 위나라에 가서 자로의 처형인 안탁추(顏濁鄒)의 집에 머물며 등용되고자 했다. 진(陳)나라를 통과해 광(匡) 땅을 지날 때는 이곳 사람들이 공자를 노나라 계씨의 가신이던 양호라고 여겨 억류됐다. 양호는 일찍이 광 지역 사람들을 가혹하게 대했는데, 공자의 모습이 양호와 비슷했기 때문에 공자는 5일간이나 포위당했다. 안연이 뒤따라 도착하자 공자는 "자네가 난리 중에 이미 죽은 줄로 알았다"고 말했다. 안연은 "선생님이 계시는데 제가 어찌 감히 죽겠습니까" 하고 답했다.[76] 광 지역 사람들이 공자 일행을 더욱 압박해 오자 제자들이 두려워하기 시작했다. 이때 공자는 "문왕이 이미 돌아가셨으나 문(文)은 여기에 있지 않은가" 하며, "하늘이 이 문을 없애려고 하셨다면 자신으로 하여금 이 문화를 전승할 수 없게 했을 것이다. 하늘이 이 문(文)을 없애려고 하지 않으시는데 광 지역 사람들이 자신을 어찌하겠는가" 하고 말하였다.[77] 공자는 사자(使者)를 위나라의 대부 영무자에게 보낸 후에 비로소 그곳을 떠날 수 있었다.

공자는 광 땅에서 나와 위나라로 돌아와 거백옥의 집에 머물렀다. 위 영공에게는 남자(南子)라는 부인이 있었는데, 음란한 행실이 있었다. 그런 그녀가 사람을 시켜 공자에게 일렀다. 그 사람은 사방의 군자들이 우리 군주와 친하게 사귀고 싶은 생각이 있으면 반드시 그 부인을 만난다며, 부인께서 뵙기를 원한다고 전했다. 공자는 사양하다가 나중에는 부득이 가서 만났다. 돌아와서 공자는 원래 만나고

---

76)  子 畏於匡 顏淵 後 子 曰 吾 以女爲死矣 曰 子 在 回 何敢死. 선진 22.
77)  子 畏於匡 曰 文王 旣沒 文不在玆乎 天之將喪斯文也 後死者 不得與於斯文也 天之未喪斯文也 匡人 其如予 何. 자한 5.

싶지 않았는데, 마지못해 만났으므로 이제는 예로 대하겠다고 말했다. 자로가 기뻐하지 않았는데, 공자는 만일 잘못했다면 하늘이 나를 버릴 것이라고 거듭해서 단호하게 말했다.[78] 위(衛)나라에 머문 지 한 달 남짓 되었을 때였다. 영공이 부인과 함께 수레를 타고 환관인 옹거를 시위관으로 옆에 태우고 궁문을 나서서 가는데, 공자는 뒤 마차를 타고 따라오게 하면서 거드름을 피우고 뽐내며 시내를 지나갔다. 이에 공자는 덕을 좋아하기를 색을 좋아하는 것과 같이 하는 자를 보지 못했다고 말했다.[79] 위나라의 정치에 실망한 공자는 위나라를 떠나서 조(曹)나라로 갔다. 같은 해인 기원전 495년에 노나라에서 정공이 죽었다.

공자가 조나라를 떠나 송(宋)나라로 갔을 때다. 공자는 제자들과 큰 나무 아래에서 예의에 대해서 강습하고 있는데, 송나라 사마환퇴(司馬桓魋)가 공자를 죽이려 했고 그 나무도 뽑아 버렸다. 이에 공자는 그곳을 떠날 수밖에 없었다. 제자들이 빨리 떠나는 것이 좋겠다고 한결같이 말했다. 그러자 공자는 하늘이 나에게 덕을 이을 사명을 주셨는데, 환퇴가 나를 어찌하겠는가 하고 말했다.[80] 이처럼 공자는 천하를 주유하며 여러 번의 위기를 겪었다. 『공자가어』곤서편에는 상가지구(喪家之狗)의 일화가 있다. 공자가 정나라에 갔다가 제자들과 헤어져 동쪽 성곽문 밖에서 혼자 서 있었다. 어떤 사람이 자공에게 '동쪽 성문 밖에 한 사람이 있는데, 키는 9자 6치에 눈이 반듯하고 길며 광대뼈가 툭 튀어나왔고, 머리는 요임금과 같고, 목은 순임금의 신하였던 고요와 같고, 어깨는 정나라 재상이었던 자산과 같았다. 그러나 허리 아래로는 우임금보다 세 치가 부족하였는데 풀이 죽은 모습이 마치 상갓집 개와 같다'고 말하였다. 자공이 그대로 전하였더니 공자가 흔쾌히 감탄하며 모습이 꼭 맞다고 할 수 없으나 상갓집 개와 같다는 말이 참으로 그러하다고 했다.

---

78)   子 見南子 子路 不說 夫子 矢之曰 予所否者 天厭之天厭之. 옹야 26.
79)   子曰 吾未見好德 如好色者也. 자한 17.
80)   子曰 天生德於予 桓魋 其如予何. 술이 22.

이어 송나라를 떠나 진(陳)나라에 가서 사성정자(司城貞子)의 집에 머물렀다. 어느 날 매 한 마리가 진(陳)나라 궁정에 떨어져 죽었는데 싸리나무로 만든 화살이 몸에 꽂혀 있었고 그 화살촉은 돌로 되어 있었으며, 화살의 길이는 1척 8촌이었다. 진 민공이 사자를 보내어 공자에게 물었다. 공자는 매가 멀리서 왔으며 이것은 숙신(肅愼)의 화살이라고 답했다. 숙신은 주(周)나라 때에 동북방에 살던 오랑캐를 일컫던 말이다. 이어 옛날 주무왕이 상나라를 멸한 후에 여러 소수민족들과 교류하고 각각 그 지방의 특산물을 조공하게 함으로써 그들의 직책과 의무를 잊지 않게 했다. 이에 숙신은 싸리나무로 만든 화살과 돌로 만든 화살촉을 바쳤는데 길이가 1척 8촌이었다. 선왕께서는 그의 미덕을 표창하고자 숙신의 화살을 큰딸 대희에게 나누어 주었다. 그 후 장녀를 우(虞)의 호공(胡公)과 결혼을 시키고, 우 호공을 진나라에 봉했다. 동성(同姓) 제후들에게는 진귀한 옥을 나누어 주어 친척의 도리를 다하게 했고, 이성(異姓) 제후들에게는 먼 지방에서 들어온 조공품을 나누어 주어 무왕에게 복종할 것을 잊지 않게 하기 위해서 진나라에게는 숙신의 화살을 나누어 주었던 것이라고 말했다. 진 민공이 시험 삼아 옛 창고에서 화살을 찾아보게 했는데 과연 그곳에 있었다.

공자가 진나라에 머문 지 3년 만에 그 곳을 떠났다. 포(蒲)를 지날 때, 때마침 공숙씨가 포에서 반란을 일으켰다. 포의 사람들이 공자의 앞길을 막았다. 제자 중에 공양유가 자신의 수레 다섯 대를 가지고 공자를 따르고 있었다. 그는 키가 크고 사람됨이 어질며 용기와 힘이 있는 인물이었다. 그는 자신이 이전에 선생님을 모시고 광(匡)에서 난을 당했는데, 오늘 또다시 여기서 위험에 부딪히니 실로 운명이라며 선생님과 함께 다시 위험에 빠지기보다 차라리 싸우다 죽겠다고 말했다. 싸움이 매우 격해지자 포의 사람들이 두려워서 공자에게 만일 위나라로 가지 않는다면 놓아주겠다고 했다. 공자가 약속하자 그들은 공자 일행을 동문으로 내보냈다. 그러나 공자는 위나라로 갔다. 자공이 약속을 저버려도 됩니까 하고 물었다. 그러자 공자는 신(神)도 강요된 약속을 인정하지 않는다고 말했다.

위 영공은 공자가 온다는 소식을 듣고 기뻐하며 교외까지 나가 영접했지만 영공은 정사에 태만했고, 또한 공자를 등용하지도 않았다. 공자는 크게 탄식하며 만약 자신을 등용하는 자가 있으면, 그 나라는 단 일 년 동안에 자리가 바로잡힐 것이고, 3년이면 구체적인 성과가 나타날 것이라고 말했다.[81] 공자는 남들이 알아주지 못하는데도 그치지 아니하고 적당하게 적응하지 못해 자주 조롱을 당했다. 위나라에서 공자가 경쇠를 두드렸는데, 삼태기를 메고 문 앞을 지나가던 자가 듣고서 말하였다. 경쇠 소리를 들으니 마음이 천하에 있다며 잠시 뒤 또 말하였다. "경쇠 소리가 비루하다. 자신을 알아주는 이가 없으면 그만둘 뿐이다. 물이 깊으면 옷을 벗고 건너고 얕으면 옷을 걷고 건너야 하는 것이다"라고 했다. 공자가 이에 과감하다며 만일 물을 건너는 것처럼 한다면 어려울 것이 없을 것이라고 말했다.[82]

진(晉)나라 조씨(趙氏)의 가신인 필힐(佛肹)이 중모(中牟) 땅을 가지고 배반한 다음 공자를 초청했다. 공자가 이에 응하려고 하자 자로는 '듣기로 스스로 좋지 못한 일을 한 자에게 군자는 가지 않는다고 하였는데, 지금 필힐은 중모에서 반기를 들었는데도 선생님께서 가려고 하시니 이는 어찌 된 연유입니까' 물었다. 공자는 그런 말을 한 적이 있었지만 또한 진정으로 강한 것은 갈아도 얇아지지 않고, 진정으로 하얀 것은 물들여도 검어지지 않는다고 했다. 이어 자신이 어찌 쓸모없는 박(匏)이 되란 말이냐며 어찌 매달려 있기만 하고 사람에게 먹히지 않을 수 있느냐고 마음을 드러내 말하였다.[83] 원문에서 인(磷)은 얇은 것이고 열(涅)은 검은 물을 들이는 것으로 남의 불선(不善)함이 나를 더럽힐 수 없음을 말한 것이다. 송나라 학자 장경부(張敬夫)는 자로가 예전에 들었던 것은 군자가 몸을 지키는 떳떳한 법이고 공자께서 지금 하신 말씀은 성인(聖人)이 도(道)를 체득하는 큰 권도(權道)다.

---

81)  子曰 苟有用我者 朞月而已 可也 三年 有成. 자로 10.
82)  子 擊磬於衛 有荷蕢而過孔氏之門者 曰 有心哉 擊磬乎. 旣而曰 鄙哉 硜硜乎 莫己知也 斯己而已矣 深則厲 淺則揭. 子曰 果哉 末之難矣. 헌문 42.
83)  子路 曰 昔者 由也 聞諸 夫子 曰 親於其身 爲不善者 君子 不入也 佛肹 以中牟畔 子之往也 如之何. 子曰 然 有是言也 不曰堅乎 磨而不磷 不曰白乎 涅而不緇 吾 豈匏瓜也哉 焉能繫而不食. 양화 7.

공자께서 공산(公山)과 필힐의 부름에 모두 가려고 하셨던 것은 천하에 변화시키지 못할 사람이 없고, 할 수 없는 일이 없다고 생각하셨기 때문이다. 하지만 끝내 가시지 않은 것은 그 사람을 끝내 변화시킬 수 없고, 그 일을 끝내 할 수 없다는 것을 아셨기 때문이라고 했다. 이어 공자가 부름에 가시려 한 것은 만물을 생성시키는 인(仁)이고, 끝내 가시지 않은 것은 남을 알아보는 지혜(智慧)라고 설명했다.

공자는 위나라에서 등용되지 못하자 장차 서쪽으로 가서 진(晉)나라의 조간자를 만나려고 했다. 황하에 이르러서 진나라의 어진 대부인 두명독과 순화가 피살된 소식을 듣고서 탄식해서 말했다. "황하가 아름답고 넓고 넓구나. 내가 이 황하를 건너지 못하는 것은 또한 운명"이라고 했다. 공자가 황하에 이르러 돌아와 다시 거백옥의 집에 머물렀는데, 어느 날 위 영공이 군대의 진법을 물었다. 공자는 제사지내는 일은 일찍이 들었으나, 군사의 일은 배우지 못했다고 말했다.[84] 다음 날 영공이 공자와 더불어 이야기하다가 날아가는 기러기를 보고서 공자의 말에는 열중하지 않았다. 공자는 마침내 그곳을 떠나 다시 진(陳)나라로 갔다. 공자가 진(陳)나라에 있을 때 사방을 두루 돌아다녔으나 도가 행해지지 않았다. 그러자 돌아갈 것을 생각해 탄식하여 돌아가겠다고 거듭 말하였다. 이어 우리 고을의 문인(門人)들이 뜻은 크나 일에는 거칠고 엉성하여, 찬란하게 문장(文章)을 이루었지만 그것을 마름질할 줄을 알지 못한다고 아쉬워했다.[85]

공자가 진(陳)나라에서 채(蔡)나라로 가서 섭(葉) 땅에 이르렀다. 섭공(葉公)이 공자에게 정치를 물으니 공자는 정치란 먼 데 있는 사람을 찾아오게 하고, 가까이 있는 사람의 마음을 얻는 데 있다고 답했다. 훗날 섭공은 자로에게 공자의 사람됨을 물었으나 자로는 대답하지 못했다. 공자가 이를 듣고 자로에게 자신이 도(道)를 배우는 데 권태를 느끼지 않고, 사람을 깨우치는 일에 싫증을 내지 않으며, 일에 열중해 먹는 것조차 잊어버리고, 즐거움으로 근심을 잊으면서 늙어 가는 것도

---

84) 衛靈公 問陳於孔子 孔子 對曰 俎豆之事 則嘗聞之矣 軍旅之事 未之學也. 위령공 1.
85) 子 在陳 曰 歸與歸與 吾黨之小子 狂簡 斐然成章 不知所以裁之. 공야장 21.

모르고 살아가는 사람이라고 말하지 않았느냐고[86] 탓했다.

공자가 섭(葉)을 떠나 채나라로 돌아오는 도중에 장저(長沮)와 걸익(桀溺)이 같이 밭을 가는 것을 보았다. 공자는 그 사람들이 은자(隱者)라고 생각해 자로로 하여금 그들에게 나루터로 가는 길을 물어보도록 했다. 장저가 자로에게 수레 위의 고삐를 잡고 있는 저 사람은 누구인지 물었다. 공자라고 답하자 노나라의 공자인지 다시 물었다. 자로가 그렇다고 하자 장저는 그렇다면 나루터를 알고 있을 것이라고 말했다. 걸익은 자로에게 누구냐고 물었다. 중유(仲由)라고 답하자 공자의 제자인지 물었다. 자로가 그렇다고 답하자 천하가 온통 어지러운데, 그 누가 이를 바로잡을 수 있겠냐며 당신은 사람을 피하는 선비를 따르는 것보다는 차라리 세상을 피하는 선비를 따르는 것이 낫지 않겠냐고 했다. 장저와 걸익은 이렇게 말하고 계속해서 자기네들이 하던 흙으로 씨를 덮는 일을 했다. 자로가 이들이 한 말을 공자에게 전했다. 공자는 실망하며 사람이란 인간 사회를 피해서 짐승들과 무리를 같이해 살 수는 없다며 천하에 도가 통한다면 나도 이를 바꾸려고 여러 나라로 쫓아다니지 않을 것이라고 말했다.[87]

초나라에서도 공자 일행은 은자를 만났다. 초나라 광인(狂人)인 접여(接輿)가 공자의 수레 앞을 지나가며 노래하였다. "봉황(鳳)은 어찌 덕(德)이 쇠하였는가? 지나간 것은 간(諫)할 수 없지만 오는 것은 아직 따라잡을 수 있으므로 그만두어라. 오늘날 정사(政事)에 종사하는 자들은 위태롭다"고 했다. 공자가 수레에서 내려 그에게 말하려고 하였는데, 종종걸음으로 피하므로 함께 말하지 못하였다.[88] 어느 날 자로가 석문(石門)에서 유숙하였는데, 성문 문지기가 어디에서 왔는지 물

---

86) 葉公 問孔子於子路 子路 不對 子曰 女 奚不曰 其爲人也 發憤忘食 樂以忘憂 不知老之將至云爾. 술이 18.

87) 長沮桀溺 耦而耕 孔子 過之 使子路 問津焉. 長沮 曰 夫執輿者 爲誰 子路 曰 爲孔丘 曰 是 魯孔丘與 曰 是也 曰 是 知津矣. 問於桀溺 桀溺 曰 子 爲誰 曰 爲仲由 曰 是 魯孔丘之徒與 對曰 然 曰 滔滔者 天下 皆是也 而誰以易 之 且而 與其從辟人之士也 豈若從辟世之士哉 耰而不輟. 子路 行 以告 夫子 憮然曰 鳥獸 不可與同群 吾 非斯人 之徒 與 而誰與 天下 有道 丘 不與易也. 미자 6.

88) 楚狂接輿 歌而過孔子曰 鳳兮鳳兮 何德之衰 往者 不可諫 來者 猶可追 已而已而 今之從政者 殆而. 孔子 下 欲與 之言 趨而辟(避)之 不得與之言. 미자 5.

었다. 자로가 공씨에게서 왔다고 하자 바로 안 될 줄 알면서도 하는 그 사람 말인
가 물으며 문지기가 공자를 조롱했다.[89] 송나라 유학자 호인(胡寅)은 이에 대해 성
인이 천하를 다스리면 일을 하지 못할 때가 없다는 것을 성문 문지기는 알지 못한
것이라고 말했다.

반면 위나라 의(儀)읍에 있을 때 이곳의 국경을 지키는 사람이 공자의 수행자에
게 뵙기를 청하며 군자가 이곳에 이르면 자신이 만나 보지 않은 적이 없었다고 했
다. 이 사람이 공자를 뵙고 나와서 "그대들은 어찌 공자께서 벼슬을 잃은 것을 걱
정할 바가 있겠는가"라고 말했다. 천하에 도(道)가 없어진 지 오래되었다며 하늘
이 장차 공자를 목탁(木鐸)으로 삼으실 것이라고 하였다.[90]

공자가 채나라로 옮긴 지 3년이 되던 해에 오나라는 진(陳)나라를 공격했다. 초
나라는 진나라를 구하기 위해서 진보(陳父)에 군대를 주둔시켰다. 초나라에서는
공자가 진나라와 채나라의 중간 지역에 있다는 말을 듣고 사람을 보내어 공자를
초빙했다. 공자가 가서 예를 갖추려고 할 때, 진나라와 채나라의 대부들이 의논해
말했다. "초나라는 큰 나라인데 공자를 초빙하려고 한다. 공자가 초나라에 등용
되면 우리 진나라와 채나라에서 일하는 대부들은 모두 위험해질 것이다." 이에 진
나라와 채나라의 대부들은 각각 건장한 사내들을 보내어 들판에서 공자를 포위했
다. 그래서 공자는 초나라로 가지 못하고 식량마저 떨어졌다. 따르는 제자들은 굶
어 병들어 잘 일어서지도 못했다. 그러나 공자는 조금도 흐트러짐이 없이 강의도
하고 책도 낭송하고 거문고도 타면서 지냈다. 이에 자로가 화가 나서 공자에게 군
자도 이처럼 곤궁할 때가 있냐고 따졌다. 그러자 군자는 곤궁해도 절조를 지키지
만 소인은 곤궁해지면 함부로 한다고 공자는 말했다.[91]

이후 초 소왕이 군대를 보내 공자를 보호하고 맞이한 뒤 비로소 공자는 곤경에

---

89)  子路 宿於石門 晨門 曰 奚自 子路 曰 自孔氏 曰 是 知其不可而爲之者與. 헌문 41.

90)  儀封人 請見曰 君子之至於斯也 吾未嘗不得見也 從者 見之 出曰 二三子 何患於喪乎 天下之無道也 久矣 天將以
夫子 爲木鐸. 팔일 24.

91)  在陳絶糧 從者 病 莫能興 子路 慍見曰 君子 亦有窮乎 子 曰 君子 固窮 小人 窮斯濫矣. 위령공 1.

서 벗어날 수 있었다. 소왕이 장차 서사(書社)의 땅 7백 리로 공자를 봉하려고 했다. 그러자 초나라의 재상인 영윤(令尹) 자서가 소왕에게 왕의 사신으로 제후에게 보낼 사람 중에서 자공만 한 사람이 있는지 물었다. 소왕은 없다고 했다. 이번에는 "왕을 보필할 신하 중에서 안회만 한 사람이 있습니까" 하고 묻자 소왕은 없다고 했다. 이어 왕의 장수 중에서 자로만 한 사람이 있는지 물었다. 또 왕의 관리 중에서 재여만 한 사람이 있는가 물었다. 자서는 이어서 하물며 초나라의 선조가 주나라로부터 봉(封)하여졌는데 그때 봉호는 자남작이었고, 봉지는 50리였다고 했다. 지금 공자는 삼황오제의 치국방법을 말하고 주공, 소공의 덕치를 본받고 있어서 왕께서 만약 공자를 등용하신다면 초나라가 어떻게 대대로 당당하게 다스려온 사방 수천 리 땅을 보존할 수 있겠냐고 했다. 무릇 문왕은 풍(豐) 땅에서 일어났고, 무왕은 호(鎬) 땅에서 일어났지만 백 리밖에 안 되는 작은 땅을 가진 군주가 마침내 천하를 통일했던 것인데, 지금 공자가 근거할 땅을 얻고 저렇게 많은 현명한 제자들이 그를 보좌한다면 이것은 초나라에 결코 좋은 일이 못 될 것이라고 주장했다. 소왕은 이 말을 듣고 본래의 계획을 취소했다. 그해 가을에 초 소왕은 성보에서 죽었다. 자서는 『논어』에도 나온다. 어떤 사람이 자산(子産)의 인품을 물었을 때 공자는 은혜로운 사람이라고 했다. 이어 자서(子西)에 대해 묻자, 공자는 "그 사람, 그 사람…"이라며 답을 피하였다. 그리고 관중(管仲)에 대해서 물었을 때 공자는 그 사람이 백씨(伯氏)의 변읍(駢邑) 3백 호(戶)를 빼앗았는데, 백씨가 거친 밥을 먹으면서도 평생 동안 원망하는 말이 없었다고 평했다.[92]

다시 위나라로 돌아오니 공자의 나이는 63세였다. 이때 영공(靈公)이 이미 죽고, 위나라 군주인 첩(輒)이 공자를 등용해 정치를 하고자 하였다. 공자는 위나라에서 수년간 머물렀다. 이때 염구가 노나라 계씨(季氏)의 장수가 되어 제나라와 싸워 전공을 세운 뒤 계강자가 마침내 공자를 불렀다. 앞서 계환자(季桓子)가 죽으며 유언하기를 반드시 공자를 불러 등용하라 하였는데, 그 신하들이 반대하여

---

92)  或 問子産 子曰 惠人也 問子西 曰 彼哉彼哉 問管仲 曰 人也 奪伯氏駢邑三百 飯疏食 沒齒 無怨言. 헌문 10.

아들 강자(康子)는 공자의 제자인 염구를 불렀다. 공자가 노나라를 떠난 지 14년 만에 돌아왔을 때는 애공(哀公) 11년으로 공자 나이 68세였다. 공자가 노나라로 돌아왔을 때 많이 변해 있었다. 당시 공자의 모습은 정치 사상가보다는 교육자였다. 공자는 위(衛)나라에서 노나라로 돌아온 뒤에 음악이 바르게 되어 아(雅)와 송(頌)이 각기 제자리를 찾게 되었다고 말했다.[93]

『맹자』에는 맹자와 제자 만장이 공자의 주유천하에 대해 나눈 대화가 있다. 만장이 "공자께서 벼슬하신 것은 도(道)를 행하기 위한 것이 아닙니까" 하고 묻자 맹자는 도를 행하기 위한 것이라 했다. 그러자 만장은 도를 행하려 하시면서 어째서 엽각을 하셨는지 물었다. 엽각(獵較)은 사냥하여 잡은 짐승의 많고 적음을 견주어 보는 것으로 많이 잡은 사람이 적게 잡은 사람의 것을 빼앗아서 조상의 제사에 썼다고 한다. 도(道)에 맞지 않는 행위였다. 맹자는 공자께서 먼저 문서상으로 제기(祭器)의 숫자와 제물(祭物)의 종류를 바로잡아서 계속 공급하기 어려운 사방의 귀한 음식은 제물로 사용하지 못하게 하신 것이라고 했다. 그러자 만장이 "어찌하여 떠나가지 않으셨습니까" 묻자, 맹자는 "도를 행할 수 있는 조짐을 보여 주신 것이다. 도를 행할 수 있는 조짐이 충분한데도 도가 행해지지 않은 뒤에야 떠나셨고, 이 때문에 일찍이 3년이 되도록 한 나라에 머문 일이 없으셨다"고 했다. 이어 공자께서는 도를 행하는 것이 가능함을 보고서 하신 벼슬에 있으셨고, 군주가 예우하는 것이 타당할 경우에 하신 벼슬에 있으셨으며, 군주가 봉양을 하는 경우에 맡은 벼슬이 있으셨다고 했다. 계환자(季桓子)에 대해서는 도를 행하는 것이 가능함을 보고서 맡은 벼슬이었고, 위(衛)나라 영공(靈公)에 대해서는 예우하는 것이 타당하므로 맡은 벼슬이었고, 위나라 효공(孝公)에 대해서는 임금이 봉양함으로써 맡은 벼슬이었다고 하였다.[94]

---

93)  子曰 吾 自衛反魯然後 樂 正 雅頌 各得其所. 자한 14.

94)  曰 然則孔子之仕也 非事道與 曰 事道也 事道 奚獵較也 曰 孔子 先簿正祭器 不以四方之食 供簿正 曰 奚不去也 曰 爲之兆也 兆 足以行矣 而不行而後 去 是以 未嘗有所終三年淹也 孔子 有見行可之仕 有際可之仕 有公養之仕 於季桓子 見行可之仕也 於衛靈公 際可之仕也 於衛孝公 公養之仕也. 만장하 4.

또 위(魏)나라 사람 주소(周霄)가 옛날의 군자는 벼슬을 하였는지 묻자 맹자는 벼슬을 하였다고 했다. 이어 전(傳)에 이르기를 공자께서는 3개월 동안 섬기는 군주가 없으면 급하셨고 국경을 나가실 적에 반드시 폐백을 싣고 가셨다고 하였다. 노나라의 현인 공명의(公明儀)에 따르면 옛사람은 3개월 동안 섬기는 군주가 없으면 위로했다고 하였다.[95] 하지만 공자는 때를 거스리지 않았다. 자공이 "여기에 아름다운 옥(玉)이 있으면, 궤 속에 감추어서 보관하시겠습니까 아니면 좋은 값을 받고 파시겠습니까" 하고 묻자 공자는 팔아야 한다고 거듭 말했다. 그러나 자신은 좋은 값을 기다리는 사람이라고 했다.[96]

노나라 애공이 정치에 관해서 물었을 때 공자는 정치의 근본이 신하를 잘 뽑는데 있다고 했다. 계강자도 정치에 관해서 질문하자 공자는 정직한 사람을 뽑아서 부정직한 사람 위에 놓으면, 부정직한 사람도 정직하게 된다고 했다.[97] 계강자가 도적이 횡행함을 근심하였을 때 공자는 진실로 당신 자신이 탐욕을 부리지 않는다면, 비록 상을 준다 해도 백성들은 남의 물건을 훔치지 않을 것이라고 말했다.[98] 그러나 노나라는 끝내 공자를 등용하지 못했으며 공자 또한 관직을 구하지 않았다.

기원전 484년에는 계손씨가 농토의 등급에 따라 조세를 차등으로 징수하는 전부(田賦)제를 실시하기 위하여 그의 가신이며 공자의 제자인 염우를 시켜 공자의 의견을 물은 바 있다. 공자는 만약 법대로 하고자 한다면 주공의 경전에 따라 하면 될 것이고 만약 그렇지 않다면 무엇 때문에 자신을 방문했냐고 반대의사를 표시하였다. 그런데 전부제가 실시되고 그의 제자인 염우가 그 일에 관여하자 공자는 제자들에게 염우는 이제 우리의 문하(門下)가 아니니 북을 울려 성토하라고 하였다.[99]

---

95) 周霄 問曰 古之君子 仕乎 孟子 曰 仕 傳 曰 孔子 三月無君 則皇皇如也 出疆 必載質 公明儀 曰 古之人 三月無君 則弔. 등문공 하 3.

96) 子貢 曰 有美玉於斯 韞匱而藏諸 求善賈而沽諸 子 曰 沽之哉沽之哉 我 待賈者也. 자한 12.

97) 季康子 問政於孔子 孔子 對曰 政者 正也 子帥以正 孰敢不正. 안연 17.

98) 季康子 患盜 問於孔子 孔子 對曰 苟子之不欲 雖賞之 不竊. 안연 18.

99) 季氏 富於周公 而求也 爲之聚斂而附益之 子曰 非吾徒也 小子 鳴鼓而攻之 可也. 선진 16.

기원전 481년에는 제나라에서 신흥세력인 전상이 간공(簡公)을 살해하고 정권을 탈취한 사건이 발생하였다. 공자는 제나라를 정벌하여야 한다고 3일을 재계하고 세 번이나 노나라의 애공에게 요청하였다. 한번은 노나라의 대부인 계손씨의 집 뜰에서 팔일무(八佾舞)를 추는 것을 보고 이것은 천자의 예악인데 대부가 한다는 것은 예에 위배된다고 하며 이러한 일을 한다면 어떠한 일을 차마 하지 못하겠는가 하고 탄식하였다. [100]

## 술이부작(述而不作)

이 말은 '기술(記述)하되 지어내지(作) 않았다'는 뜻으로『논어』술이(述而)편에 나오는 말이다. 공자가 자신의 저술이 옛일을 따라 기록했을 뿐 스스로 창작한 것은 아니라고 설명한 말이다. 공자는 더 이상 벼슬을 구하지 않기로 한 이후『시(詩)』·『서(書)』의 필요 없는 글자나 구절을 삭제(刪)하고, 예악(禮樂)을 정리하였다.『주역(周易)』을 밝혀서 기술(贊)하고『춘추(春秋)』를 편집하고 엮어서(修) 모두 선왕(先王)의 옛것을 전술(傳述)하였으며 일찍이 창작한 것이 있지 않았다고 했다. 공자는 옛것을 전술(傳述)하기만 하고 창작하지 않으며, 옛것을 믿고 좋아하는 것을 상나라의 현명한 대부인 노팽(老彭)와 견줄 만하다고 말했다. [101] 주자는 공자가 저술할 때 여러 성인(聖人)을 집대성(集大成)하여 절충하였지만 그 기여한 바는 창작의 배가 된다고 하였다.

『시경』은 기원전 12세기~6세기까지 주(周)나라 시대의 노래 모음집이다. 중국최초의 시가 모음집으로 귀족과 평민의 작품을 모두 포함하고 있다. 공자는 이 책을 한 차례 크게 개정했는데, 원래는 3천여 편 가운데 300수만 남겼다고 한다. [100]『시경』은 풍(風), 아(雅), 송(頌) 세 부분으로 구성되었으며,『시경』이 만들어진 초기에는 종묘제사나 악무와 밀접한 관련이 있었다. 시 300편 중에서 주송(周頌)이

---

100)  孔子謂季氏 八佾舞於庭 是可忍也 孰不可忍也. 팔일 1.
101)  子曰 述而不作 信而好古 竊比於我老彭. 술이 1.

가장 오래되었고 원래 종묘제사를 지낼 때 부르던 춤곡으로 제사를 맡아 보던 무사(巫史)가 지었을 것으로 보고 있다. 또 현조(玄鳥), 장발(長髮), 생민(生民), 공유(公劉) 등의 편은 상나라와 주나라의 서사시이고 사관이 지었을 것이다. 『시경』은 중국 최고의 시가집으로 여기에서는 고대 중국의 각 지방에서 유행하던 민간의 토속적 노래, 조정에서 향연과 조회에 쓰던 노래, 조정에서 신과 선조들의 성덕을 기리던 노래들이 실려 있다. 여기에는 전쟁과 평화, 궁정과 규방, 농토와 정부, 정치와 연애 그리고 수많은 연애사와 새, 짐승, 나무 이름 등 세상만사와 인간사 등[101] 당시의 정치 사회적 배경과 여론, 일상생활에 대한 모든 것들을 반영하고 있다. 무엇보다도 『시경』의 근본정신은 인간의 희로애락에 대한 솔직한 감정의 표현에 있다고 할 수 있다.

삼백여 편의 시 내용 가운데 한마디로 『시경』의 성격을 포괄적으로 대변할 수 있는 문구를 찾는다면 "사무사(思無邪)"일 것이다. 노나라의 제사 노래인 노송(魯頌)의 한 편인 경(駉)편 제4장에는 노나라 제후인 희공(僖公)이 말을 잘 기르는 것을 칭송한 시가 있다. "살지고 살진 수컷 말이 먼 들판에 있으니, 살진 말 얘기를 할지어다. 오총이말(흰 털이 섞인 검은 말)도 있고 적부루마(붉은빛과 흰빛의 털이 섞여 있는 말)도 있으며, 정강이가 흰 말도 있고 두 눈이 흰 말도 있어서 수레 끌기에 튼튼하고 튼튼하도다. 생각함에 사특함이 없으니 말(馬)이 힘차게 내달린다."[102] 이 시는 공자보다 백오십 년 전 살았던 노나라의 희공(僖公)이 백금(伯禽)의 법에 사념이 없이 따랐다는 말이지만, 공자는 이 말 한마디가 『시경』의 모든 작품에도 통하고 있다 하여 『시경(詩經)』 '3백 편(篇)'의 뜻을 한 마디 말로 요약한다면 생각에 사특함이 없다는 것이라고 했다.[103]

그런데 공자가 생애에 시삼백을 논한 바는 있어도, 시삼천을 논한 바는 없었다.[102] 『논어』를 보면 위정 2장 및 자로 5장에서 "시 3백 편을 외우더라도 정사를 맡

---

102)  駉駉牡馬 在坰之野 薄言駉者 有駰有騢 有驔有魚 以車祛祛 思無邪 思馬斯徂.
103)  子曰 詩三百 一言以蔽之 曰 思無邪. 위정 2.

겨도 제대로 해내지 못하고, 사방(四方)의 나라에 사신(使臣)으로 가서 혼자 처리하지 못한다면, 비록 시를 많이 외운다 한들 무엇에 쓰겠는가"[104] 한 것 등을 보면 공자가 아무런 해명이 없이 시삼백(詩三百)이라고 일컫고 있어서 공자 시대에는 이미 시가 300여 편으로 정착한 것을 알 수 있다. 따라서 학계에서는 공자가 시를 직접 정리해서 지금과 같이 편찬했다는 사마천의 말은 신빙성이 없는 것으로 보고 있다. 학자들은 『시경』의 시들이 기원전 1122년에서 기원전 600년 사이에 쓰인 것이라고 연대를 잡고 있어서, 편집 시기를 서주에서 동주 초기까지로 보았다.

『논어』에서 공자가 무엇보다도 『시경』을 많이 인용하고 있고, 아들 백어에게 우선적으로 공부하라고 말한 것도 시였다는 것을[105] 보면, 『시경』을 중시했다는 것은 의심할 여지가 없다. 또 백어에게 『시경』의 주남(周南)과 소남(召南)편을 배웠느냐고 묻고 사람으로서 주남과 소남편을 배우지 않으면, 담장을 마주하고 서 있는 것과 같다고 했다.[106] 주남과 소남은 『시경』의 첫머리 편명(篇名)인데, 그 내용이 모두 자기 몸을 수양하고 집안을 다스리는 일이다. 『시경』을 모르면 담장을 정면으로 마주하고 선다는 것처럼 지극히 가까운 곳에 나가서도 보이는 것이 없고 한 걸음도 나갈 수 없다는 것을 깨닫게 한 것이다.

공자가 『시경』을 귀중하게 본 가장 근본적 이유는 인간의 감정을 순수한 그대로 표현하여 그 안에 사악함이 끼어 있지 않다고 보았기 때문이다. 공자는 인간의 자연스러운 감정을 존중하는 태도를 지니고 있었고, 그것을 예에 따라 알맞게 표현하는 방법을 배우는 것이 교육에서 중요하다고 보았다. 남녀 간의 그리움을 그린 『시경』 제1편인 관저(關雎)를 평하여 공자는 즐거우나 지나치지 않고, 애절하나 몸을 상하게 함이 없다고[107] 하였던 것이다. 이는 지나치지도 않고 모자라지도 않는 절도에 맞는 감정을 중시하는 공자의 가치관을 보여 준다. 제자들에게도 어찌

---

104) 子曰 誦詩三百 授之以政 不達 使於四方 不能專對 雖多 亦奚以爲.
105) 曰 學詩乎 對曰 未也 不學詩 無以言 鯉 退而學. 계씨 13.
106) 子謂伯魚曰 女 爲周南召南矣乎 人而不爲周南召南 其猶正牆面而立也與. 양화 10.
107) 子曰 關雎 樂而不淫 哀而不傷. 팔일 20.

하여 시(詩)를 배우지 않느냐며 '시(詩)는 감흥을 일으킬 수 있고 정치의 잘잘못을 살필 수 있다. 또 무리들과 어울릴 수 있고 원망할 수 있으며, 가까이는 어버이를 섬길 수 있고 멀리는 임금을 섬길 수 있으며, 새와 짐승, 풀과 나무의 이름을 많이 알게 된다'고 강조했다.[108]

『논어』를 보면 공자가 항상 말한 것은 시(詩)와 서(書), 예(禮)를 실천하는 것으로 이것이 평소에 하던 말씀이었다.[109] 이는 시(詩)로써 성정(性情)을 다스리고, 서(書)로써 정사(政事)를 말하고, 예(禮)로써 절문(節文)을 삼가는 것으로 모두 일상생활의 실제에 절실한 것이다. 그런데 예(禮)에 있어서만 유독 지킨다고 말한 것은 사람이 지켜서 행해야 하는 것이므로 단지 외우고 말하는 데 그쳐서는 안 되기 때문이라고 주자는 풀이했다. 공자는 『논어』 태백편에서도 시(詩)에서 착한 것을 좋아하고 나쁜 것을 싫어하는 마음을 흥기(興起)하고, 예(禮)에서 서며, 악(樂)에서 인격의 완성을 이룬다고 하였다.[110] 주자에 따르면 시(詩)는 성정(性情)을 근본으로 하여 사(邪)도 있고 정(正)도 있는데, 그 말한 것이 이미 알기 쉽고, 읊는 사이에 억양과 반복이 있어 사람을 감동시키기 쉽다. 그러므로 배우는 초기에 착함을 좋아하고 악함을 미워하는 마음을 일으켜 스스로 그치지 않게 하는 것을 반드시 이 시에서 얻게 된다는 것을 말한 것이다.

결론적으로[103] 교과목으로서 시는 우선 수많은 새와 짐승과 초목의 이름을 알게 하는 박물학의 교본이었다. 또한 시는 말과 글의 표현을 위한 수사학이었다. 따라서 다른 나라에 사신으로 가 혼자서 응대하는 능력을 기르는 것이었다. 그러면서도 시는 순수한 감정을 흥기시키며, 사물을 이해할 수 있게 하며 사람들과 어울리게 하고, 원망하되 성내지 않게 하는 것이며, 사람이 지켜야 할 인륜의 기본에 관련된 내용을 가르치는 것이다. 이는 위정자로서도 필요한 바였다. 결국 시의 가르

---

108)    子曰 小子 何莫學夫詩 詩 可以興 可以觀 可以群 可以怨 邇之事父 遠之事君 多識於鳥獸草木之名. 양화 9.
109)    子所雅言 詩書執禮 皆雅言也. 술이 17.
110)    子曰 興於詩 立於禮 成於樂. 태백 8.

침은 생각함에 비뚤어짐이 없는 사무사(思無邪)라는 순수하고 거짓 없는 마음으로 이끄는 것이었다.

공자는 역사의 기록에 근거해서 『춘추(春秋)』를 지었다. 이것은 위로는 노나라 은공(隱公)에서 아래로는 애공(哀公) 14년까지 12공(公)의 시대를 포함했다. 『춘추』는 노나라의 역사를 중심으로 삼고, 주나라를 종주로 하고 은나라의 제도를 참작해서 하(夏), 상(商), 주(周) 3대의 법률을 계승하고 있다. 그 문사(文辭)는 간략하지만 제시하고자 하는 뜻은 깊다. 그래서 오나라와 초나라의 군주가 왕을 자칭했지만 『춘추』에서는 그것을 낮추어 본래의 작위인 자작(子爵)으로 칭했다. 천토(踐土)의 회맹(會盟)은 진(晉)나라 문공(文公)이 제후를 천토에 모은 뒤 주(周)나라의 천자를 공경하고 조공(朝貢)할 것을 맹세한 일이다. 하지만 『춘추』에서는 그 사실을 피해서 천자가 하양(河陽)으로 수렵을 나갔다고 기록했다. 이런 사안들을 들어서 그 시대의 법통을 바로잡는 기준으로 삼았다. 이와 같이 제후들에 대한 엄격한 평가는 후에 군주가 될 사람들이 반면교사로 삼아 실천하게 하는 데 있다. 『춘추』의 대의가 행해지게 되면 나라를 어지럽히는 난신적자(亂臣賊子)들이 두려워하게 될 것이기 때문이다. 공자는 소송을 심리했을 때나 문사(文辭上)의 글과 말을 논해야 할 때 결코 혼자서 판단을 내리지 않았다고 한다. 그러나 『춘추』를 지을 때에는 반드시 기록할 것은 기록하고 삭제할 것은 삭제했기 때문에 자하와 같은 제자들도 한마디 거들 수가 없었다고 한다. 제자들이 『춘추』의 뜻을 전수받은 뒤에 공자는 후세에 나를 알아주는 사람이 있다면 『춘추』 때문일 것이며, 나를 비난하는 사람이 있다면 그 역시 『춘추』 때문일 것이라고 말했다.

앞서 보았듯 공자는 시(詩)에서 착한 것을 좋아하고 나쁜 것을 싫어하는 마음을 흥기(興起)하고, 예(禮)에서 서며, 악(樂)에서 인격의 완성을 이룬다고 하였다. 주자에 따르면 예(禮)는 공경하고 사양하는 것으로 근본을 삼고, 예의 규범인 절문(節文)과 예의 정도인 도수(度數)의 상세함이 있어 사람의 피부와 근육 및 뼈까지도 견고하게 할 수 있다. 이 때문에 배우는 중간에 능히 탁월하게 자립하여 사물에 흔들리고 빼앗김을 당하지 않는 것은 반드시 이 예(禮)에서 얻게 된다고 하였다. 『예기』는 5경의 하나로, 고대 중국의 예에 관한 기록과 해설을 정리한 유교경전이다. 공자는 삼대(夏·殷·周) 이래의 문물 제도와 의례·예절 등을 집대성하고 체계화하는 것을 자신의 책무로 삼았고, 제자들을 가르침에 있어서도 예를 익히고 실천하는 데에 역점을 두었다. 공자 사후 각국으로 흩어져 공자의 가르침을 전파한 제자들에 의해 예에 대한 기록이 쌓여 가기 시작하였다. 그들은 생전의 스승에게서 들은 이야기, 학설, 스승과 나눈 대화 등을 문자로 정착시켰고, 다시 그들의 제자들에게 전해 주었다. 이렇게 『예기』는 공자와 그 후학들이 지은 책들이지만 진시황의 분서갱유 이후에 사라지고 흩어져 버렸다. 이것을 대덕(戴德)과 대성(戴聖) 형제가 수집하여 『대대례기(大戴禮記)』와 『소대례기(小戴禮記)』를 편찬했는데 이것이 『예기』의 시초다. 후에 정현이 『주례』·『의례』와 함께 『소대례기』에 주석을 붙여 삼례라 칭하게 된 후 『소대례기』가 『예기』로 다시 자리 잡았다.

『악경(樂經)』을 포함하여 육경이라고도 하는데, 『악경』은 전해지지 않는다. 주자에 따르면 악(樂)에는 오성(五聲)과 십이율(十二律)이 있는데, 번갈아 선창(先唱)하고 번갈아 화답하여 가무(歌舞)와 팔음(八音)의 절도(節度)를 삼는다. 그리하여 사람의 성정(性情)을 함양하며, 간사하고 더러운 것을 깨끗이 씻어 내고, 찌꺼기를 말끔히 정화시킨다. 그러므로 배움을 마치면 의(義)가 정(精)해지고, 인(仁)이 완숙해짐에 이르게 된다. 그래서 자연히 도덕에 맞고 따르게 되는 것은 반드시 악(樂)에서 얻게 되니, 학문의 완성이라고 할 수 있다.[111]

공자는 말년에 『주역(周易)』에 심취하여, 죽간의 가죽끈(韋)이 세 번(三絶)이나 끊어질 정도로 읽었다고 한다. 실제로 공자는 하늘이 나에게 몇 년의 수명을 빌려 주어 마침내 『주역』을 배운다면 큰 허물이 없을 것이라고 했다.[112] 『주역』을 배우

---

111) 樂有五聲十二律 更唱迭和 以爲歌舞八音之節 可以養人之性情 而蕩滌其邪穢 消融其査滓 故 學者之終 所以至於義精仁熟而自和順於道德者 必於此而得之 是學之成也. 팔일 8 註.

112) 子 曰 加我數年 五十以學易 可以無大過矣. 술이 16.

면 길흉과 사라짐과 성하는 소장(消長)의 이치 그리고 진퇴·존망의 도에 밝아진다. 그러므로 큰 허물이 없을 수 있는 것이라고 주자는 설명했다.[104] 『주역』, 즉 『역경』은 변화와 그 영향에 주목함으로써 해로움을 최소화하거나 이로움을 최대화하고자 한 문헌이다. 그리고 변화를 예측하기 위해 점을 쳤던 것이다. 변화무쌍한 세상에 사는 인간에게는 변화가 어떻게 발생하고 어떠한 영향을 미치는지를 이해하는 것은 중요할 수밖에 없다. 특히 상호 공명 사상, 즉 감응 사상은 상호 의존적 관계에 대한 관념을 구체화한 것이고 천인감응 사상으로 이어진다.

후에 천인합일을 이론화한 동중서는 한나라의 사상가 중에서 기(氣)와 음양의 사상을 유학과 결합시킨 인물이었다. 동중서는 유학이 상대적으로 취약하던 자연학 분야를 당시 음양오행의 기 철학으로 보완했다. 음양(陰陽)이란 원래 해가 비치는 양지와 햇볕이 들지 않는 음지를 표시하는 구체적인 개념이었으나 후대로 오면서 만물을 형성하고 움직이는 대립되면서 상호보완의 작용을 하는 두 가지 기(氣)라는 개념으로 발전됐다. 오행(五行)도 점차로 사물의 운동과 변화에 관계하는 다섯 종류의 기운 내지는 속성으로 이해하게 되었다. 음양설과 오행설이 따로 발생해 내려오다 어느 시점에 기(氣)라는 공통점으로 인해 음양오행설로 통합된 것이다. 동중서는 음양오행설을 더욱 체계화하고 나아가 유가 사상을 체계적으로 교리화하는 데 기여했다.[105] 그는 공자의 『춘추』를 기본 경전으로 삼아 오행가의 이론체제 등을 흡수해 '천인감응'이라는 사고 체계를 세웠다.

그는 천인감응설(天人感應說)과 인간이 악한 행위를 하면 자연이 재앙이나 이변을 가져온다는 재이설(災異說)을 통해 천·인 사이에는 자연감응작용이 발생한다고 주장하고, 하늘은 재난으로서 왕에게 선정을 유도하는 동시에 악정을 경고한다고 했다. 동중서는 나아가 삼강오상이라는 인륜의 도리를 제시했다. 삼강은 군위신강(君爲臣綱), 부위자강(父爲子綱), 부위부강(夫爲婦綱)으로 군왕과 신하, 부모와 자식, 남편과 아내의 관계를 정의했다. 동중서는 이 인륜적 원칙을 지키기 위해 삼강의 덕목으로 인의예지신의 오상을 제시했다. 이어서 인의 근원을 하늘과 연결시켜 인은 비로소 사람과 사람 사이를 넘어서 하늘과 사람의 관계로 올라서게 되었다. 이처럼 공자에서 동중서까지 유가 사상은 고정불변된 것이 아니라 사회 변천에 따라 끊임없이 변화하였다.[106]

동중서 사상의 출발점으로 기원전 9세기에 성립된『역경』의 가장 오래된 부분은 점술을 위한 내용이지만 점술 행위와 과정을 이해할 수 있는 이론적 근거는 밝혀지지 않았다. 그럼에도 이 문헌에서 흥미로운 점은 음과 양과 같이 세상에 대한 서로 다른 영역 사이의 연관성에 대한 개체들의 상호관계와 인과관계의 복잡성을 해석하며 끊임없이 변화하는 세상에서 인간의 위치, 그리고 입장에 따른 개인의 행위와 반응에 대한 설명과 풀이다. 음양설이란 이 세상 만물의 근원을 태극으로 보고 태극에서 나온 음과 양이라는 두 가지 기운이 삼라만상의 운행에 영향을 미친다고 여기는 사상이다. 음양설은 천체의 운행과 계절의 변화, 자연현상을 설명하려는 방향으로 진화하였고 책력 작성이나 천문학 분야로도 활용되면서 발전했다.

은의 신권 정치에서 볼 수 있는 고대 점술은 역이라는 사상으로 집약할 수 있는데,[107] 이 음양설을 가장 조직적으로 또 체계적으로 발전시킨 것으로『역경』을 들 수 있다. 만물은 모두 양기와 음기의 조합에 의해서 성립하므로 이 두 개의 기호를 사용하면 사물의 구조를 분명히 할 수 있다. 나아가 음양오행설은 사상의 모든 분야를 아우르는 성격을 갖추었던 것으로 자연과학의 영역에서는 물론이고 송학, 주자학 등의 신유학에서도 그 세계관을 구성하는 기초이론으로서 채택되었다.

보았듯 고대로부터『역경』의 주된 과제는 변화를 예측하는 것이었다. 그래서 통치자는 변화를 예상하고 대처할 수 있었다. 점술 행위 이면에는 변화에 대한 기대와 예측이 있다. 중국 전통에서 안다는 것은 대상을 아는 것이 아니라 방법을 아는 것이다. 철학자 장둥쑨(張東蓀)은 서양과 중국의 철학을 특징지으면서 비슷한 구분을 하였다. 서양은 '무엇'을 중요하게 여기는 반면 중국은 '어떻게'를 우선시한다고 말했다.『역경』의 전(傳)은 서로 다른 영역에 걸친 개체 사이의 상관성을 이해하는 세계관의 산물이다. 그것은 당시의 철학적 흐름을 수용하여 유가의 주제와 통합했다. 즉 위정자의 역할 강화, 천지만물의 섭리, 인간의 도덕성, 이상적인 사회에 대한 추구 등 유교의 핵심 관점을 뒷받침했다.

『역경』은 변화하는 세계에서 인간과 사물, 사건 등이 상호 연관되어 있다는 사상에 근거한 만큼 일체 사물은 생성·소멸을 반복하는 변화 속에 존재한다. 그러므로 어떠한 사물도 생성과 소멸의 순환 고리를 벗어날 수 없는 과정적 존재에 불과한 것이다. 우리 인간의 삶도 변화하는 세계 속에서 함께 바뀌며 이루어지는 것이기에 항상 달라진 상황에 적응하는 노력이 필요한 것이다. 이러한 개념은 중국 사상의 근본 특징 가운데 하나다. 그것은 세계를 형이상학적으로 설명하지만, 결정되고 고정된 존재론을 설명하는 것은 아니며 사건과 실체보다는 과정과 변화에 초점을 맞춘다. 이런 개념 틀 안에서 타인과 관계를 맺는 방법과 주어진 환경에서 스스로 적응하는 방법 그리고 다양한 환경 속에서 길을 찾는 방법은 삶을 향유하는 핵심이다. 따라서 변화하는 세계에서 서로 연결되고 조화로운 개인과 사회의 모습은 중국 전통 사상의 특징이다.

『상서(尙書)』는 우서(虞書)·하서(夏書)·상서(商書)·주서(周書)의 4부로 나뉘어 있는데 각각 요순시대·하나라·은나라·주나라에 관련된 내용을 싣고 있다. 『상서(尙書)』는 유교의 오경 중의 하나로 요순시대, 하나라, 상나라, 주나라의 왕들이 내린 포고문, 신하들의 상소, 왕의 연설문 등 각종 정치문헌을 모아 둔 것이다. 공자가 편찬하였다고 전한다. 본격적인 역사서는 아니지만 당대의 국가 기록을 정리한 것이라 역사서로 분류하기도 하며, 중국 전통 산문의 전범(典範)으로 꼽히기도 한다. 원래는 정치 문헌들을 그냥 문서란 의미의 『서(書)』라고 불렀는데, 전한 시대에 유학이 국가이념이 되자 존중의 의미를 담아 '상(尙)' 자를 붙여 『상서(尙書)』라고 불렀다. 이후 송나라가 되면 3경에 든다는 의미로 『서경(書經)』이라고 칭해졌다.

『상서』의 내용은 명덕신벌(明德愼罰)로 규정할 수 있다. 이것은 주나라가 상나라를 정벌한 후 집권층에서 천하 통치를 위해 고심한 결과라고 하며, 본래 군주가 스스로 경계한 자계(自戒)였으나 후세에 경서의 권위가 높아지면서 역대 제왕들이 지켜야 할 전범으로 자리 잡았다고 한다. 특히 여기서 '명덕'에 대한 관점들은 이후 주자에 의해『대학』의 해석에 활용되면서 성리학적 정치 철학의 한 축으로 자리매김하게 된다. 또한 유덕자(有德者)와 천명(天命)을 중시하고 천자가 덕을 잃으면 천명의 주재자가 바뀌는 것을 말하고 있는데, 이것이 맹자로 이어지면서 역성혁명의 전거(典據)로 활용되었다. 특히 이러한 내용은『상서』와『주서』에서 자주 보이는데,『상서』나『주서』의 내용 대부분이 탕왕(湯王) 천을과 무왕(武王) 희발, 주공(周公) 희단과 관련이 있는 내용으로 상나라와 주나라의 건국을 천명과 연계하여 정당화하려는 논리에서 비롯된 것이다. 천명의 부여와 폐기에 대한 큰 원칙은 바로 애민(愛民)과 중민(重民)으로 대표되는 민본 사상(民本思想)인데, 이런 면에서『서경』은 유교적 정치 원리인 '민본주의(民本主義)'의 근원이라고 볼 수 있다. 요컨대 공자는[108]『시경』에서 뜻을 표현했고,『서경』에서 정사를 기록했고,『예기』에서 도덕적 행위와 언행 등의 항목을 규정지었으며,『악경』에서 통합과 화합을 추구했고,『주역』에서 음양의 변화를 예측했으며,『춘추』에서 명분과 계급질서를 기술했다.

『논어』20편 중에서도 특이하게 공자의 일상적인 행동만을 수집해 놓은 향당에는 공자의 관심이 무엇이었는지를 엿보게 해 주는 일상이 기록되어 있다. 특히 식습관에 대해 다음과 같이 자세히 적혀 있다. "공자는 밥이 정(精)한 것을 싫어하지 않으시고 회(膾)는 가늘게 썬 것을 싫어하지 않으셨다. 상하여 쉰 밥과 상한 생선, 부패한 고기를 먹지 않으셨으며, 빛깔이 나쁜 것과 냄새가 나쁜 것을 먹지 않으셨으며, 요리를 잘못한 것과 제철에 나지 않는 것을 먹지 않으셨다. 자른 것이 바르지 않으면 먹지 않으시고, 제격에 맞는 장을 얻지 못하면 먹지 않으셨다. 고기가 많더라도 밥보다 많이 드시지 않으시고, 술은 일정한 양이 없으셨으나 어지러운 지경에 이르지는 않으셨다. 시장에서 산 술과 포를 먹지 않으셨으며, 많이 먹지 않으셨다. 나라의 제사를 도울 적에 받은 고기는 그날 밤을 넘기지 않으셨으며,

집에서 제사 지낸 고기는 3일을 넘기지 않으셨으며, 3일이 지난 것은 먹지 않으셨다. 음식을 먹을 때는 말씀하지 않으시고, 잠자리에 누웠을 때도 말씀하지 않으셨다. 비록 거친 밥과 나물국이라도 반드시 고수레를 하되 반드시 마음을 가다듬으셨다."[113]

주석을 보면 소와 양 그리고 어물의 날고기를 저며 썰어 놓은 것을 회(膾)라 한다. 정(精)은 곡식을 찧어 속꺼풀을 벗기고 깨끗하게 한 것이다. 밥이 정(精)하면 능히 사람을 자양(滋養)하고, 회(膾)가 거칠면 사람을 해칠 수 있다. 생강은 신명(神明)을 통하고 더러움과 악취를 제거한다. 그러므로 거두지 않으신 것이다. 송나라 학자 양시(楊時)에 따르면 폐(肺)는 숨(氣)의 주(主)가 되어 소리가 나오기 때문에 잠자고 먹을 때에는 숨이 막히어 통하지 못한다. 그러므로 말을 하면 폐(肺)가 상할까 두려워한 것이다. 주자는 옛날 사람들은 음식을 먹을 때에 모든 음식에서 각기 조금씩 덜어 내어 그릇 사이에 놓아서 맨 처음 음식을 만든 사람에게 제(祭)하였는데, 이는 근본을 잊지 않는 것이라고 했다. 또 제(齊)는 엄숙히 하고 공경하는 모양이다. 공자는 비록 하찮은 음식이라도 반드시 제(祭)하였으며, 제(祭)할 때에는 반드시 공경하셨는데, 이는 성인(聖人)의 정성이라고 풀이했다.

공자는 말년에 자신의 쇠약함이 심하다며 다시 꿈속에서 주공(周公)을 뵙지 못한 것이 오래되었다고[114] 한탄했다. 이는 공자가 젊었을 때에는 주공의 도(道)를 행하려는 뜻을 두었기 때문에 꿈속에서 혹 주공을 뵈었는데, 늙어서 도(道)를 행할 수 없음에 이르러서는 다시 이러한 마음이 없어져 꿈속에서도 다시 주공을 뵙지 못하여 자신의 쇠함을 탄식한 것이라고 주자는 설명했다.

기원전 481년인 애공(哀公) 14년에 노나라에서 서쪽으로 사냥을 나갔을 때 기린(麒麟)을 잡았다.[109] 기린은 중국 고대 전설에 나오는 가장 어진 동물로 개미 한 마

---

113)  食不厭精 膾不厭細 食饐而餲 魚餒而肉敗 不食 色惡不食 臭惡不食 失飪不食 不時不食 割不正 不食 不得其醬
      不食 肉雖多 不使勝食氣 唯酒無量 不及亂 沽酒市脯 不食 不撤薑食 不多食 祭於公 不宿肉 祭肉 不出三日 出三
      日 不食之矣. 食不語 寢不言 雖疏食菜羹 瓜祭 必齊如也. 향당 8.
114)  子 曰 甚矣 吾衰也 久矣 吾不復夢見周公. 술이 5.

리도 밟지 않도록 조심했다고 한다. 당시 공자는 『춘추(春秋)』를 편찬하고 있었다. 공자는 '옛말에 세상이 평화로우면 위로는 성군이 나오고 기린이 나타난다고 했는데, 지금 세상이 혼란스러운데 기린이 나타났다는 것은 정말 괴이한 일이 아닐 수 없다며 내 지혜도 이제 다 되었구나' 하며 한탄했다. 역사상 춘추시대는 기린이 나타난 시점에 끝이 나고 다음 해인 기원전 480년부터는 전국시대가 시작되었다. 공자의 평생 제자인 자로가 위나라에서 죽었으며, 애공 16년(BC 479년)에 공자가 73세로 별세했다. 노나라 북쪽 사수(泗水)가에 장례 지냈는데, 제자들이 모두 3년을 상을 보냈으며 자공만은 무덤가에 여막을 짓고 모두 6년을 지냈다.

　노나라에서는 대대로 새해를 맞을 때마다 공자의 무덤에 제사를 지냈으며, 많은 유생들도 이곳에 모여서 예의를 논하고 향음례(鄉飮禮)를 행하고 활쏘기를 했다. 공자의 무덤은 크기가 7천 평이 넘는 1경(頃)이나 되었다. 공자가 살던 집과 제자들이 쓰던 내실은 훗날 공자의 묘(廟)로 만들어졌고 공자가 사용하던 의관과 거문고, 수레, 서적 등이 소장되었는데, 그것은 한나라에 이르기까지 2백여 년 동안이나 그대로 있었다. 고황제(高皇帝)가 노나라를 지나게 되었을 때 태뢰(太牢)로써 공자의 묘에 제사를 지냈다. 태뢰란 소, 돼지, 양 각각 1마리씩을 잡아 제사 지내는 것이다. 그 후 제후, 경대부, 재상이 부임하면 항상 먼저 공자의 묘를 참배한 연후에 정사에 임했다.

　중국에서 공자에 대한 공경은 절대적이다. 일례로 중국의 중화 요리는 청나라의 황제가 공자의 묘를 참배할 때 공자의 후손들이 황제를 접대하기 위해 고안한 요리의 영향을 받았다. 공자가 태어난 곳은 산동성의 곡부(曲阜)인데, 이곳이 산동 요리의 기초가 되었고 북경에서도 산동 요리가 전해져 중화 요리로 일반화되었을 정도로 공자의 영향력은 컸다. 또한 중국과 우리나라에서 인기가 높은 '공부가주'도 공자와 관련이 있다. '공부가주(孔府佳酒)'는 글자 그대로 공씨 집안의 술이라는 뜻으로 공자의 집안에서 제사를 지낼 때 빚어 쓰던 술로 알려져 있으며 공자의 고향인 산둥성 곡부에서 생산되고 있다. 공부가주를 생산하는 회사는 '공부가주양

조 유한공사'이며 그 전신이 바로 공자의 후손들인 공부의 개인 양조장이다. 그 양조장의 역사는 무려 2천 년이 넘는다고 하는데, 주로 역대 공자의 직계 장손들인 연성공(衍聖公)의 전용주가 되었다. 연성공(衍聖公)은 중국의 공작위로 공자의 적손(嫡孫)이 대대로 세습하였던 작위다.

## 공자지위집대성(孔子之謂集大成)

맹자는 공자의 덕을 집대성(集大成)이라 했다. 맹자는 공자께서 제나라를 떠나실 적에는 밥을 지으려고 담갔던 쌀을 건져 가지고 갈 정도로 급히 떠나셨고, 노나라를 떠나실 적에는 차마 발걸음이 떨어지지 않아서 '더디고 더디구나, 나의 발걸음이여' 하셨다며, 이는 부모의 나라를 떠나는 도리라고 했다. 또 속히 떠날 만하면 속히 떠나고(可以速而速) 오래 머무를 만하면 오래 머물며(可以久而久), 은둔할 만하면 은둔하고(可以處而處) 벼슬할 만하면 벼슬하신(可以仕而仕) 것은 공자라고 말했다.

이어 백이는 성인 가운데 청렴한 분이고, 이윤은 성인 가운데 스스로 일을 맡은 자임(自任)한 분이고, 유하혜는 성인 가운데 온화한 분이며, 공자는 세 분의 성스러움을 겸하여 상황에 맞게 행동하신 분이다. 그러므로 공자 같은 분을 일러 집대성(集大成)하였다고 하는 것이라고 했다. 집대성이란 음악을 연주할 적에 쇠로 만든 악기를 쳐서 소리를 퍼뜨리고 옥(玉)으로 만든 악기를 쳐서 소리를 거두어들이는 것이다. 쇠로 만든 악기를 쳐서 소리를 퍼뜨린다는 것은 음악을 시작하는 것이고, 옥으로 만든 악기를 쳐서 거두어들인다는 것은 음악을 마무리하는 것이다. 곡조를 시작하는 것은 지혜에 속하는 일이고, 곡조를 마무리하는 것은 성(聖)에 속하는 일이다. 지혜는 비유하면 기교에 해당하고, 성은 비유하면 힘에 해당한다. 이것은 100보(步) 밖에서 활을 쏘는 것과 같다. 그래서 공자는 화살이 과녁까지 도달하는 것은 너의 힘이지만, 과녁에 명중하는 것은 너의 힘으로 되는 것이 아니라

고 하였다.[115]

『맹자』공손추편에도 공자에 대한 대화가 나온다. 맹자의 제자 공손추가 '공자의 제자 중에 재아(宰我)와 자공(子貢)은 말을 잘하였고 염우(冉牛)·민자(閔子)·안연(顏淵)은 덕행(德行)을 잘하였는데, 공자께서는 이 두 가지를 겸하셨으면서도 국가에서 공식적으로 전달하는 말과 글인 사명(辭命)에 있어서는 능하지 못하다고 하셨다. 그런데 선생님(맹자)께서는 사람들의 말을 잘 아시는 데다 호연지기를 길러서 덕행에도 뛰어나시니, 그렇다면 선생님께서는 이미 성인'이라고 말했다. 이를 듣고 맹자는 무슨 말이냐며 옛날에 자공이 공자께 선생님은 성인이라고 했을 때 공자께서 '성인의 일은 내 능하지 못하지만 나는 배우기를 싫어하지 않고 가르치기를 게을리하지 않을 뿐'이라고 하셨다. 이에 자공이 '배우기를 싫어하지 않음은 지혜고 가르치기를 게을리하지 않음은 인(仁)이며, 인하고 또 지혜로우시니 선생님은 이미 성인'이라고 하였다. 이처럼 성인은 공자께서도 자처(自處)하지 않으셨다며 맹자는 말도 안 된다고 했다.

이어 공손추는 맹자에게 백이(伯夷)와 이윤(伊尹)은 어떤지 물었다. 그러자 맹자는 백이와 이윤은 도(道)가 같지 않았다고 했다. 섬길 만한 군주가 아니면 섬기지 않고, 부릴 만한 백성이 아니면 부리지 않아서 세상이 다스려지면 나아가고 어지러워지면 물러간 것은 백이다. 반면 누구를 섬긴들 임금이 아니며, 누구를 부린들 백성이 아니겠는가 하여 다스려져도 나아가고 어지러워도 나아간 것은 이윤이었다. 그런데 벼슬할 만하면 벼슬하고 그만둘 만하면 그만두며, 오래 머무를 만하면 오래 머물고 빨리 떠날 만하면 빨리 떠난 것은 공자이셨다. 이분들은 모두 옛 성인이시고 자신은 아직 그런 것을 행할 수 없지만 자신이 원하는 것은 공자를 배우는 것이라고 말했다.

---

115) 孔子之去齊 接淅而行 去魯 曰 遲遲 吾行也 去父母國之道也 可以速而速 可以久而久 可以處而處 可以仕 而仕 孔子也 孟子 曰 伯夷 聖之淸者也 伊尹 聖之任者也 柳下惠 聖之和者也 孔子 聖之時者也 孔子之謂 集大成 集大成也者 金聲而玉振之也 金聲也者 始條理也 玉振之也者 終條理也 始條理者 智之事也 終條理者 聖之事也 智 譬則巧也 聖 譬則力也 由(猶)射於百步之外也 其至 爾力也 其中 非爾力也. 만장 하 1.

그러자 공손추는 백이와 이윤이 공자와 같은지 물었다. 맹자는 사람이 있은 이래로 공자 같은 분은 계시지 않았다고 했다. '그렇다면 세 분이 같은 점이 있습니까' 하고 묻자 백 리 되는 땅을 얻어서 임금 노릇을 한다면 모두 제후들에게 조회받고 천하를 소유할 수 있을 것이라고 맹자는 답했다. 그러나 한 가지의 의롭지 않은 일을 하거나 한 사람의 죄 없는 자를 죽여서 천하를 얻을 수 있다 하더라도 모두 하시지 않을 것이므로 이것이 같은 점이라고 했다.

그렇다면 다른 점은 무엇인지 공손추가 물었다. 우선 맹자는 재아(宰我)·자공(子貢)·유약(有若)의 지혜가 충분히 성인을 알아볼 수 있었으므로 이들의 지혜가 낮다 해도 자기가 좋아하는 사람에게 아첨하는 데에는 이르지 않았을 것이라 했다. 재아는 선생님(공자)을 보건대 요순(堯舜)보다 월등히 낫다고 하였고 자공은 예(禮)를 보면 그 나라의 정치수준을 알 수 있고 음악을 들으면 그 왕의 덕(德)을 알 수 있으므로 백세(百世)의 뒤에 백세의 왕들의 등급을 견주어 보아도 군주 중에 이 기준을 어길 수 있는 사람은 없으니, 사람이 있은 이래로 공자 같은 분은 계시지 않았다고 하였다. 유약은 어찌 단지 사람만 그러하겠는가 말하고 달리는 짐승 중에 기린(麒麟), 나는 새 중에 봉황(鳳凰), 언덕 중에 태산(泰山), 도랑 중에 하해(河海)가 같은 종류고, 백성 중에 성인의 위치도 이와 같다. 같은 종류 중에서 빼어나고 같은 무리 중에서 빼어났으나, 사람이 있은 이래로 공자보다 더 훌륭한 분은 계시지 않다고 하였다.[116]

공자는 춘추시대라는 혼란기에 삼환이 국정을 농단하고 있는 노나라에 태어나

---

116) 宰我, 子貢 善爲說辭 冉牛閔子顏淵 善言德行 孔子 兼之 日 我 於辭命則不能也 然則夫子 旣聖矣乎 日 惡 是何言也 昔者 子貢 問於孔子 日 夫子 聖乎 孔子 日 聖則吾不能 我 學不厭而敎不倦也 子貢 日 學不厭 智也 敎不倦 仁也 仁且智 夫子 旣聖矣 夫聖 孔子 不居 是何言也 日 伯夷伊尹 何如 日 不同道 非其君不事 非其民不使 治則進 亂則退 伯夷也 何事非君 何使非民 治亦進 亂亦進 伊尹也 可以仕則仕 可以止則止 可以久則久 可以速則速 孔子也 皆古聖人也 吾未能有行焉 乃所願則學孔子也 伯夷伊尹 於孔子 若是班乎 日 否 自有生民以來 未有孔子也 日 然則有同與 日 有 得百里之地而君之 皆能以朝諸侯有天下 行一不義 殺一不辜而得天下 皆不爲也 是則同 日 敢問其所以異 日 宰我子貢有若 智足以知聖人 汙不至阿其所好 宰我 日 以予觀於夫子 賢於堯舜 遠矣 子貢 日 見其禮而知其政 聞其樂而知其德 由百世之後 等百世之王 莫之能違也 自生民以來 未有夫子也 有若 日 豈惟民哉 麒麟之於走獸 鳳凰之於飛鳥 泰山之於丘垤 河海之於行潦 類也 聖人之於民 亦類也 出於其類 拔乎其萃 自生民以來 未有盛於孔子也. 공손추 상 2.

평생을 어떻게 하면 혼돈스러운 세상을 극복하고 천하를 편안하게 할 수 있는 길을 고민한 사상가이자 정치가였다. 하지만 정치가로서 공자는 실패했다고 봐야 할 것이다. 그럼에도 불구하고 공자는 성인(聖人)으로 만세의 사표(師表)가 되었다. 이는 그가 평생 정진한 배움과 제자 교육, 고전 정리 등 학문적 업적 때문이다. 공자는 일찍이 '학이불염 회인불권(學而不厭 誨人不倦)'을 말했는데, 여기에 공자의 삶이 담겨 있다고 하겠다. 이 말은 묵묵히 마음속에 기억하고 배우기를 싫어하지 않으며 남을 가르치기를 게을리하지 않을 뿐이다. 그러므로 이외에 무엇이 나에게 있겠느냐고 할 정도로[117] 진정한 학자이자 교육자였다. 공자는 격물궁리(格物窮理)를 통해서 천(天), 성(性), 도(道), 인(仁), 군자(君子), 중용(中庸) 등의 의미를 재개념화해 개인부터 사회, 천하에 이르는 도덕윤리의 도리(道理)를 체계화하고 이를 실천할 수 있는 길을 제시했다. 따라서 유가는 개인적 측면인 인격과 품위, 사상, 재능을 존중하면서도 사회적 측면인 윤리 도덕과 예악 교화, 공사(公事) 그리고 국가적 측면인 건국과 관제(官制), 정치 규범 등의 세 측면 모두를 중시한 것이다.

　공자는 학문과 도덕의 축적이 자신에게서 그치는 것이 아니라, 3천 명의 제자를 육성해 인의가 확산될 수 있도록 노력했다. 가르침에는 차별이 없다는 '유교무류(有敎無類)'를 말한 공자는 빈부귀천에 상관없이 배우러 오는 제자들을 모두 받았다. 이를 통해 '가르치고 배우면서 함께 성장한다'는 교학상장(敎學相長)을 실천했다. 이 말은 학문이 아무리 깊어도 가르치다 보면 자신의 부족함을 깨닫고 배우는 것이 적지 않다는 의미다. 공자는 평생을 배웠지만 그럼에도 이미 배운 것에 만족하지 않았고, 제자를 가르치는 데도 게을리하지 않았던 것이다.

---

117)　子曰 黙而識之 學而不厭 誨人不倦 何有於我哉. 술이 2.

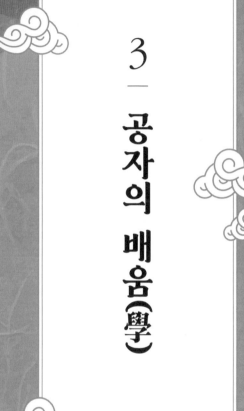

3

공자의 배움(學)

공자는 15세에 학(學)에 뜻을 두었다고 말한 것에서 알 수 있듯이 공자에게 배움은 수기와 성장, 인간으로서의 완성을 위한 출발점이었다. 공자는 군자가 배불리 먹기를 바라지 않고 편안히 거처하기를 바라지 않으며, 일에는 민첩하고 말을 삼가며, 도(道)가 있는 이를 찾아가서 잘못을 바로잡는다면 학문을 좋아한다고 할 수 있다고 했다.[118] 주자의 설명에 따르면 편안함과 배부름을 구하지 않는 것은 뜻이 다른 데 있어서 미칠 겨를이 없기 때문이다. 일에 민첩히 한다는 것은 부족한 덕행(德行)을 힘쓰는 것이고 말을 삼간다는 것은 지나친 말을 다하지 않는 것이다. 그러나 오히려 스스로 옳다 여기지 않고, 반드시 도가 있는 사람에게 찾아가서 그 옳고 그름을 따져서 바로잡는다면 학문을 좋아한다고 이를 만한 것이다.

공자가 배움을 강조한 것은 모든 사람이 하늘로부터의 선한 성(性)을 받지만, 사람마다 차이가 있고 성이 온전하지 못하면 부족한 부분에는 틈이 생겨 악과 부정, 사욕 등 악한 마음이 생겨날 수 있고 이로 인해 군자와 소인이 나눠질 수 있기 때문이다. 따라서 배움을 통해서 품성의 차이를 극복해 군자가 되어야 하는 것이다. 그리고 이를 위한 배움의 방법을 상세히 밝혔다. 3천여 명의 제자가 있던 공자는 비록 정치가로서 성공하지 못했지만, 위대한 교육자로서 2천 5백 년이 지난 오늘날에도 그 가르침은 이어져 오고 있다. 제자들의 재능과 성격, 지식 정도에 따라 적절한 질의와 답변을 한 공자의 토론식 교육은 지금도 시사하는 바가 크다. 비판적 질문과 적극적 경청을 통해 스스로 깨닫게 하는 대화법은 소크라테스의 산파

---

118)  子曰 君子 食無求飽 居無求安 敏於事而愼於言 就有道而正焉 可謂好學也已. 학이 14.

술과 비교될 수 있다.

『논어』에서 공자는 자로에게 육언(六言)과 육폐(六蔽)를 언급하며 배움에 대해 강조했다. 공자는 인(仁)을 좋아하고 배우기를 좋아하지 않으면 그 폐단은 어리석게 되는 것이고, 지혜로움을 좋아하고 배우기를 좋아하지 않으면 그 폐단은 방자하게 되는 것이고, 신의를 지키기를 좋아하고 배우기를 좋아하지 않으면 그 폐단은 진리를 해치게 되는 것이라고 했다. 또 정직함을 좋아하고 배우기를 좋아하지 않으면 그 폐단은 급하게 되는 것이고, 용기를 좋아하고 배우기를 좋아하지 않으면 그 폐단은 어지럽게 되는 것이고, 군센 것을 좋아하고 배우기를 좋아하지 않으면 그 폐단은 경솔하게 되는 것이라고 말했다.[119] 송나라의 사학자 범조우(范祖禹)에 따르면 자로는 선(善)을 행하는 데에 용감하였으나, 그의 결함은 배우고서도 그 이치를 밝히지 못하는 것이었다. 그러므로 공자가 이로써 일러 주신 것이고 용(勇), 강(剛), 신(信), 직(直)은 모두 그의 치우친 점을 바로잡아 주신 것이다.

독일의 철학자 칸트도 교육은 낮은 단계로부터 높은 단계로 차근차근 올라가야 하며, 무엇보다도 학생들의 능력에 맞게 지도해야 한다고 했다.[110] 또 학생들 스스로 생각하고 스스로의 판단에 따라 행동하도록 하는 것을 교육의 이상(理想)으로 여겼다. 이런 교육관은 『논어』 전반에서 확인할 수 있다. 공자는 스스로 알려고 하지 않는 사람에게는 가르치지 않는다고[120] 하여 제자들의 자발적인 노력과 실천을 이끌어 냈다.[111] 이와 함께 공자는 가르침에 부류가 없다고[121] 말했듯이 계급과 빈부귀천에 관계없이 모든 사람이 교육을 받을 권리가 있다고 생각했고 누구에게서 배울 수 있다고 말했다. 즉 세 사람이 걸어가면 그중에는 반드시 자신의 스승이 될 사람이 있다고[122] 공자는 가르쳤다. 특히 공자는 배불리 먹고 하루 종일 마음 쓰는

---

119) 子 曰 由也 女 聞六言六蔽矣乎 對日 未也. 居 吾 語女. 好仁不好學 其蔽也 愚 好知不好學 其蔽也 蕩 好信不好學 其蔽也 賊 好直不好學 其蔽也 絞 好勇不好學 其蔽也 亂 好剛不好學 其蔽也 狂. 양화 8.

120) 子 曰 不曰如之何如之何者 吾末如之何也已矣. 위령공 15.

121) 子 曰 有敎 無類. 위령공 38.

122) 子曰 三人行 必有我師焉. 술이 21.

곳이 없으면 안 된다. 장기와 바둑이라도 있지 않는가 하며 어떤 것이라도 하는 것이 마음을 쓰는 곳이 없는 것보다는 낫다고[123] 말할 정도로 무엇이든 부지런히 배우고 익히기를 강조했다.

나아가 배움의 열정에 대한 자랑은 스스럼이 없었다. 공자는 열 집쯤 사는 작은 읍(邑)에도 반드시 자신처럼 충성스럽고 진실한 자가 있겠지만 자신처럼 배우기를 좋아하는 자는 없을 것이라고 대놓고 자랑했다.[124] 또 자신은 알지 못하면 분발하여 먹는 것도 잊고, 알고 나면 즐거워하여 근심을 잊어버리며, 늙음이 닥쳐오는 줄도 모른다고 자평했다.[125] 주자에 따르면 이것은 공자가 진리를 터득하지 못하면 분발하여 먹는 것도 잊고, 이미 터득하면 즐거워 근심을 잊는 것을 뜻하는 것으로 이 때문에 날마다 꾸준히 힘쓰면서 세월이 부족함도 알지 못하는 것이다. 학문을 좋아하는 것이 이처럼 독실하다고 스스로 드러낸 것이다.

공자와 같은 성인(聖人)이라도 배우고 실천하는 것을 항상 근심했다. 그래서 덕을 닦지 않고 학문을 익히지 않으며, 의로운 이치를 듣고도 좇아 행하지 않고, 잘못이 있어도 고치지 않은 것들이 바로 우려하는 바라고[126] 경계했다. 공자는 노래를 배우는 것에서조차 완벽함을 추구해서 노래를 시켜 보아서 잘 부르면 다시 부르게 하고, 그런 다음에는 따라 불렀다.[127] 주자는 공자가 반복하여 노래를 부르게 하는 것은 그 상세함을 알아 그 좋은 점을 취하려는 것이고 뒤에 따라 부른 것은 자세한 것을 앎을 기뻐하고 그의 좋은 점을 인정해 준 것이라고 했다.

하지만 공자는 괴이한 것, 폭력, 혼란한 것 그리고 귀신에 대해서는 말하지 않았다.[128] 주자는 이에 대해 괴이(怪異)함과 용력(勇力)과 혼란(混亂)의 일은 이치의 바른 것이 아니어서 진실로 성인이 말씀하지 않는 것이라고 했다. 다만 귀신은 조

---

123) 子曰 飽食終日 無所用心 難矣哉 不有博奕者乎 爲之猶賢乎已. 양화 22.
124) 子曰 十室之邑 必有忠信 如丘者焉 不如丘之好學也. 공야장 27.
125) 葉公 問孔子於子路 子路 不對 子曰 女奚不曰 其爲人也 發憤忘食 樂以忘憂 不知老之將至云爾. 술이 18.
126) 子曰 德之不修 學之不講 聞義不能徙 不善不能改 是吾憂也. 술이 3.
127) 子 與人歌而善 必使反之 而後和之. 술이 31.
128) 子 不語怪力亂神. 술이 20.

화의 자취로 비록 바르지 않은 것은 아니지만, 이치를 궁구함이 지극하지 않고는 쉽사리 밝힐 수 없는 것이 있으므로 가벼이 사람들에게 말씀하지 않은 것이라고 설명했다. 괴력난신(怪力亂神)은 이후 선비의 행동을 규제하는 중요한 지표로 작용하였다.

『예기(禮記)』학기편을 보면 좋은 안주도 먹어 보지 않으면 그 맛을 알 수 없고, 참된 진리도 배우지 않으면 그 장점을 알 수 없다. 그러므로 배운 뒤에 자신의 부족함을 알고, 가르친 후에 비로소 어려움을 안다. 자신의 부족함을 알아야 스스로 반성하고, 어려움을 알아야 스스로 보강할 수 있다. 그래서 '가르치고 배우면서 함께 성장한다'는[129] 교학상장(教學相長)이라는 말이 있다. 가르침에도 배움이 있으니 교만하지 말라는 뜻도 담겨 있다. 학문이 아무리 깊어도 가르치다 보면 자신의 부족함을 깨닫고 배우는 것이 적지 않다는 의미다. 공자는 교육을 위해 평생을 배웠으며 그럼에도 이미 배운 것에 만족하지 않았고 제자를 가르치는 데도 게을리하지 않았다. 말 그대로 '교학상장'을 실천한 것이다.

---

129)  雖有佳肴 弗食 不知其旨也 雖有至道 弗學 不知其善也 是故 學然後 知不足 教然後 知困 知不足然後 能自反也 知困然後 能自强也 故曰教學相長也.『예기』학기편.

# 1) 지우학(志于學)

공자는 15살에 학문에 뜻을 두었다고 했다.[130] 열다섯이라면 현시대 중학생에 해당하지만 공자가 살던 시대에는 『소학』을 마치고 『대학』에 들어가는 나이였다. 당시 교육은 육예(六藝)라고 해서 공자 이전부터 귀족 자제들에게 가르친 '예(禮)', '악(樂)', '사(射)', '어(御)', '서(書)', '수(數)' 여섯 개의 교과목이 있었다. 즉 의례(禮), 노래와 춤(樂), 활쏘기(射), 마차 몰기(御), 글쓰기(書), 셈하기(數)다. 이것들은 남과 관계 맺기에 요구되는 예와 악, 전쟁에 필요한 기술인 활 쏘기와 마차 몰기, 그리고 관리나 지식인으로서 업무를 처리하는 기예인 글쓰기와 셈하기 등 당시 지식인이자 무예를 겸비한 성인 남자로서 갖추어야 할 기본적 기술들이다. 모두 사람과의 관계 구축과 업무나 사무를 하기 위한 지식과 훈련들로 이루어졌다.

## 쇄소응대(灑掃應對)

공자의 배움은 지식 습득에만 머물지 않았고 학문을 대하는 태도 역시 근본적으로 달랐다. 공자는 성품이 서로 비슷하지만 습관에 의하여 서로 멀어지게 된다고[131] 말했듯이 습관(習)에 의해서 본성(性)에 차이가 날 수 있으며, 결국은 꾸준히 배우고 익히는 것에 따라 군자와 소인으로 나뉘게 된다고 말하였다. 『논어』를 보면 쇄소응대(灑掃應對)에 대한 제자들 간의 대화가 나온다. 자유가 '자하의 제자들은 물 뿌리고 청소(灑掃)하며 응대(應對)하고 진퇴(進退)하는 예절에 있어서 괜찮지만

---

130)  子曰 吾 十有五而志于學. 위정 4.
131)  子 曰 性相近也 習相遠也. 양화 2.

이는 지엽적인 일이다. 근본적인 것은 없으므로 어찌하겠는가' 했다. 자하가 이를 듣고서 '언유(言游)의 말이 지나치다. 군자의 도(道)에 어느 것을 먼저라 하여 가르치고 어느 것을 뒤라 하여 게을리할 수 없다며, 초목에 비유하면 초목이 갖가지 종류로 구별되는 것과 같아서 군자의 도를 어찌 속일 수 있겠는가' 했다. 따라서 처음과 끝을 구비한 것은 오직 성인(聖人)뿐이실 것이라고 했다.[132]

주자에 따르면 먼저 자유는 자하의 제자들에 대해 『대학(大學)』의 정심(正心)·성의(誠意)와 같은 근본적인 일은 없다고 꼬집었다. 이에 대해 자하는 학문의 수준을 헤아리지 않고 한결같이 높고 원대한 것을 가지고 억지로 말해 준다면 군자의 도리를 속이는 것일 뿐이라고 반박했다. 이어 시종과 본말이 일이관지된 것으로 말하면 오직 성인(聖人)만이 그럴 수 있는 것이라고 강조했다. 정자(程子)는 이에 대해 군자가 사람을 가르침에는 순서가 있어서 먼저 작은 것과 비근한 것을 가르친 뒤에 큰 것과 먼 것을 가르치는 것이기 때문에 먼저 작은 것과 비근한 것을 가르친 뒤에 큰 것과 먼 것을 가르치지 않는 것은 아니라고 했다. 또 성인(聖人)의 도는 정밀한 것(精)과 거친 것(粗)이 없으므로 물 뿌리고 청소하며 응대하는 일로부터 의리를 정밀히 깨닫고 입신(入神)의 경지에 들어가는 것이 관통하면 단지 한 이치일 뿐이라고 했다. 즉 쇄소응대로부터 올라가면 곧 성인의 일에 도달할 수 있다. 주자도 배우는 자들은 순서에 따라 점진적으로 나아가야 하는 것이며 지엽을 싫어하고 근본만을 찾아서는 안 된다는 것을 밝혔다고 했다.

주자는 『소학』의 편찬 취지를 「소학서제(小學書題)」에 이렇게 썼다. "옛날 『소학』에서는 사람을 가르치는 데 먼저 물 뿌리고 쓸며(灑掃) 부름에 답하고 물음에 답하며(應對) 나아가고 물러나는(進退) 예절과 부모를 사랑하고(愛親) 어른을 공경하며(敬長) 스승을 존경하고(隆師) 벗을 가까이하는(親友) 도리를 가르쳤다. 이는 모두 몸을 닦고(修身), 집안을 잘 가지런히 하며(齊家), 나라를 다스려서(治國), 천

---

132)　子游 曰 子夏之門人小子 當灑掃應對進退 則可矣 抑末也 本之則無 如之何 子夏 聞之 曰 噫 言游 過矣 君子之
　　　道 孰先傳焉 孰後倦焉 譬諸草木 區以別矣 君子之道 焉可誣也 有始有卒者 其惟聖人乎. 자장 12.

하를 태평하게 하는(平天下) 바탕이 되는 것으로 대학(大學)의 근본이 된다. 반드시 어릴 적에 배우고 익히도록 한 것은 그 배우고 익힌 것이 지혜와 더불어 자라게 하고, 마음속 변화를 이루게 하여 감당하지 못할 근심을 없게 하고자 함이다.'『주자대전』「답진겸부서」에서도 "학문의 공부는 일상 바깥에 있지 않다. 자기 몸을 다잡을 때는 모든 말과 행동을 도리에 맞게 하고 집에 거처할 때는 어버이와 어른을 잘 모시며, 이치를 궁구할 때는 책을 읽고 의리를 강구해야 한다. 대체로 시비를 분별하여 힘써 공부할 수 있다는 것이다. 절실하게 말한다면 지금 여기에서 바로 힘써 공부하라는 것이며 머뭇거리거나 의심하지 말아야 한다"고 하였다.

주자가 말하는 공부의 내용은 어린 시절부터 부지불식간에 좋은 습관을 기르고 예절을 익히며 사회의 규범을 실천함으로써 도덕적인 수양을 해 나가는 것이다. 그리고 어린 시절부터 이상적 인격을 이루기 위한 공부를 하는 것이 자연스럽게 이뤄지면『대학』의 격물치지 등의 공부의 바탕이 된다는 것이다.『소학』의 내용은 그 일을 직접 이해하는 것이고,『대학』의 내용은 어째서 그렇게 해야 하는지 그 이치를 궁구하는 것이라고 보았다.

특히 주자는 권학문(勸學文)을 통해서도 배움을 강조했는데 주자가 남긴 한시(漢詩)는 명문으로 손꼽히며 오랜 세월 많은 학자들에게 읽혔다. "나이 먹기는 쉬우나 학문을 이루기는 어려우니(少年易老學難成), 한순간의 짧은 시간도 가볍게 여기지 말지어다(一寸光陰不可輕). 연못의 봄 풀은 아직 꿈에서 깨어나지 못했는데(未覺池塘春草夢), 섬돌에 떨어지는 오동 잎사귀는 벌써 가을을 알리는구나(階前梧葉已秋聲)."

## 불치하문(不恥下問)

위나라 대부 공손조(公孫朝)가 자공에게 '중니(仲尼)는 어디서 배웠는가' 하고 물었다. 자공은 '문왕과 무왕의 도(道)가 아직 땅에 떨어지지 않아서 사람들에게 남아 있다. 그리하여 현명한 자는 그중에 큰 것을 기억하고, 현명하지 못한 자는 작은 것을 기억하고 있어서 문왕과 무왕의 도가 있지 않음이 없다. 그러므로 선생님께서 어디에서 배우지 않으시겠으며 또한 어찌 일정한 스승이 계시겠는가' 하고 대답했다.[133] 공자는 스스로 말하기를 태어나면서부터 저절로 알게 된 사람이 아니며 오직 옛것을 좋아하여 부지런히 찾고 민첩하게 구해 배우고 익혀서 알게 된 사람일 뿐이라고 했다.[134] 실제로 공자는 주나라에 있던 노자를 찾아가 예를 물은 것과 같이 아무리 멀고 험한 곳이라고 해도 옛 성인들의 기록과 행적이 남아 있으면 직접 찾아가 배우고 익혀 자신의 학문을 넓히고 키웠다. 공자가 성인이 될 수 있었던 까닭은 무엇보다도 누구에게나 묻는 것을 좋아하고 들은 것을 잘 익혔기 때문이다.

자공이 공자에게 공문자(孔文子)를 무엇 때문에 '문(文)'이라고 시호(諡號)하였는지 물었다. 공문자는 위나라의 대부로 본명이 공어(孔圉)인데 그가 죽은 뒤 위나라 군주는 공문자라는 시호를 하사하였다. 그래서 사람들은 그를 공문자라고 불러 왔다. 그러나 공어의 평소 행실은 높이 평가할 만하지 못해서 자공이 공자에게 물었던 것이다. 공어는 위나라 명망가의 자제인 태숙질(太叔疾)을 부추겨 아내를 쫓아내고 자기의 딸을 아내로 삼도록 했다. 그 후 태숙질이 문란하여 본처의 여동생 즉 처제와 간통을 하자 공어는 태숙질을 죽이려고 공자에게 어떤 방법이 좋을지 물었다. 그러나 공자는 인간의 도리가 아니라고 못 들은 척 아무 대답도 하지 않고 그냥 지나쳤다. 그 뒤 태숙질이 송나라로 달아나자 자기 딸 공길을 데려와서 태숙질의 동생 유(遺)에게 아내로 맞도록 했다. 유는 형수를 아내로 맞이한 셈이 된다. 자공은 이런 공어에게 '문(文)'이라는 시호를 하사한 것이 이해가 가지 않았기 때문에 물은 것이다. 이에 공자는 명민(明敏)하면서도 배우기를 좋아하였으며 아랫사람에게 묻기를 부끄러워하지 않았기 때문에 문(文)이라 시호한 것이라

---

133)  衛 公孫朝 問於子貢曰 仲尼 焉學. 子貢 曰 文武之道 未墜於地 在人 賢者 識其大者 不賢者 識其小者 莫不有文武之道焉 夫子 焉不學 而亦何常師之有. 자장 22.
134)  子 曰 我非生而知之者 好古敏以求之者也. 술이 19.

고 설명했다.[135] 대체로 사람은 성품이 명민한 자는 배우기를 좋아하지 않는 이가 많고, 지위가 높은 자는 아랫사람에게 묻기를 부끄럽게 여기는 이가 많다. 따라서 공어의 행실이 이런 데도 문(文)이라는 시호를 얻은 것은 그가 배우기를 부지런히 하고 묻기를 좋아했기 때문이다.

어느 날 노나라 애공(哀公)이 말을 잘하는 재아(宰我)에게 사(社)에 대하여 물었다. 재아는 하후씨(夏后氏)가 소나무를 심어 사(社)의 신주(神主)로 사용하였고, 은(殷)나라 사람들은 잣나무를 사용하였으며, 주(周)나라 사람들은 밤나무를 사용하였다고 했다. 이어 밤나무를 사용한 이유는 백성들로 하여금 전율(戰栗)을 느끼게 하려고 해서였다고 답했다. 공자가 이 말을 듣고 이미 끝난 일이라 따지지 않고, 끝난 일이라 말하지 않으며, 이미 지나간 일이라 탓하지 않겠다고 했다.[136] 사(社)는 군주가 토지의 신인 사(社)에게 제사 지내는 제단이다. 곡식의 신인 직(稷)을 제사 지내기 위해 만든 단과 함께 사직(社稷)이라고 일컫는다. 주자에 따르면 삼대(三代)의 사(社)가 똑같지 않은 것은 옛날 사(社)를 세움에 각각 그 토질에 적당한 나무를 심어 사주(社主)로 삼았기 때문이다. 전율(戰栗)은 두려워하는 모습으로 재아는 주나라가 밤나무를 사용한 이유의 뜻이 이와 같다고 말하였는데, 아마도 옛날 사(社)에서 사람을 죽였기 때문에 그 말을 견강부회한 것일 것이다. 송나라 학자 윤돈(尹焞)은 옛날에 각각 토질에 적당한 나무로써 그 사(社)에 이름을 붙였을 뿐이고 나무에서 뜻을 취한 것은 아니었다며 재아가 이것을 알지 못하고 함부로 대답하였기 때문에 공자께서 꾸짖으신 것이라고 설명했다.

그래서 공자는 아는 것을 안다고 하고, 모르는 것을 모른다고 하는 것이 진실로 아는 것이라고[137] 말했다. 사람들은 부끄러움이나 체면 때문에 모르는 것을 모른다고 하지 않고 아는 척하기가 쉽다. 공자가 특별히 자로에게 이 말을 한 것은 자

---

135)  子貢 問曰 孔文子 何以謂之文也 子 曰 敏而好學 不恥下問 是以謂之文也. 공야장 14.

136)  哀公 問社於宰我 宰我 對曰 夏后氏 以松 殷人 以柏 周人 以栗 曰使民戰栗. 子 聞之 曰 成事 不說 遂事 不諫 旣往 不咎. 팔일 21.

137)  子 曰 由 誨女知之乎 知之爲知之 不知爲不知 是 知也. 위정 17.

로가 용맹하였기 때문에 알지 못하는 것을 고집스럽게 안다고 우기는 경우가 종종 있었기 때문으로 보이는데, 앞서 재아의 일화에서 보듯이 모든 제자들에게 해당되는 말이다. 그러므로 공자는 이와 같이 하면 비록 혹 다 알지는 못하더라도 스스로 속이는 폐단이 없을 것이고 또한 그 배움에 해가 되지 않을 것이라고 주자는 설명했다. 나아가 이로 말미암아 알기를 구하면 또 알 수 있는 이치가 있다고 했다.

이런 사례는 그리스의 철학자 소크라테스의 무지의 지혜와 비슷하다고 할 수 있다. 소크라테스의 제자가 델포이 신전에 소크라테스보다 현명한 사람이 있는지 물었다. 그러자 바로 '없다'는 짧은 아폴론의 신탁이 나왔다. 이를 전해 들은 소크라테스는 자신이 무지하다는 것을 증명하기 위해 당대의 유명한 소피스트들의 현명함을 시험해 보고 다녔다. 이에 소크라테스가 내린 결론은 자신은 스스로 무지하다는 사실을 알고, 저들은 저들이 무지하다는 사실을 모른다는 것이다. 따라서 자신이 무지하다는 사실을 알고 있는 사람이기 때문에 가장 현명하다는 것이다.

### 불사주야(不舍晝夜)

하루는 공자가 시냇가에 있으며 '가는 것이 이 물과 같구나, 밤낮으로 그치지 않는다'고 말했다.[138] 주자에 따르면 천지의 조화가 가는 것은 지나가고 오는 것은 계속돼 한순간의 멈춤도 없으니 곧 도체(道體)의 근본이 그러한데, 가리킬 수 있고 보기 쉬운 것은 시냇물의 흐름과 같은 것이 없다. 따라서 공자는 시냇물로 예를 들어 사람들에게 보이고 배우는 자로 하여금 항상 성찰해 털끝만 한 틈도 없게 하고자 하였던 것이라고 했다. 정자(程子)도 하늘의 운행은 쉼이 없어서 해가 지면 달이 뜨고, 추위가 가면 더위가 오며, 물은 흘러 끊임이 없고 만물은 생겨나 다하지 않기 때문에 모두 도(道)와 일체(一體)가 되어 밤낮으로 운행하여 일찍이 그침이 없다. 그러므로 군자는 이를 본받아서 스스로 힘쓰고 쉬지 않는 것이고 그 지극한 경지에 이르면 순수함이 또한 그침이 없는 것이라고 했다. 따라서 배움은 밤낮없

---

138)  子 在川上 曰 逝者 如斯夫 不舍晝夜. 자한 16.

이 꾸준히 이어져야 하는 것이다.

맹자의 제자 서자(徐子)가 중니(仲尼)께서 자주 물을 일컬어 '물이구나, 물이구나' 하셨는데, 물의 어떤 점을 높이 사신 것인지 물었다. 맹자는 '근원이 좋은 물은 철철 넘쳐서 밤낮으로 쉬지 않고 흘러 구덩이를 만나면 구덩이를 채운 뒤에 앞으로 나아가 사해(四海)에까지 이른다. 근원이 있는 것은 이와 같아서 이 점을 높이 사신 것이다. 만일 근본이 없다면 7, 8월 사이에는 빗물이 모여서 도랑이 모두 가득 차지만, 그것이 마르는 것은 잠시 서서도 기다릴 정도로 짧은 시간일 것이다. 그러므로 명성이 실제보다 지나치는 것을 군자는 부끄러워하는 것'이라고 설명했다.[139] 주자에 따르면 『주역(周易)』 64괘(卦) 중 첫 괘인 '건괘(乾卦)'에는 하늘의 운행이 건장하니 군자는 그것을 본받아 스스로 강건하여 쉼이 없어야 한다는 '자강불식(自强不息)'[140]과 같은 뜻이다. 즉 오직 최선을 다하여 힘쓰고 가다듬어 쉬지 아니하며 수양에 힘을 기울여 게을리하지 않는다는 말이다. 그래서 공자는 비록 좋은 말을 듣더라도 길에서 듣고 길에서 말하여 자신의 것을 삼지 않으면 덕(德)을 버리는 것이라고 했다.[141]

공자는 일찍이 '학이불염 회인불권(學而不厭 誨人不倦)'하라고 말했다. 이는 묵묵히 마음속에 기억하고 배우기를 싫어하지 않으며 남을 가르치기를 게을리하지 않을 뿐이므로 이외에 무엇이 나에게 있겠느냐고 한 것이다.[142] '학이불염'과 관련해서 공자는 알고자 하는 마음이 생기면 먹는 것조차 망각하고, 즐거움으로 인해 근심조차 잊어버리며, 늙어 가는 것조차 알지 못한다고[143] 했다. 또 배움은 미치지 못할 듯이 하고 잃을까 두려워하는 것처럼 해야 한다고[144] 말했다. '회인불권(誨人

139) 徐子 曰 仲尼 亟稱於水曰 水哉水哉 何取於水也. 孟子 曰 原泉 混混 不舍晝夜 盈科而後 進 放乎四海 有本者 如是 是之取爾. 苟爲無本 七八月之間 雨集 溝澮 皆盈 其涸也 可立而待也 故 聲聞過情 君子 恥之. 이루장 하 18.
140) 天行健, 君子以自强不息.
141) 子 曰 道聽而塗說 德之棄也. 양화 14.
142) 子 曰 黙而識之 學而不厭 誨人不倦 何有於我哉. 술이 2.
143) 發憤忘食 樂以忘憂 不知老之將至云爾. 술이 18.
144) 子 曰 學如不及 猶恐失之. 태백 17.

不倦)'에 관련해서『사기』「공자세가」를 보면 공자가 진(陳)나라와 채(蔡)나라 사이에 발이 묶여 이동하지 못하고 식량이 다 떨어졌다. 이 때문에 따르던 제자들이 배고픔과 질병으로 일어서지도 못했으나, 공자는 쉬지 않고 강의하고 시를 읊고 노래하고 거문고를 탔다고 한다. 또 공자는 자신에 대해서 인(仁)과 성(聖)의 도를 행하기를 싫어하지 않으며 남을 가르치기를 게을리하지 않는다고 말할 수 있다고 했다. 이에 공서화(公西華)는 바로 그것을 제자들이 배울 수 없다고 했다.[145] 자하는 온갖 공인(工人)들이 공장에 있으면서 자기 일을 이루고, 군자는 배워서 그 도(道)를 이룬다고 말했다.[146] 윤돈(尹焞)에 따르면 학문은 그 도(道)를 극진히 하려고 하는 것이다. 백공(百工)은 공장에 있으면 반드시 그 일을 이룰 것을 힘써야 한다. 이렇듯이 군자도 학문을 익히는 데 노력하지 않으면 안 되는 것이라고 했다.

앞서 언급했듯이 자공이 공자께 성인이라고 했을 때 공자는 '배우기를 싫어하지 않고 가르치기를 게을리하지 않을 뿐'이라고 했다. 그러자 자공이 '배우기를 싫어하지 않음은 지혜(智)고 가르치기를 게을리하지 않음은 인(仁)이라고 말하며, 인하고 또 지혜로우시니 선생님은 이미 성인'이라고 하였다.[147] 안연도 '스승께서 차근차근 사람을 인도하시고 학문으로 넓혀 주시고 예로써 단속하시기 때문에 그만두려 해도 그만둘 수 없다. 나의 재주를 다해 보지만 스승께서 도달하신 경지가 우뚝하시니 좇으려 해도 좇을 수 없다'고[148] 받들었다.

결국 공자는 궁극적인 학문의 경지로 아는 것은 좋아하는 것만 못하고, 좋아하는 것은 즐거워하는 것만 못하다고 말했다.[149] 주자에 따르면 이 말의 뜻은 공부하는 방법을 아는 사람은 공부를 좋아하는 사람만 못하고, 공부를 좋아하는 사람은 공부를 즐거움으로 삼는 사람만 못하다는 것이다. 여기에서 공자는 알 지(知)와

---

145)  子 曰 若聖與仁 則吾豈敢 抑爲之不厭 誨人不倦 則可謂云爾已矣 公西華 曰 正唯弟子 不能學也. 술이 33.
146)  子夏曰 百工 居肆 以成其事 君子 學 以致其道. 자장 7.
147)  昔者 子貢 問於孔子曰 夫子 聖矣乎 孔子 曰 聖則吾不能 我 學不厭而教不倦也 子貢 曰 學不厭 智也 教不倦 仁也 仁且智 夫子 旣聖矣. 공손추 상 2.
148)  夫子 循循然善誘人 博我以文 約我以禮 欲罷不能 旣竭吾才 如有所立 卓爾 雖欲從之 末由也已. 자한 10.
149)  子 曰 知之者 不如好之者 好之者 不如樂之者. 옹야 18.

좋아할 호(好), 즐길 낙(樂) 세 가지 경지를 말했다. 윤돈(尹焞)은 안다는 것은 도(道)가 있음을 아는 것이고, 좋아한다는 것은 좋아하되 아직 얻지는 못한 것이며, 즐거워한다는 것은 얻음이 있어 즐거워하는 것이라고 했다.

### 학이불사즉망(學而不思則罔)

공자는 배우기만 하고 생각하지 않으면 얻음이 없고, 생각하기만 하고 배우지 않으면 위태롭다고 했다.[150] 공자는 학문하는 방법을 말하면서 배움과 생각을 함께 해야만 진정한 앎을 얻을 수 있다고 여겼다. 원문에서 망(罔)은 없다는 의미이다. 다시 말하면 배우기만 하고 생각하지 않으면 아는 것이 없고, 생각만 하고 배우지 않으면 궁극적으로 아무것도 얻지 못해 위태롭게 된다는 것이다. 관련해 공자는 "내 일찍이 종일토록 밥을 먹지 않고, 밤새도록 잠을 자지 않고서 생각하였으나, 유익함이 없었다. 배우는 것만 못하였다."고 말했다.[151] 주자는 마음을 수고롭게 하여 반드시 탐구하려고 하는 것이 마음을 겸손하게 하여 스스로 아는 것만 못하다는 말이라고 설명했다.

'학이불사즉망 사이불학즉태(學而不思則罔 思而不學則殆)'를 심화한 말이 『중용』에 있다. 공자는 학문에 관해 널리 배우고(博學) 자세히 물으며(審問) 신중히 생각하고(愼思) 명백히 분별하며(明辨) 독실히 행해야(篤行) 한다고[152] 했다. 주자에 따르면 이는 성실히 배우기 위한 낱낱의 조목으로 배우고 묻고 생각하고 분별함은 선을 택해서 앎(知)이 되는 것이어서 배워서 아는 것이고, 돈독히 행함은 굳게 잡는 것으로서 '인(仁)'이 되는 것이며 이롭게 여겨 행하는 것이다. 정자(程子)도 박학(博學)·심문(審問)·신사(愼思)·명변(明辨)·독행(篤行)의 이 다섯 가지 중에 하나만 폐하여도 학문이 아니라고 말했다. 이 말은 학문의 다섯 단계를 말해

---

150)  子曰 學而不思則罔 思而不學則殆. 위정 15.
151)  子曰 吾嘗終日不食 終夜不寢 以思 無益 不如學也. 위령공 30.
152)  博學之 審問之 愼思之 明辨之 篤行之. 중용 20.

준다. 구체적으로 살펴보면 박학(博學)은 우선 넓은 분야의 지식을 얻는 것이고 두 번째 단계는 심문(審問)으로 자세하게 묻고 끝까지 캐물으며 학문을 밝혀야 한다는 것이다. 다음으로 진지하고 깊이 생각하는 신사(愼思)가 세 번째 단계고, 명변(明辯)은 배운 지식을 분별하고 좋은 것을 취하며 진위를 가리는 것으로 네 번째 단계다. 그렇지 않으면 이른바 박학(博學)이 좋고 나쁨과 진위를 가리지 않게 된다. 마지막 단계는 독행(篤行)으로 여기서 독(篤)은 착실하고 일관한 마음으로 꾸준해야 함을 뜻한다. 즉 배운 것을 실천하면서 지행합일(知行合一)을 이루어야 한다는 것이다.

어느 날 자장이 자신의 뜻이 행해짐에 대해 물었다. 공자는 "말이 진실되고 미더우며, 행실이 돈독하고 공경스러우면(篤敬), 비록 오랑캐의 나라라 하더라도 뜻이 행해질 수 있다. 하지만 말이 진실되고 신실하지 못하고 행실이 돈독하고 공경스럽지 못하면, 자신이 사는 고장이라 하더라도 뜻이 행해질 수 없는 것이다"라고 했다. 이어 서 있을 때에는 충신(忠信)과 독경(篤敬)이 항상 눈앞에 참여함을 볼 수 있고, 수레에 앉아 있을 때에는 멍에에 기대어 있듯이 충신과 독경이 떨어질 수 없음을 볼 수 있어야 하는 것이라며 이와 같이 한 뒤에 뜻이 행해질 수가 있다고 말하였다. 자장이 이 말씀을 띠에 써 두었다.[153]

이 장은 안연편(顏淵篇)에서 자장이 달(達)함을 물은 뜻과 같다.[154] 자장의 뜻은 밖에서 행해짐을 얻는 데 있었다. 그러므로 공자가 자신에게 돌이켜 말하여 관리가 되고자 하는 것(干祿)과 이름을 널리 알리는 일(問達)에 답한 뜻과 같다. 정자(程子)에 따르면 학문은 채찍질하여 내면에 가깝게 하고, 자기 몸에 붙이기를 바랄 뿐이다. 배우기를 널리 하고 뜻을 돈독히 하며 묻기를 간절히 하고 가까이 생각

---

153)  子張 問行. 子 曰 言忠信 行篤敬 雖蠻貊之邦 行矣 言不忠信 行不篤敬 雖州里 行乎哉. 立則見其參於前也 在輿 則見其倚於衡也 夫然後 行. 子張 書諸紳. 위령공 5.

154)  子張 問 士 何如 斯可謂之達矣. 子 曰 何哉 爾所謂達者. 子張 對曰 在邦必聞 在家必聞 子 曰 是 聞也 非達也. 夫達也者 質直而好義 察言而觀色 慮以下人 在邦必達 在家必達. 夫聞也者 色取仁而行違 居之不疑 在邦必聞 在家必聞. 안연 20.

을 해야 한다. 또 말이 충신(忠信)하고 행실이 독경(篤敬)하여서 서면 그것이 항상 눈앞에 참여함을 볼 수 있고, 수레를 타고 있으면 멍에에 기댄 것처럼 충신과 독경이 떨어질 수 없다는 것을 볼 수 있어야 한다. 이것이 바로 학문하는 방법이다.

더 나아가 공자는 배우지 않으면 몰라도 일단 배우기 시작했다면 능숙해질 때까지 멈추지 말고, 아예 묻지 않으면 몰라도 일단 묻기 시작했다면 확실히 알 때까지 멈추지 말라고 했다. 이어 아예 생각하지 않으면 몰라도 일단 생각하기 시작했다면 생각한 것을 얻을 때까지 멈추지 말고, 아예 구별하지 않으면 몰라도 일단 구별하기 시작했다면 분명히 할 때까지 멈추지 말고, 아예 행하지 않으면 몰라도 일단 행하기 시작했다면 꾸준히 하고 멈추지 말라고 했다. 또 남이 한 번에 되면 자신은 백 번을 시도하고, 남이 열 번에 되면 자신은 천 번을 해 보라고 했다. 과연 이렇게 한다면 비록 어리석더라도 반드시 현명해지고, 비록 유약하더라도 반드시 강해진다고 말하였다.[155] 이는 타고난 자질에 상관없이 꾸준히 학문을 하면 반드시 현명해지고 강해진다고 강조한 것이다.

### 학이시습(學而時習)

공자는 『논어』의 첫 구절에서 "배우고 수시로 익히면 기쁘지 않겠는가, 벗이 먼 곳으로부터 찾아온다면 즐겁지 않겠는가, 남이 알아주지 않더라도 서운해하지 않는다면 군자답지 않겠는가"라고 말했다.[156] 이 구절은 시기적으로 공자가 천하주유를 마친 뒤 노나라에 돌아와 지난 인생을 관조하며 한 말인 듯하다. 짧은 구절이지만 인생과 배움의 깊이가 담겨 있다. 원문에 학(學)은 어린아이가 책상에서 산가지를 가지고 양손으로 셈을 하는 모양을 표현한 것이다. 주자에 따르면 학(學)은 본받는 것으로[157] 사람의 본성은 모두 선(善)하나 이를 먼저 아는 자와 뒤에 사

---

155) 有弗學 學之 弗能 弗措也 有弗問 問之 弗知 弗措也 有弗思 思之 弗得 弗措也 有弗辨 辨之 弗明 弗措也 有弗行 行之 弗篤 弗措也 人一能之 己百之 人十能之 己千之. 果能此道矣 雖愚 必明 雖柔 必强. 중용 20.
156) 子曰 學而時習之 不亦說乎 有朋 自遠方來 不亦樂乎 人不知而不慍 不亦君子乎. 학이 1.
157) 學之爲言效也.

람이 있어서 뒤에 깨닫는 자는 반드시 선각자를 본받아야 선을 밝게 알아서 그 본성을 회복할 수 있는 것이다. 익힘(習)은 새의 새끼가 날려고 날갯짓(羽)을 반복해서 되풀이하면 흰(白) 털이 보이는 것이다. 그래서 습(習)은 새끼 새가 자주 날갯짓하는 것과 같다고[158] 하였다.

유붕자원방래(有朋自遠方來)와 관련해 증자는 군자가 글로써 벗을 모으고, 벗을 통해서 자신의 인(仁)을 돕는다고 말했다.[159] 벗을 사귀고 학문을 함께 익히는 과정에서 서로 토론하고 격려하면서 우정을 쌓아 가고, 나아가 벗의 장점을 본받고 벗의 충고를 받아들여 자신의 덕성을 기르는 데 도움을 받는다는 것이다. 주자는 주석을 통하여 학문을 익혀서 벗을 모으면 도가 더욱 밝아지고, 벗의 선(善)을 취해서 자신의 인(仁)을 도우면 덕이 날로 전진할 것이라고 하였다. 이어서 남이 알아주지 않아도 노여운 마음을 품지 않는 것은 사람의 감정에 어긋나는 것이어서 오직 덕을 완성한 사람만이 그렇게 할 수 있다고 했다. 그리고 덕이 완성되는 방법은 배운 것이 바르고 익힌 것이 익숙하며 기뻐하는 것이 깊어서 그치지 않는 데에 말미암을 뿐이라고 했다. 즉 습(習)이라는 말은 학(學)과 별개가 아니라 학에 포함된 실천행위다. 선각자가 행한 바를 배우고 삶의 지혜를 반복적으로 익혀서 체화하는 의미가 포함되어 있다. 이렇게 군자는 배움(學)을 통해서 덕을 이룰 수 있다.

학이시습을 심화한 말이 '온고지신(溫故知新)'이라고 할 수 있다. 공자는 옛것을 배우고 익히며 새로운 것을 알면 스승이 될 수 있다고 했다.[160] 배움에 있어 예전에 들은 것을 항상 익히고 새로 터득함이 있으면 배운 것을 적용하는 일이 끝이 없다. 그러므로 스승이 될 수 있는 것이다. 온고지신(溫故知新)에서 깊은 뜻은 온(溫) 자에 숨어 있다. 공자가 '익힐 습(習)' 자를 쓰지 않고 일부러 '따뜻할 온(溫)'

---

158) 習 如鳥數飛也.
159) 曾子 曰 君子 以文會友 以友輔仁. 안연 24.
160) 子 曰 溫故而知新 可以爲師矣. 위정 11.

자를 쓴 것은 옛것을 그냥 배우는 것(習)에 그치지 않고 익혀서(溫) 새로운(新) 것을 터득한다는 의미를 품고 있는 것이다. 자공이 가난해도 아첨하지 않고 부유해도 교만하지 않다는 뜻의 '빈이무첨 부이무교(貧而無諂 富而無驕)'를 묻고 공자의 답을 들은 뒤 『시경』의 절차탁마(切磋琢磨)를 말하는지 다시 물었다. 공자가 이를 듣고 "사(賜)와는 이제 시(詩)를 말할 만하구나. 이미 지나간 것을 말해 주니 앞으로 말해 줄 것까지 아는구나" 하며[161] 기뻐했다. 이는 자공이 옛것을 배우고 새로운 것을 배운다는 '온고지신'을 구현한 것이라고 할 수 있다. 맹자도 널리 배우고 자세히 설명하는 것은 그렇게 함으로써 장차 돌이켜 요점을 설명하기 위해서라고 했다.[162]

『공자가어』 치사편에 보면 공자는 아들 백어에게 자신이 듣기로 남과 종일토록 말하더라도 싫증나지 않는 것은 학문뿐이라며 학문의 의미를 절실하게 전하였다. 공자는 그 용모에 족히 볼 만한 것이 없고, 그 용맹도 족히 두려울 만한 것이 없고, 그 선조는 칭송할 만한 분이 없고, 그 가문도 언급할 만한 것이 없지만, 죽은 뒤 결국 큰 명성을 이루어 사방에 널리 알려지고 후세에까지 전해지는 것은 어찌 학문의 효과가 아니겠냐고 말했다. 그러므로 군자는 배우지 않아서는 안 되는 것이고 그 용모를 정돈하지 않아서는 안 된다. 정돈하지 않으면 예에 맞는 모습이 없고, 예에 맞는 모습이 없으면 친할 수 없고, 친할 수 없으면 진실되지 못하고, 진실되지 못하면 예를 잃고, 예를 잃으면 자립할 수 없다. 멀리 있어도 빛이 나는 것은 장식하였기 때문이고, 가까이 있으면 더욱 밝은 것은 학문 때문이다. 비유하면 연못은 빗물이 흘러 들어가고 갈대가 자라지만 혹시 이를 보더라도 누가 그 근원을 알겠는가 했다. 즉 연못에는 빗물이 흘러 들어가고 갈대가 자라지만 이를 보고 누구도 물이 흘러나오는 근원은 연못이 아니라는 것을 알지 못한다는 것이다. 이는 학

---

161)  子貢 曰 貧而無諂 富而無驕 何如 子 曰 可也 未若貧而樂 富而好禮者也 子貢 曰 詩云 如切如磋 如琢如磨 其斯之謂與 子 曰 賜也 始可與言詩已矣 告諸往而知來者. 학이 15.
162)  孟子 曰 博學而詳說之 將以反說約也. 이루장 하 15.

문이 비록 밖에서 들어왔더라도 누가 학문이 여기에서 나오지 않았다는 것을 알 겠는가 말한 것이다.

공자는 학문을 하는 방법에 대해 도(道)에 뜻을 두며, 덕(德)을 굳게 지키며, 인(仁)을 떠나지 않으며, 예(藝)에서 노닐어야 한다고[163] 말했다. 원문에서 지(志)는 마음이 지향해 가는 것을 말한다. 도(道)는 곧 인륜과 일상생활하는 사이에 마땅히 행하여야 할 것이다. 이것을 알아서 마음이 반드시 거기에 가 있다면 가는 것이 올바르기 때문에 딴 길로 향하는 미혹함이 없을 것이다. 거(據)는 꼭 잡아 지킨다는 뜻이고 덕(德)은 곧 도를 행하여 마음에 얻는 것이다. 마음에 도를 얻고 그것을 잘 지켜 잃지 않는다면, 처음과 끝이 한결같아서 나날이 새로워지는 효과가 있을 것이다. 의(依)는 떠나지 않는 것이고 인(仁)은 곧 사욕이 모두 없어져 심덕(心德)이 온전한 것이다. 주자에 따르면 공부가 여기에 이르러 밥 한 그릇 먹는 사이라도 인을 떠나지 않는다면 본심을 잃지 않도록 성품을 기르는 존양(存養)이 익숙해져서 가는 곳마다 천리를 행하지 않음이 없을 것이다. 유(游)는 사물을 즐겁게 구경하듯 완상(玩賞)하여 성정(性情)에 알맞게 함을 이름이다. 예(藝)는 곧 예(禮)·악(樂)의 글과 사(射)·어(御)·서(書)·수(數)의 법(法)으로 모두 일상생활에 빼놓을 수 없는 것이다. 아침저녁으로 육예(六藝)를 익혀서 의리의 마음을 넓혀 간다면, 일을 대처함에 여유가 있고 마음도 풀어지고 놓아 버려 방심(放心)되는 바가 없을 것이라고 주자는 설명했다.

따라서 꾸준히 배워 지혜로운 자는 미혹되지 않고, 인(仁)한 자는 근심하지 않으며, 용맹한 자는 두려워하지 않는다고 공자는 강조했다.[164] 이는 지혜의 밝음이 족히 사리를 밝힐 수 있기 때문에 의혹하지 않는 것이고 천리(天理)가 사욕을 이길 수 있기 때문에 근심하지 않는 것으로 기운이 도의(道義)에 부합하기 때문에 두려워하지 않는 것이다. 따라서 학문의 순서라고 주자는 풀이했다.

---

163)  子曰 志於道 據於德 依於仁 游於藝. 술이 6.
164)  子曰 知者 不惑 仁者 不憂 勇者 不懼. 자한 28.

## 2) 격물치지(格物致知)

군자가 되기 위해서는 수양을 통해 인격을 함양하고 사물의 이치를 깊이 연구해 치인에 이르러야 한다. 이를 알려 주는 책이 바로 『대학』으로 사서삼경 중에 제일 먼저 배운다. 정자(程子)는 『대학장구』 시작에서 『대학』은 공자가 남긴 책으로 처음 학문을 닦고자 하는 사람이 덕행을 수련하는 문이며 길이다. 지금에 와서도 옛 사람이 학문을 닦는 순서를 알 수 있는 것이다. 모두가 이 한 편의 책에 의존하고 있었으며 『논어』, 『맹자』를 그다음으로 치고 있었다. 그래서 학문을 닦고자 하는 사람은 반드시 이 책에서 시작하면 거의 잘못이 없을 것이라고 했다.[165]

### 삼강령 팔조목(三綱領 八條目)

15세가 되면 사서 중에 『대학』을 먼저 가르친다. 『대학』은 학문에 대한 책으로 첫 구절에 학문의 목적은 "밝은 덕을 밝히는 것(在明明德)"과 "백성을 새롭게 하는 것(在親民)" 그리고 "지극한 선의 상태에서 머물러 있는 것(在止於至善)"인 삼강령 (三綱領)이라고 적혀 있다.[166] 삼강령은 유학의 교육 원리이자 정치 원리이고 학문의 이상적 세계상을 나타낸다. 명명덕(明明德) 은 스스로 마음을 밝히는 작업으로 자기 수양에 해당한다. 주자는 '명명덕'을 거울을 깨끗이 닦는 행위에 비유한 제자의 질문에 대해, 거울이란 깨끗이 연마해야 비로소 빛을 발하지만 사람의 명덕

---

165)  子程子曰 大學孔氏之遺書而初學入德之門也 於今可見古人爲學次第者 獨賴此篇之存 而論孟次之 學者必由是 而學焉則庶乎其不差矣.
166)  大學之道 在明明德 在親民 在止於至善.

은 항상 밝은 것이기에 그 광명을 발하지 않는 때가 없다고 답한 바 있다. 신민(新民)은 백성들에게 끊임없이 자아를 새롭게 하도록 만드는 일로 타인에 대한 배려와 교육으로 이해할 수 있다. 지어지선(止於至善)은 자기 수양과 백성 교육을 통해 위정자가 실천해야 하는 궁극적 목표다. 이는 사회 공동체 전체를 위한 선(善)으로서 공동의 이익이나 공동체를 위한 가치를 추구하는 현대의 공동선(共同善) 개념으로 이어진다고 할 수 있다. 공동선은 공익성을 강조한다는 측면에서 공공선(公共善)이라고도 하는데 공동체주의와 공리주의를 바탕으로 하며, 공동체의 가치가 개인의 행동 방향에 영향을 미친다.

이어서 그침(止)을 안 뒤에 안정(定)되고 안정한 뒤에 고요(靜)할 수 있고 고요한 뒤에 편안(安)할 수 있고 편안한 뒤에 생각(慮)할 수 있고 생각한 뒤에 얻을 수(得) 있다. 이는 학문을 하는 단계라 할 수 있다. 지(止)는 마땅히 그쳐야 할 바이니 지선(至善)이 있는 곳이다. 이를 안다면 뜻이 정(定)한 방향이 있을 것이어서 학문의 목표가 정해진 것이다. 정(靜)은 마음이 망령되이 동하지 않게 되고 그러면 처한 바가 편안한(安) 것이고 생각(慮)한다는 것은 일을 정밀하고 상세히 처리하는 것이어서 이렇게 하면 능히 얻을(得) 수 있는 것이다.

또한 물(物)에는 근본과 말단(本末)이 있고, 일에는 끝과 시작(終始)이 있어서 먼저 해야 할 것과 나중에 해야 할 것을 안다면 도(道)에 가까운 것이다. 즉 명덕(明德)은 본(本)이 되고 신민(親民)은 말(末)이 되면 지지(知止)는 시(始)가 되고 능득(能得)은 종(終)이 되는 것이어서 본과 시는 먼저 해야 할 것이고 말과 종은 뒤에 해야 할 것이다. 옛날에 밝은 덕을 천하에 밝히고자 하는 자는 먼저 그 나라를 다스리고(治國), 그 나라를 다스리고자 하는 자는 먼저 그 집안을 가지런히 하고(齊家), 그 집안을 가지런히 하고자 하는 자는 먼저 그 몸을 닦고(修身), 그 몸을 닦고자 하는 자는 먼저 그 마음을 바르게 하고(正心), 그 마음을 바르게 하고자 하는 자는 먼저 그 뜻을 성실히 하고(誠意), 그 뜻을 성실히 하고자 하는 자는 먼저 그 아는 것을 지극히 하였으므로(致知) 아는 것을 지극히 함은 사물의 이치를 궁구함에 있다(格物).[167] 이 여덟 가지는『대학』의 팔조목이다.

　팔조목을 시작 단계부터 본다면 사물의 이치가 이른 뒤에(物格) 아는 것이 지극해지고(知至), 아는 것이 지극해진 뒤에 뜻이 성실해지고(意誠), 뜻이 성실해진 뒤에 마음이 바르게 되고(心正), 마음이 바르게 된 뒤에 몸이 닦이고(身修), 몸이 닦인 뒤에 집안이 가지런해지고(家齊), 집안이 가지런해진 뒤에 나라가 다스려지고(國治), 나라가 다스려진 뒤에 천하가 화평해진다(天下平). 따라서 천자로부터 서인(庶人)에 이르기까지, 한결같이 모두 몸을 닦는 것을 근본으로 삼는다. 근본이 어지러우면서 말단이 다스려지는 자는 없으며, 후하게 해야 할 것에 박하게 하면서 박하게 해야 할 것에 후하게 하는 자는 있지 않다.[168] 이것을 근본을 아는 것이라 이르고 이것을 앎의 지극함이라 이르는 것이다.[169]

　이처럼[112]『대학』은 옛 사람들이 학문하는 큰 방법과 학문의 처음과 끝을 전체적으로 나타낸 책이다. 여기서 학문은 주로 사람으로서 마땅히 해야 할 바에 관한 내용이다. 사서삼경은 거의 대부분 정신수양과 도덕·윤리적 인사(人事)에 관한 내용인데,『대학』은 유가의 도에 해당하는 학문의 뼈대를 이루고 있는 큰 틀을 제공해 주고 있다. 팔조목 중 처음 두 조목인 격물치지(格物致知)는 학문의 방법이고 나머지 여섯 조목인 성의, 정심, 수신, 제가, 치국, 평천하는 학문의 목적이자 이유가 된다.『대학』은 경(經)과 전(傳) 두 부분으로 되어 있는데, 경은 증자가 공자의 말씀을 기술한 것이고 전은 증자의 견해를 그의 제자들이 기록한 것이다. 그러므로『대학』의 핵심은 경에 있고 그중의 핵심은 경문 속의 '삼강령 팔조목'에 있다. 사서(四書)의 다른 책들과 달리『대학』은 삼강령 팔조목을 기본으로 하여 짜임새 있게 논리를 전개하고 있다.

---

167)　知止而后有定 定而后能靜 靜而后能安 安而后能慮 慮而后能得 物有本末 事有終始 知所先後 則近道矣 古之欲明明德於天下者 先治其國 欲治其國者 先齊其家 欲齊其家者 先修其身 欲修其身者 正其心 欲正其心者 先誠其意 欲誠其意者 先致其知 致知 在格物.

168)　物格而后 知至 知至而后 意誠 意誠而后 心正 心正而后 身修 身修而后 家齊 家齊而后 國治 國治而后 天下平 自天子以至於庶人 壹是皆以修身爲本. 其本 亂而末治者 否矣 其所厚者 薄 而其所薄者 厚 未之有也. 경 1장.

169)　此爲知本 此爲知之至也.

성리학 체계를 집대성한 주자는『대학장구』를 쓰면서『대학』의 의미와 가치 등을 서문을 통해 밝혔다.

"『대학』은 옛날 최고 고등교육기관인 태학(太學)에서 사람을 가르치던 책이다. 하늘이 사람을 내릴 때 이미 인의예지의 성(性)을 받았다. 그러나 그들이 받은 기질은 다 같지 않기 때문에 사람들이 모두 하늘로부터 받은 본성을(仁義禮智)을 제대로 발휘하지 못했다. 그렇지만 총명하고 지혜가 있어 타고난 성품을 다 발휘할 수 있는 자가 한 사람이라도 나타나면, 하늘이 반드시 그에게 명하여 만백성의 왕으로 삼아서 그로 하여금 백성을 다스리게 하였고 백성을 가르쳐서 본성을 회복하도록 하였다. 이분들이 복희, 신농, 황제, 요, 순임금이다.

또 요·순·우 삼대가 융성했을 때 교육제도가 점차 갖추어졌다. 그 후에 왕궁이 있는 도읍으로부터 시골마을에까지 학교가 없는 곳이 없게 되었다. 태어나 8세가 되면 왕공으로부터 서민의 자제에까지 모두 소학교에 들어가서 청소하고, 상하 사람을 대하는 규범을 익혔다. 그리고 예, 악, 활쏘기, 말 몰기, 서, 수를 배웠다. 15세가 되면 천자의 맏아들과 여러 자제로부터 공, 경, 대부, 원사의 적자와 모든 백성의 뛰어난 자제에까지 모두 태학에 들어가게 했고 여기서 궁리(窮理), 정심(正心), 수기(修己), 치인(治人)의 도를 가르쳤다. 이는 학교의 가르침에 절차와 과정이 나눠진 이유다."

『맹자』에 따르면 백성들의 생업이 정해진 뒤에는 각종 학교인 상(庠)·서(序)·학(學)·교(校)를 설치하여 백성들을 가르쳤다. 상(庠)은 기른다는 뜻이고, 교(校)는 가르친다는 뜻이며, 서(序)는 활쏘기를 익힌다는 뜻이다. 하(夏)나라에서는 교(校)라 하였고, 은(殷)나라에서는 서(序)라 하였고, 주(周)나라에서는 상(庠)이라 하였으며, 학(學)은 삼대(三代)에 이름이 같았다. 이렇게 상·서·학·교는 모두 인륜(人倫)을 밝히기 위하여 설치한 것이다. 인륜이 위에서 밝아지면 백성들이 아래에서 친해지는 것이다.[170] 이를 보면 현재 사용되고 있는 학교(學校)

---

170)　設爲庠序學校 以敎之 庠者 養也 校者 敎也 序者 射也 夏曰 校 殷曰 序 周曰 庠 學則三代共之 皆所以明人倫也

라는 명칭은 하은주 시대에 있던 교육기관의 명칭에서 유래한 것이다.

　주자는『대학』에 대해『소학』교육을 바탕으로 하여 다시 태학(太學)에서 가르쳐야 할 높은 단계의 교육과제를 밝힌 것으로 밖으로는 그 규모가 지극히 크고 안으로는 그 절목의 상세함을 다하였다고 했다. 또 공자의 3천 제자들 모두가 공자의 말씀을 듣지 않은 이가 없지마는 증자가 전한 학문이 공자의 적통을 이었다. 그러나 증자의 학문을 계승한 맹자가 세상을 떠나자 그 명맥이 끊겨 글은 비록 남아 있었으나 그 뜻을 바로 아는 이가 드물었다. 다행히 송나라의 덕이 융성하여 정치와 교육이 아름답고 밝았다. 이때에 하남에서 정명도(程明道), 정이천(程伊川) 두 선생이 나타나 맹자의 학문을 계승하게 되어 옛날『대학』에서 사람을 가르치던 법과 공자의 경문(經文), 그리고 증자의 전문(傳文)의 뜻이 다시 세상에 밝혀지게 되었다고 주자는 설명했다.

　우리나라에서는 조선 21대 왕인 영조의 서문이 있는『대학』이 정본(正本)으로 되었는데, 영조는 서문에서『대학』의 의미와 소회를 밝혔다. 영조는 19세에 비로소『대학』을 읽고 29세에 성균관에 입학하여 이 책을 강론했는데, 스스로 돌아볼 때 글은 글대로고 나는 나대로여서 뜻을 제대로 체득하지 못해 마음이 항상 부끄러웠다고 했다. 63세에 성균관 명륜당을 시찰할 때 서문을 읽고 시강관과 유생들로 하여금 차례로 강론하게 하였는데, 여전히 부족하여 더욱 간절하였다. 70세를 바라보는 나이에 이 책을 세 번 강론한다는 것이 스스로 부끄럽지 않을 수 없지만, 공자께서 "옛것을 익혀 새것을 안다"고 하셨으므로 만약 능히 이로 인하여 새것을 알게 된다면, 어찌 내게 커다란 이익이 있지 않겠는가 영조는 말하였다.

　이어서『대학』의 책에 3가지 강령이 있어 '명명덕', '신민', '지어지선'이고, 8가지 조목은 '격물', '치지', '성의', '정심', '수신', '제가', '치국', '평천하'라고 했다. 차례의 순서가 정연하고 체계가 반듯하여 이 책은『중용(中庸)』과 더불어 서로 표리가 되어서 순서와 일을 하여 가는 도리가 분명하다고 평했다. 다만 영조는 배우는 사람

───────────

　　人倫 明於上 小民 親於下. 등문공 상 3.

이 오히려 그 뜻을 체득하지 못하여 한탄스럽다면서 결국 격물치지를 못 했는데, 어찌 성의할 것이며, 정심을 못했으므로 어떻게 수신할 수 있겠는가 되물었다. 또한 격물치지를 못 하고 성의정심(誠意正心)을 못 했다면 집안을 다스리고 나라가 다스리려지길 어찌 바랄 수 있겠냐고 반문하며 배움의 시작이 격물치지에 있다고 말하였다.

유학의 도덕 수양에는 전통적으로 두 가지 방법이 있다. 하나는 주관적 방법으로 마음의 본질을 충분히 발현해서(盡其心) 본성을 이해하는 것이다. 이렇게 본성을 이해함으로써 하늘을 알 수 있다고 맹자는 말했다.[171] 다른 하나는 객관적 방법으로『주역(周易)』설괘전(說卦傳)에 나오는 것으로 사물에 나타난 원리를 철저히 연구하고 본성을 충분히 발현시킴으로써(窮理盡性) 자신의 천명을 이루는 방법이다.[172] 궁리(窮理)라는 말이 사물에 대한 탐구에 해당하므로 이것은 과학적 접근과 비슷한 것이라면 진성(盡性)은 인간의 도덕적인 성품을 수양하는 것에 해당한다. 사물을 탐구할 때는 정성스러운 태도를 가지고 해야 하며, 본성을 극진하게 할 때는 생명과 천지에 대하여 존중하는 마음을 가지고 해야 한다고 한다. 이렇게 성(性)과 경(敬)으로 궁리와 진성을 하여 얻어진 성과가 있다면 그것을 통하여 자신의 삶이 이 세계에서 어떤 의미를 가지고 있는지 이해할 수 있게 된다. 주자는 이를 위해 격물치지라는 학문 방식을 제시하고, 유교 경전 중에서『대학』·『논어』·『맹자』·『중용』에 대한 여러 사람들의 주석을 모은『사서집주』를 저술했다.

### 학금사양(學琴師襄)

격물이란 사물에 나아가서 그 리를 궁구하는 것이니 궁리의 뜻이다.[113] 때문에 격물에는 사물에 대한 관찰, 연구, 분석, 비교, 실험 등의 의미가 있다. 사물에 대하여 자세히 탐구하지 않으면 사물의 성질을 알 수 없으며, 그에 따른 지식을 얻을

---

171)   孟子 曰 盡其心者 知其性也 知其性 則知天矣. 진심장 상 1.
172)   窮理盡性 以至於命.

수도 없다는 것이다. 동시에 사물의 리(理)를 궁구하더라도 지극한 데까지 이르러야 한다. 지극한 데까지 이르지 못하면 사물의 리를 궁구하였다고 말할 수 없다.

사양자에게서 거문고를 배운다는 '학금사양(學琴師襄)'이라는 고사성어가 있다. 『공자가어』변악해편을 보면 공자가 노나라의 악관(樂官)인 사양자(師襄子)에게 거문고를 배우고 있었는데, 사양자가 비록 경쇠를 치는 관원이지만 거문고에도 능하다며 지금 거문고의 곡조를 이미 익혔으므로 다른 곡을 연주해도 되겠다고 공자에게 말했다. 그러자 공자는 아직 연주 기법을 터득하지 못했다고 답했다. 얼마 후에 사양자가 이미 연주 기법을 익혔으니, 다른 곡을 연주해도 되겠다고 다시 말하였다. 이번에도 공자는 아직 곡이 지닌 뜻을 터득하지 못했다고 답하였다. 그 후에 사양자가 이미 그 뜻을 익혀서 다른 곡을 연주해도 되겠다고 거듭 말하였다. 역시 공자는 아직 작곡자의 사람됨에 대해 알지 못했다고 말하였다. 얼마 후에 공자가 깊이 생각에 잠겨 높이 바라보고 멀리 쳐다보면서 이제 그 사람을 알았다고 말하였다. 가까이서 보면 까맣게 검고 훤칠하게 키가 크며 뜻이 원대하고 천하를 소유한 것과 같은 분이니, 문왕이 아니면 누가 이 곡을 지을 수 있겠냐고 했다. 이에 사양자가 자리에서 일어나 감동하여 군자는 성인이시라며, 이 곡조는 문왕조(文王操)라고 대답했다. 공자는 이렇게 음악을 배워 나중에는 전공 악사들을 가르칠 정도까지 실력을 갖추게 되었다고 한다. 격물치지의 사례가 여기에 있다고 하겠다.

유학자들은 격물이라는 말을 사물의 리를 탐구한다는 의미로 해석했다.[114] 세상의 모든 사물은 각각의 리를 지니고 있고 그 리가 하나의 보편적인 리 즉 천리(天理)의 발현이기 때문에 유학자들에게 모든 사물은 탐구할 만한 가치가 있었다. 실제로 공자는 자연현상을 관찰하고 역법 산정이 잘못된 것을 꿰뚫어 보았다. 『공자가어』변물편을 보면 계강자가 공자에게 지금 주나라 십이월은 하나라와 비교하면 시월인데 아직도 메뚜기가 있으니, 어찌 된 것인지 물었다. 공자는 듣기로 화기가 숨은 뒤에 칩거하는 생물들이 모두 땅속으로 들어간다고 하였는데, 화기가 아직 서쪽으로 흐르고 있으므로 역법을 맡은 관리가 잘못 계산한 것이라고 대답했다. 계강자가 잘못 계산된 달이 얼마나 되는지 묻자 공자는 하나라 역수로 시월이라면 화기가 없어야 하는데, 아직도 화기를 볼 수 있으니 윤달을 두 번 놓친 것이라고 답했다.

어느 날 자장이 10왕조(王朝) 뒤의 일을 미리 알 수 있는지 물었다. 공자는 '은(殷)나라가 하(夏)나라의 예(禮)를 따랐으므로 무엇을 가감했는지 알 수 있으며, 주(周)나라는 은나라의 예를 따랐기 때문에 무엇을 가감했는지 알 수 있다. 혹시라도 주나라를 계승하는 자가 있다면 비록 100왕조 뒤의 일이라도 알 수 있을 것'이라고 말했다.[173] 호인(胡寅)은 자장의 물음이 미래를 알고자 한 것이었는데, 성인(聖人)은 이미 지나간 일을 말씀하시어 밝힌 것이라고 했다. 이어 상나라가 하나라의 것을 고칠 수 없었고, 주나라가 상나라의 것을 고칠 수 없었으므로 변하지 않는 근간이 있는 것이다. 제도와 문장으로 말하면, 혹 너무 지나치면 덜어야 하고 혹 부족하면 더해야 할 것이다. 더하고 덜어 내는 것은 시대에 따라 적절하게 하였고, 계승할 것은 무너뜨리지 않았으므로 이것은 고금을 통하는 이치다. 따라서 지난 것을 되새겨 미래를 추측하면 비록 백 세 뒤의 먼 것이라도 이와 같음에 불과할 따름이라고 말했다.

## 격물궁리(格物窮理)

주자는 『대학』에서 격물치지에 대한 원문이 누락된 것으로 보고 격물보전(格物補傳)을 지어 보완하였다. 본문을 보면 "이른바 앎을 지극하게 하는 것이 사물을 궁구함에 있다는 것은 나의 앎(知)을 지극히 하고자 한다면, 사물에 나아가 그 이치를 궁리하여야 한다는 것이다. 사람의 마음은 영특하여 알지 못할 것이 없고, 천하의 사물이 이치가 없는 것이 없다. 하지만 사람들이 그 이치를 궁구하는 데 다하지 못하기 때문에 그 앎을 다하지 못함이 있는 것이다. 이런 까닭으로 『대학』을 처

---

173)  子張 問 十世 可知也 子 曰 殷因於夏禮 所損益 可知也 周因於殷禮 所損益 可知也 其或繼周者 雖百世 可知也. 위정 23.

음 가르칠 때 반드시 배우는 사람으로 하여금 모든 천하의 사물에 대해 이미 알고 있는 이치를 바탕으로 더 깊이 들어가 탐구하도록 하여 궁극에 경지에까지 도달하게 해야 한다. 힘쓰기를 오래 하여 한 번에 통하여 도를 깨닫는 활연관통(豁然貫通)에 이르면 곧 모든 사물의 겉과 속, 그리고 정밀함과 성긴 것을 알게 되고 내 마음의 본성과 감정이 밝혀지지 않는 것이 없다. 이를 일러 만물에 이른다고 하며 이것을 일러 앎의 지극함(知之至)이라고 한다". [174]

주자에 따르면 학(學)을 하는 방법은 궁리보다 앞서는 것이 없으며 궁리의 요체는 반드시 독서에 있다고 했다. [115] 이것이 주자를 경서나 사서의 연구에 매진하게 한 이유였다. [116] 주자는 사서 가운데서도『대학』을 가장 중시했고『대학』가운데서도 '격물(格物)' 두 자를 특히 중시했다. 격물은 모든 사물에 부딪혀 보는 것으로 이를 격(格) 자 그대로 사물에 이른다는 뜻이다. 영어로는 관찰(investigation)이라고 번역한다. 치지(致知)는 격물한 다음 그 속에 있는 이치를 알아내는 것으로 이를 치(致)와 알 지(知), 곧 앎을 이루는 것이다. 그래서 치지를 완전한 지식(complete knowledge)이라고 번역한다. [117] 일본 학자 야마다 케이지(山田慶兒)에 따르면 주자학 체계의 주요 구성은 그리스 철학 가운데 자연학의 성질을 명확히 갖추고 있다고 한다. 주자는 해박한 학식과 정밀한 분석 방법으로 자연과학 분야에서도 독창적인 견해를 제시했다. 주자는『주자어류』에서 높은 산에 소라와 대합 껍데기가 있거나 혹은 돌 속에서 나오는 것을 보았다며, 이 돌이 옛날에는 흙이었고 소라와 대합은 물속에서 살았는데 낮았던 지층이 변하여 높게 되었고 부드러운 것이 변하여 딱딱하게 되었다고 썼다. 이러한 학문적 깊이로 볼 때 주자는 사변적이고 고루한 유학자가 아니라 과학적이고 논리적인 학자였다. 또[118] 주자가 1179년 12월에 쓴 권농문을 보면 그는 당시 최첨단 농법을 자세히 알고 있었다. 거름 주는 방법,

---

174)  所謂致知在格物者, 言欲致吾之知, 在卽物 而窮其理也)(蓋人心之靈莫不有知, 而天下之物 莫不有理, 惟於理有 未窮, 故其知有不盡 也 是以大學始敎, 必使學者卽 凡天下之物, 莫不因其已知之理 而益窮之, 以求至乎其極 至 於用力之久, 而一旦豁然貫通焉, 則衆物之表裏精粗無不到, 而吾心之 全體大用無不明矣. 此謂物格, 此謂知之 至也.

모내기 하는 법, 농작물의 재배법, 저수지 유지법, 잠업 등 강남농법(江南農法)의 정수를 정확히 파악하고 이를 백성들이 따르도록 강력히 권고하고 있다. 남송대 사대부들이 강남농법 전파에 힘쓴 것은 자신들의 부임지나 고향의 경제와 사회 발전에 직접적으로 기여하고자 하는 실사구시 정신의 발현이었다.

다음으로[119] 치지(致知)란 격물에 이어 자신의 지식을 확충하는 것을 의미한다. 이러한 지식을 확충하려면 반드시 사물에 나아가서 리를 궁구하는 격물의 과정을 거쳐야 한다. 주자는 격(格)을 '이른다(格至也)' 했고 치(致) 역시 '이른다(지극하게 하다)'로 해석하여 모든 사물의 이치(理致)를 끝까지 파고 들어가면 앎에 이른다(致知)고 하였다. 인식의 주체가 대상인 사물에 나아감으로써 사물에 관한 올바른 지식을 이룰 수 있다고 본 것이다. 이렇게 보면 치지는 격물의 목적이자 결과이며, 격물은 치지의 방법이라고 할 수 있다. 주자에 의하면 사물의 리를 궁구한다고 하는 것은 결과적으로는 나를 궁구하는 것이며 나를 다하는 것이다.[175] 따라서 리는 인식의 대상일 뿐 아니라 깨달음의 주체가 되고 이렇게 볼 때 주자의 격물치지는 단지 인식론에서 그치는 것이 아니라 몸과 마음을 닦고 품성을 기르는 수양방법이 된다. 이렇게 하여 격물치지는 성리학의 수양방법에 직접적인 영향을 미쳤다.

공자는 사유 방식과 수양 방법을 다음과 같이 정리했다. 군자는 아홉 가지 생각하는 것이(九思) 있는데 볼 때는 밝게 볼 것을 생각하며(視思明), 들을 때는 밝게 들을 것을 생각하며(聽思聰), 얼굴빛은 온화하게 할 것을 생각하며(色思溫), 모습은 공손하게 할 것을 생각하며(貌思恭), 말함에는 진실하게 할 것을 생각하며(言思忠), 일함에는 신중하게 할 것을 생각하며(事思敬), 의심스러울 때에는 물어볼 것을 생각하며(疑思問), 화를 낼 때에는 후에 어려움에 처하게 될 것을 생각하며(忿思難), 이득을 볼 때에는 의로운 것인가를 생각한다(見得思義).[176]

격물은 사물에만 국한된 것이 아니다. 공자는 『논어』 위정편에서 사람 보는 세

---

175) 所謂致知 在格物者 言 欲致吾之知 在卽物而窮其理也. 『대학』格物致知補亡章.
176) 孔子 曰 君子 有九思 視思明 聽思聰 色思溫 貌思恭 言思忠 事思敬 疑思問 忿思難 見得思義. 계씨 10.

가지 방법을 제시했다. 공자는 그 행하는 것을 보고 그 행동이 연유하는 바를 살피며, 그 편안히 여기는지 관찰하면 사람들이 어떻게 자신을 숨길 수 있겠는가 했다.[177] 사람을 보는 첫 번째 방법은 시기소이(視其所以)다. 수려한 외모나, 화려한 언변, 사회적 지위에 현혹되지 말고, 그가 행동하는 바를 그대로 살펴봐야 한다. 두 번째로는 관기소유(觀其所由)로, 어떤 행동을 했을 때 어떤 이유에서 그렇게 하는지 동기를 꿰뚫어 보아야 한다는 것이다. 마지막 세 번째 방법은 찰기소안(察其所安)으로 상대의 행동이나 말이 왜 그런지 알게 됐다면 한 걸음 더 나아가 행동한 뒤에 편안한지를 살펴 헤아려야 한다. 그렇게 하면 사람을 제대로 알 수 있는 것이다.

실례로 재여(宰予)는 언변 좋은 제자여서 공자도 처음엔 이를 높이 샀지만, 사람됨이 게을러 후에 썩은 나무는 조각을 할 수 없다고 나무랐다. 또 자우(子羽)라는 아주 못생긴 제자가 있었는데 공자는 처음에 그에게 자질이 부족하다 여겼다. 그의 본명은 멸명(滅明)이며, 자우(子羽)는 그의 자(字)다. 담대멸명은 다닐 때 지름길로 가지 않으면서 공사(公事)가 아니면 공자의 방으로 들어온 일이 없다고 했다. 특히 공자를 스승으로 모신 후 학문과 실천에 힘쓰고 일을 사사로움이 없이 공정하게 처리해 많은 제후들이 그의 덕행을 칭송하고 제자가 3백 명이나 따랐다고 한다. 이를 들은 공자는 말로 사람을 취해 재여에게 실수했고, 외모로 사람을 취해 자우에게 실수했다고 탄식했다고 한다.

노나라에서 반란을 일으킨 양호가 제나라로 달아났다가 제나라에서 진(晉)나라로 도망가 조간자에게 갔다. 『공자가어』 변물편을 보면 공자가 이 소식을 듣고 조씨는 장차 난리가 날 것이라고 자로에게 말했다. 이에 자로는 '양호의 손에 권력이 있지 않은데 어떻게 난리를 일으키겠습니까' 하고 물었다. 공자는 '양호라는 인물이 부유한 사람과 친하고 인(仁)한 사람과 친하지 않아서 계씨에게 총애를 받았지만 오히려 계씨를 죽이려 하였다가 실패하고 달아나 제나라에 받아 주기를 요구

---

177)    子 曰 視其所以 觀其所由 察其所安 人焉廋哉 人焉廋哉. 위정 10.

하였다. 그런데, 제나라 사람이 그를 잡아 가두자 마침내 진(晉)나라로 도망갔다. 이는 제나라와 노나라 양국의 입장에서는 그 걱정거리를 없앤 셈이지만 진나라의 조간자(趙簡子)는 이익을 좋아하고 지나치게 쉽게 믿기 때문에 반드시 양호의 말에 현혹되어 그의 계책을 따를 것이다. 그러므로 재앙이 당대에 끝나지 않으리라는 것을 안 것'이라고 말했다. 앞서 공자는 조간자가 어질다는 말을 듣고 이 사람을 섬기려고 했지만 황하를 건너려 할 때 그를 도왔던 선비인 두명독과 순화를 죽였다는 소식을 듣고 발길을 돌렸다. 제자 자공이 그 까닭을 물었을 때 공자는 전에는 어진 선비인 두명독과 순화의 말을 듣고 정치를 했던 사람이 자신의 권세가 강해지자 그들을 죽이고 정사를 펼치니 이는 의롭지 못한 행동이기 때문이라고 했다.

『공자가어』안회편에서 안회가 소인에 대해 물었을 때 공자는 남의 착한 일을 비방하는 것을 말재주가 있다고 여기고, 남의 뒷얘기를 하고 속이는 것을 지혜롭다고 여기며, 남에게 잘못이 있으면 기뻐하고, 남에게 배우는 것을 부끄러워하면서 능하지 못함을 수치스럽게 여기는 사람이 소인이라고 알려 주었다. 이 때문에 군자는 작은 일로 그 사람됨을 알 수는 없으나 큰일을 맡을 수 있고, 소인은 큰일은 맡을 수 없으나 작은 일로 그 사람됨을 알 수 있다고 했다.[178] 이것은 사람을 관찰하는 방법을 말한 것이다. 인간을 그릇으로 본다면 그 담을 수 있는 용량이 달라서 군자는 대기(大器)로서 사소한 일에서는 무능해 보이지만 국가의 대사를 감당해 낼 수 있고, 소인은 작은 그릇으로서 사소한 일에서 자기의 기능을 보여 줄 수 있다. 사람은 기량(器量)을 보고 적합한 곳에 써야만이 모든 사람들의 재능을 모두 발휘할 수 있는 것이다.

안회 역시 공자의 제자답게 사람을 파악하는 능력이 뛰어났다. 『공자가어』안회편에서 노나라 정공이 안회에게 동야필이 말을 잘 몬다는 말을 들었는지 물었다. 안회는 말을 잘 몬다고 할 수 있지만 그 말은 장차 반드시 달아날 것이라고 말했다. 안회가 물러간 지 사흘 만에 그 후에 과연 그러한 일이 있었다. 그러자 정공

---

178)  子 曰 君子 不可小知而可大受也 小人 不可大受而可小知也. 위령공 33.

이 어떻게 알았는지 물었다. 안회는 일을 시키는 것을 보고 알았고 답했다. 이어 옛날 순임금은 백성을 다스리는 데 뛰어났고 조보(造父)는 말을 부리는 데 뛰어나 순임금은 그 백성의 힘을 다하게 시키지 않았고 조보는 말의 힘을 다하게 시키지 않았으며 이 때문에 순임금에게는 달아나 숨는 백성이 없었고 조보에게는 달아난 말이 없었다고 했다. 그런데 지금 동야필이 말을 모는 것을 보면, 말에 오르고 고삐를 잡을 때에는 재갈 물리는 것이 바르고 말을 달릴 때에는 조련하는 예를 극진히 하지만, 험한 곳을 지나거나 먼 곳에 이를 때에는 말의 힘이 이미 다 되었는데도 도리어 말에 채찍질을 그치지 않아 이것을 보고 알았다고 했다. 이에 정공이 그대의 말에 담긴 뜻이 크다며 조금 더 듣기를 원한다고 말했다. 안회는 듣기로 새가 궁지에 몰리면 쪼아 대고 짐승이 궁지에 몰리면 덤벼들고, 사람이 궁지에 몰리면 속이고 말이 궁지에 몰리면 달아난다고 하니, 예로부터 지금까지 그 아랫사람을 궁지에 몰아넣고서 위태롭지 않은 자는 있지 않았다고 했다.

주자의 「독대학법(獨大學法)」에 따르면 증자는 『대학』에서 공자께서 말씀하신 옛 사람들의 학문하던 큰 방법을 모두 기술하였다고 했다. 이어 문인들이 이를 전술(傳述)하여 그 뜻을 밝혔기 때문에 앞뒤가 서로 이어지고 체계가 모두 갖추어져서 이 책을 제대로 읽으면 옛 사람이 학문하는 방향을 알게 된다고 했다. 먼저 『대학』을 읽으면 옛 사람들의 학문을 한 시작과 끝의 차례를 볼 수 있어서 다른 책에 비할 바가 아니라고 했다. 또한 "『대학』을 보는 것은 『논어』·『맹자』를 보는 것과는 같지 않아서, 『논어』·『맹자』에서는 다만 한 가지 일이 하나의 도리일 뿐이어서 맹자가 인의를 말씀하신 부분에서는 다만 인의상에 나아가 도리를 말씀하였고, 공자가 안연에게 극기복례로써 답하신 것에는 다만 극기복례상에 나아가 도리를 말씀하셨다. 반면에 『대학』은 통합적으로 말하였기 때문에 그 효과의 지극함은 세상을 다스리는 평천하에 이를 수 있다. 다만 평천하에 이르려면 치국, 제가, 수신, 정심, 성의, 치지, 격물이 먼저 선행되어야 한다. 이는 학문의 단계와 방법에 선후와 본말이 있다는 것을 나타내고 있다고 주자는 설명했다.

# 3) 물유본말(物有本末)

『공자가어』육본편에서 공자는 몸가짐을 하는 데 여섯 가지 근본 원칙이 있어서 근본을 한 뒤에야 군자가 될 수 있다고 했다. 입신에는 의가 있으므로 효(孝)가 근본이고, 상중에는 예가 있어서 슬픔(哀)이 근본이고, 전쟁에는 줄지은 대열이 있기 때문에 용기(勇)가 근본이고, 정치에는 이치가 있으니 농사(農)가 근본이고, 국가를 유지하는 데는 도가 있으므로 대를 잇는 것(嗣)이 근본이고, 재물을 늘리는 데는 때가 있어서 힘(力)이 근본이라고 말하였다. 이는 모든 일에 그 순서가 있고 중요도가 각각 다른 것이니 근본부터 해야 한다는 것을 강조한 것이다.

## 필야사무송(必也使無訟)

『대학』경 1장에서 물건에는 근본과 말단이 있고 일에는 끝과 시작이 있어서 먼저 하고 나중에 할 바를 알면 곧 도에 가까운 것이라고[179] 했다. 이는 세상 만사에는 근본과 말단이 있고 일에는 끝과 시작이 있으므로 무엇을 먼저 하고 나중에 할지 분별할 줄 안다면 세상 돌아가는 이치에 가까이 다가가게 된다는 것이다. 전 4장에서 공자는 송사를 처리함에 있어 자신도 남과 같으나 반드시 송사가 없게 만들고자 한다며, 참된 마음이 없는 자로 그 말을 다하지 못하게 하는 것은 백성들의 뜻을 크게 두려워하기 때문이어서 이것을 일러 근본을 안다고 하는 것이라고 말했다.[180] 이 장은 모든 사물에는 근본과 말단이 있다는 경 1장의 본말에 대한 추가

---

179)  物有本末 事有終始 知所先後 則近道矣. 경 1장.
180)  子曰 聽訟, 吾猶人也, 必也使無訟乎 無情者不得盡其辭. 大畏民志, 此謂知本. 전 4장.

설명이라 할 수 있다. 『논어』 안연편에도 같은 말이 있다. 공자는 송사가 발생하여 그것을 잘 듣고 잘 심판하는 것보다 송사 자체가 일어나지 않도록 하는 것이 중요하다고 여겼다.[181] 따라서 근본적으로 송사를 없게 하는 것이 최선이고 송사가 있을 때 공정한 판정을 하는 것이 차선이며 말단이다. 이 말을 보면 본말의 선후를 알 수 있는 것이다.[182]

어떤 사람이 공자에게 어찌하여 정치를 하지 않느냐고 물었다. 그러자 공자는 『서경(書經)』에서 효에 대하여 부모에게 효도하며 형제 간에 우애하여 정사에 베푼다고 하였는데, 이 역시 정치를 하는 것이라며 어찌 꼭 벼슬하는 것만이 정치를 하는 것이라 하겠느냐고 말했다.[183] 이는 정치의 근본이 효에 있다는 것을 설명한 것이다. 계강자가 도적이 횡행함을 근심했을 때 공자는 진실로 당신 자신이 탐욕을 부리지 않는다면, 비록 상을 준다 해도 백성들은 남의 물건을 훔치지 않을 것이라고 답했다.[184] 또 윗사람이 예(禮)를 좋아하면, 백성들을 부리기 쉽다고 말했다.[185]

인(仁)을 강조한 공자가 노나라 대부 소정묘를 주살(誅殺)한 것에 대해 논란이 있다. 『공자가어』 시주편을 보면 공자가 조정의 정치에 참여한 지 7일째 되는 날 정치를 어지럽힌 대부 소정묘를 처벌하여 죽이고 조정에 사흘 동안 시체를 내놓았다. 그러자 자공이 소정묘는 노나라의 명망이 있는 인물인데 선생님께서 정치를 하시는 처음에 그를 주벌하셨기 때문에 어떤 이들은 잘못된 것이라고 한다고 전했다. 공자는 이를 듣고 천하의 악행에 다섯 가지가 있는데, 도둑질은 여기에 들어가지 않는다며 그 행위를 설명했다. 첫째는 마음에 거역할 뜻을 품고서 음흉한 것, 둘째는 하는 짓이 편벽되면서 고집불통인 것, 셋째는 말이 거짓되면서 변명하

---

181)  子 曰 聽訟 吾猶人也 必也使無訟乎. 안연 13.
182)  觀於此言, 可以知本末之先後矣.
183)  或 謂孔子曰 子 奚不爲政 子 曰 書云 孝乎 惟孝 友于兄弟 施於有政 是亦爲政 奚其爲爲政. 위정 21.
184)  季康子 患盜 問於孔子 孔子 對曰 苟子之不欲 雖賞之 不竊. 안연 18.
185)  子 曰 上 好禮 則民易使也. 헌문 44.

는 것, 넷째는 추악한 것만 기억하여 크게 악행을 저지르는 것, 다섯째는 제멋대로 그릇된 행동을 하면서 잘못을 꾸미는 것이라고 했다. 사람이 이 다섯 가지 중에 하나라도 있으면 군자의 주벌을 피할 수 없는데, 소정묘는 다 갖추고 있었다며 이런 사람이 바로 간웅이어서 제거하지 않을 수 없다고 하였다.

바로 수긍하기 쉽지 않지만 다음 편에서는 부자 간의 소송에 대한 일화가 나온다. 공자가 대사구로 있을 때 부자 간에 소송을 제기한 일이 있었다. 그러자 공자가 같은 감옥에 그들을 집어넣고서 석 달이 다 되도록 판결을 하지 않았다. 사정이 이렇게 되자 아비가 소송 취하를 청하여 공자가 용서하였다. 노나라 대부 계손이 이를 듣고 못마땅하여 말했다. 예전에 공자가 말하기를 국가는 반드시 효를 우선시해야 한다고 했는데, 지금 불효한 자를 죽여서 백성에게 효를 가르치는 것이 옳은데도 왜 용서해 준 것인지 모르겠다고 했다. 염유가 이 말을 공자에게 아뢰었다. 이에 공자가 탄식하여 말하였다. "윗사람이 도리를 잃고서 아랫사람을 죽이는 것은 이치에 맞는 것이 아니고, 효로써 가르치지 않고 옥사만 다스린다면 이는 무고한 사람을 죽이는 격이다. 삼군(三軍)이 대패하여도 병사의 목을 벨 수 없고, 옥사가 잘 다스려지지 못하여도 형벌을 가할 수 없다. 이것은 윗사람의 교화가 행해지지 못해서 그런 것으로 죄가 백성에게 있지 않기 때문이다." 이 말을 새겨 보면 공자의 소정묘 주살은 윗사람의 잘못을 고쳐야 백성들을 바르게 할 수 있다는 본말과 선후를 밝히기 위한 조치라고 할 수 있다. 그래서 공자는 '거직조저왕 능사왕자직',[186] 즉 정직한 사람을 뽑아서 정직하지 않은 사람 위에 두면 능히 정직하지 못한 사람을 정직하게 만들 수 있다고 했다.

『논어』에도 비슷한 대화가 있다. 노나라 대부 맹손씨가 증자의 제자 양부(陽膚)를 옥관(獄官)의 책임자인 사사(士師)에 임명하자 양부는 증자에게 사법관은 어떠한 자세로 옥사(獄事)를 처리해야 하는지 물었다. 이에 증자는 윗사람이 도리를 잃어 백성들이 흩어진 지가 오래되었다며, 그대가 만일 범법자들의 실정을 파악

---

186)  擧直錯諸枉 能使枉者直. 안연 22.

했다면 불쌍히 여기고 기뻐하지 말아야 한다고 조언했다.[187] 이는 백성이 서로 흩어져 가볍게 법을 범하게 된 것은 윗자리에 있는 자가 그렇게 만든 것이므로 백성의 허물이 아니기 때문에 이를 가엾게 여겨야 하는 것이지, 그들을 벌하였다고 기뻐해서는 안 된다는 뜻이다. 따라서 옥관은 근본 원인을 찾아 법을 집행해야 하는 것이다.

계로(季路)가 귀신 섬기는 일을 물었을 때 공자는 살아 있는 사람을 잘 섬기지 못한다면 어떻게 귀신을 섬기겠냐고 말했다. 이어 계로가 죽음에 대해서 물었다. 그러자 공자는 삶을 모른다면 어떻게 죽음에 대해서 알겠냐고 했다.[188] 주자에 따르면 귀신 모시는 것에 대해 물은 것은 제사(祭祀)를 받드는 바의 뜻을 물은 것으로 사람은 반드시 죽기 때문에 이를 알지 않으면 안 되기 때문에 이는 모두 절실한 질문이다. 그러나 정성과 공경으로 사람을 섬길 수 있는 자가 아니면 반드시 귀신을 섬기지 못할 것이고, 근본에 근거하여 태어나는 까닭을 알지 못하면 반드시 마지막(終)으로 돌아가 죽음을 알지 못할 것이다. 대개 저승과 이승, 그리고 생(生)과 사(死)는 본래 두 이치가 없으나 다만 배움에는 순서가 있어 등급을 뛰어넘을 수 없는 것이어서 공자가 이와 같이 말한 것이라고 했다.

### 일이관지(一以貫之)

『대학』에서 세상의 이치를 알기 위해서 본말을 강조했다면 『중용』에서는 중화(中和), 즉 체용(體用)이 이에 상응한다고 하겠다. 『중용』 1장을 보면 기쁨과 노여움, 슬픔, 즐거움의 감정이 나타나지 않은 것을 중(中)이라 이르고, 감정을 발하여 모두 절도에 맞는 것을 화(和)라 이른다. 중이란 천하의 근본이고 화란 천하의 통달한 도다. 따라서 '중화'에 이르면 천지가 제자리에 위치하게 되며, 만물이 잘 육

---

187)  孟氏 使陽膚 爲士師 問於曾子 曾子 曰 上失其道 民散 久矣 如得其情 則哀矜而勿喜. 자장 19.
188)  季路 問事鬼神 子 曰 未能事人 焉能事鬼 敢問死 曰 未知生 焉知死. 선진 11.

성된다.[189)]

『중용』은 사람 본성의 근거를 하늘의 도덕성에 두었고 이를 잘 실천하는 것을 사람의 도라고 설명하면서, 마음의 상태를 중화(中和)의 원리로 설명했다.[120] 『중용』 1장에서 말한 중화는 그 자체로 체용을 말하지는 않았지만 후대 유가 철학의 심성론을 논하는 데 있어서 근본인 체용 구조를 제공하였다고 볼 수 있다. 또 12장에서는 군자의 도는 그 작용이 넓고 그 본체는 은미하며 평범하여서 어리석은 부부라도 가히 참여하여 알 수 있으나, 그 지극한 경지에 이르러서는 비록 성인이라도 또한 알지 못하는 바가 있다. 즉 평범한 부부라도 군자의 도를 가히 행할 수 있으나, 그 지극함에 이르러서는 비록 성인이라도 또한 행하지 못하는 바가 있다고 했다.[190)] 주자는 이 장에 대해서 드러남(費)은 용(用)의 광대함이고 감춤(隱)은 체(體)의 미세함이라고 해석했다.

체용론은[121] 사물과 세계 또는 그 관계를 체(體)와 용(用)의 두 측면으로 나누어 인식하는 동양철학적 사유방식이다. 일반적으로 체와 용의 범주를 말할 때 체는 본체 또는 실체로 규정하고 용은 작용 또는 현상으로 정의하지만, 이러한 사전적 정의만으로는 체용의 의미가 충분히 파악되지 않는다. 체용의 관계를 비유하면 바다와 파도의 관계와 같다. 여기에서 바다, 즉 바닷물은 본체로서 체이고 그것이 요동치는 파도는 작용 또는 현상으로서 용이다. 우리가 볼 수 있는 것은 쉬지 않고 요동치는 파도의 모습뿐이다. 이때 바다에서 일어나는 다양한 모습이 용이라면, 바닷물 자체는 체가 된다. 또 다른 예를 보면 밤하늘에 반달이 떴을 때 사람들은 그 빛나는 부분만을 보고 반달이라고 부른다. 그러나 달의 밝은 부분, 즉 반달이 나타났다고 해서 달의 나머지 어두운 부분이 없는 것은 아니다. 이 때 나타나는 다양한 모습의 달이 용이라면, 달의 온전한 모습은 체라고 말할 수 있다.

---

189)  喜怒哀樂之未發 謂之中 發而皆中節 謂之和 中也者 天下之大本也 和也者 天下之達道也 致中和 天地位焉 萬物育焉.

190)  君子之道 費而隱。夫婦之愚, 可以與知焉, 及其至也, 雖聖人 亦有所不知焉 夫婦之不肖, 可以能行焉, 及其至也, 雖聖人 亦有所不能焉. 『중용』12장.

하나의 이치(理致)로써 모든 것을 꿰뚫다는 일이관지(一以貫之)는 체용의 관계와 같은 표현이다. 『논어』에서 공자는 자공에게 자신이 많이 배우고 그것을 기억한다고 생각하는가 물었다. 이에 자공이 그렇지 않냐고 했다. 그러자 공자 자신은 하나의 이치로써 모든 것을 꿰뚫고 있다고 말하였다.[191] 공자는 이인편에서도 같은 말을 했다. 증자에게 자신의 도(道)는 하나의 이치가 꿰뚫고 있다고 했을 때 증자가 '예' 하고 공손하게 대답하였다. 공자가 나가고 문인(門人)들이 무슨 뜻인지 물었다. 증자는 선생님의 도가 충(忠)과 서(恕)일 뿐이라고 대답했다.[192] 주자에 따르면 증자는 이치를 적용(用)한 부분들에 있어서는 이미 일을 따라 정밀히 살피고 힘써 행하였으나 그 체(體)가 하나임을 알지 못하였다. 공자는 증자가 힘쓰기를 오래 해서 장차 터득함이 있을 줄을 아셨기 때문에 이를 말씀해 주셨는데, 증자는 과연 그 뜻을 알고서 즉시 응하여 의심이 없었던 것이다. 정자(程子)에 의하면 자기 자신으로써 남에게 미침은 인(仁)이고 자기 마음을 헤아려서 남에게 미침은 서(恕)다. 그러므로 『중용』에 충(忠)과 서(恕)는 도(道)와 거리가 멀지 않다고 (忠恕違道不遠) 한 것이 이것이다. 충서는 일이관지(一以貫之)로 충이란 천도(天道)이고 서란 인도(人道)다. 즉 충이란 망령됨이 없는 것이고 서란 충을 이행하는 것이다. 충은 체(體)이고 서는 용(用)이므로 대본(大本)과 대도(大道)인 것이라고 했다.

체용이론은 사물뿐 아니라 인간이 마땅히 해야 하는 도덕적 규범에도 그대로 적용된다.[122] 임금과 신하, 아버지와 자식 간에 반드시 지켜야 할 원칙과 규범이 있는데, 이때 사람이 지켜야 할 원칙과 규범은 체(體)가 되고, 또한 이러한 규범을 상황에 맞게 구현하고 실천하는 것이 용(用)이 된다. 이것은 인간의 도덕 방면에서의 규범과 실천의 관계를 체용으로 표현한 것이다. 『중용』을 보면 천하에 달도(達道)가 다섯인데 이것을 행하게 하는 것은 셋이다. 군신과 부자, 부부, 형제 그리고 붕

---

191) 子曰 賜也 女 以予 爲多學而識之者與. 對曰 然 非與. 曰 非也予 一以貫之. 위령공 2.
192) 子曰 參乎 吾道 一以貫之 曾子曰 唯. 子 出 門人 問曰 何謂也 曾子曰 夫子之道 忠恕而已矣. 이인 15.

우의 사귐 등 이 다섯 가지는 천하의 달도고, 지(智)·인(仁)·용(勇) 세 가지는 천하의 달덕(達德)이므로 이것을 행하게 하는 것은 하나라고 했다.[193] 이는 부자 간에 친함(親)이 있고, 군신 간에 의(義)가 있고, 부부 간에 분별(別)이 있고, 장유 간에 차례(序)가 있고, 붕우 간에 믿음(信)이 있다는 것으로 오륜(五倫)을 말한다. 주자에 따르면 달덕(達德)이라는 것은 천하에 예나 지금이나 한 가지로 얻는 바의 이치여서 하나라는 것(一)은 정성(誠)일 따름이다.

특히 주희는 체용의 구조로 이 세계를 설명할 뿐만 아니라 인간의 마음에도 그대로 적용했다. 마음의 체는 성(性)이고 마음의 용은 정(情)이라고 하여 체용으로 마음의 구조를 설명한다. 인의예지의 성(性)은 체(體)가 되고, 측은지심, 수오지심, 사양지심, 시비지심 같은 정(情)은 용(用)이 된다. 성이 하늘로부터 받은 순수한 이치라면, 정은 하늘로부터 받은 이치가 마음의 작용을 통해서 구체적으로 드러난 모습을 말한다. 기뻐하고 성내고 슬퍼하고 즐거워하는 정(情)이 일어나지 않은 상태를 중(中)이라 이르고, 정(情)이 일어나되 모두 절도에 맞는 상태를 화(和)라 하니 중(中)이란 천하의 큰 근본이고, 화(和)란 천하에 두루 통하는 도다.[194] 주자는 희로애락은 정(情)이고 그 발하지 않은 것은 곧 성(性)이며 치우치고 기울어지는 바가 없는 까닭으로 중(中)이라 이른다고 했고, 발하여서 절도에 맞는 것은 정(情)의 올바름으로 어그러지는 바가 없는 까닭으로 화(和)라 이른다고 설명했다. 또 대본(大本)이란 것은 하늘이 명한 성(性)으로 천하의 이치가 모두 이로 말미암아 나오니 도의 체(體)고, 달도(達道)라는 것은 성(性)을 따르는 것을 말하여서 천하와 고금(古今)에 함께 행하는 바로 도의 용(用)이다. 이는 성정(性情)의 덕을 말하여 도를 가히 떠날 수 없는 뜻을 밝힌 것이라고 했다.

『논어』에서 노나라 애공(哀公)이 공자에게 제자 중에서 누가 학문을 좋아하는 지

---

193)  天下之達道 五 所以行之者 三 曰君臣也 父子也 夫婦也 昆弟也 朋友之交也五者 天下之達道也 知仁勇 三者 天下之達德也 所以行之者 一也. 『중용』 20장.
194)  喜怒哀樂之未發 謂之中 發而皆中節 謂之和 中也者 天下之大本也 和也者 天下之達道也. 『중용』 1장.

묻자 공자가 안회에 대해 언급한 대화가 있다.[195] 이 장 주석(註釋)에서 정자(程子)는 천지가 정기(精氣)를 쌓아 만물을 낳았는데 오행(五行)의 빼어난 정기를 얻은 것이 사람이어서 그 본체는 참되고 고요하다고 했다. 이어 이것이 미발(未發)했을 때에는 인·의·예·지·신의 오성(五性)이 구비되어 있다. 그리고 형체가 이미 생기고 나면 외물(外物)이 그 형체에 접촉되어 마음이 움직인다. 그 마음이 움직여 희(喜)·노(怒)·애(哀)·구(懼)·애(愛)·오(惡)·욕(欲)의 칠정(七情)이 나온다. 감정이 이미 왕성해지고 더욱 방탕해지면 그 본성(性)을 잃게 된다. 그러므로 배우는 자들은 정(情)을 단속하여 중도에 합하게 하고, 그 마음을 미루어 본성(性)을 기를 뿐이라고 체용 관계를 설명했다.[196]

---

195) 哀公 問 弟子 孰爲好學 孔子 對曰 有顏回者 好學 不遷怒 不貳過 不幸短命死矣 今也則亡 未聞好學者也. 옹야 2.

196) 曰 天地儲精 得五行之秀者爲人其本也眞而靜 其未發也 五性具焉 曰仁義禮智信 形旣生矣 外物觸其形而動於中矣 其中動而七情出焉 曰喜怒哀懼愛惡欲 情旣熾而益蕩 其生鑿矣 故 覺者 約其情 使合於中 正其心 養其性而已. 옹야 2 註.

# 4) 군자(君子)와 소인(小人)

국가를 다스리는 최고 지도자로서 군(君)과 왕(王)은 정치지도자로 출발했다.[123] 군(君)은 형성자로 뜻을 나타내는 구(口)와 음을 나타내는 윤(尹)이 합쳐져 만들어졌다. 윤(尹)은 손에 지팡이와 같은 물건을 쥔 모양에서 발전하여, 세상을 통치한다는 의미가 되었다. 왕(王)은 주로 도끼의 모양을 본뜬 상형자라고 해석한다. 최고 형벌이 사형인 만큼 사형에 사용되는 도끼가 권력의 집행을 나타내게 되고 그 뜻이 확대되어 최고 권력인 왕의 의미로 사용되는 것으로 해석된다. 이후에 국가 폭력을 장악한 권력의 핵심을 뜻하는 군왕이 공자시대를 전후하여 차츰 스스로 높은 덕을 지닌 존재로 이상화가 되었다.

군왕을 보좌하며 백성들에 대한 통치를 수행하는 신(臣)과 통치의 대상으로서 피지배계층인 민(民)은 모두 처음에는 노예와 관련이 있었다. 신(臣)은 몸을 굽히고 위로 뜬 눈의 형태를 모방한 상형자로 노예의 눈을 표현한 것으로 추정된다. 후에 노예라는 뜻에서 임금을 따르는 신하의 의미로 확대되었다. 민(民)은 사람의 눈을 벌을 가하는 형구(刑具)로 찌르는 모습을 본뜬 한자로서 노예를 의미한다. 상(商)나라 때 전쟁 등에서 진 노예들의 반란을 막고 노동력을 유지하도록 한쪽 눈을 실명시킨 데에서 유래했다고 한다. 그 뒤 세월이 흘러 춘추시대에는 인(人)과 민(民)이 구분되었다. 인은 사(士), 대부(大夫) 이상의 신분을 가진 일종의 귀족 계급이며, 민(民)은 그 이하의 피지배 계층이었다. 이후에 인(人)은 보편적인 인간을 나타내게 되고, 민은 피지배 계층을 가리키게 된다. 또 백성이 귀족을 뜻하는 개념이었다면 서민은 노동하는 계급이었다. 군역과 세금이라는 의무를 지는 존재로 민이 있고, 신은 군주와 민 사이에 존재하는 사람들로 불리게 되었다. 신 관념은 갈수록 추상화되어 군주에게 충성을 바쳐야 하는 존재로서 신민관념이 만들어진 것은 춘추시대 말기부터였다.

### 군자불기(君子不器)

공자가 교육의 목표로 강조한 이상적 인간상은 군자다. 가장 이상적인 인간형인 성인(聖人)이 있지만 이는 하늘이 내는 것이지 사람의 노력으로 도달할 수 있는 경지는 아니었다. 따라서 공자는 군자를 통해서 유교적 정치와 사회, 가족을 이루기를 희망했고 공자가 강조한 덕목을 모두 갖춘 인물은 군자라 하겠다. 군자라는 용어는 원래 신분적 등급을 가리키는 말이었지만, 춘추 말기 이후부터 점차 유교적 덕성과 교양을 두루 겸비한 인격자를 지칭하는 용어로 사용되었고 이렇게 출신성분이 아닌 인격적 품성에 의한 분류를 시도한 사람이 공자였다.

공자는 군자가 한 가지 용도로만 쓰이는 그릇처럼 한정되지 않는다고 했다.[197] 주자에 따르면 기(器)는 각각 그 용도에만 적합하여 서로 통용될 수 없는 것이다. 덕을 갖춘 선비는 체(體)가 갖추어지지 않음이 없고 용(用)이 두루 하지 않음이 없어서 다만 한 가지 재주나 한 가지 기예(技藝)만 있지 않다. 즉 공자가 말하는 군자는 모든 면에 다 통달했으므로 특정한 용도에 국한되지 않는다. 그러므로 그릇으로 지칭할 수 없다고 한 것이다. 그리고 군자는 체용이 온전하게 갖춰져 때와 조건에 맞게 행하지 않음이 없다.

군자의 모습에 대해서 공자는 날씨가 추워진 뒤에 소나무와 잣나무가 늦게 시드는 것을 알 수 있다고[198] 했다. 세한(歲寒)은 날이 추워졌다는 말로서 세상이 혼란스러운 것을 비유한다. 이런 역경에도 신념을 지켜 나가겠다는 굳은 마음을 세한심(歲寒心)이라 하고 시절이 어려워도 지조를 잃지 않겠다는 맹세를 세한맹(歲

---

197)  子 曰 君子 不器. 위정 12.
198)  子 曰 歲寒然後 知松柏之後彫[凋]也. 자한 27.

寒盟)이라고 한다. 송백(松柏)은 소나무와 잣나무로 다른 초목들이 모두 시들어도 끝까지 시들지 않고 남아 있는 상록수를 뜻한다. 송나라의 유학자 사량좌(謝良佐)에 따르면 선비가 궁해지면 그의 절의를 볼 수 있고 세상이 어지러우면 충신을 구별할 수 있는 것이어서 공자의 말은 배우는 자들로 하여금 반드시 덕(德)을 갖추도록 경계한 것이다. 특히 이 글은 추사 김정희가 그린 「세한도(歲寒圖)」로 더욱 유명해진 문구다. 추사가 귀양 시절 제자 이상적(李尙迪)이 북경에서 귀한 서책인 120권 79책짜리 『황조경세문편』을 구해 와 유배지 제주도까지 가져다주었다. 그러자 추사 김정희가 이상적의 인품을 추워진 뒤에 제일 늦게 낙엽 지는 소나무와 잣나무에 비유하여 그려 준 그림이 「세한도」다.

「세한도」 발문(跋文)을 발췌해 보면 "공자께서 날씨가 추워진 뒤에 소나무와 잣나무가 뒤에 시드는 걸 안다고 했는데, 소나무와 잣나무는 사계절을 상관하지 않는 나무네. 추워지기 전에도 단지 소나무와 잣나무였고, 추워진 이후에도 단지 소나무와 잣나무인 것이지만, 그럼에도 성인께서는 특별히 추워진 이후만을 말한 것이네. 그대도 나에게 예전에 더 잘해 주지도 않았고 요즘이라서 더 못해 주지도 않았네. 그러므로 예전의 그대는 칭찬받을 게 없었지만, 지금의 그대는 또한 성인에게 칭찬을 받을 만하네." 그리고 성인이 소나무와 잣나무에 대해 특별하게 말한 것은 다만 뒤늦게 시드는 지조와 굳은 절개뿐 아니라 또한 추워진 시기에 마음이 움직여 감동한 바가 있었기 때문이라고 했다.[199] 「세한도」는 국보 180호로 국립중앙박물관에 소장되어 있다.

『논어』에서 공자는 인격자를 지칭하기 위하여 주로 세 가지 용어를 썼다.[124] 가장 자주 나오고 대표적인 표현이 군자고 쓰이는 횟수는 적지만 최고의 경지에 이른 사람을 성인이라고 불렀으며, 출중한 덕을 지녔다는 뜻으로 현인(賢人)이라고 부

---

199)  孔子曰 "歲寒, 然後知松栢之後凋." 松栢是毋四時而不凋者. 歲寒以前一松栢也 歲寒以後一松栢也 聖人特稱之
     於歲寒之後 今君之於我, 由前而無可焉 由後而無損焉. 然由前之君, 無可稱, 由後之君. 亦可見稱於聖人也耶!
     聖人之特稱, 非徒爲後凋之貞操勁節而已 亦有所感發於歲寒之時者也.

르기도 하였다. 군자는 『논어』 안에서 107번 나오고 성인은 『논어』 전체에서 6장에 걸쳐 8번 나타나고, 현인은 24번이었다. 『논어』에서 사(士)는 대체로 사회 신분을 표시하는 경우에 쓰였다.

『공자가어』 오의해편에서 공자는 인재 등용에 대해 물은 노나라 애공에게 사람에게 다섯 등급이 있다며, 용인(庸人)이 있고 사인(士人)이 있고 군자(君子)가 있고 현인(賢人)이 있고 성인(聖人)이 있어서 이 다섯 가지를 잘 살펴서 다스리면 치도(治道)가 완성될 것이라고 했다. 용인은 사전적으로 평범한 사람이란 뜻이지만 공자에 따르면 이른바 용렬한 사람(庸人)이란 마음에 삼가야 할 경계를 두지 않고, 입으로도 가르침이 되는 좋은 말을 하지 않는다. 어진 이를 가려서 자신의 몸을 맡기지 않고 힘써 행하여 일신을 안정시키지 않으며, 아는 것이 적고 큰일에는 어두워 힘써야 할 일을 알지 못한다. 때문에 물욕에 휩쓸려서 잡아 지킬 바를 알지 못하므로 이런 사람이 용인이다.

사인(士人)에 대해서 공자는 '열을 미루어 하나를 더하는 것이 선비다(推十合一爲士)'라고 풀이했는데, 사인(士人)은 마음에 정해진 것이 있고 계책은 일정하게 지키는 것이 있기 때문에 도의 근본은 다 알지 못하지만 반드시 이것을 따라서 행하고, 모든 선(善)의 아름다움은 갖추지 못하였지만 반드시 여기에 머무른다. 이런 까닭에 많이 알기를 힘쓰지 않되 반드시 자기가 아는 것에 대해서 자세히 살피고, 많은 말을 하려고 하지 않되 반드시 자신이 말한 것은 주의하며, 많은 일을 행하는 데 힘쓰는 것이 아니라 반드시 자신이 행하는 일은 그 연유를 살펴본다. 이미 아는 것을 지혜롭게 하고 이미 말한 것을 거듭 말해 그 요체를 터득한 것으로 이에 말미암아 행하는 것이다. 따라서 이들은 부귀하다고 해서 이익이 되지 않고, 빈천하더라도 손해가 된다고 여기지 않는다.

『공자가어』 삼서편을 보면 공자는 제자와의 대화에서 사(士)와 군자(君子)의 차이를 다음과 같이 밝혔다. 공자가 자로에게 지혜로운 자와 어진 자는 어떻게 다른지 물었다. 이에 지혜로운 사람은 남이 자신을 알게 하고, 어진 자는 남이 자신을 사랑하게 한다고 자로는 답했다. 공자가 이를 듣고 선비라고 할 만하다고 했다. 자로가 나가고 자공이 들어오자 똑같이 물었는데, 자공이 지혜로운 자는 남을 알고, 어진 자는 남을 사랑한다고 대답했다. 공자는 또 선비라고 할 만하다고 했다. 앞서 자공이 군자에 대해서 물었을 때 공자는 말에 앞서 실행하고, 그 뒤에 말이 행동을 따르게 하는 것이라고 했다.[200] 범조우(范祖禹)에 따르면 자공의 결점은 말함이 어려운 것이 아니라, 실행하는 것이 어려웠기 때문에 이렇게 말씀하신 것이다. 자공이 나가고 안회가 들어오자 또 같은 질문을 했는데, 안회가 지혜로운 자는 자신을 알고 어진 사람은 자신을 사랑한다고 대답했다. 공자가 사군자(士君子)라고 할 만하다고 칭찬했다.[201] 이는 지혜와 인이 자신을 알고 사랑하는 것으로부터 시작되고 이를 실천하는 사람이 바로 군자라는 것을 설명한 것이다.

　군자는 말을 반드시 충직하고 진실하게 하면서도 마음으로 원망하지 않고, 인과 의가 있어 자랑하는 기색이 없으며, 생각하는 데 막힘이 없으나 말만 하지 않고, 독실히 행하고 도를 믿어서 스스로 힘쓰고 쉬지 않는 사람이다. 공자의 제자 사마우(司馬牛)가 공자에게 군자에 대해 물었을 때 군자는 근심하지 않고 두려워하지 않는다고 말했다. 그러자 사마우가 근심하지 않고 두려워하지 않으면 군자라 이를 수 있는지 다시 물었다. 공자는 안으로 살펴보아 잘못됨이 없기 때문에 무엇을 근심하고 무엇을 두려워하겠는가 했다.[202] 송나라 유학자 조열지(晁說之)는 근심하지 않으며 두려워하지 않음은 덕(德)이 온전하고 흠이 없기 때문이다. 그러므로 들어가는 곳마다 스스로 만족하지 않음이 없는 것이어서 실제로 마음속에 근심과 두려움이 있으면서 억지로 이것을 배척하여 보내는 것은 아니라고 설명했다. 하지만 성인(聖人)인 공자도 인의와 지혜 그리고 덕을 갖춘 군자가 되기 어려움을 피력했다. 군자의 도(道)가 세 가지인데 자신은 능한 것이 없다며, 인자(仁者)는

---

200) 子貢 問君子 子曰 先行其言 而後從之. 위정 13.
201) 子路對曰 智者 使人知己, 仁者 使人愛己, 子曰 可謂士矣 子貢對曰 智者 知人, 仁者 愛人, 子曰 可謂士矣 顏回 對曰 智者 自知, 仁者 自愛, 子曰 可謂士君子矣.
202) 司馬牛 問君子 子曰 君子 不憂不懼 曰 不憂不懼 斯謂之君子矣乎 子曰 內省不疚 夫何憂何懼. 안연 4.

근심하지 않고, 지자(智者)는 미혹되지 않고, 용자(勇者)는 두려워하지 않는다고 했다.[203] 또 문(文)은 내 남과 같지 않겠지만 군자의 도(道)를 몸소 행하는 것은 자신도 아직 얻지 못하였다고 했다.[204]

맹자는 군자삼락(君子三樂)이라며 진정한 군자의 삶이 임금에 비할 바가 아니라고 평했다. "군자에게는 세 가지 즐거움이 있어서 천하의 왕 노릇은 여기에 있지 않다. 부모님이 모두 살아 계시고 형제들이 무고함이 첫 번째 즐거움이고, 우러러 하늘에 부끄럽지 않고 굽어보아 사람들에게 부끄럽지 않음이 두 번째 즐거움이며, 천하의 영재를 얻어 가르쳐 기름이 세 번째 즐거움이다."[205]

『논어』에서 자공이 백이와 숙제는 어떠한 사람인지 물었다. 공자는 옛날의 현인(賢人)이라고[206] 하였다. 공자에게 현인(賢人)이란 덕은 법도를 넘어서지 않고 행실은 윤리규범에 맞으며, 말은 천하에 법이 될 만하면서도 몸을 상하지 않는다. 도는 백성을 교화할 만하면서도 근본을 해치지 않으며, 부유하여 천하가 재물을 쌓아 두지 않고 베풀어 사람들이 가난함을 걱정하지 않으므로 이런 사람이 현자인 것이다.

역사상으로 성인(聖人)은 위대한 공헌과 기여를 한 인물이다.[125] 예를 들어 대우(大禹)는 홍수를 다스렸고 상탕(商湯)은 폭정을 쓰러뜨렸기 때문에 위대한 공헌을 한 것이다. 주공은 예악을 제정하고 공자는 유학을 창립했다. 복희는 팔괘를 창제하고 신농은 의약을 창시했으며 황제는 수레와 배를 발명했다. 동시에 위정자로서 큰 기여를 했다. 그들은 역사에서 사상, 문화, 제도를 일으킨 사람들이다. 그들이 남긴 이념이 경(經)이고 그들이 창립한 제도가 전(典)이며 그들이 논술한 사상이 도(道)다. 성인은 진리를 파악하고 경전을 창조했으며, 사람들의 생활을 변화

---

203)  子曰 君子道者三 我無能焉 仁者 不憂 知者 不惑 勇者 不懼. 헌문 30.
204)  子曰 文莫吾猶人也 躬行君子 則吾 未之有得. 술이 32.
205)  孟子曰 君子有三樂 而王天下 不與存焉 父母俱存 兄弟無故 一樂也 仰不愧於天 俯不怍於人 二樂也. 得天下英才 而教育之. 三樂也.『맹자』진심장 상 3.
206)  入曰 伯夷叔齊 何人也 曰 古之賢人也. 술이 14.

시켰다. 그래서 성인(聖人)은 덕이 천지에 부합하고 일을 처리하는데 한 방향만 고집하지 않고, 모든 일의 시작과 끝을 꿰뚫고 만물의 자연스런 성질과 화합한다. 또 그 덕의 밝기는 해와 달과 같고 교화는 신과 같지만, 백성들이 그 덕을 알지 못하고 보아도 옆에 있는 줄을 모르기 때문에 이런 사람이 성인이다.

위대한 성인이라도 그 시작은 항심(恒心)에 있다고 공자는 말하였다. 공자는 '성인(聖人)을 만나 볼 수 없다면 군자라도 만나 볼 수 있으면 좋겠다. 선인(善人)을 내가 만나 볼 수 없으면 항심이 있는 자라도 만나 볼 수 있으면 좋겠다. 없으면서 있는 체하고 비었으면서 가득한 체하며 적으면서 많은 체하면 항심(恒心)을 가지기 어렵다'고 했다.[207] 송나라 학자 장경부(張敬夫)는 공자가 성인과 군자에 대해서는 학문으로써 말한 것이고 선인(善人)과 항심(恒心)이 있는 자는 자질로써 말한 것이라고 했다. 주자에 따르면 항심이 있는 자와 성인과의 관계는 그 높고 낮음의 차이가 실로 현격하다. 그러나 항심이 있는 것으로부터 시작하지 않고서 성인의 경지에 이르는 자는 있지 않다. 그러므로 항심을 두는 뜻을 거듭 말씀하신 것이다. 또 남쪽 나라 사람들의 말에 사람이 항심이 없으면 무당이나 의원도 될 수 없다고 하였는데, 공자는 좋은 말이라고 했다. 『주역』 항괘(恒卦) 구삼효사(九三爻辭)에는 덕(德)을 언제나 변함없이 갖지 않으면 혹 수치스러움을 당하게 된다고 하였다. 공자는 항심(恒心)이 없는 사람은 점쳐 보지 않았기 때문일 뿐이라고 했다.[208] 주자에 따르면 무당은 귀신과 사귀는 것이고 의원은 죽고 삶을 맡기는 바다. 그러므로 더욱 항심이 없어서는 안 되는 것이다.

### 무적무막(無適無莫)

군자가 일을 행하는 태도는 어떠해야 하는가? 공자는 무적무막(無適無莫)이라

---

207)  子 曰 聖人 吾不得而見之矣 得見君子者 斯可矣. 子 曰 善人 吾不得而見之矣 得見有恒者 斯可矣 亡 而爲有 虛 而爲盈 約而爲泰 難乎有恒矣. 술이 25.

208)  子 曰 南人 有言曰 人而無恒 不可以作巫醫 善夫. 不恒其德 或承之羞. 子 曰 不占而已矣. 자로 22.

고 했다. 사전적으로는 되어 가는 대로 맡겨 둔다 또는 좋을 것도 나쁠 것도 없다는 뜻이다. 군자는 천하에 반드시 그래야 하는 것도 없고 반드시 그러지 말아야 하는 것도 없다. 오직 의(義)를 따를 뿐이라고 공자는 말했다.[209] 즉 의(義)라는 큰 기준을 세워 두고 의에 맞으면 행동하고 의에 어긋나면 하지 말아야 한다. 그러니 미리 옳음(可)과 옳지 않음(不可)을 정해 두지는 말아야 한다는 것이다. 그래서 군자는 정도(正道)를 따르고 작은 신의에 얽매이지 않는다고 했다.[210] 원문에서 정(貞)은 올바르고 견고하다는 것이고 양(諒)은 시비를 가리지 않고 신(信)에만 기약하는 것이다. 미생지신(尾生之信)이라는 고사가 있다. 춘추시대 노나라에 미생고(尾生高)란 사람이 있었는데, 그는 어떤 일이 있더라도 약속을 어기는 법이 없는 사람이었다. 어느 날 미생은 연인과 다리 밑에서 만나기로 약속했다. 그는 정시(定時)에 약속 장소에 나갔으나 웬일인지 그녀는 나타나지 않았다. 미생이 계속 그녀를 기다리고 있는데 갑자기 장대비가 쏟아져 개울물이 불어나기 시작했다. 그러나 미생은 약속 장소를 떠나지 않고 기다리다가 결국 교각(橋脚)을 끌어안은 채 익사하고 말았다. 미생의 믿음이란 뜻의 미생지신은 크게 두 가지 의미로 쓰인다. 하나는 약속을 굳게 지킨다는 것이고 다른 하나는 고지식해 융통성이 없음을 비유한다. 공자의 말씀으로 본다면 미생고는 작은 신의에 얽매여 융통성이 없고, 고지식한 행동을 한 것으로 군자가 할 바는 아니었다.

　공자는 네 가지 마음이 없었는데, 사사로운 뜻이 없었으며, 기필함이 없었으며, 집착함이 없었으며, 이기심이 없었다.[211] 원문에서 의(意)는 사사로운 뜻이고 필(必)은 기필한다는 것으로 꼭 이뤄지기를 기약하는 것이다. 고(固)는 완고(頑固)한 것이고 아(我)는 아집(我執)을 부리는 자다. 이 네 가지는 서로 처음과 끝이 된다. 즉 사사로운 뜻에서 시작되어 기필하는 마음으로 이행되고, 이것이 고집하

---

209)　子曰 君子之於天下也 無適也 無莫也 義之與比. 이인 10.
210)　子曰 君子 貞而不諒. 위령공 36.
211)　子 絶四 毋意毋必毋固毋我. 자한 4.

는 데 머물러 이기적인 자아가 이뤄진다. 의(意)와 필(必)은 항상 일이 생기기 전에 있고, 고(固)와 아(我)는 항상 일이 생긴 뒤에 있다. 아(我)가 다시 사의(私意)를 내게 되면 물욕에 이끌려 끊임없이 반복 순환하게 되는 것이다.

공자는 이어서 군자는 말만 가지고 사람을 등용하지 않으며, 사람이 나쁘다고 하여 그의 좋은 말까지 버리지는 않는다고[212] 했다. 『사기(史記)』중니제자열전(仲尼弟子列傳)을 보면 재여(宰予)는 언변 좋은 제자여서 공자도 처음엔 이를 높이 샀지만, 사람됨이 게을러 후에 썩은 나무는 조각을 할 수 없다고 나무랐다. 또 자우(子羽)라는 외모가 아주 못생긴 제자가 있었는데 공자는 처음 그를 자질이 부족하다 여겼다. 언급했듯이 공자는 말로 사람을 취해 재여에게 실수했고, 외모로 사람을 취해 자우에게 실수했다고 탄식했다고 하니 이런 경험으로 미리 맞고 틀림을 기필하지 않았던 것이다. 또 『시경』 대아(大雅)편에 보면 옛날의 현자가 한 말이 있어서 추요(芻蕘)에게도 묻는다는[213] 구절이 있다. 추요는 꼴 베고 나무하는 사람이다. 즉 군자라면 모든 것을 열어 놓고 소통하는 것이 중요하기 때문에 아무리 훌륭한 사람도 잘못된 판단을 할 수 있고 아무리 못난 사람에게도 배울 점이 있다.

자하에 따르면 군자는 세 가지로 변함이 있어서 멀리서 바라보면 엄숙하고, 가까이 나아가면 온화하고, 그 말을 들어 보면 명확하다고 했다.[214] 원문에서 엄연(儼然)은 용모가 씩씩하다는 것이고 온(溫)은 얼굴빛이 온화한 것이며 여(厲)는 말이 확실한 것이다. 군자의 밖으로 드러난 모습이 보는 위치에 따라 세 번 변한다고 했다. 멀리서 바라보면 엄숙하여 위엄이 있고 체통이 있으며 품위가 있고 권위가 있기 때문에 존경스럽고 우러러보게 한다. 그럼에도 군자는 가까이 다가가 보면 온화하고 인자하여 사랑을 베풀고 친근감을 준다. 군자는 그 사람의 말을 들어 보면 뜻이 확실하고 명확한 사람이다. 또 자기가 한 말에 책임을 지고 분명한 입장을

---

212)   子 曰 君子 不以言擧人 不以人廢言. 위령공 22.

213)   先民有言, 詢于芻蕘.

214)   子夏 曰 君子 有三變 望之儼然 卽之也溫 聽其言也厲. 자장 9.

밝히는 사람이기 때문에 과장되거나 속이지도 않고 시시비비가 분명하다. 그러나 보통 사람은 엄숙하면 온화하지 못하고 온화하면 위엄이 없다. 친절하기는 하되 말이 불확실하다. 군자는 이 세 가지를 함께 행하면서 서로 어긋나지 않는 사람이다. 자하가 말한 군자의 모습은 곧 공자의 모습이기도 하다. 『논어』를 보면 공자는 온화하면서도 엄숙하시고, 위엄이 있으면서도 사납지 않으시고, 공손하면서도 편안하셨다고 기록돼 있다.[215]

이 때문에 공자는 군자의 바른 몸가짐을 강조했다. 군자에게 세 가지 경계할 것이 있다. 젊을 때엔 혈기가 안정되지 않았으므로 여색을 경계해야 하고, 장성해서는 혈기가 한창 강하므로 싸움을 경계해야 하고, 늙어서는 혈기가 쇠하므로 욕심을 경계해야 한다고 했다.[216] 공자는 인간의 삶을 세 시기로 나누고, 시기마다 혈기의 특성을 잘 파악해서 지기(志氣)로 그것을 조절하라고 가르쳤다. 그 가르침을 삼계(三戒)라고 한다. 범조우(范祖禹)에 따르면 성인(聖人)이 일반인과 같은 것은 혈기이며, 일반인과 다른 것은 지기(志氣)다. 혈기는 때에 따라 쇠함이 있으나, 지기는 때에 따라 쇠함이 없다. 따라서 젊을 때 안정되지 않음과 장성해서 강함과 늙어서 쇠해짐은 혈기며, 여색을 경계하고 싸움을 경계하고 얻음을 경계함은 지기다. 군자는 그 지기를 기르기 때문에 혈기에 동요되지 않는다. 따라서 나이가 많아질수록 덕이 높아지는 것이다.

군자의 모습이 이러하다 보니 세상에 드러날 수밖에 없다. 군자의 허물은 일식(日食)·월식(月食)과 같아서 잘못을 저지르면 사람들이 모두 보고, 잘못을 고치면 사람들이 모두 우러러본다고 자공은 말하였다.[217] 어느날 진(陳)나라 관리 사패(司敗)가 노나라 소공(昭公)은 예(禮)를 알았는지 공자에게 물었다. 공자는 그렇다고 답했다. 공자가 물러간 뒤 사패가 공자의 제자 무마기(巫馬期)에게 자신

---

215) 子 溫而厲 威而不猛 恭而安. 술이 37.
216) 孔子 曰 君子 有三戒 少之時 血氣 未定 戒之在色 及其壯也 血氣 方剛 戒之在鬪 及其老也 血氣 旣衰 戒之在得. 계씨 7.
217) 子貢 曰 君子之過也 如日月之食焉 過也 人皆見之 更也 人皆仰之. 자장 21.

이 듣기에 군자는 한쪽에 치우치고 편당(偏黨)하지 않는다 하였는데, 군자도 편당을 하느냐고 반문했다. 이어서 소공이 오나라로 장가들었는데, 오나라는 노나라와 동성(同姓)이 되므로 그 부인을 오맹자(吳孟子)라고 불렀다. 이러한 임금이 예(禮)를 안다고 한다면 누가 예(禮)를 알지 못하겠느냐고 했다. 무마기가 이 말을 아뢰었더니, 공자는 다행이라며 진실로 나에게 잘못이 있으면 남들이 반드시 알게 된다며 기뻐했다.[218] 공자는 군자의 잘못과 관련해 허물이 있어도 고치지 않는 것을 허물이라고 했다.[219] 또 군자가 중후하지 않으면 위엄이 없어서 배움도 견고하지 못하다. 진실과 신의를 주장하며 자기보다 못한 자를 벗 삼지 말고, 허물이 있으면 고치기를 꺼리지 말아야 한다고[220] 하여 '과즉물탄개(過則勿憚改)'를 군자의 도리로 여겼다.

자공은 공자를 해와 달에 비유하기도 했는데, 노나라 대부 숙손무숙(叔孫武叔)이 공자를 헐뜯었을 때 자공이 공자(仲尼)는 헐뜯을 수 없다고 반박했다. 다른 현자(賢者)는 구릉과 같아 오히려 넘을 수 있지만 공자는 해와 달과 같아 넘을 수가 없기 때문이다. 사람들이 비록 스스로 끊고자 하더라도 어찌 해와 달에 해(害)가 되겠느냐고 반문하고 다만 자신의 분수를 알지 못함을 드러낼 뿐이라고 했다.[221] 주자는 사람이 해와 달과의 관계를 끊으려 한다고 해서 해와 달의 빛을 해롭게 할 수 없듯이 혹자가 공자를 비방하여 공자와의 관계를 끊는다고 해도 공자의 덕에는 손상을 입힐 수 없다고 말한 것이라고 설명했다.

공자는 학문과 덕행이 있으면서도 세상에 나서지 아니하고 묻혀 지내는 은자인 일민(逸民)을 높이 평가했지만 그들과는 달랐다. 덕(德)이 있으나 등용되지 않은 일민은 백이와 숙제, 우중(虞仲), 이일(夷逸), 주장(朱張), 유하혜(柳下惠), 그리고

---

218)  陳司敗 問昭公 知禮乎 孔子 曰 知禮. 孔子 退 揖巫馬期而進之曰 吾聞君子 不黨 君子 亦黨乎 君 取於吳 爲同姓 謂之吳孟子 君而知禮 孰不知禮. 巫馬期 以告 子 曰 丘也 幸 苟有過 人必知之. 술이 30.
219)  子 曰 過而不改 是謂過矣. 위령공 29.
220)  子 曰 君子 不重則不威 學則不固 主忠信 無友不如己者 過則勿憚改. 학이 8.
221)  叔孫武叔 毀仲尼 子貢 曰 無以爲也 仲尼 不可毀也 他人之賢者 丘陵也 猶可踰也 仲尼 日月也 無得而踰焉 人雖 欲自絶 其何傷於日月乎 多見其不知量也. 자장 24.

소련(少連)과 같은 사람이다. 공자가 다음과 같이 말하였다. 그 뜻을 굽히지 않고 그 몸을 욕되게 하지 않은 자는 백이와 숙제다. 유하혜와 소련에 대해서는 뜻을 굽히고 몸을 욕되게 하였으나 말이 조리에 맞으며 행실이 사려에 맞았을 뿐이라고 했다. 또 우중과 이일은 숨어 살면서 말을 함부로 하였으나 몸은 깨끗하게 지켰고 벼슬하지 않음은 권도(權道)에 맞았다고 평했다. 하지만 자신은 이와 달라서 가(可)한 것도 없고 불가(不可)한 것도 없다고 했다.[222]

주자에 따르면 소련(少連)이란 인물을 잘 알 수 없었으나 『예기(禮記)』에 따르면 그가 거상(居喪)을 잘하여 3일을 게을리하지 않았고, 3개월을 해태(懈怠)하지 않았으며, 1년을 슬퍼하고 3년을 근심했다고 하였기 때문에 행실이 바람직했음을 알 수 있다. 중옹(仲雍)이 오(吳)나라에 살 때에 머리를 깎고 문신을 하고 벌거벗고 이민족의 풍습을 따랐다. 은거하여 자기 혼자만을 선(善)하게 한 것은 도의 깨끗함에 부합하였고, 함부로 막말하고 방언(放言)하여 스스로 폐한 것은 도의 권도(權道)에 합하였다. 중옹은 중국 춘추시대 오나라의 제2대 군주다. 성은 희(姬), 휘는 옹(雍), 자는 숙재(孰哉)다. 주나라의 고공단보의 차남이다. 우중(虞仲)으로도 불린다. 하지만 공자는 벼슬할 만하면 벼슬하시고, 그만둘 만하면 그만두셨으며, 오래 머무를 만하면 오래 머무시고, 속히 떠나야 하면 속히 떠나셨다고 맹자는 말했다. 이것이야말로 가(可)한 것도 없고 불가(不可)한 것도 없다는 것이다.

이에 대해 사량좌(謝良佐)가 말하였다. "일곱 사람이 은둔하여 자기 몸을 더럽히지 않은 것은 똑같으나, 그들의 마음가짐(立心)과 행동(造行)은 달랐다. 백이·숙제는 천자가 신하로 삼지 못하고 제후가 벗으로 삼지 못했으므로 이미 세상에 은둔하여 무리를 떠난 것이다. 성인보다 한 등급 아래라면 이분들이 가장 높을 것이다. 유하혜와 소련은 비록 뜻을 굽혔으나 몸을 굽히지 않았고, 비록 몸을 욕되게 하였으나 세상에 합하기를 구하지 않았기 때문에 그 마음에 불결한 것을 좋게

---

222) 逸民 伯夷 叔齊 虞仲 夷逸 朱張 柳下惠 少連. 子 曰 不降其志 不辱其身 伯夷叔齊與 謂柳下惠少連 降志辱身矣 言中倫 行中慮 其斯而已矣. 謂虞仲夷逸 隱居放言 身中清 廢中權. 我則異於是 無可無不可. 미자 8.

여기지 않았다. 그러므로 말이 도리에 맞고 행동이 사려에 맞은 것이다. 우중과 이일은 숨어 살면서 말을 함부로 하였으므로 말이 선왕(先王)의 법에 합하지 않음이 많았다. 그러나 깨끗하여 자신을 더럽히지 않았고, 권도(權道)를 행하여 의(義)에 맞게 하였기 때문에 세속을 떠나 의를 해치고 가르침을 손상시켜 인륜을 어지럽힌 것과는 등급이 다르다. 이러므로 학문과 덕행이 있으면서도 세상에 나서지 아니하고 묻혀 지내는 은자인 일민(逸民)이라고 하신 것이다."

참고로 도척(盜蹠)은 춘추시대에 태산에 웅거하면서 9천 명의 부하를 거느린 잔인무도한 도둑이었다. 이 도척이 성인으로 불리는 유하혜의 동생이었다. 제후를 공격하고 약탈할 정도로 기세가 막강하고 사람의 간을 잘라서 먹었다는 전설이 전해질 정도로 잔인했다. 사마천은 『사기(史記)』 백이열전에 인육 먹는 도척 같은 놈이 집에서 편안하게 죽고 백이·숙제 같은 선인은 굶어 죽었다고 하였다. 이 잔인무도한 도둑이 개를 길렀다고 한다. 도둑이 도둑을 맞지 않겠다고 기른 개가 '도척지견(盜蹠之犬)'이다. 그래서 옳고 그름을 가리지 않고 나쁜 짓을 시키는 대로 하는 사람을 도척지견이라고 한다. 도둑의 무리들이 도척에게 도둑의 도(道)를 묻자 도척은 다음과 같이 답했다. "방에 감추어진 것을 짐작하여 헤아리는 것이 성(聖)이고 먼저 들어가는 것이 용(勇)이다. 훔친 뒤에 나오는 것이 의(義)이고 훔쳐도 잡히지 않을 것인지를 잘 판단하는 것이 지(智)이며, 훔친 것을 골고루 나누는 것이 인(仁)이다." 공자가 그를 감화시키려고 했지만 오히려 나름대로의 논리로 공자를 조롱하고 협박해서 쫓아냈다는 이야기가 있다. 이 이야기의 출처는 『장자』 잡편 도척(盜跖)편인데, 『장자』는 공자와 같은 유가의 인물들을 조롱하는 내용의 전형적인 책이고 유하혜나 도척은 공자보다 훨씬 이전 시대의 사람이어서 이 일화가 사실인지는 불명확하다.

다시 본론으로 돌아와서 윤돈(尹焞)에 따르면 일곱 사람은 각각 그 한 가지 일을 지켰으나 공자는 가(可)함도 없고 불가(不可)함도 없으셨기 때문에 항상 그 가(可)함에 적합하여 일민(逸民)의 무리와 달랐던 것이다. 이러므로 맹자가 백이와 유하혜를 말할 때에도 반드시 공자로써 논하여 판단한 것이다. 『맹자』를 보면 이들을 다음과 같이 평하였다.

백이는 섬길 만한 군주가 아니면 섬기지 않았으며, 벗할 만한 사람이 아니면 벗하지 않았으며, 악(惡)한 사람의 조정에서는 벼슬하지 않고, 악한 사람과는 말하지 않았다. 또 악한 사람의 조정에서 벼슬하는 것과 악한 사람과 말하는 것을 마치 조정에서 입는 관복을 착용하고 조정에서 쓰는 관(冠)을 쓰고서 진흙탕과 숯 구덩이에 앉아 있는 것처럼 여겼다. 악을 미워하는 마음 때문에 고향 사람과 함께 있을 때에도 그 사람의 관이 바르지 않으면 마치 그가 자신을 더럽히기라도 할 것처럼 바로 떠났다. 이 때문에 제후들 중에 초청하는 말을 잘 꾸며서 찾아오는 자가 있어도 받아들이지 않았다. 이는 또한 벼슬에 나아가는 것을 좋게 여기지 않았기 때문이다.

노나라 대부 유하혜는 더러운 군주 섬기기를 부끄러워하지 않았으며, 작은 벼슬을 하찮게 여기지 않았다. 벼슬에 나아가면 자기의 현명함을 숨기지 않고 반드시 자기 도리를 다하였으며, 벼슬길에서 버림받아도 원망하지 않았고 액운을 겪어도 근심하지 않았다. 그러므로 유하혜는 "너는 너이고 나는 나다"라고 말하고 네가 내 곁에서 옷을 걷고 맨몸을 드러낸다고 네가 어찌 나를 더럽힐 수 있겠는가 하였다. 그러므로 그는 느긋하게 남들과 함께 있으면서도 스스로 올바름을 잃지 않아서, 떠나려고 하다가 만류하여 멈추게 하면 멈추었다. 만류하여 멈추게 하면 멈춘 것은 또한 떠나는 것을 좋게 여기지 않기 때문이다. 다만 맹자는 백이의 경우 도량이 좁고 유하혜는 공손하지 못하다고 했다. 도량이 좁고 공손하지 못한 것을 군자는 따르지 않는다고[223] 하여 군자가 행할 수 없는 바가 있다고 했다.

---

223) 孟子 曰 伯夷 非其君不事 非其友不友 不立於惡人之朝 不與惡人言 立於惡人之朝 與惡人言 如以朝衣朝冠 坐於
塗炭 推惡惡之心 思與鄕人立 其冠不正 望望然去之 若將浼焉 是故 諸侯 雖有善其辭命而至者 不受也 不受也者
是亦不屑就已柳下惠 不羞汚君 不卑小官 進不隱賢 必以其道 遺佚而不怨 阨窮而不憫 故 曰 爾爲爾 我爲我 雖
袒裼裸裎於我側 爾焉能浼我哉 故 由由然與之偕而不自失焉 援而止之而止 援而止之而止者 是亦不屑去已 孟子
曰 伯夷 隘 柳下惠 不恭 隘與不恭 君子 不由也. 공손추 상 9.

## 화이부동(和而不同)

공자는 자주 소인과 대비해 군자의 언행을 정의했는데, 천(天), 성(性), 도(道)를 통해서 군자와 소인의 차이를 짚어 볼 수 있다. 먼저 공자는 만물을 조화·생성하는 존재의 근원으로서 천(天)이 도덕의 근본이 되고 인간을 포함한 만물은 모두 본성의 덕을 받고 태어났다는 것을 인정했다. 말했듯이 천은 공자에게 궁극적인 도덕적 심판자이자 경외의 대상이었다. 그래서 군자에게는 세 가지 두려워하는 것이 있었으니, 천명을 두려워하고, 대인을 두려워하고, 성인의 말씀을 두려워한다고 했다. 반면 소인은 천명을 알지 못하여 두려워하지 않고, 대인을 함부로 대하고, 성인의 말씀을 업신여긴다고 공자는 말했다.[224]

『중용』을 보면 군자는 중용을 하고, 소인은 중용과 반대로 한다. 군자가 중용을 행하는 것은 군자답고 때에 맞게 하기 때문이고 소인이 중용과 반대로 하는 것은 소인으로서 꺼리는 것이 없기 때문이라고 공자는 말했다.[225] 『중용』1장을 보면 중이란 천하의 근본이요, 화란 천하의 통달한 도다. 따라서 '중화'에 이르면 천지가 제자리에 위치하게 되며, 만물이 잘 육성된다.[226] 이를 보면 중(中)은 사람 본성(性)으로 하늘의 도덕성에 근거를 두었고 이를 잘 실천하는 것이 사람의 도리인 것이다. 보았듯이 본성과 관련해서 성품은 서로 비슷하지만 습관에 의하여 서로 멀어지게 된다고[227] 하여 선(善)을 행함이 습관이 되면 선해지고 악(惡)을 행함이 습관이 되면 악해지는 것이어서 익힘(習)에 의해서 군자와 소인이 나뉜다고 했다. 맹자는 군자의 본성(性)이란 인의예지가 마음속에 근본으로 하고 있어서 그것이 밖으로 드러난 것이 환하고 깨끗하게 얼굴에 나타나고 등에 가득하며 사지(四肢)에 퍼져서 굳이 말하지 않아도 스스로 알게 되는 것이라고 했다.[228]

---

224)  孔子 曰 君子 有三畏 畏天命 畏大人 畏聖人之言. 小人 不知天命而不畏也 狎大人 侮聖人之言. 계씨 8.
225)  仲尼 曰 君子 中庸 小人 反中庸. 君子之中庸也 君子而時中 小人之中庸也 小人而無忌憚也.『중용』2장.
226)  中也者 天下之大本也 和也者 天下之達道也 致中和 天地位焉 萬物育焉.
227)  子 曰 性相近也 習相遠也. 양화 2.
228)  君子所性 仁義禮智 根於心 其生色也 睟然見於面 盎於背 施於四體 四體 不言而喩. 진심장 상 21.

도(道)는 마땅히 행해야 할 바이다. 그래서 공자는 사람이 사는 이치는 정직으로 정직하지 않은데도 살아 있는 것은 요행히 죽음을 면한 것이라고[229] 했다. 공자는 군자에 대해서 섬기기는 쉬워도 기쁘게 하기는 어렵다. 이는 기쁘게 하기를 바른 도로써 하지 않으면 기뻐하지 않으며 사람을 부림에 있어서는 그릇에 맞게 하기 때문이라고 했다. 반면 소인은 섬기기는 어려워도 기쁘게 하기는 쉬운데, 기쁘게 하기를 비록 바른 도로써 하지 않더라도 기뻐하며 사람을 부림에 있어서는 완벽하기를 요구하기 때문이라고 말했다.[230] 군자는 사람에게 일을 시킬 때 요구하는 바가 적다. 왜냐하면 각자의 기량(器量)을 헤아려 각자에게 맞는 임무를 부과하기 때문이다. 상대방의 역량을 헤아려 적합한 일을 맡기는 것을 기사(器使)라고 하고 이에 반대되는 말이 구비(求備)다. 이는 한 사람에게 만능(萬能)이기를 요구하여 할 수 없는 일까지 해 주기를 바라는 것을 말한다.

군자는 자긍심이 있지만 다투지 아니하고 무리를 지어 어울리되 당파(黨派)를 만들지 아니한다고 공자는 강조했다.[231] 원문에서 씩씩하게 자기 몸을 갖는 것을 긍(矜)이라 한다. 그러나 어그러진 마음이 없으므로 다투지 않는 것이다. 화(和)하게 여러 사람과 처하는 것을 군(群)이라 한다. 그러나 견주는 뜻이 없으므로 편당하지 않는 것이다. 따라서 군자는 조화를 이루되 부화뇌동(附和雷同)하지 않으며, 소인은 부화뇌동하지만 조화를 이루지 못한다고 했다.[232] 윤돈(尹焞)에 따르면 군자는 의리를 소중히 여긴다. 그러므로 같지(同) 않음이 있는 것이다. 소인은 이익을 쫓기 때문에 화(和)할 수 없는 것이다. 같은 의미로 군자는 두루 조화를 이루고 당파를 형성하지 않으며, 소인은 당파를 형성하고 두루 조화를 이루지 못한다고 했다.[233] 주자에 따르면 주(周)는 공(公)이고, 비(比)는 사(私)이다. 군자와 소인의

---

229) 子曰 人之生也 直 罔之生也 幸而免. 옹야 17.
230) 子曰 君子 易事而難說也 說之不以道 不說也 及其使人也 器之 小人 難事而易說也 說之雖不以道 說也 及其使人也 求備焉. 자로 25.
231) 子曰 君子 矜而不爭 群而不黨. 위령공 21.
232) 子曰 君子 和而不同 小人 同而不和. 자로 23.
233) 子曰 君子 周而不比 小人 比而不周. 위정 14.

행위가 나뉘어지는 까닭을 보면 공(公)과 사(私)의 차이에 달려 있다. 그러므로 성인은 주(周)와 비(比), 화(和)와 동(同), 교(驕)와 태(泰) 등에 대해 항상 대비(對)로 예를 들어 말씀하셨다. 이는 배우는 자들로 하여금 이 두 가지 사이를 관찰하여 취사선택의 기회를 살피게 하려고 한 것이다.

공자는 사람이 먼 생각이 없으면 반드시 가까운 근심이 있다고 했는데[234] 소인의 행동이 이러하다. 또 이익에 따라 행동하면 원망을 취함이 많다고 했다.[235] 이는 소인이 눈앞의 이익만 쫓다 보면 원한을 사게 될 수밖에 없다. 정자는 이에 대해 자신에게 이(利)롭고자 하면 반드시 남에게 해(害)를 끼친다. 그러므로 원망이 많은 것이라고 설명했다. 나아가 소인은 허물이 있으면 반드시 그럴듯하게 꾸민다고[236] 했는데, 이는 공자가 말한 과즉물탄개(過則勿憚改)[237]와 대비된다.

태도와 용모에서도 군자와 소인은 비교된다. 군자는 태연하되 교만하지 않고, 소인은 교만하되 태연하지 못하다고 했다.[238] 태이불교(泰而不驕)은 요왈에서도 나온다. 공자는 위정자로서 군자가 갖춰야 할 덕성으로 오미(五美)를 꼽는다. 군자는 은혜롭되 허비하지 않으며, 수고롭게 하되 원망하지 않으며, 하고자 하면서도 탐하지 않으며, 태연하면서도 교만하지 않으며, 위엄이 있으면서도 사납지 않은 것이라고 했다.[239] 따라서 군자는 평탄하고 여유가 있으며, 소인은 늘 근심한다고[240] 말했다. 군자의 모범인 공자는 온화하면서도 엄숙하시고, 위엄이 있으면서도 사납지 않으시고, 공손하면서도 편안했다.[241] 그래서 군자는 말은 신중하게 하고, 행동은 충분하게 하며[242] 군자는 말은 어눌하되 실행은 민첩하고자 하는 것

---

234) 子曰 人無遠慮 必有近憂. 위령공 11.
235) 子曰 放於利而行 多怨. 이인 12.
236) 子夏曰 小人之過也 必文. 자장 8.
237) 子曰 君子 不重則不威 學則不固 主忠信 無友不如己者 過則勿憚改. 학이 8.
238) 子曰 君子 泰而不驕 小人 驕而不泰. 자로 26.
239) 子 尊五美 屛四惡 斯可以從政矣 子張 曰 何謂五美 子 曰 君子 惠而不費 勞而不怨 欲而不貪 泰而不驕 威而不猛. 요왈 2.
240) 子曰 君子 坦蕩蕩 小人 長戚戚. 술이 36.
241) 子 溫而厲 威而不猛 恭而安. 술이 37.
242) 子曰 君子 恥其言而過其行. 헌문 29.

이다.[243]

## 유인자 능호인 능오인(惟仁者 能好人 能惡人)

자공이 군자도 미워하는 것이 있는지 공자에게 물었다. 공자는 다음과 같은 것을 미워한다며 남의 나쁜 점을 말하는 것을 미워하고, 아랫자리에 있으면서 윗사람을 비방하는 것을 미워하며, 용기만 있고 예(禮)가 없는 것을 미워하며, 과감하기만 하고 융통성이 없는 것을 미워한다고 말했다. 이번에는 공자가 자공에게 미워함이 있느냐고 물었다. 이에 자공은 엿보고 살피는 것을 지혜로 여기는 것을 미워하며, 불손함을 용맹으로 여기는 것을 미워하며, 남의 비밀을 들추어내는 것을 정직함으로 여기는 것을 미워한다고 대답했다.[244] 그래서 공자는 오직 인자(仁者)만이 남을 좋아할 수 있고, 남을 미워할 수 있다고 했다.[245]

공자는 군자가 '능호인 능오인(能好人 能惡人)'할 수 있는 것은 의(義)로써 바탕을 삼고, 예(禮)로써 행하며 겸손(遜)으로써 나타내며 신(信)으로써 이루기 때문이라고 말했다.[246] 정자에 따르면 의(義)로써 바탕을 삼는다는 것은 근본과 같은 것이다. 예(禮)는 의를 행하고, 겸손(遜)은 의를 드러내고, 신(信)은 의를 이루는 것으로 이 네 구(句)는 한 가지 일이어서 의(義)로써 근본을 삼는다고 했다. 이 때문에 공자는 부귀(富貴)는 사람들이 바라는 것이지만, 정상적인 방법으로 얻지 않았으면 누리지 않으며, 가난과 천함은 사람들이 싫어하는 것이지만 정상적인 방법으로 얻지 않았다 하더라도 버리지 말아야 한다고 했다. 따라서 군자가 인(仁)을 떠난다면 무엇으로 군자라는 이름을 이룰 수 있겠느냐고 했다. 이어 군자는 밥 한 끼를 먹을 만한 짧은 시간에도 인을 떠남이 없으므로 경황 중에도 인을 반드시 행

---

243)  子曰 君子 欲訥於言而敏於行. 이인 24.
244)  子貢曰 君子 亦有惡乎 子曰 有惡 惡稱人之惡者 惡居下流而訕上者 惡勇而無禮者 惡果敢而窒者 曰 賜也 亦有惡乎 惡徼以爲知者 惡不孫以爲勇者 惡訐以爲直者. 양화 24.
245)  子曰 惟仁者 能好人 能惡人. 이인 3.
246)  子曰 君子 義以爲質 禮以行之 孫以出之 信以成之 君子哉. 위령공 17.

하며, 위급한 상황에 처했을 때도 인을 반드시 행한다고 말했다.[247] 이는 군자가 부귀를 구할 때 살피고 뜻하지 않게 빈천해지더라도 편안히 여겨서 인을 지켜야 한다는 뜻이다.

또한 군자는 자신과 경쟁을 한다. 군자는 경쟁하는 것이 없으나 반드시 활쏘기에서는 경쟁을 한다. 군자는 활쏘기를 할 때에 상대방에게 읍(揖)하고 사양하며 당(堂)에 올라갔다가 활을 쏜 뒤에는 당을 내려와 이긴 자가 읍하면 진 자가 벌주(罰酒)를 마신다. 이러한 경쟁이 군자다운 경쟁이라고 공자는 말했다.[248] 읍(揖)은 두 손을 맞잡아 얼굴 앞으로 들어 올리고 허리를 앞으로 공손(恭遜)히 구부렸다가 몸을 펴면서 손을 내리는 인사하는 예(禮)다. 원문에서 읍(揖)하고 사양하며 올라간다는 것은 대사례(大射禮)에 짝지어 나아가 세 번 읍(揖)한 뒤에 당(堂)에 오르는 것이다. 내려와 술을 마신다는 것을 활쏘기를 마치면 읍(揖)하고 내려와 모든 짝들이 다 내려오기를 기다렸다가 이긴 자가 곧 읍(揖)하면 패한 자가 올라가 술잔을 잡아 서서 마시는 것을 말한다. 주자에 따르면 군자는 공손하여 남과 다투지 않지만 오직 활쏘기에는 다툼이 있다. 그러나 그 다툼의 온화한 모양과 읍(揖)하고 겸손함이 군자다운 것이어서 소인의 다툼과는 같지 않음을 말한 것이다.

그래서 군자는 자신에게서 허물을 찾는다고 공자는 말했다. 군자는 반성하여 자신에게서 찾고, 소인은 남에게서 찾는다고 했다.[249] 양시(楊時)에 따르면 군자는 비록 남이 자신을 알아주지 않는 것을 병으로 여기지 않으나 또한 종신토록 이름이 불리지 못하는 것을 싫어하며, 비록 종신토록 이름이 불리지 못하는 것을 싫어하지만 구하는 것은 또한 자기 몸에 돌이킬 뿐이다. 그러나 소인은 남에게 구하므로 도(道)를 어기고 명예를 구하여 이르지 못하는 바가 없다. 그래서 공자는 지위가 없음을 걱정하지 말고 어떻게 지위에 설 것인가를 걱정하며, 자신을 알아주는

---

247) 子 曰 富與貴 是人之所欲也 不以其道 得之 不處也 貧與賤 是人之所惡也 不以其道 得之 不去也 君子 去仁 惡乎成名 君子 無終食之間 違仁 造次 必於是 顚沛 必於是. 이인 5.
248) 子 曰 君子 無所爭 必也射乎 揖讓而升 下而飮 其爭也 君子. 팔일 7.
249) 子 曰 君子 求諸己 小人 求諸人. 위령공 20.

이가 없는 것을 걱정하지 말고 어떻게 알려질 것인가를 구해야 한다고 말했다.[250]

궁극적으로 군자는 학문과 덕성을 닦고 인을 실천해 성인을 지향하는 반면에 소인은 군자와는 전혀 다르다. 한마디로 한다면 군자와 소인의 차이는 의(義)와 이(利)로 구별할 수 있다. 즉 군자는 의리에 밝고 소인은 이해에 밝다고[251] 했다. 또 군자는 자기에게 구하고, 소인은 다른 사람에게서 구한다고[252] 했다. 군자는 뜻대로 안 되는 일을 자기 탓으로 돌리고 스스로 반성과 노력을 거듭하지만 소인은 자기 실력과 노력보다는 남의 힘과 도움에 의해 목적을 달성하려고 한다.

공자는 남이 나를 속일 것이라고 미리 넘겨짚지 않고, 남이 나를 믿어 주지 않을 것이라고 억측하지 않아야 한다고 했다. 하지만 먼저 깨닫는 자가 현명한 것이라고도 말했다.[253] 양시(楊時)에 따르면 군자는 성실에만 한결같이 할 뿐이어서 성실하고도 밝지 않은 자는 있지 않다. 그래서 비록 남이 나를 속일까 역탐하지 않고 남이 나를 믿지 않을까 억측하지 않더라도 항상 먼저 깨닫는 것이다. 만일 역탐하지 않고 억측하지 않다가 끝내 소인에게 속임을 당하면 이 또한 볼 것이 없는 것이다.

공자는 지자(智者)가 물을 좋아하고 인자(仁者)는 산을 좋아하며, 지자는 동적이고 인자는 정적이며, 지자는 즐겁게 살고 인자는 오래 산다고 말했다.[254] 주자에 따르면 지자(知者)는 사리에 통달하여 두루 유통하고 막힘이 없어서 물과 비슷한 점이 있어서 물을 좋아하고, 인자(仁者)는 의리에 편안하여 중후하고 움직이지 않아 산과 비슷한 점이 있어서 산을 좋아하는 것이다. 동(動)과 정(靜)은 체(體)로 말한 것이고 낙(樂)과 수(壽)는 효과로 말한 것이다. 동(動)하여 막히지 않기 때문에 즐거워하는 것이고 정(靜)하여 일정하기 때문에 장수하는 것이다. 지혜로운 사람

---

250) 子 曰 不患無位 患所以立 不患莫己知 求爲可知也. 이인 14.

251) 君子喩於義 小人喩於利. 이인 16.

252) 君子求諸己 小人求諸人. 위령공 20.

253) 子 曰 不逆詐 不億不信 抑亦先覺者 是賢乎. 헌문 33.

254) 子 曰 知者 樂水 仁者 樂山 知者 動 仁者 靜 知者 樂 仁者 壽. 옹야 21.

은 사물을 두루 살피고, 어진 사람은 세파에도 쉽게 동요하지 않는다는 의미다. 또 인하지 못한 자는 곤궁함을 오래 견디지 못하고 즐거움도 오래 누리지 못하는데, 인자(仁者)는 인을 편안히 여기고, 지자(智者)는 인을 이롭게 여긴다고 했다.[255] 공자의 인간론은 인(仁)을 바탕으로 전통적 천명 사상을 심화했으며, 이후에 이어지는 유가 사상의 전통, 특히 맹자와 순자의 이론적 체계화를 위한 기본적 틀을 제공했다.

맹자는 군자를 대장부(大丈夫)라고도 하였다. 천하의 넓은 집인 인(仁)에 거하며, 천하의 바른 자리인 예(禮)에 서며, 천하의 큰 도리인 의(義)를 행하여, 뜻을 얻으면 백성과 함께 도(道)를 행하고 뜻을 얻지 못하면 홀로 그 도를 행한다. 부귀가 마음을 방탕하게 하지 못하며, 빈천이 절개를 바꾸게 하지 못하며, 위무(威武)가 지조를 굽히게 할 수 없는 이러한 사람을 대장부라 하는 것이라 했다.[256]

결론적으로 공자는 군자의 의미를 재개념화하여 지배 계급을 지칭하던 용어를 인격자라는 의미로 전환시킴으로써 배움을 닦는 모든 이는 군자가 될 수 있다는 새로운 인간론을 주장했다. 공자는 사회적 신분을 가리키는 군자의 개념을 변화시키면서 인간이 인간답게 되는 인의 도리(仁之道)를 주장함으로써 수기안인의 인간론을 제시한 것이다. 그리하여 공자의 예는 군자에게만 적용하는 신분적 규제를 벗어나 인간답게 살려고 노력하는 모든 사람에게 적용될 수 있는 보편성을 지니게 되었다.

---

255)  子曰, 不仁者, 不可以久處約, 不可以長處樂. 仁者, 安仁, 知者, 利仁. 이인 2.
256)  居天下之廣居 立天下之正位 行天下之大道 得志 與民由之 不得志 獨行其道 富貴 不能淫 貧賤 不能移 威武 不能屈 此之謂大丈夫. 등문공 하 2.

# 5) 공자의 제자들

공자에게는 3천여 명에 이르는 제자들이 있었다고 전해진다. 그 가운데 뛰어난 제자들을 72현이라고 했고 그 가운데에서도 10명의 제자를 공문십철(孔門十哲)이라고 불렀다. 『논어』 선진편에서 공자는 덕행(德行)에는 안연·민자건·염백우·중궁, 언어에는 재아·자공, 정사(政事)에는 염유·계로, 문학에는 자유·자하가 뛰어나다고 하였다.[257] 여기에 나오는 덕행·언어·정사·문학을 사과(四科)라고 한다. 제자들은 공자 사후 곳곳으로 진출하는데, 자하가 위나라에 세운 학교에서 배출된 인물이 법가로 알려져 있는 상앙(商鞅)이었고 예를 강조한 순자(荀子)의 제자가 한비자(韓非子)와 이사(李斯)였다. 전국시대에 활약한 많은 인물들이 공자 제자들로부터 배출된 것이다. 공자가 유랑생활을 할 때도 공자의 제자들은 수시로 다른 나라로 가서 관직을 맡기도 하고, 이들의 소개로 공자가 초청되기도 했다. 특히 공자가 10여 년 동안 유랑할 수 있었던 바탕에는 부유했던 자공의 재정적 지원이 있었다.

## 유교무류(有敎無類)

공자는 가르침에 있어서 사람을 차별하지 않았다. 공자는 스스로 가르침에는 차별이 없다고 했다.[258] 호향(互鄕)이란 곳은 풍기가 문란하고 천한 직업의 사람들

---

257) 子曰 從我於陳蔡者 皆不及門也 德行 顔淵閔子騫冉伯牛仲弓 言語 宰我子貢 政事 冉有季路 文學 子游子夏. 선진 2.

258) 子曰 有敎 無類. 위령공 38.

이 사는 곳이었다. 어느 날 그곳에 사는 한 아이가 공자를 만나러 왔는데 제자들이 돌려보내려고 했다. 하지만 공자는 그 아이를 맞아 그가 묻는 말에 친절히 대답해 주었다. 제자들이 공자의 이러한 태도를 보고 의아해하자 공자는 사람들이 깨끗한 마음으로 찾아오면 그 마음만을 받아들이면 됐지, 그 사람의 과거와 행동까지 따질 것이 있느냐고 가르쳤다.[259]

실제로[126] 공자의 제자 중에는 평민들도 적지 않았다. 72명의 뛰어난 제자 중에서 자공은 부유한 출신이었지만 안회, 자로, 자장, 증삼, 민자건, 중궁, 원헌 등은 모두 빈민 출신이었고 공야장은 전과자였다. 공자는 포(脯) 한 묶음 이상을 예물로 가지고 와서 배우기를 청한 자에게는 일찍이 가르쳐 주지 않은 적이 없었다고 했다.[260] 이를 속수지례(束脩之禮)라고 한다. 수(脩)는 말린 고기인 포(脯)로 10개를 속(束)이라 했다. 옛날에 제자가 선생을 만날 때 예물(幣帛)을 바쳐 예의로 삼았는데, 한 속의 포는 지극히 적다는 것을 의미한다.

공자는 자신이 아는 것이 없다고도 했다. 다만 비천한 사람이 자신에게 물으면, 그가 아무리 무식하다 하더라도 그 양쪽 끝을 들어서 다 말해 준다고[261] 말했다. 주자는 공자가 겸손하게 스스로 지식이 없지만 단 남에게 알려 줄 때에는 상대방이 비록 지극히 어리석더라도 감히 다 말해 주지 않을 수 없다고 한 것이라고 말했다. 양단(兩端)이란 양두(兩頭) 즉 양쪽 머리라는 말과 같은 뜻으로 시(始)와 종(終), 본(本)과 말(末), 상(上)과 하(下), 정(精)과 조(粗)를 다 말해 주지 않음이 없다는 것이다.

하지만 공자는 공부를 하려는 태도를 중요하게 여겼다. 마음으로 공부하겠다는 뜻과 노력을 하지 않으면 가르치지 않았다. 공자는 알려고 애쓰지 않으면 가르쳐 주지 않고, 표현하지 못해 애태우지 않으면 말해 주지 않으며, 한 귀퉁이를 들어

---

259)  互鄕 難與言 童子 見 門人 惑子 曰 與其進也 不與其退也 唯何甚 人 潔己以進 與其潔也 不保其往也. 술이 28.

260)  子 曰 自行束脩以上 吾未嘗無誨焉. 술이 7.

261)  子 曰 吾 有知乎哉 無知也 有鄙夫 問於我 空空如也 我 叩其兩端而竭焉. 자한 7.

보였을 때 이것으로 남은 세 귀퉁이를 유추하여 반증(反證)하지 못하면 다시 더 일러 주지 않는다고 했다.[262] 원문에서 분(憤)은 마음속으로 통달하려고 하되 되지 않아 애태우는 뜻이고 비(悱)는 입으로 말하고 싶어 하되 능하지 못하여 애태우는 모양이다. 계(啓)는 그 뜻을 열어 주는 것을 말하고, 발(發)은 그 말문을 열어 주는 것을 말한다. 물건에 네 귀퉁이가 있는 것은 그중 하나만 들면 나머지 세 귀퉁이도 알 수 있다. 반(反)은 되돌려서 서로 증명한다는 뜻이고 부(復)는 다시 말해 주는 것이다. 주자는 이 장(章)에서 배우는 자들에게 부지런히 힘을 써서 가르침을 받을 수 있는 자세를 갖추게 하고자 한 것이라고 설명했다.

공자는 바르게 해 주는 말을 따르지 않을 수 없지만 자신의 잘못을 고치는 것이 중요하다고 했다. 또 완곡하게 해 주는 말은 기뻐하지 않을 수 없지만 실마리를 찾는 것이 중요하다고 말했다. 기뻐하기만 하고 실마리를 찾지 못하며, 따르기만 하고 잘못을 고치지 못하면 그런 사람은 어찌할 수가 없다고 강조했다.[263] 양시(楊時)는 이 장(章) 주석에서 말해 주는데도 통달하지 못하거나, 또는 그 말을 거절하고 받아들이지 않는 것은 오히려 괜찮은 것이어서 혹시라도 깨달았다면 자기의 잘못을 고치고 또 숨은 뜻을 찾기를 기대할 수 있는 것이라고 했다. 그렇지만 겉으로만 따르고 또 기뻐하기만 할 뿐이고 잘못을 고치거나 은미한 뜻을 찾지 않는다면 비록 성인(聖人)인들 어떻게 할 수 없는 것이라고 밝혔다.

더 나아가 고지식하면서 정직하지 않고 미련하면서 삼가지 않으며, 무능하면서 성실하지 않은 사람은 자신도 어떻게 할지 모르겠다고 공자는 말했다.[264] 이 장에 대해 소식(蘇軾)은 다음과 같이 말하였다. 소식(蘇軾)은 중국 북송 시대의 시인이자 문장가, 학자, 정치가로 흔히 소동파(蘇東坡)라고 부른다. 소식은 하늘이 만물을 낳음에 기질(氣質)이 일정치 않아서 그 중간 정도의 재주(中材) 이하는 이 덕

---

262) 子曰 不憤 不啓 不悱 不發 擧一隅 不以三隅反 則不復也. 술이 8.
263) 子曰 法語之言 能無從乎 改之爲貴 巽與之言 能無說乎 繹之爲貴 說而不繹 從而不改 吾末如之何也已矣. 자한 23.
264) 子曰 狂而不直 侗而不愿 悾悾而不信 吾不知之矣. 태백 16.

(德)이 있으면 이 병통이 있고, 이 병통이 있으면 반드시 이 덕(德)이 있게 마련이다. 그러므로 발로 차고 입으로 물고 하는 말(馬)은 반드시 잘 달리고, 잘 달리지 못하는 말은 반드시 순하다. 그런데 이러한 병통만 있고 이러한 덕(德)이 없다면 천하에 버림받을 재질이라고 했다.

공자가 제자 능력에 맞는 수준별 교육을 했다는 것은 잘 알려져 있다. 공자는 중간 수준 이상의 사람에게는 높은 것을 말해 줄 수 있으나, 중간 수준 이하의 사람에게는 높은 것을 말해 줄 수 없다고 했다.[265] 주자에 따르면 사람을 가르치는 자는 마땅히 상대방의 높고 낮음에 따라 말해 주어야 한다는 것을 공자가 말씀한 것으로 이렇게 한다면 그 말이 들어가기가 쉬워 등급을 뛰어넘는 폐단이 없을 것이라고 했다. 교육의 단계를 살펴보면 먼저 제자의 수준이 향상하기를 기다려 교육하고 두 번째로 제자의 재능과 학습 난이도에 맞추어 가르친다. 마지막으로 묻기를 기다려서 그 궁금증을 풀어 준다. 그래서 공자는 '어찌할까 어찌할까' 하며 심사숙고하지 않는 자는 나도 어떻게 할 수가 없다고 말했다.[266] 여지하 여지하(如之何 如之何)란 익숙히 생각하고 살펴서 처한다는 말이다.

공자는 자신의 아들이라고 해서 특별히 달리 가르치지도 않았다. 공자의 제자인 진강(陳亢)이 공자의 아들 백어(伯魚)에게 아버지에게서 특별한 가르침을 받은 적이 있는가 물었다. 백어가 없었다며 다만 언젠가 아버지께서 홀로 서 계실 때에 내가 뜰을 지나가는데, 시(詩)를 배웠느냐고 물으시기에 아직 배우지 못하였다고 대답했다고 하였다. 그러자 시(詩)를 배우지 않으면 남과 말을 할 수가 없다고 하셔서 물러나 시(詩)를 배웠다고 했다. 다른 날 또 홀로 서 계실 때에 내가 뜰을 지나가는데, 예(禮)를 배웠느냐고 물으시기에, 아직 배우지 못하였다고 대답하였다. 그러자 예를 배우지 않으면 설 수가 없다고 하셨기 때문에 물러나 예를 배웠다. 이렇게 시와 예 두 가지를 들었다고 알려 주었다. 진강이 물러나와 하나를 물어서 세

---

265)  子曰 中人以上 可以語上也 中人以下 不可以語上也. 옹야 19.
266)  子曰 不曰如之何如之何者 吾末如之何也已矣. 위령공 15.

가지를 얻었다며 시를 들었고 예를 배웠고 또 군자가 자기 아들이라 하여 특별하게 대하지 않는다는 사실을 알았다고 기뻐했다.[267]

## 후생가외(後生可畏)

공자는 후학(後學)들을 함부로 여기지 않았다. 공자는 후생(後生)이 두려울 만하니, 후생의 장래가 지금의 나만 못할 줄 어찌 알겠는가 했다. 그러나 40, 50세가 되도록 알려짐이 없으면 두려울 것이 없다고도 말했다.[268] 이는 뒤에 오는 자는 젊고 기력이 왕성해 쉬지 않고 배워서 먼저 태어난 사람이 경계해야 한다는 뜻이다. 또 이를 통해 배우는 사람들은 때에 맞춰 학문에 힘써야 한다고 강조했다.

공자가 실천해 온 일관되고 근면 성실한 학문 자세는 당연히 제자들에게도 요구됐다. 공자는 "학문하는 것은 비유하자면 산을 쌓는 것과 같다. 산을 쌓을 때에 마지막 흙 한 삼태기를 쏟아붓지 않아서 산을 완성시키지 못하고 그만두는 것도 내가 그만두는 것이다. 이처럼 학문하는 것은 비유하자면 땅을 고르는 것과 같아서 땅을 고를 때에 흙 한 삼태기를 쏟아부어 시작하는 것도 내가 나아가는 것이다."라고 했다.[269] 주자에 따르면 『서경(書經)』에 산을 아홉 길을 만들 때에 흙 한 삼태기 때문에 산이 무너진다고 하였는데, 공자의 말씀은 여기에서 나온 것이다. 따라서 배우는 자들이 스스로 힘쓰고 쉬지 않으면 작은 것을 쌓아서 많은 것을 이루지만, 그렇지 않고 중도(中道)에서 그만두면 지난날의 노력이 모두 허사가 된다. 그 중지함과 나아가는 것이 모두 자신에게 달려 있고 남에게 달려 있는 것이 아니다. 이어 공자는 싹은 났으나 꽃이 피지 못하는 것도 있고, 꽃이 피었으나 열매를 맺지 못하는 것도 있다고 했다.[270] 원문에서 곡식이 처음 나는 것을 묘(苗)라 하고, 꽃이

---

267) 陳亢 問於伯魚曰 子亦有異聞乎. 對曰 未也 嘗獨立 鯉 趨而過庭 曰 學詩乎 對曰 未也 不學詩 無以言 鯉 退而學詩. 他日 又獨立 鯉 趨而過庭 曰 學禮乎 對曰 未也 不學禮 無以立 鯉 退而學禮. 聞斯二者. 陳亢 退而喜曰 問一得三 聞詩聞禮 又聞君子之遠其子也. 계씨 13.

268) 子曰 後生 可畏 焉知來者之不如今也 四十五十而無聞焉 斯亦不足畏也已. 자한 22.

269) 子曰 譬如爲山 未成一簣 止 吾止也 譬如平地 雖覆一簣 進 吾往也. 자한 18.

270) 子曰 苗而不秀者 有矣夫 秀而不實者 有矣夫. 자한 21.

피는 것을 수(秀)라 하며, 곡식이 성숙된 것을 실(實)이라 한다. 학문을 하면서 완성에 이르지 못함이 이러한 것들이 있다. 그러므로 군자는 스스로 힘쓰는 것을 귀히 여긴다. 이 때문에 공자는 배울 때 따라가지 못할 듯이 부지런히 하면서도 또한 잃을까 두려워해야 한다고 했다.[271)

이를 위해서 공자는 교육에 있어서 문(文), 행(行), 충(忠), 신(信)의 네 가지 기본 요체를 제시했다. 공자는 네 가지로써 가르치셨는데, 학문(文)·실천(行)·충실(忠)·신의(信)였다.[272) 행·충·신은 덕성과, 그리고 문은 학식과 관계된다. 공자는 둘 다 중요하게 여겼지만 지식만 얻는 것보다는 마음의 수양과 이를 통한 올바른 행동을 추구했다.

### 승당입실(升堂入室) 자로

공자의 대표적인 제자인 자로는 야인(野人) 출신이었다. 『논어』에 보면 자로가 처음 공자를 만났을 때로 보이는 대화가 있다. 자로가 "군자도 용맹을 숭상합니까" 하고 물었다. 그러자 공자는 의(義)를 제일로 삼는다고 했다. 이어 군자가 용기만 있고 의가 없으면 난(亂)을 일으키고, 소인이 용기만 있고 의가 없으면 도둑질을 한다고 말했다.[273) 이를 보면 자로가 학문을 시작한 계기를 짐작할 수 있다. 자로가 공자에게 강함에 대해 물었을 때에 군자는 조화를 이루되 휩쓸리지 않아서 강하고 굳세며, 중용을 지켜 치우치지 않으므로 강하고 굳세며, 나라에 도(道)가 있을 때에는 궁색했을 때 지키던 뜻을 변치 않기 때문에 강하고 굳세며, 나라에 도(道)가 없을 때에도 죽어도 지조(志操)를 변치 않기 때문에 강하고 굳세다며[274) 혈기의 강함이 아니라 덕과 의로운 용맹을 강조하였다.

자로는 노나라 사람으로 성은 중(仲), 이름은 유(由)고, 자(字)는 자로(子路) 또

---

271) 子 曰 學如不及 猶恐失之. 태백 17.

272) 子 以四教 文行忠信. 술이 24.

273) 子路 曰 君子 尚勇乎 子 曰 君子 義以爲上 君子 有勇而無義 爲亂 小人 有勇而無義 爲盜. 양화 23.

274) 故 君子 和而不流 强哉矯 中立而不倚 强哉矯 國有道 不變塞焉 强哉矯 國無道 至死不變 强哉矯.『중용』10장.

는 계로(季路)다. 공자보다 9살 아래로 공문(孔門)에서 가장 맏형에 속한다. 공자의 꾸지람도 많이 받았지만 무인형의 인물로 의리와 용맹으로 공자를 곁에서 지켰다. 자로가 제자가 된 후에는 공자를 험담하는 사람들이 없어졌다고 한다. 자로는 공자와 14년간의 천하주유와 망명생활을 함께했다. 공자가 노나라로 돌아갈 때 위나라에 남아서 공씨의 가신이 되었으나, 왕위 계승 분쟁에 휘말려 '괴외(蒯聵)의 난' 때 전사하였다. 그의 유해는 젓갈로 담가지는 수모를 당했다. 이 소식을 들은 공자는 크게 슬퍼하여 집안에 있는 젓갈(醢)을 모두 내다 버렸다. 자로가 죽은 다음 해 공자도 세상을 떠났다.

'괴외의 난'은 위 영공의 맏아들인 세자 괴외가 장성해 진나라에 사신으로 가다가 송나라를 지나던 도중 송나라 사람들이 송나라 공자 조(朝)와 괴외의 계모인 남자(南子)의 사통을 노래하며 조롱했다. 공자 조(朝)는 남자의 이복 남매였다. 그 사실을 알게 된 괴외는 부끄러워했고 격분하여 귀국한 뒤 자객을 시켜 남자를 죽이려 하지만 발각되어 송나라으로 도망쳤다가 진나라로 다시 달아났다. 이후에 영공이 죽자 남자는 선군(先君)의 유명(遺命)이라며 공자 영(郢)을 옹립하려 했다. 그러나 공자 영이 이를 사양하여 괴외의 아들인 공손 첩(輒)을 세웠다. 그가 바로 출공(出公)이다. 출공은 즉위한 지 12년이 지났는데도, 망명한 아버지에게 왕위를 빼앗기기 싫었던 탓에 괴외를 불러들이지 않았다. 기원전 480년 마침내 괴외가 군사를 일으켜 집정대부 공회를 위협해 함께 출공을 쫓아냈다. 이렇게 해 괴외가 왕위를 계승했는데, 그가 바로 장공(莊公)이다. 나중에 소식을 듣고 자로는 공회를 구하러 성안으로 들어가 공회를 풀어 주지 않으면 누대에 불을 지르겠다고 협박하며 석기, 우염과 싸우다가 관 끈이 끊어졌다. 그때 자로는 군자는 죽을 때도 갓을 벗지 않는다며 갓끈을 고쳐 묶고 전사했다. 『논어』에 보면 공자는 자로의 죽음을 예견한 듯하다. 민자건은 공자를 옆에서 모실 때 온화하였고, 자로는 굳세었고, 염유와 자공은 강직하였는데, 공자는 유(由)와 같은 인물은 제대로 죽지

못할 것이라고 했다.[275]

　어느 날 자로가 공자를 따라가다가 뒤에 처져 있었는데, 지팡이로 삼태기를 매고 있는 노인을 만나 자로가 공자를 보았는지 물었다. 노인은 사지(四肢)를 부지런히 움직이지 않고 오곡(五穀)을 분별하지 못하는데, 누구를 선생님이라 하냐며 지팡이를 꽂아 놓고 김을 매었다. 그가 은자임을 알고 공경하여 자로가 두 손을 모으고 서 있었다. 노인은 자로를 자기 집에 묵게 하고는 닭을 잡고 밥을 지어 먹이고 그의 두 아들로 하여금 자로를 돌보게 하였다. 다음 날 자로가 떠나와서 이 일을 공자에게 말하니 공자가 은자(隱者)라 말하고 자로에게 돌아가 만나 보게 하였으나 이미 떠나가고 없었다. 이에 자로는 벼슬하지 않는 것은 의(義)가 없는 것이라고 했다. 장유(長幼)의 예절도 폐할 수 없는데 군신의 의(義)를 어찌 폐할 수 있겠는가 반문하고 벼슬하지 않음은 자기 몸을 깨끗하게 하고자 하여 큰 윤리를 어지럽히는 것이라며 군자가 벼슬함은 그 의(義)를 행하는 것일뿐 도(道)가 행해지지 않는 것은 이미 알고 있다고 하였다.[276] 이는 자로가 공자의 뜻을 서술한 것으로 벼슬하는 것은 군신의 의(義)를 행하는 것이므로 비록 도(道)가 행하여 지지 못할 것을 알면서도 폐할 수 없는 것이라고 주자는 설명했다.

　자로는 자기 자신에 대해서도 엄격한 사람이어서 좋은 말을 듣고 아직 그것을 실행하지 못했으면, 행여 좋은 말을 또다시 듣게 될까 두려워하였다.[277] 공자는 반마디 말로 옥사(獄事)를 결단할 수 있는 자는 유(由)일 것이라고 하였는데, 자로는 승낙한 것을 묵히는 일이 없었다.[278] 주자에 따르면 자로는 충신(忠信)하고 밝고 결단하였으므로 말이 나오면 사람들이 그것을 믿고 복종하여 그 말이 끝나기를

---

275)　閔子 侍側 誾誾如也 子路 行行如也 冉有子貢 侃侃如也 子樂 若由也 不得其死然. 선진 12.

276)　子路 從而後 遇丈人 以杖荷蓧 子路 問曰 子 見夫子乎 丈人 曰 四體 不勤 五穀 不分 孰爲夫子 植其杖而芸. 子路 拱而立 止子路宿 殺鷄爲黍而食之 見其二子焉 明日 子路 行 以告 子 曰 隱者也 使子路 反見之 至則行矣 子路 曰 不仕 無義 長幼之節 不可廢也 君臣之義 如之何其廢之 欲潔其身而亂大倫 君子之仕也 行其義也 道之不行 已知之矣. 미자 7.

277)　子路 有聞 未之能行 唯恐有聞. 자로 13.

278)　子 曰 片言 可以折獄者 其由也與 子路 無宿諾. 안연 12.

기다리지 않은 것이다.

또한 '자로가 쌀을 지고 오다'라는 자로부미(子路負米)라는 말이 있을 정도로 효자였다. 『공자가어』 치사편을 보면 자로가 공자를 뵙고 말하기를 "무거운 짐을 지고 먼 길을 간다면 땅의 상태를 따지지 않고 쉬고, 집이 가난하고 부모가 늙으면 녹봉의 많고 적음을 따지지 않고 벼슬을 하는 법입니다. 예전에 제가 부모를 섬길 때에 늘 명아주와 콩잎을 먹으면서도 부모를 위해 백 리 밖에서 쌀을 지고 왔습니다. 그런데 부모가 돌아가신 뒤로 남쪽으로 초나라에서 벼슬을 하여 수행하는 수레가 백승(百乘)이고 쌓인 곡식이 만종(萬鍾)이며 방석을 겹쳐서 깔고 앉고 솥을 늘어놓고 먹는 부유한 형편이 되었습니다. 하지만 그때처럼 명아주와 콩잎을 먹으면서 부모를 위해 쌀을 지고 오고 싶어도 다시는 할 수가 없습니다" 하고 말하였다. 이를 듣고 공자는 유(由)가 부모께서 살아 있을 때에는 힘을 다해 섬기고 돌아가셨을 때에는 마음을 다해 섬겼다고 할 만하다고 하였다.

그렇지만 자로는 종종 공자의 지적을 받았다. 공자는 값싼 해진 솜옷을 입고서 여우나 담비 가죽으로 만든 값비싼 갖옷을 입은 자와 같이 서 있으면서도 부끄러워하지 않는 자는 자로일 것이라고 말하고 "남을 해치지 않고 남의 것을 탐하지 않으니 어찌 선(善)하지 않겠는가"라는 『시경』 구절을 인용해 칭찬했다. 자로가 자신의 능함을 기뻐하여 그 시구(詩句)를 평생 외우려 하였다. 그러자 공자는 이 도(道)가 무엇이 그리 좋겠느냐고 꾸짖었다.[279] "남을 해치지 않고 남의 것을 탐하지 않으니 어찌 선(善)하지 않겠는가"[280]라는 구절은 『시경』 위풍(衛風) 웅치편(雄雉篇)의 시구(詩句)다. 자로가 칭찬을 듣고 오로지 시구(詩句)만을 외우려 했기 때문에 자로의 학문을 증진시키기 위해서 공자가 지적한 것이라고 주자는 풀이했다.

자로는 공자의 제자면서 친구고, 엄격한 비판자였다. 공자가 문란한 남자(南子)

---

279) 子曰 衣敝縕袍 與衣狐貉者 立而不恥者 其由也與. 不忮不求 何用不臧. 子路 終身誦之 子曰 是道也 何足以臧. 자한 26.
280) 不忮不求 何用不臧.

와 만났을 때 분개했다. 『논어』에 따르면 공자가 위나라 영공(靈公)의 부인인 남자(南子)를 만나자 자로가 기뻐하지 않았다. 이에 공자는 내가 옳지 않다면 하늘이 나를 미워할 것이라며 하늘에 맹세했다.[281] 공자가 두 번이나 읍을 거점으로 반란을 일으킨 자들로부터 벼슬을 얻으려 생각하였을 때도 항의하였다. 노나라 계씨(季氏)의 가신인 공산불요(公山弗擾)가 비읍(費邑)을 가지고 반란을 일으키고 공자를 초청했다. 공자가 가려고 하자 자로가 이를 못마땅하게 여겼다.[282] 또 한번은 필힐(佛肸)이 진(晉)나라 대부(大夫)인 조간자(趙簡子)의 중모(中牟) 땅 읍재(邑宰)였는데, 모반을 일으킨 뒤 공자를 초청해 공자가 가려고 하였다. 그러자 자로는 필힐이 지금 반란을 일으켰는데, 어째서 가려고 하냐며 반대했다.[283]

갈등도 있었지만 공자는 제자들 앞에서 자로를 변호하기도 했다. 자로가 비파를 탈 적에 그 소리가 조화롭지 못해 공자는 자로의 비파 곡조를 어찌 나의 문(門) 안에서 연주하냐며 지적했다. 문인(門人)들이 공자의 말을 듣고 자로를 공경하지 않았다. 그러자 공자는 자로의 학문이 마루에는 올랐고 아직 방에는 들어오지 못하였다고 말했다.[284] 이는 자로의 솜씨는 이미 높은 수준에 올라 있지만 다만 깊은 경지에 이르지 못했을 뿐이라고 자로를 두둔한 것이다. 이후 제자들은 자로에 대한 태도를 바꾸게 되었다. 여기서 학문과 기능에 있어서 조예가 깊음을 나타내는 승당입실(升堂入室)이라는 말이 나왔다.

### 단사표음(簞食瓢飮) 안회

안회는 노나라 사람으로 성은 안(顔), 이름은 회(回)이고 자(字)는 자연(子淵)이다. 공자보다 30세 아래로 29세에 이미 백발이 되었다고 한다. 『논어』에서 공자의

---

281)  子 見南子 子路 不說 夫子 矢之曰 予所否者 天厭之天厭之. 자로 26.
282)  公山弗擾 以費畔 召子 欲往 子路 不說曰 末之也已 何必公山氏之之也. 子 曰 夫召我者 而豈徒哉 如有用我者 吾其爲東周乎. 양화 5.
283)  佛肸 召子 欲往. 子路 曰 昔者 由也 聞諸夫子 曰 親於其身 爲不善者 君子 不入也 佛肸 以中牟畔 子之往也 如之何. 子曰 然 有是言也 不曰堅乎 磨而不磷 不曰白乎 涅而不緇. 吾 豈匏瓜也哉 焉能繫 而不食. 양화 7.
284)  子曰 由之瑟 奚爲於丘之門 門人 不敬子路 子曰 由也 升堂矣 未入於室也. 선진 14.

총애를 받는 수제자다. 빈곤하고 불우하였으나 개의치 않았고 성내거나 잘못한 일이 없었다. 공자는 안회를 얻은 뒤로 문인들이 날로 더욱 친해졌다고 하였다. 안연과 동문수학하던 증자는 안연이 능하면서 능하지 못한 이에게 물었으며, 많이 알면서 적게 아는 이에게 물었다고 했다. 또 있어도 없는 것처럼 하고 가득해도 빈 것처럼 하며, 남이 잘못을 범해도 따지지 않는 일을 자신의 벗 안연이 실천했다고 말했다.[285]

공자는 제자들 가운데 안회만 그 마음이 3개월 동안 인(仁)에서 떠나지 않았으며, 그 나머지 사람들은 하루나 한 달에 한 번 인(仁)에 이른다고 했다.[286] 마음이 인(仁)을 떠나지 않는다는 것은 사욕이 없어 마음의 덕(德)을 간직한 것이라며 칭찬한 것이다. 그래서 공자는 도를 말해 주면 게을리하지 않는 사람은 안회일 것이라고 했다.[287]

안회는 덕행으로 이름이 났고, 안자(顔子)라고 높여 부르기도 했지만 공자보다 일찍 죽었다. 안회의 죽음을 들은 공자는 하늘이 자신을 버렸다고 거듭해 슬퍼하며[288] 탄식했다. 공자가 몹시 애통하게 곡하자 문인(門人)이 너무 슬퍼하고 운다며 진정하시라고 하였다. 공자가 이를 듣고서 자신이 통곡하였느냐고 묻고 이 사람을 위해 통곡하지 않고 누구를 위해 통곡하겠느냐고 애도하였다.[289] 공자는 안연의 죽음이 애석하다며 자신은 그가 진전하는 것만 보았을 뿐 중지하는 것은 보지 못하였다고 평하였다.[290] 이렇듯 공자는 안회를 특별히 아꼈고 안회 역시 공자를 진심으로 따랐다. 공자가 광(匡) 땅에서 죽을 고비를 겪었을 때 안연이 뒤처져 있다가 겨우 뒤따라오자, 공자는 죽은 줄 알았다고 말했다. 이에 안연은 선생님께

---

285)  曾子 曰 以能 問於不能 以多 問於寡 有若無 實若虛 犯而不校 昔者吾友 嘗從事於斯矣. 태백 5.
286)  子 曰 回也 其心 三月不違仁 其餘則日月至焉而已矣. 옹야 5.
287)  子 曰 語之而不惰者 其回也與. 자한 19.
288)  顔淵 死 子 曰 噫 天喪予 天喪予. 선진 8.
289)  顔淵 死 子 哭之慟 從者曰子 慟矣 曰 有慟乎 非夫人之爲慟 而誰爲. 선진 9.
290)  子 謂顔淵曰 惜乎 吾見其進也 未見其止也. 자한 20.

서 살아 계시는데 어찌 감히 죽겠냐고 답하였다.[291]

어느 날 노나라 애공(哀公)이 제자 중에 누가 배우기를 좋아하는지 물었다. 공자는 안회라는 제자가 배우기를 좋아하여 노여움을 남에게 옮기지 않고 같은 잘못을 다시 되풀이하지 않았는데, 불행히 명(命)이 짧아 죽어 지금은 없어서 아직 배우기를 좋아하는 자가 있다는 말을 듣지 못하였다고 말했다.[292] 이 대화를 보고 혹자(或者)가 송나라 유학자 정자(程子)에게 시(詩)·서(書)와 예(禮)·악(樂)·사(射)·어(御)·서(書)·수(數)의 육예(六藝)를 70제자가 익혀 통하지 않은 것이 아니지만, 공자께서 유독 안회만이 학문을 좋아했다고 칭찬하였는데, 안회가 좋아한 것은 과연 어떤 학문인지 물었다. 그러자 정자는 배워서 성인(聖人)에 이르는 방법이었다고 답했다. 배우는 방법은 어떻게 하는 것인지 다시 묻자 정자는 안회가 예가 아니면 보거나 듣거나 말하거나 동(動)하지 않은 것과 화를 남에게 옮기거나 잘못을 다시 되풀이하지 않음과 같은 것이라며 이는 좋아함이 독실하고 배움에 요령을 얻은 것이라고 답했다. 이어 지금 사람들은 생각하기를 성인은 본래 태어나면서부터 아는 것이어서 배워서 도달할 수 있는 것이 아니라고 여긴다. 이 때문에 학문하는 것이 단지 글을 기억하거나 외우며 문장을 짓는 데에 지나지 않아서 안회의 학문과는 다른 것이라고 말했다.

대나무 그릇의 밥과 표주박의 물을 뜻하는 단사표음(簞食瓢飲)은 안회의 소박한 삶을 대표하는 말이다. "안회는 어질구나, 밥 한 그릇과 물 한 바가지를 먹고 마시면서 누추한 시골에 사는 근심을 사람들은 견뎌 내지 못한다. 하지만 안회는 그 즐거움을 고치지 않으니, 어질다"며 공자는 칭찬했다.[293] 주자에 따르면 안회의 가난함이 이와 같이 심했으나 처(處)하기를 태연히 하여 그 즐거움을 해치지 않아서 공자가 어질다고 거듭 말하여 깊이 감탄하고 아름답게 여긴 것이다.

---

291)  子 畏於匡 顏淵 後 子曰 吾 以女爲死矣 曰 子 在 回 何敢死. 선진 22.
292)  哀公 問 弟子 孰爲好學 孔子 對曰 有顏回者 好學 不遷怒 不貳過 不幸短命死矣 今也則亡 未聞好學者也. 옹야 2.
293)  子曰 賢哉 回也 一簞食 一瓢飲 在陋巷 人不堪其憂 回也 不改其樂 賢哉 回也. 옹야 9.

## 호련야(瑚璉也) 자공

자공은 위나라 사람으로 성은 단목(端木), 이름은 사(賜)고 자(字)는 자공(子貢)이다. 『논어』에 36차례로 가장 많이 등장하여 문일지십(聞一知十) 등 많은 고사성어를 낳았다. 머리가 비상하고 언변에 뛰어나며 장사에도 천부적인 재능을 지닌 인물이었다. 정치적 수완도 뛰어나 노나라와 위나라의 재상을 지냈다. 굉장한 부호로서 공자 문인을 재정적으로 후원했고 공자가 세상을 떠났을 때 6년상을 치렀을 만큼 공자에 대한 존경심이 깊었다. 한번은 노나라 대부 숙손무숙(叔孫武叔)이 조정에서 대부(大夫)들에게 자공이 중니(仲尼)보다 낫다고 말한 적이 있다. 노나라 대부 자복경백(子服景伯)이 자공에게 이 말을 했을 때 자공은 궁궐의 담장에 비유하면 자신의 담장은 높이가 어깨 정도에 미쳐 집 안의 좋은 것들을 들여다볼 수 있지만, 선생님의 담장은 높이가 몇 길이나 되어서 그 문을 열고 들어가지 못하면 종묘(宗廟)의 아름다움과 백관(百官)의 다양함을 볼 수가 없는 것과 같다고 했다. 그리고 그 문을 열고 들어간 자가 적기 때문에 그 사람이 그렇게 말하는 것이 또한 당연하지 않겠는가 말하였다.[294]

이런 자공의 능력을 공자도 인정했다. 자공이 자신에 대해 물었을 때 공자는 그릇이라고 했다. 자공이 어떤 그릇인지 다시 물었다. 그러자 공자는 호(瑚)와 연(璉)이라고 대답했다.[295] 주자에 따르면 기(器)란 쓰임이 있는 완성된 재질로 하나라에서는 호(瑚)라 하였고, 상나라에서는 연(璉)이라 하였고, 주(周)나라에서는 보궤(簠簋)라고 하였다. 모두 종묘에서 기장과 피인 서직(黍稷)을 담는 그릇인데, 옥(玉)으로 장식하였으므로 그릇 중에 귀중하고 화려한 것이다. 자공은 공자가 제자인 자천(子賤)을 군자라고 인정한 것을 보았기 때문에 자신에 대해 물었고 공자는 이처럼 답해 주었다. 자공은 비록 불기(不器)의 경지에는 이르지 못하였으나, 또

---

294) 叔孫武叔 語大夫於朝曰 子貢 賢於仲尼. 子服景伯 以告子貢 子貢 曰 譬之宮牆 賜之牆也 及肩 窺見室家 之好 夫子之牆 數仞 不得其門而入 不見宗廟之美 百官之富 得其門者 或寡矣 夫子之云 不亦宜乎. 자장 23.

295) 子貢 問曰 賜也 何如 子曰 女 器也 曰 何器也 曰 瑚璉也. 공야장 3.

한 귀한 그릇에 해당한다. 공자에 따르면 안회는 도(道)에 가깝고 자주 끼니를 굶었고, 자공은 천명을 받아들이지 않고 재화를 늘렸으나 추측해도 자주 맞았다고 했다.[296]

어느 날 자공이 공자에게 가난하지만 아첨함이 없으며, 부유하지만 교만함이 없으면 어떤지 물었다. 공자는 괜찮지만 가난하면서도 즐거워하며, 부유하면서도 예(禮)를 좋아하는 것만 못하다고 말해 주었다. 이에 자공이 『시경』의 위풍(衛風) 기욱편(淇奧篇)에 절단한 뒤에 다시 그것을 간 듯하며, 쪼은 뒤에 다시 그것을 간 듯하다고 하였는데, 이것을 말하는 것입니까" 하고 물었다. 공자가 이를 듣고 사(賜)와는 이제 시(詩)를 말할 만하다며 이미 지나간 것을 말해 주었는데, 앞으로 말해 줄 것까지 안다고 기뻐했다.[297] 이는 자공이 이미 말한 것으로 미루어 아직 말하지 않는 것을 안다는(告往知來) 의미로 하나를 듣고 둘을 안다는 것이라고 주자는 해석했다. 자공이 인용했던 구절은 『시경』 기오(淇奧)편에 실려 있는데, 위나라를 잘 다스렸던 무공의 덕을 찬미하는 시다. 위나라를 번창시킨 무공은 아흔이 넘는 나이에도 자신을 수양하고 경계하기를 게을리하지 않았다. '절차탁마(切磋琢磨)'는 위 무공의 수양 자세를 말해 주는 구절이다. "마치 옥을 다듬는 것처럼 정성을 다해 수양했기에 위 무공은 그 모습이 장중하고 용맹스럽고 빛나고 위엄이 있으며, 백성들로부터 영원히 잊을 수 없는 존재가 될 수 있었다"고 시는 전하고 있다. 이는 진정한 군자이자 훌륭한 지도자의 모습을 표현한 것이다.

능력이 출중했던 자공은 비교하기를 좋아했던 것 같다. 이 때문에 공자가 자공에게 안회와 비교해 누가 더 나으냐고 물었다. 자공은 어찌 안회와 비교할 수 있냐며 안회는 하나를 들으면 열을 알고, 자신은 하나를 들으면 둘을 안다고 답했다. 그러자 공자는 맞는 말이라며 자신과 자공은 안회만 못하다고 인정했다.[298] 남송

---

296)　子 曰 回也 其庶乎 屢空 賜 不受命 而貨殖焉 億則屢中. 선진 18.

297)　子貢 曰 貧而無諂 富而無驕 何如 子 曰 可也 未若貧而樂 富而好禮者也 子貢 曰 詩云 如切如磋 如琢如磨 其斯
　　　之謂與 子 曰 賜也 始可與言詩已矣 告諸往而知來者 子 曰 賜也 始可與言詩已矣 告諸往而知來者. 학이 15.

298)　子 謂子貢曰 女與回也 孰愈 對曰 賜也 何敢望回 回也 聞一以知十 賜也 聞一以知二. 子 曰 弗如也 吾與女 弗如

시대 성리학자 호인(胡寅)에 따르면 이 대화는 자공이 사람들을 비교 평가할 때 공자 자신은 그럴 겨를이 없다고 하고[299] 자공에게 누가 더 나은가를 물어서 자기 자신을 살펴보게 한 것이다. 또 문일지십(聞一知十)은 상지(上智)의 자질로 태어나면서부터 아는 생이지지(生而知之)의 다음이고 문일지이(聞一知二)는 중인(中人) 이상의 자질로서 배운 뒤 아는 학이지지(學而知之)의 재주다. 자공이 평소에 자신을 안회에 견주어 따라갈 수 없음을 알았으므로 비유하기를 이와 같이 한 것이다. 공자는 자공이 자신을 파악하는 것이 분명하고 또 자기를 굽히기를 어렵게 여기지 않았으므로 그 말을 옳게 여기고 거듭 인정했다. 또한 안회는 성인의 말씀을 들으면 의문 나는 것이 없었기 때문에 바로 시작하여 끝을 알았고, 자공은 같은 말씀을 듣고 추측하여 하나를 말미암아 다른 것을 알았다. 공자는 이 때문에 안회에 대해 자신을 돕는 자가 아니라며 자신의 말에 대해 기뻐하지 않는 것이 없다며 높이 평가했다.[300]

『공자가어』제자행편을 보면 자공이 비교하기를 좋아했기 때문인지 공자의 제자인 안회, 염옹, 중유, 염구, 증삼, 자장, 자하에 대한 자공의 평가가 실려 있다. 위나라 장군 문자가 공자 제자에 대해 물어서 자공이 다음과 같이 말하였다. "아침 일찍 일어나고 밤늦게 자서 성인의 말씀을 외고 예를 숭상하며, 잘못된 행동을 반복하지 않고(不貳過. 옹야 2), 일컫는 말이 구차하지 않은 것은 안회의 행실입니다. 만약 덕이 있는 임금을 만난다면 대대로 큰 업적을 이뤄 명예를 떨어뜨리지 않을 것입니다. 가난할 때에도 손님처럼 의젓하고, 신하를 부릴 때에는 빌려온 듯이 하며, 남에게 노여움을 옮기지 않고(不遷怒), 남을 크게 원망하지 않으며, 남의 옛 잘못을 기억하지 않는 것은 염옹(冉雍)입니다. 아무리 강한 자를 두려워하지 않고 홀아비와 과부를 업신여기지 않으며 본성대로 말하고 그 재주가 군사를 다스

也. 공야장 8.
299) 子貢 方人 子曰 賜也 賢乎哉 夫我則不暇. 헌문 31.
300) 子曰 回也 非助我者也 於吾言 無所不說. 선진 3.

릴 만한 것은 중유(仲由)의 행실입니다. 공자께서 문(文)으로 교화하셨으나 문채가 강하고 용맹한 기질을 이기지 못합니다. 노인을 공경하고 어린이를 보살피며, 손님과 나그네를 잊지 않고, 배움을 좋아하고 육예(六藝)에 두루 통하며, 일을 잘 살피고 부지런한 자는 염구(冉求)입니다. 배움을 좋아함은 지혜로운 것이고, 어린이를 보살핌은 은혜로운 것이며, 공경함은 예에 가까운 것이고, 부지런함은 끊임없이 계속하는 것이니 그가 국가의 원로가 될 만하다고 공자는 칭찬하셨습니다. 가득 차되 넘치지 않고, 충실하되 빈 듯이 하며, 일을 하는 데 있어 충분하되 미치지 못한 듯이 하는 것은 선왕(先王)도 어려워하였습니다. 그 용모는 공손하고 그 덕행은 돈독하며, 남과 말할 때에는 신의가 있고 높은 관직에 있는 자라도 넓은 기상으로 당당하게 대하는 이는 증삼(曾參)입니다. 공자는 효가 덕행의 근본이고 제(悌)는 덕행의 순서이며 신(信)은 덕행의 온후함이고 충(忠)은 덕행의 정직함인데, 증삼은 이 네 가지의 덕행을 행한 자라고 하셨습니다. 훌륭한 공적을 자랑하지 않고, 높은 작위를 즐거워하지 않으며, 남을 업신여기거나 방탕하지 않고, 하소연할 데가 없는 사람을 오만하게 대하지 않는 것은 전손사(顓孫師) 자장입니다. 공자는 자랑하지 않는 것은 그래도 가능하지만 백성을 피폐하게 하지 않는 것은 인이라 할 만하다고 했습니다. 배움이 깊고 손님을 보내고 전송하고 맞이할 때에 반드시 공경하며, 윗사람과 교제하고 아랫사람을 대할 때 칼로 자른 듯 분명한 것은 복상(卜商) 자하입니다."

## 언필유중(言必有中) 민자건

민자건(閔子騫)은 이름은 손(損)이고 자(字)는 자건(子騫)으로 공자보다 15살 연하로 효성과 덕행으로 유명하다. 어려서 부모로부터 학대를 받았지만 효도를 극진히 하여 부모를 감동시켰다고 한다. 효행에 대해서 다음과 같은 일화가 전해진다. 민자건은 어머니를 어릴 때 여의고 계모 밑에서 자랐다. 계모는 시집와서 아우 둘을 낳았다. 계모는 자기가 낳은 아들과 전처 소생인 민자건을 몹시 차별했

다. 추운 겨울날 민자건은 아버지를 위해서 수레를 몰았다. 그 당시에는 자제들이
나 제자가 어른이나 스승의 수레를 모는 관습이 있었다. 그런데 민자건이 마차를
끄는 말의 고삐를 놓쳤다. 아버지가 조심성이 없다고 버럭 화를 내었다. 화를 내
면서 자세히 보니 아들의 손가락이 추위에 얼어서 오므리지 못하는 지경이었다.
그제서야 입고 있는 옷을 보았는데, 갈대꽃을 넣은 옷으로 추위를 막을 수 없어서
온몸이 얼어 있었다. 그런데 집에 와서 계모가 낳은 두 아들을 보았더니 따뜻한 털
가죽 옷을 해 입히고 있었다. 이에 민자건의 아버지는 그 계모를 내쫓으려고 결심
했다. 그때 민자건은 아버지에게 새어머니가 계시면 아들 하나만 춥게 지내면 되
지만, 새어머니가 가시면 아들 셋 모두가 춥게 지내야 된다며 만류했다. 공자는 민
자건이 효성스럽기 때문에 사람들은 그의 부모와 형제가 칭찬을 해도 트집을 잡
지 못한다고 했다.[301]

민자건은 권력 앞에서도 굽히지 않는 의기를 지녔다. 계손씨가 민손을 비(費)
땅의 읍재(邑宰)로 삼으려고 했을 때 사자(使者)에게 자신을 그냥 내버려 두라며
만약 다시 자신을 부르러 온다면 그때는 반드시 문강(汶江)가에 숨을 것이라고 말
했다.[302] 민손은 부당한 방법으로 권력을 장악하고 백성들을 가혹하게 대하는 계
손씨에게 녹을 먹는 것은 수치스러운 짓이라 여긴 것이라고 주자는 설명했다.

민손은 평소 거의 말을 하지 않다가 의로운 일에는 나서서 정확하게 따지고 비
판하는 사람이었다. 그래서 공자는 민자건이 말이 없지만, 입을 열면 반드시 옳은
말만 한다고 했다. 어느 날 노나라 사람들이 창고를 다시 짓고자 하였다. 민자건
이 옛것을 손질해 사용하면 되는데, 왜 다시 지으려고 하느냐고 따졌다. 이 말을
듣고 공자는 민자건이 평소에 말이 없는 편인데 한번 말을 하면 반드시 이치에 맞
는 말(言必有中)을 한다고 했다.[303]

---

301)  子 曰 孝哉 閔子騫 人不間於 其父母昆弟之言. 선진 4.
302)  季氏 使閔子騫 爲費宰 閔子騫 曰 善爲我辭焉 如有復我者 則吾 必在汶上矣. 옹야 7.
303)  魯人 爲長府 閔子騫 曰 仍舊貫 如之何 何必改作 子 曰 夫人 不言 言必有中. 선진 13.

## 유사질야(有斯疾也) 염백우

백우(伯牛)의 성은 염(冉)이고 이름은 경(耕)이다. 자(字)는 백우(伯牛)다.『염씨가보(冉氏族譜)』에 따르면, 부친 염리(冉離)가 안씨(顏氏)를 아내로 맞아 맏아들 염경을 낳았는데, 자가 백우이고, 차남으로 염옹을 낳았는데, 자가 중궁(仲弓)이다. 안씨가 죽은 후 공서씨(公西氏)를 아내로 맞아 염구를 낳았는데, 자가 자유(子有)였으며, 염유(冉有), 염자(冉子)라고도 불렀다. 일찍이 공자가 노나라 중도재(中都宰)라는 지방관을 거쳐 사공(司空)이 되었을 때 염백우는 그 뒤를 이어 중도재로 임명되었고, 공자가 여러 나라를 두루 여행할 때 그를 수행했다. 그러나 젊은 나이에 병에 걸려 요절했다.

염백우는 덕행(德行)을 쌓았지만 나병(癩病)에 걸려 죽었다. 공자는 평소 염경의 덕행(德行)을 아끼고 칭찬했는데, 그가 불치병에 걸리자 몹시 슬퍼하며 안타까워했다. 공자는 문병을 갔을 때 남쪽 창문을 사이에 두고 염경의 손을 잡으며 "가망이 없구나, 천명이로다. 이 사람이 이런 몹쓸 병에 걸리다니 안타깝구나" 하며 탄식했다.[304]

## 가사남면(可使南面) 염옹

옹(雍)의 성(姓)은 염(冉)이고 자(字)는 중궁(仲弓)이다. 중궁은 공자에게 특별한 평가를 받은 제자로 임금의 자리에 올라 백성을 다스릴 만한 사람으로 인정받았다.[305] 이는 마음이 너그럽고 도량이 크며 꾸밈이 없고 수수하며, 간략하고 중후하여 인군의 도량이 있음을 말한 것이라고 주자는 풀이했다. 공자는 얼룩소의 새끼가 색깔이 붉고 또 뿔이 바르게 났다면 사람들이 비록 제사에 희생(犧牲)으로 쓰지 않으려 해도 산천의 신(神)이 버려둘 수 있냐고 평하기도 했다.[306] 중궁은 아

---

304)  伯牛 有疾 子 問之 自牖 執其手曰 亡之 命矣夫 斯人也 而有斯疾也 斯人也 而有斯疾也. 옹야 8.
305)  子 曰 雍也 可使南面. 옹야 1.
306)  子 謂仲弓 曰 犁牛之子 騂且角 雖欲勿用 山川 其舍諸. 옹야 4.

버지가 미천하고 행실이 악(惡)하였지만 공자는 아버지의 악함 때문에 그 자식의 선(善)함을 버릴 수 없는 것이어서 중궁과 같이 어진 인물은 스스로 마땅히 세상에 쓰여야 한다고 했다.

중궁은 미천한 신분에 말재주가 없었지만 공자는 중궁을 감쌌다. 중궁의 덕행과 능력이 눌변과 천한 신분을 덮고도 남았기 때문이다. 어떤 사람이 옹(雍)은 어질지만, 말재주가 없다고 말했다. 이에 공자는 말재주 좋은 것이 무슨 소용이 있겠느냐며 말재주로 남과 상대하면 오히려 자주 미움만 사게 될 뿐이다. 옹(雍)이 어진지는 모르겠으나, 말재주를 무엇에 쓰겠는가 말했다.[307]

공자는 중궁이 인(仁)에 대해 물었을 때 '기소불욕 물시어인(己所不欲 勿施於人)'을 말해 주었다. 공자는 문을 나갔을 때에는 큰 손님을 뵙듯이 삼가고, 백성을 부릴 때에는 큰 제사(祭祀)를 받들 듯이 조심하며, 자신이 하고자 하지 않은 것을 남에게 베풀지 말아야 한다. 이렇게 하면 나라에 있어도 원망함이 없으며, 집 안에 있어도 원망함이 없을 것이라고 했다. 중궁이 이에 비록 불민(不敏)하나 이 말씀을 따라 실천하겠다고 했다.[308]

### 중도이폐(中道而廢) 염구

염구는 노나라 사람으로 성은 염(冉), 이름은 구(求) 또는 유(有)다. 자(字)는 자유(子有)다. 앞서 보았듯이 염유는 중궁의 친족으로 재주가 비범하고 정사에 능했다. 자로가 완성된 사람(成人)에 대해 물었을 때, 공자는 염구의 재주를 그 하나로 꼽았다. 장무중(臧武仲)의 지혜와 맹공작(孟公綽)의 불욕(不欲)과 변장자(卞莊子)의 용기와 염구(冉求)의 재예(才藝)에 예악(禮樂)으로 문채를 낸다면 또한 완성된 사람이라 할 수 있다고 했다.[309] 장무중(臧武仲)은 노나라 대부로 이름은 흘(紇)이

---

307)  或 曰 雍也 仁而不佞 子 曰 焉用佞 禦人以口給 屢憎於人 不知其仁 焉用佞. 공야장 4.
308)  仲弓 問仁 子 曰 出門如見大賓 使民如承大祭 己所不欲 勿施於人 在邦無怨 在家無怨 仲弓 曰 雍雖不敏 請事斯語矣. 안연 2.
309)  子路 問成人 子 曰 若臧武仲之知 公綽之不欲 卞莊子之勇 冉求之藝 文之以禮樂 亦可以爲成人矣. 헌문 13.

다. 『춘추좌씨전』 양공 23년조에 보면 제나라의 임금이 장손흘에게 땅을 주려 했을 때 장손흘은 제나라가 장차 진(晉)나라에 패할 줄 알고 땅을 받지 않기 위해 일부러 제나라의 임금을 쥐에 비유했다. 이로써 화를 내게 하고 그 결과 땅을 받지 않게 되었다는 기록이 있다. 노나라 대부 맹공작(孟公綽)에 대해서 공자는 진(晉)나라의 경(卿)인 조씨(趙氏)와 위씨(魏氏) 가신의 우두머리(家老)가 되기에는 충분하지만, 등(滕)나라나 설(薛)나라의 대부는 될 수 없다고 했다.[310] 주자에 따르면 등(滕)과 설(薛)은 나라가 작으나 정사가 번거로우며, 대부(大夫)는 지위가 높고 책임이 중하다. 그렇다면 공작(公綽)은 아마도 청렴하고 욕심이 적으나, 재능이 부족한 자인 듯하다. 변장자(卞莊子)는 노나라 변읍(卞邑)의 대부다. 『한씨외전』에는 변장자가 그 어머니가 살아 있을 때에는 전쟁에 나가서 세 번 도망한 일이 있었으나, 어머니가 돌아간 후 3년이 지나자 적 세 명의 목을 베어 세 번의 도망을 보상하고 다시 돌진하여 적 7명을 죽이고 전사하였다는 기록이 있다.

공자는 염구의 정치 능력은 인정했지만 인성에 대해서는 회의적이었다. 맹무백이 구(求)는 어떤지 물었을 때 공자는 큰 읍(邑)과 경대부 집안의 가신이 되게 할 수는 있지만, 그가 인(仁)한지는 모르겠다고 답했다.[311] 이를 반영하듯 염구는 노나라의 대부인 계씨의 가신이 되어서 계씨가 주공(周公)보다 부유하였는데도 세금을 더 걷으려 하였다. 그러자 공자는 몹시 실망하여 염유는 이제 우리 사람이 아니므로 제자들이 북을 울려서 성토를 해도 괜찮다고 말했다.[312]

또 공자의 문하에 있을 때 염구는 선생님의 도(道)를 좋아하지 않는 것은 아니지만 힘이 부족하다고 말했다. 공자가 이를 듣고 힘이 부족한 자는 중도(中道)에 그만두는데, 지금 염구는 미리 한계를 긋는다고 지적했다.[313]

---

310)  子曰 孟公綽 爲趙魏老則優 不可以爲滕薛大夫. 헌문 12.
311)  求也 何如 子曰 求也 千室之邑 百乘之家 可使爲之宰也 不知其仁也. 공야장 7.
312)  季氏 富於周公 而求也 爲之聚斂而附益之 子曰 非吾徒也 小子 鳴鼓而攻之 可也. 선진 16.
313)  冉求曰 非不說子之道 力不足也 子曰 力不足者 中道而廢 今女 畫. 옹야 10.

## 언지언 시야(偃之言 是也) 자유

자유(子游)는 성이 언(言), 이름이 언(偃)이며 자유(子游)는 자(字)다. 오나라 사람으로 공자보다 45세가 적었고 예와 악을 중시했다. 자유가 효에 대해 물었을 때 공자는 지금의 효라는 것이 부양을 잘하는 것을 말한다고 했다. 그러나 개나 말도 모두 부양하는 바이니, 부모를 공경하지 않는다면 개나 말을 기르는 것과 무엇이 다르냐고 반문하였다.[314] 공자가 말한 것은 자유가 봉양을 잘하지만 혹 공경이 부족할까 염려했기 때문으로 보인다고 주자는 말했다.

자유가 무성(武城)을 다스리는 관리로 있을 때 공자가 지나가다가 현악(弦樂)에 맞추어 부르는 노랫소리를 듣고 흐뭇하게 여겨 닭 잡는 데 소 잡는 칼 쓰는가 했다. 이에 자유는 군자가 도를 배우면 남을 사랑하게 되고 소인이 도를 배우면 부리기가 쉽다고 하신 말씀을 들었다고 답했다. 이에 공자는 제자들에게 자유의 말이 옳다며 조금 전에 자신이 한 말은 농담이라고 했다.[315]

## 가여언시(可與言詩) 자하

자하의 성은 복(卜), 이름은 상(商)이며 자하(子夏)는 자(字)다. 문학에 있어서 자유와 함께 공자의 뛰어난 제자였다. 집안이 가난하였으나 근면하고 배우기를 좋아했다. 이를 반영하듯 『논어』에는 배움을 강조한 자하의 말들이 여럿 실려 있다. "날마다 모르는 것을 새로 알며, 달마다 이미 능한 것을 잊지 않으면 학문을 좋아한다고 이를 만하다"고 했다.[316] 또 "배우기를 널리 하고(博學), 뜻을 독실히 하며(篤志), 절실하게 묻고(切問), 가까이 자신에게 있는 것부터 생각하면(近思), 인(仁)은 그 가운데 있다"고 말했다.[317] "어진 이를 존경하기를 여색(女色)을 좋아하

---

314)  子游 問孝 子曰 今之孝者 是謂能養 至於犬馬 皆能有養 不敬 何以別乎. 위정 7.
315)  子 之武城 聞弦歌之聲. 夫子 莞爾而笑曰 割鷄 焉用牛刀. 子游 對曰 昔者 偃也 聞諸夫子 曰 君子 學道則愛人 小人 學道則易使也. 子曰 二三子 偃之言 是也 前言 戲之耳. 양화 4.
316)  子夏 曰 日知其所亡 月無忘其所能 可謂好學也已矣. 자장 5.
317)  子夏 曰 博學而篤志 切問而近思 仁在其中矣. 자장 6.

212   평생 읽는 논어

는 마음과 바꿔서 하고 부모를 섬기는 데 있는 힘을 다하며, 임금을 섬기는 데 자기 몸을 바치고 벗과 사귀되 말을 하는 데 신의가 있으면 비록 그가 배우지 않았다고 하더라도 나는 반드시 그를 배운 사람이라고 평하겠다"고도 말하였다.[318]

과유불급의 주인공 중 한 명으로 넘친다는 평을 받은 자장에 비해 지나치게 겸손한 모습이 있어 불급하다고 평해졌다. 자공이 자장과 자하 중 누가 나은지 공자에게 물었을 때 자장은 지나치고, 자하는 미치지 못한다고 공자는 말했다. 이에 자공이 그러면 자장이 나은지 묻자 지나침은 미치지 못함과 같다고 공자는 말하였다.[319]

이 때문인지 공자는 자하에게 소인과 같은 선비가 되지 말고 군자 같은 선비가 되라고 당부했다.[320] 그럼에도 공자는 자하를 높이 평가해 『시경』을 논할 만하다고 했을 정도로 말년에 아꼈던 제자들 중 하나였다. 자하가 공자에게 『시경』에 보면 "예쁜 웃음에 보조개가 예쁘며, 아름다운 눈에 눈동자가 선명하도다. 흰 비단으로 채색을 한다"고 하였는데, 이 시는 무엇을 말한 것인지 물었다. 공자는 질문을 듣고 그림 그리는 일은 흰 비단을 마련한 뒤에 한다는 뜻이라고 했다. 이를 듣고 자하가 바탕인 충신(忠信)이 먼저고, 형식인 예(禮)가 그 뒤라는 의미와 같다고 했다. 이에 공자가 자신을 일으키는 제자는 자하라며 이제 함께 시(詩)를 말할 만하다고 감탄했다.[321]

자하 문하에서 수학한 인물로는 위나라 재상이 된 이극(李克)과 위나라 명장인 오기(吳起), 위나라 군주의 스승이었던 서문표(西門豹) 등이 있다. 이극(李克)은 사람 보는 안목이 뛰어나고 형세 판단이 예리한 인물이었다. 위(魏)나라 문후(文侯)가 그를 알아보고 작은 나라 중산(中山)의 재상으로 임명하였다. 이때 이극을

---

318)  子夏曰 賢賢 易色 事父母 能竭其力 事君 能致其身 與朋友交 言而有信 雖曰未學 吾必謂之學矣. 학이 7.
319)  子貢 問 師與商也 孰賢 子曰 師也 過 商也 不及 曰 然則師 愈與 子曰 過猶不及. 선진 15.
320)  子 謂子夏曰 女爲君子儒 無爲小人儒. 옹야 11.
321)  子夏 問曰 巧笑倩兮 美目盼兮 素以爲絢兮 何謂也 子曰 繪事 後素 曰 禮 後乎 子曰 起予者 商也 始可與言詩已矣. 팔일 8.

추천한 자가 대신 적황(翟璜)이었다. 어느 날 문후가 이극을 불러 위나라의 다음 재상으로 위성(魏成)과 적황 중에 누가 더 나은지 물었다. 이극은 말 한 마디 잘못했다가 화를 입을까 두려워서 재상의 자리는 백성을 다스려 본 자만이 적당하다고 알고 있다고 원론적인 대답을 하였다. 이에 문후가 화를 내며 이 두 사람 중 누가 나은지 다시 묻자, 이극이 어쩔 수 없이 자신의 생각을 말하였다. 재상에 오를 사람이 적당한지 아닌지는 우선 그의 과거 행적을 살펴보면 알 수 있다며 그가 평소에 어떤 부류의 사람들과 어울렸는가, 그가 부유하다면 사람들에게 무엇을 도와주었는가, 그가 높은 자리에 있었다면 천거한 사람은 어떤 자들인가, 그가 역경에 처한 적이 있다면 그때 무슨 일을 했는가, 그리고 그가 가난하다면 무얼 조심하며 살고 있는가 같은 다섯 가지를 살펴보면 분명해진다고 했다. 문후가 이 말을 듣고는 기뻐하며 이제야 재상을 결정할 수 있겠다고 말했다.

　이극이 집으로 가는 길에 우연히 적황을 만나게 되었다. 적황이 반갑게 인사하고 왕을 뵙고 재상 임명에 대해 상의하였다고 들었는데 누구를 천거했냐고 물었다. 이극이 위성이라고 대답했고 적황은 화를 벌컥 내며 자신이 위성보다 무엇이 못하냐고 따졌다. 그리고는 국왕께서 고민하실 때 서하(西河) 태수며 업 땅의 태수도 자신이 천거하여 평안히 다스려졌고 중산을 토벌할 때는 악양(樂羊)를 천거했으며 그곳을 다스릴 때는 당신을 추천했다고 말했다. 뿐만 아니라 태자의 스승을 추천한 것도 자신인데, 도대체 자신이 위성보다 못한 것이 무엇이냐고 화를 냈다. 이에 이극이 조목조목 답했다. "대감께서는 곳곳에 사람을 심어 세력을 키우셨지만, 위성은 어느 곳 하나 자신의 사람을 심은 적이 없습니다. 대감께서는 재물을 모아 부자가 되셨지만, 위성은 자신의 녹봉을 털어 가난한 선비들을 후원하고 있습니다. 대감의 가족들은 언제나 호의호식하며 살지만, 위성은 자신과 가족을 위해 쓰는 것이 없어 청빈합니다. 대감께서는 재물이 많은 자와 아부하는 자를 좋아하지만 위성은 천하의 귀한 선생들을 모셔와 그들에게서 치국의 도를 배우기를 좋아합니다. 이런데 어찌 대감이 위성과 비교한단 말입니까"라고 했다. 그러자 적황이 이 말을 듣고는 이내 부끄러워 물러갔다.

　오기(吳起)는 중국 전국시대의 명장, 병법가, 정치가다. 그와 관련된 저작으로 『오자병법(吳子兵法)』이 전해지며, 동양의 고전 중에서는 『손자병법』과 더불어 가장 대표적인 병법서로 여겨진다. 본래 위나라 출신으로 한때 유학을 공부하였으나 이후 병법을 공부하여 장군이 되었다. 노나라·위나라·초나라 등 여러 나라를 전전하며 관직에 올라 전공을 거두어 명성을 떨쳤고, 마침내 초나라 재상의 자리에까지 올랐다. 노나라를 떠난 오기는 당시 위(魏)나라의 군주였던 위 문후가 현명하다는 말을 듣고는 그를 섬기고자 하였다. 위 문후가 신하인 이극(李克)에게 오기가 어떤 사람인지 물었다. 이극은 오기에 대하여 비록 탐욕이 있고 여색을 밝히지만 용병에 있어서는 사마양저도 따라잡을 수 없다고 답하였다. 사마양저는 춘추시대 제나라의 장군으로, 성은 규(嬀), 씨는 전(田), 이름은 양저다. 재상 안영의 추천으로 등용된 후 제나라의 번영에 공적을 올려서 경공이 대사마로 임명하였으며, 이때 사마를 씨로 칭하여 사마양저라 불리었다. 이 말을 들은 위 문후는 오기를 등용하여 장군으로 삼았다. 위나라의 장군이 된 오기는 진(秦)나라를 공격하여 5개 성을 빼앗았다.

　위나라에서 장수로 활동하던 오기는 늘 사졸(士卒)들과 더불어 입고 마시는 것을 함께하였다. 잠을 잘 때에도 자리를 깔지 않았고, 행군할 때에도 말이나 수레를 타지 않았다. 몸소 식량을 지고 다니면서 사졸들과 노고를 나누었다. 어느 날은 한 병졸이 종기(疽)가 났는데, 오기가 이를 입으로 빨아 주었다. 이 소식을 들은 병졸의 어머니가 통곡을 하였다. 그러자 주위 사람들은 장군이 직접 종기를 빨아 주었다는데 왜 우는 것이냐고 물었다. 병졸의 어머니는 오공께서 그 아버지의 종기를 빨아 주었더니 전투에서 뒤도 돌아보지 않고 싸우다가 적에게 죽고 말았다며, 이번엔 우리 아들의 종기를 빨아 주었으니 그 아이도 어디서 죽을지 몰라서 우는 것이라고 답하였다. 이 일화에서 '연저지인(吮疽之仁)'이라는 고사성어가 유래하였다.

서문표는 미신을 타파하고 선정을 베푼 인물로 유명하다. 서문표가 업(鄴)이라는 지역의 태수로 갔을 때 일이다. 황하 지류인 장수가 지나는 이 지역은 가뭄과 홍수가 빈번해 농업이 피폐하고 농민들의 삶이 고단했다. 서문표가 임지에 부임해 보니 지역민들은 홍수를 예방한다는 것이 강에 산다는 신 하백(河伯)에게 처녀를 산 채로 시집을 보내는 것이 전부였다. 자연은 신령스럽고 영험해 감히 인간이 손을 대서는 안 되기 때문에 하백에게 처녀를 바치며 신령에게 제사를 지낸다는 것이다. 풍속 교화의 책임을 지고 있는 지역 장로 3명과 늙은 무당은 농민들의 돈을 걷어 이 중 일부는 제사를 지내고 나머지는 자신들이 나누어 가졌다. 마침 처녀를 바치는 제례가 열린다는 소식을 듣고 서문표가 이 행사에 참석했다. 하백에게 시집을 보낼 처녀라면 당연히 미색이 빼어나야 할 것인데 자신이 얼굴을 보겠다며 서문표가 나섰다. 힐끗 처녀를 쳐다본 그는 처녀의 미모가 떨어진다며 이래서야 하백의 마음을 위로할 수 없다며, 자신이 시집갈 처녀를 다시 선정할 테니 무당은 하백에게 가서 혼례를 며칠이나마 늦춘다고 통지하고 오라는 말과 함께 무당을 강물에 던져 넣었다. 무당이 물에 던진 지 한참 지나도 감감무소식이었다. 이어 무당을 추종하는 젊은 무당 10여 명도 모두 물에 던져 넣었지만 강물에서 살아서 나온 사람이 없었다. 이번에는 장로 3인을 물속에 밀어 넣었다. 그러자 누구도 하백에게 신부를 바쳐야 한다고 말하지 못했다. 이렇게 하여 비로소 '업' 지방의 처녀 공양 미신이 사라졌다.

### 후목분장(朽木糞牆) 재여

재여는 노나라 사람으로 성(姓)은 재(宰), 이름은 여(予)이고 자(字)는 자아(子我)다. 자공과 함께 언변의 달인으로 평가받았다. 공자의 문하 제자들 가운데서도 가장 실리주의적인 인물로 평가되지만 도덕을 가볍게 여겼기 때문에 공자로부터 자주 꾸지람을 듣곤 했다. 대표적인 것이 삼년상을 두고 공자와 벌인 논쟁이다. 재아(宰我)은 공자에게 3년상의 기간이 너무 길다며 군자가 3년 동안 예(禮)를 행하지 않으면 예(禮)가 반드시 무너지고, 3년 동안 음악을 익히지 않으면 음악이 반드시 무너질 것이라고 했다. 이어 1년이면 묵은 곡식이 이미 없어지고 새 곡식이 익으며 계절에 따라 불씨를 일으키는 나무도 바뀌기 때문에 1년이면 그칠 만하다고 했다. 이에 대해 공자는 상중(喪中)에 쌀밥을 먹고 비단옷을 입어도 마음이 편안한지 물었다. 재아가 편안하다고 답했다. 그러자 공자는 마음이 편안하거든 그렇게 하라고 했다. 공자는 군자가 거상(居喪)할 때에는 맛있는 것을 먹어도 맛이 없고, 음악을 들어도 즐겁지 않으며, 거처하는 것도 편안하지 않기 때문에 하지 않는 것인데, 이를 편안하게 여긴다면 그렇게 하라고 한 것이다. 재아가 밖으로 나간 뒤 공자는 재아가 인(仁)하지 못하다고 했다. 자식이 태어나서 3년이 된 뒤에 부모의 품을 벗어나기 때문에 3년의 상(喪)은 천하의 공통된 상례(喪禮)라며, 재여도 그 부모에게 3년 동안의 사랑을 받았는지 모르겠다고 한탄했다.[322]

재아는 당돌한 질문을 종종 했는데 한번은 인자(仁者)는 어떤 사람이 그에게 우물에 사람이 빠졌다고 말해 주면 빠진 사람을 구하고자 하여 따라서 우물 안에 들어갈 것인지 물었다. 공자가 이를 듣고 어찌 그렇게 하겠는가 말하며 군자를 우물까지 가게 할 수는 있으나 빠지게 할 수는 없다고 했다. 이는 이치에 맞는 말로 속일 수는 있으나 터무니없는 말로 속일 수는 없는 것이라며, 인한 사람을 속일 수는 있지만 판단을 흐리게 할 순 없다고 했다.[323] 이는 재아가 도(道)에 대한 믿음이 독실하지 못하여 인(仁)을 행하다가 해(害)를 당할까 근심한 것이라고 주자는 설명했다.

어느 날 누워 낮잠을 자는 재여를 본 공자는 썩은 나무에 조각을 할 수 없고 썩은 흙으로는 담을 쌓을 수도 없다며 재여를 뭐하러 꾸짖겠는가 말하고 예전에는

---

322) 宰我 問 三年之喪 期已久矣. 君子 三年 不爲禮 禮必壞 三年 不爲樂 樂必崩 舊穀 旣沒 新穀 旣升 鑽燧改火 期可已矣 子 曰 食夫稻 衣夫錦 於女 安乎 曰 安 女 安則爲之 夫君子之居喪 食旨不甘 聞樂不樂 居處不安 故 不爲也 今女 安則爲之宰我 出 子 曰 予之不仁也 子生三年然後 免於父母之懷 夫三年之喪 天下之通喪也 予也 有三年之愛於其父母乎. 양화 21.

323) 宰我 問曰 仁者 雖告之日 井有仁焉 其從之也 子 曰 何爲其然也 君子 可逝也 不可陷也 可欺也 不可 罔也. 옹야 24.

사람을 볼 때 그 사람이 하는 말만 듣고도 그 사람을 믿었는데, 이제는 그 말을 들어도 행동까지 보고서야 그 사람을 믿게 되었다고 책망하기도 했다.[324] 여기에서 '후목분장(朽木糞牆)'이란 말이 나왔다. 썩은 나무와 거름 흙으로 만든 담장이란 뜻으로 기상(氣像)이 썩어 빠진 사람이나 처치 곤란한 사람을 비유하는 말이다.

### 일일삼성(一日三省) 증자

공문십철 외에도 증자(曾子)·자장(子張)·유약(有若) 등이 뛰어난 제자로 꼽힌다. 증자는 노나라 사람으로 이름은 삼(參), 자(字)는 자여(子輿)다. 공자 노년의 제자로서 공자보다도 46세 연하다. 『논어』에 증자로 나오는 것을 보면 그의 제자들이 『논어』 편집에 참여했음을 알 수 있다. 뜻이 효도에 있어서 공자가 이로 인하여 『효경』을 짓게 하였다고 전해진다. 공자와 대화하는 내용에서는 거의 나오지 않고 오히려 증자의 아버지인 증점이 더 많이 등장한다. 하지만 『논어』가 증자계파에서 완성되었다는 설이 주류일 정도로 『논어』에서 차지하는 비중은 크다. 증자는 '효(孝)'를 강조하였고 공자 사상의 근본을 충서(忠恕)라고 표현했다. 공자 사상의 계승자로서 역할을 했으며, 후에 증자의 학통은 자사, 맹자로 이어져 유가의 도통을 전하는 데에 큰 역할을 했다.

증자는 근면성실한 제자였다. 증자는 날마다 세 가지 일로 자신을 반성하였는데, 남을 위하여 일을 하면서 진심을 다하지 않았는가, 벗과 사귀면서 진실하지 않았는가, 그리고 배운 것을 익히지 않았는가 돌이켜 보았다.[325] 너무 성실했기 때문인지 증자는 공자로부터 노둔하다는 평을 들었다. 『논어』를 보면 자고인 시(柴)는 어리석고, 삼(參)은 노둔하고, 자장인 사(師)는 치우치고, 자로인 유(由)는 거칠다고 공자는 말했다.[326] 시(柴)는 공자의 제자 자고(子羔)다. 정자(程子)는 증삼(參)

---

324) 宰予 晝寢 子曰 朽木 不可雕也 糞土之墻 不可杇也 於予與 何誅. 子曰 始吾 於人也 聽其言而信其行 今吾 於人也 聽其言而觀其行 於予與 改是. 공야장 9.

325) 曾子 曰 吾 日三省吾身 爲人謀而不忠乎 與朋友交而不信乎 傳不習乎. 학이 4.

326) 柴也 愚 參也 魯 師也 辟 由也 喭. 선진 17.

이 마침내 노둔함으로써 도(道)를 얻었다고 평가했다. 반면『공자가어』호생편을 보면 증자가 서로 너무 친하면 경시하고 서로 너무 엄숙하면 친하지 않는 법이기 때문에 군자는 즐겁게 사귈 정도로만 친하게 지내고, 예에 맞을 정도로만 엄숙하게 지내는 것이라고 했다. 이 말을 들은 공자는 누가 증삼이 예를 알지 못한다고 말하겠냐고 칭찬하기도 했다.

『한비자』제32편 외저설 좌상편에 있는 증자의 일화다. 증자의 아내가 장을 보려고 길을 나섰는데, 아이가 따라가겠다고 울며불며 마구 졸랐다. 아내가 아이를 다독여 달래며 착하게 집에서 놀고 있으면 엄마가 갔다 와서 돼지를 잡아 고기를 먹게 해 주겠다고 했다. 얼마 후, 아내가 돌아와 마당으로 들어서다가 돼지를 잡으려는 증자를 보고 놀라 물었다. 증자는 아이에게 돼지를 잡아 고기를 먹게 해 준다고 약속하지 않았냐고 말했다. 그러자 아내는 그건 아이를 달래려고 해 본 소리라고 대꾸했다. 이에 증자는 아이가 부모의 행동을 그대로 따라 하는 법이라며 당신이 아이를 속이면, 거짓말을 가르치는 것과 마찬가지라고 말하고 약속대로 돼지를 잡았다.

증자의 학통을 이은 맹자는 섬기는 일 중에 가장 큰 일은 어버이를 섬기는 것이고, 지키는 일 중에서 가장 큰 일은 몸을 지키는 것이라고 했다. 몸을 잃지 않고서 어버이를 잘 섬긴 자에 대해서는 들었으나, 몸을 잃고서 어버이를 잘 섬긴 자에 대해서는 듣지 못하였다. 이는 어떠한 사람인들 섬겨야 하지만 어버이를 섬김이 섬기는 것의 근본이고, 어떠한 것이든 지켜야 하지만 몸을 지킴이 지키는 것의 근본이라고 했다. 증자가 아버지 증석(曾皙)을 봉양할 때 밥상에 반드시 술과 고기를 올렸는데, 밥상을 치우려 할 때에 증자는 반드시 남은 음식을 누구에게 줄지 여쭈었고, 아버지가 남은 것이 있는지 물으시면 반드시 있다고 대답했다. 증석이 죽자 증원(曾元)이 아버지 증자를 봉양하였는데, 밥상에 반드시 술과 고기를 올렸으나 밥상을 치우려 할 때에 증원은 남은 음식을 누구에게 줄지 여쭙지 않았다. 증자가 남은 것이 있는지 물으면 반드시 없다고 대답하였다. 이는 나중에 그 음식을 다시 올리려고 했기 때문이었다. 맹자는 "이것은 이른바 어버이의 입과 몸을 봉양한 것이고 증자와 같이 해야 어버이의 뜻을 봉양한다고 이를 만하다. 어버이를 섬기는 것은 증자처럼 해야 옳다"고 말했다.[327]

## 과유불급(過猶不及) 자장

자장은 진나라 사람으로 성은 전손(顓孫), 이름은 사(師)고, 자장(子張)은 자(字)다. 공자보다 48세 아래다. 외모가 빼어났던 미남자로 적극적이고 진취적인 성격의 소유자다. 어려운 일을 잘해 내고 뛰어난 재능을 가졌지만 성실함이 부족하고 행동이 지나치며 한쪽으로 치우쳐 있다고 평가된다.

어느 날 자장이 공자에게 선비는 어떠하여야 달(達)이라고 할 수 있는지 물었다. 공자는 자장이 말하는 달(達)이란 무엇인지 되물었다. 자장은 나라에 있어도 반드시 소문이 나고, 집 안에 있어도 반드시 소문이 나는 것이라고 대답했다. 공자가 이를 듣고 이는 문(聞)이지 달(達)이 아니라고 했다. 달(達)이란 정직함을 바탕으로 삼고 의(義)를 좋아하고 남의 말을 살피고 얼굴빛을 관찰하며, 잘 헤아려 몸을 낮추는 것이다. 이렇게 하면 나라에 있어도 반드시 달(達)하며 집안에 있어도 반드시 달(達)한다. 문(聞)이란 얼굴빛은 인(仁)을 취하나 행실은 어긋나고 그런데도 그대로 머물면서 의심하지 않는 것이다. 이렇게 하면 나라에 있어도 반드시 그 소문이 나며 집 안에 있어도 반드시 그 소문이 난다고 했다.[328] 정자(程子)에 따르면 배우는 자들은 모름지기 실제를 힘쓸 것이고 명예를 가까이하려 하지 말아야 한다. 명예를 좇는 것에 뜻이 있으면 큰 근본을 이미 잃은 것이니 다시 무슨 일

---

327) 孟子 曰 事孰爲大 事親 爲大 守孰爲大 守身 爲大 不失其身而能事其親者 吾聞之矣 失其身而能事其親者 吾未之聞也. 孰不爲事 事親 事之本也 孰不爲守 守身 守之本也 曾子 養曾晳 必有酒肉 將徹 必請所與 問有餘 必曰 有 曾晳 死 曾元 養曾子 必有酒肉 將徹 不請所與 問有餘 曰 亡矣 將以復進也 此 所謂養口體者也 若曾子 則可謂養志也. 事親 若曾子者 可也. 이루장 상 19.

328) 子張 問 士 何如 斯可謂之達矣. 子 曰 何哉 爾所謂達者. 子張 對曰 在邦必聞 在家必聞 子 曰 是 聞也 非達也. 夫達也者 質直而好義 察言而觀色 慮以下人 在邦必達 在家必達. 夫聞也者 色取仁而行違 居之不疑 在邦必聞 在家必聞. 안연 20.

을 배우겠냐고 했다. 명예를 위하여 배운다면 이것은 거짓된 것이라며 지금의 배우는 자들은 대부분 명예를 위하니, 명예를 위함과 이익을 위함은 비록 청(淸)과 탁(濁)이 같지 않으나 이익을 바라는 마음은 똑같은 것이라고 설명했다.

자장이 현명함에 대해 물었을 때 공자는 물이 서서히 젖어 드는 듯한 은근한 참소와 피부로 느낄 수 있는 절박한 하소연이 행해지지 않는다면 현명하다고 이를 수 있다고 했다.[329] 원문에서 침윤(浸潤)은 물이 부어지고 적셔져서 점점 번지고 갑자기 하지 않는 것이다. 참(譖)은 남의 행실을 비방하는 것이다. 부수(膚受)는 살을 에는 듯이 절실(切實)하게 하는 것이고 소(愬)는 자기의 억울함을 하소연하는 것이다. 주자에 따르면 사람을 비방하는 자가 서서히 하고 갑자기 하지 않는다면 그 말을 듣는 자가 거기에 빠져드는 것을 깨닫지 못해서 믿기를 깊게 할 것이고, 자기의 억울함을 하소연하는 자가 급박히 하여 몸에 간절하게 하면 듣는 자가 미처 상세함을 살피지 못하고 갑자기 성낼 것이다. 주자는 이 두 가지는 살피기 어려운 것인데 능히 살핀다면 그 마음이 밝아서 가려지지 않을 것이라고 했다. 이 또한 자장의 결점이어서 공자가 말씀한 것이다.

공자는 자장이 다른 사람에게 자랑하기 위한 외모나 명성, 출세 등에 관심을 몰두한다고 보았다. 한번은 자장이 녹(祿)을 구하는 방법을 배우려 했다. 공자는 '많이 듣고 의심스러운 부분은 빼놓고 그 나머지를 조심스럽게 말하면 허물이 적으며, 많이 보고 위태로운 것을 빼놓고 그 나머지를 조심스럽게 행하면 후회하는 것이 적을 것이다. 말에 허물이 적고 행실에 후회함이 적으면 녹은 그 가운데 있는 것'이라고 했다.[330] 주자에 따르면 공자는 이처럼 자장이 알고 싶어 하는 내용을 알려 주지 않고 언행을 삼가는 법에 대해 설명하였는데, 자장이 출세에 너무 관심을 두는 것을 우려했고 또 편벽하다고 생각했기 때문이다. 공자는 제자들에게 벼슬을 단지 지위를 얻거나 개인의 영달을 위한 수단으로써 아니라 도를 펼치기 위해 벼

---

329)  子張 問明 子 曰 浸潤之譖 膚受之愬 不行焉 可謂明也已矣. 浸潤之譖 膚受之愬 不行焉 可謂遠也已矣. 안연 6.

330)  子張 學干祿. 子 曰 多聞闕疑 愼言其餘 則寡尤 多見闕殆 愼行其餘 則寡悔 言寡尤 行寡悔 祿在其中矣. 위정 18.

슬을 하도록 가르쳤던 것이다. 그래서 '군자는 도를 구할 뿐 녹을 구하지 않는다. 학문을 하는 것은 도를 행하기 위해서이지만 학문을 하면 녹(祿)이 그 가운데 있으므로 군자는 도(道)를 걱정하지 가난을 걱정하지 않는다'고 공자는 말하였다.[331]

이 때문인지 자장은 동문수학하는 문인(門人)들로부터 좋은 평가를 받지 못한 것 같다. 자유는 자장에 대해 하기 어려운 것을 할 수 있지만, 아직 인(仁)을 이루지는 못했다고[332] 하였다. 증삼(曾參)은 당당하지만 함께 인(仁)을 행하기는 어렵다고 하였다.[333] 그래서 공자는 강하고 굳세며 질박하고 어눌한 것이 인(仁)에 가깝다고 말해[334] 차라리 외면이 부족하고 내면이 넉넉하면 인(仁)에 가까울 수 있다고 했다.

## 백성부족 군숙여족(百姓不足 君孰與足) 유약

유약(有若)의 자(字)는 자유(子有)로 노나라 사람으로 알려져 있다. 『맹자』등문공 상(滕文公 上)에 전하는 바에 따르면 유약이 공자와 닮았기에 공자의 사후 자하, 자장, 자유 등이 공자 대신 유약을 모시려고 했지만, 증자가 이를 반대했다고 한다.[335]

『논어』학이편 1장 '학이시습지'에 이어 다음 장인 2장이 유약의 말일 정도로『논어』에서 비중 있는 인물이다. 유약은 사람됨이 효성스럽고 공경스러우면서 윗사람 범하는 것을 좋아하는 자는 드물다며 '윗사람 범하는 것을 좋아하지 않으면서 난(亂) 일으키는 것을 좋아하는 자는 있지 않다. 군자는 근본에 힘쓰므로 근본이 확립되면 도가 생기는 법이다. 효(孝)와 공경(悌)은 인을 행하는 근본일 것'이라고

---

331) 子曰 君子 謀道 不謀食 耕也 餒在其中矣 學也 祿在其中矣 君子 憂道 不憂貧. 위령공 31.

332) 子游 曰 吾友張也 爲難能也 然而未仁. 자장 15.

333) 曾子 曰 堂堂乎 張也 難與並爲仁矣. 자장 16.

334) 子曰 剛毅木訥 近仁. 자로 27.

335) 他日 子夏子張子游 以有若似聖人 欲以所事孔子 事之 彊曾子 曾子 曰 不可 江漢以濯之 秋陽以暴之 皜皜乎不可尙已. 등문공 상 4.

말했다.[336) 13장에서는 인간관계에 대해서 약속이 의(義)에 맞으면 약속한 말을 실천할 수 있고, 공손함이 예에 맞으면 치욕을 멀리할 수 있으며, 친할 만한 사람을 잃지 않으면 그 사람을 높여 주인으로 삼을 수 있다고 했다.[337) 이는 사람의 언행과 교제를 모두 마땅히 처음에 삼가고 그 끝날 것을 생각하여야 한다. 그렇지 않으면 그대로 답습하고 구차히 하는 사이에 장차 그 스스로 지조를 잃어서 후회하게 된다는 것을 말한 것이라고 주자는 해석했다.

유약은 군주 앞에서도 직언을 할 정도로 곧은 성품을 지녔다. 노나라 애공(哀公)이 유약에게 농사가 흉년이 들어서 재정이 부족한데, 어찌해야 할지 물었다. 유약이 어찌하여 10분의 1을 세금으로 거두는 철법(徹法)을 쓰지 않느냐고 말했다. 그러자 애공은 10분의 2도 오히려 부족한데, 어떻게 철법을 쓰겠냐고 반문했다. 이에 유약은 백성이 풍족하면 임금께서 누구와 더불어 부족하겠으며, 백성이 풍족하지 못하다면 임금께서 누구와 더불어 풍족하겠냐고 말했다.[338) 원문에서 철(徹)은 통한다의 뜻이며 균등하다는 뜻이다. 주(周)나라 제도에 한 가장(家長)은 토지 백묘(百畝)를 받아서 도랑을 함께하고 정(井)을 함께한 사람들과 함께 일을 한 뒤 다음 이랑을 계산하여 균등하게 수확했다. 당시 사방 1리(里)의 농지를 정(井) 자 모양으로 100묘씩 9등분한 다음 그 중앙의 한 구역을 공전(公田)이라 하고 둘레의 여덟 구역을 사전(私田)이라 하여 여덟 농가에게 맡기고 여덟 집에서 공동으로 공전에서 농사짓고 그 수확을 나라에 바치게 하였으므로 정(井)을 함께한 사람이라 하였고, 정(井) 사이에는 수로를 공동으로 사용하므로 도랑을 함께한다고 한 것이다. 한 묘는 30평으로 약 99.174㎡에 해당한다. 대체로 백성들은 10분의 9할을 얻고, 공(公) 즉 국가는 그 1할을 취하는데 이것을 철(徹)이라고 이른 것이다. 그런데, 노

---

336) 有子 曰 其爲人也 孝弟 而好犯上者 鮮矣 不好犯上 而好作亂者 未之有也. 君子 務本 本立而道生 孝弟也者 其 爲仁之本與. 학이 2.

337) 有子 曰 信近於義 言可復也 恭近於禮 遠恥辱也 因不失其親 亦可宗也. 학이 13.

338) 哀公 問於有若曰 年饑 用不足 如之何. 有若 對曰 盍徹乎. 曰 二 吾猶不足 如之何其徹也. 對曰 百姓 足 君孰與 不足 百姓 不足 君孰與足. 안연 9.

나라는 선공(宣公) 때로부터 공전에 대한 수확을 걷고, 또 묘(畝)마다 그 10분의 1을 취하였다. 그렇다면 이것은 10분의 2를 취함이 된다. 그래서 유약은 철법을 행하라고 한 것은 나라가 재용(財用)을 절약하여 백성을 후하게 하고자 한 것이다.

## 가처야(可妻也) 공야장

공야장(公冶長)의 성은 공야(公冶), 이름은 장(長), 자(字)는 자장(子長)이다. 『사기』「중니제자열전」에 의하면 제나라 사람이라고 한다. 일설에 따르면 공야장은 새의 소리를 알아듣는 능력이 있었다고 한다. 위나라를 떠나 노나라로 돌아오는 길에 새들이 사람의 시신이 있다고 지저귀는 소리를 들었다. 그는 한 노파가 어린 자식을 잃고 통곡하는 것을 보고 그 자식의 시신이 있는 곳을 알려 주었다가 살인범으로 몰려 옥에 갇히게 되었다. 그러다가 나중에 그가 정말 새소리를 알아듣는다는 것이 확인되어 옥에서 풀려나올 수 있었다.

공자는 공야장이 감옥에 갇힌 적이 있었음에도 불구하고, 그의 무죄를 확신해 자신의 사위로 맞았다. 그래서 공자는 공야장에 대해 사위를 삼을 만하다고 평하고 비록 포승으로 묶여 옥중에 있었으나 그의 죄가 아니었다며 딸과 결혼시켰다.[339]

## 방무도 면어형륙(邦無道 免於刑戮) 남용

남용(南容)은 공자의 제자로 남쪽 궁궐인 남궁(南宮)에 거주하였고, 이름은 도(縚)이며 또 괄(适)이라고도 하였다. 자(字)는 자용(子容), 시호는 경숙(敬叔)으로 노나라의 대부 맹의자(孟懿子)의 형이다. 언행을 삼가고 잘 다스려지는 조정에서는 등용되어 난세에 화(禍)를 면할 수 있었다.

공자는 남용에 대해 나라에 도(道)가 있을 때에는 버려지지 않을 것이고 나라에 도(道)가 없을 때에는 형벌을 면할 것이라고 평하고 형의 딸과 결혼하게 했다.[340]

---

339)  子 謂公冶長 可妻也 雖在縲絏之中 非其罪也 以其子 妻之. 공야장 1.
340)  子 謂南容 邦有道 不廢 邦無道 免於刑戮 以其兄之子 妻之. 공야장 1.

또 남용이 옥의 흠은 갈아서 없앨 수 있지만 말의 흠은 없앨 수 없다는 백옥(白玉) 시를 하루에 세 번 반복해서 외워서 공자가 형의 딸을 남용에게 시집가게 했다고[341] 적혀 있다. 이는 『시경(詩經)』 대아(大雅) 억편(抑篇)에서 백옥의 흠인 백규(白圭)는 오히려 갈면 없앨 수 있지만 말의 흠은 갈아 낼 수 없다고 하였다. 이는 말을 삼가는 데 깊이 뜻을 둔 것이다. 이 시는 본래 위나라 무공(武公)이 서주의 폭군인 여왕(厲王)을 풍자하고, 신하로 하여금 곁에서 날마다 외우게 함으로써 스스로 경계하기 위해 지은 것이다. 남용 또한 이 구절을 하루에도 여러 번 반복해서 외우는 것을 지켜본 공자는 자신의 말에 신중하려고 노력하는 그에게 형의 딸을 시집가게 한 것이다. 여기서 말을 할 때 함부로 하지 말고 신중하고 깊이 삼가라는 뜻의 '삼복백규(三復白圭)'라는 말이 유래했다.

공자는 덕(德)이 있는 사람의 말이 훌륭하지만, 말이 훌륭하다 하여 반드시 덕(德)이 있는 것은 아니며, 인(仁)한 사람은 반드시 용기가 있지만 용기가 있는 사람이 반드시 인이 있는 것은 아니라고 말했다.[342] 이에 남용이 공자께 "예(羿)는 활을 잘 쏘았고, 오(奡)는 힘이 세어 육지에서 배를 끌고 다녔지만 모두 제명에 죽지 못하였습니다. 그러나 우왕(禹王)과 직(稷)은 몸소 농사를 지었지만 천하를 소유하였습니다"라고 말했다. 공자가 이 말에 바로 답하지 않고 남용이 밖으로 나간 뒤 공자는 남용이 군자이며 덕(德)을 숭상한다고 칭찬하였다.[343] 원문에서 예(羿)는 유궁(有窮)의 임금으로 활을 잘 쏘았다. 하나라의 임금 상(相)에게서 왕위를 빼앗았는데, 그 신하 한착이 또 예(羿)를 죽이고 대신하였다. 오(奡)는 『춘추전(春秋傳)』에 요(澆)로 되어 있는데, 한착의 아들로 힘이 세어 능히 육지에서 배를 끌고 다녔지만 뒤에 하나라 소강(小康)에게 죽임을 당하였다. 우왕(禹王)은 수토(水土)를 다스리고 직(稷)과 함께 씨앗을 뿌려 몸소 농사짓는 일을 하였는데, 우왕은 순

---

341) 南容 三復白圭 孔子 以其兄之子 妻之. 선진 5.
342) 子曰 有德者 必有言 有言者 不必有德 仁者 必有勇 勇者 不必有仁. 헌문 5.
343) 南宮适 問於孔子曰 羿 善射 奡 盪舟 俱不得其死 然禹稷 躬稼而有天下 夫子 不答 南宮适 出 子曰 君子哉 若人 尙德哉 若人. 헌문 6.

임금의 선위를 받아 천하를 소유하였고, 직(稷)의 후손도 주나라 무왕에 이르러 또한 천하를 소유하였다. 주자에 따르면 남궁괄의 뜻은 예(羿)와 오(奡)를 당시의 권력가에게 비유하고, 우왕(禹王)과 직(稷)을 공자에 비유하였다. 그러므로 공자가 바로 답하지 않은 것이다. 그러나 남궁괄의 말이 이와 같아 군자다운 사람이어서 덕(德)을 숭상하는 마음이 있다고 할 만하므로 이것을 인정하지 않을 수 없었다. 그러므로 그가 밖으로 나가기를 기다려 칭찬한 것이다.

### 군자재(君子哉) 자천

자천(子賤)의 성(姓)은 복(宓)이고, 이름은 불제(不齊)다. 공자는 자천을 군자다운 인물이라고 칭찬하고 노나라에 군자가 없었다면 이 사람이 어디에서 이러한 덕(德)을 배울 수 있었냐고 평했다.[344] 주자에 따르면 자천은 어진 이를 존경하고 훌륭한 벗을 취하여 덕을 이룬 사람이기에 공자가 그의 어짊을 칭찬하시고, 노나라에 군자가 많음을 나타냈다.

공자에게 있어서 제자들은 빼놓을 수 없는 존재였다. 제자들은 학문의 계승자이자 공자의 잘못을 비추는 거울 같은 대상이기도 했다. 공자의 가르침의 핵심은 다르지 않지만 가르치는 방법은 제자마다 달랐고 제자들은 스승의 길을 따라 배움을 실천해 나갔다. 배움(學)은 공자 사상의 출발점이라고 할 수 있다. 공자는 청소하며 응대하고 진퇴하는 쇄소응대(灑掃應對)의 기본적인 예절부터 시작해 불치하문(不恥下問)과 같은 학문에 대한 태도와 격물치지를 통한 지식의 확장 등 학문의 방법, 그리고 궁극적인 물유본말의 원리를 제자들에게 가르치고 깨닫도록 하였다. 이는 지식과 인품을 갖춘 이상적 인간상으로 군자가 되기 위한 과정이기도 하다. 공자 역시 이런 과정을 통해서 성인이 될 수 있었고 사상과 행동을 하나의 원리로 꿰뚫을 수 있었다. 이런 과정은 공자의 도(道)로 이어졌다.

---

344) 子 謂子賤 君子哉 若人 魯無君子者 斯焉取斯. 공야장 2.

4
—
공자의 도

공자 일행이 채나라에서 포위돼 있을 때 공자는 제자들이 낙심한 것을 알고 먼저 자로를 불러서 물었다. 『시(詩)』에 이르기를 코뿔소도 아니고 호랑이도 아닌 것이 광야에서 헤매고 있다고 했는데, 나의 도에 무슨 잘못이라도 있어서 여기서 이런 곤란을 당해야 하는지 물었다. 이에 자로가 아마도 우리가 어질지 못하기 때문에 사람들이 우리를 믿지 못하는 것이거나, 우리가 지혜롭지 못하기 때문에 사람들이 우리를 놓아주지 않는 것일 것이라고 말했다. 이를 듣고 공자는 그럴 리 없다며 만약에 어진 사람이 반드시 남의 신임을 얻는다면 어째서 백이와 숙제가 수양산에서 굶어 죽었고 만약에 지혜로운 사람이 반드시 막힘없이 실행할 수 있다면 어찌 왕자 비간(比干)의 심장이 꺼내져 죽었느냐고 반문했다.

　자로가 나가고 자공이 들어오자 공자는 같은 질문을 했다. 자공은 '선생님의 도가 지극히 크기 때문에 천하의 그 어느 국가에서도 선생님을 받아들이지 못합니다. 선생님께서는 어째서 자신의 도를 조금 낮추지 않으시냐고 물었다. 공자는 훌륭한 농부가 비록 씨 뿌리기에 능하다고 해서 반드시 곡식을 잘 수확하는 것은 아니고, 훌륭한 장인(匠人)이 비록 정교한 솜씨를 가졌을지라도 반드시 부리는 사람을 만족시키는 것도 아니다. 군자가 그 도를 잘 닦아서 기강을 세우고 잘 통치할 수는 있겠지만 반드시 세상에 수용되는 것은 아니다. 지금 너는 너의 도는 닦지 않고서, 스스로의 도를 낮추어서까지 남에게 수용되기를 바라고 있다며 뜻이 원대하지 못하다고 지적했다.

　자공이 나가고 안회가 들어왔을 때도 공자는 같은 질문을 하였다. 안회는 '선생님의 도가 지극히 크기 때문에 천하의 그 어느 나라도 선생님을 받아들이지 못합니다. 비록 그렇지만 선생님께서는 선생님의 도를 실천하고 계십니다. 그러니 그들이 받아들이지 않는다고 해서 무슨 걱정이 있겠습니까' 하고 답했다. 그리고 '받아들여지지 않은 연후에 더욱 군자의 참모습이 드러나는 것이고, 무릇 도를 닦지 않는다는 것은 부끄러운 일입니다. 그리고 무릇 도가 잘 닦여진 인재를 등용하지 않는 것은 나라를 가진 자의 수치입니다. 그러므로 받아들여지지 않는다고 해서 무슨 걱정이 되겠습니까' 하고 말했다. 공자는 기뻐하며 안회에게 만약 큰 부자가 된다면 안회의 재무 관리자가 되겠다고 말했다. 제자들의 말처럼 공자의 도는 크고 높기 때문에 세상에 받아들여지지 못했다. 하지만 공자는 도를 세상에 맞추기보다는 자신의 이상을 올곧게 지켜 나갔다.

공자에 있어서 도(道)의 바탕은 하늘(天)이었다. 공자는 도덕적 심판자로서 천의 개념을 재정립함으로써 천에서 천명, 성, 그리고 도(道理)로 이어지는 사상적 흐름을 확립해 사람으로서 하늘로부터 받은 사명(使命)을 수행하는 길을 제시했다. 공자는 혼란한 세상 속에서 천명을 이행하기 위해서 인간 세상 역시 세상만물이 제자리에 맞게 돌아가는 천지운행과 같아야 한다고 생각했다. 이는 사람 사이의 관계와 명분이 다시 제자리를 찾아야 한다는 것이고 그 관계의 핵심은 인(仁)이라고 할 수 있다. 인(仁) 역시 하늘로부터 부여된 성(性)의 덕목이다. 공자는 인을 사람이 당위적이면서도 궁극적으로 행해야 할 도리이자 덕목으로 재개념화하여 삶의 궁극적인 목적으로 삼았다. 나아가 공자는 인의 당위성만을 강조하는 데 그치지 않고 이를 구현하기 위한 중용과 수기를 구체화하고 이를 확장하여 치국과 평천하에 이르는 길을 제시했다.

# 1) 천명의 확립

공자는 나이 오십에 천명(知天命)을 알았고 했다. 열다섯 살에 학문에 뜻을 두었고, 서른 살에 자립했고, 마흔 살에 의혹하지 않았고 쉰 살에 천명을 알았고, 예순 살에는 들으면 그대로 이해되었고, 일흔 살에는 마음이 하고자 하는 대로 따라도 법도를 벗어나지 않았다.[345] 공자는 천명을 알지 못하면 군자가 될 수 없고, 예(禮)를 알지 못하면 설 수 없고, 말을 알지 못하면 사람을 알 수 없다고 했다.[346] 군자는 공자가 교육의 목표로 강조한 이상적 인간상이다. 따라서 군자는 항상 천명을 두려워해 자신을 경계하고 삼가야 하는 것이다. 공자는 군자가 천명을 두려워한다고 했지만[347] 천명에 대해 말을 아꼈다. 공자는 이(利)와 명(命)과 인(仁)에 대해 드물게 말씀하셨다고 한다.[348] 정자는 이(利)를 따지면 의(義)를 해치며, 명(命)의 이치는 은미하고, 인(仁)의 도(道)는 큰 것이어서 모두 공자가 드물게 말씀하신 것이라고 설명했다. 다만 『논어』에는 인과 명에 대한 언급이 상대적으로 많이 나오는데, 이는 『논어』를 편집한 제자들이 공자의 말씀 중에서 인과 명에 관한 것을 많이 기록했기 때문으로 보인다.

자사가 공자의 사상을 전했다는 『중용(中庸)』에는 천명에 대한 설명이 있다.[127] 『중용』은 유교의 기본 사상이 함축적으로 기술된 경전으로 『주역』과 함께 유교 사상의 철학적 구조를 설명하여 이후 성리학의 바탕이 된 책이다. 우주론적 근거와

---

345)  子曰 吾 十有五而志于學 三十而立 四十而不惑 五十而知天命 六十而耳順 七十而從心所欲 不踰矩. 위정 4.
346)  子曰 不知命 無以爲君子也. 不知禮 無以立也. 不知言 無以知人也. 요왈 3.
347)  孔子曰 君子 有三畏 畏天命 畏大人 畏聖人之言. 小人 不知天命而不畏也 狎大人 侮聖人之言. 계씨 8.
348)  子 罕言利與命與仁. 자한 1.

배경에 바탕을 두고 인간문제를 규명하는『중용』은 성선관(性善觀)에 바탕을 둔 천인합일을 주제로 삼고 있다. 모두 33장으로 되어 있는데, 전반은 중용에 대해서 주로 다루고 있다. 중(中)이란 갑골문에서 깃대를 뜻한다. 깃대에 달린 깃발은 바람에 따라 이리저리 휘날리지만 그 중심에 있는 깃대는 굳건히 움직이지 않는 것처럼, 중용도 마찬가지다. 옳은 신념은 깃대처럼 중심을 잡고 있어야 되며, 바람이 사방에서 몰아쳐도 기울어지지 않고 상황에 맞게 적절히 대응하는 것이 중용이다. 후반은 성(誠)에 대한 내용으로 구성되어 있다.

주자가 쓴 중용장구서(中庸章句序)에 따르면 요(堯), 순(舜), 우(禹)는 천하의 큰 성인이며, 이후 성탕과 문왕, 무왕과 같은 임금과 요, 순, 우 임금을 모신 고요(皐陶), 상나라 건국을 도운 이윤, 상나라의 충신인 부열, 주나라의 주공, 무왕의 동생인 소공 같은 신하가 도통을 이었다. 공자는 그 지위는 얻지 못했으나 옛 성인을 계승하여 학문을 열어서 그 공이 오히려 요순보다 더하다고 했다. 다만 공자의 사상이 오직 안연과 증자에게만 전해졌고, 증자가 다시 공자의 손자인 자사에게 전했다. 자사는 그 도(道)가 오래되어 그 진리를 잃어버릴 것을 염려하여『중용』을 지어 후학들을 가르쳤다. 자사는 열네 살까지 할아버지인 공자에게서 교육을 받았다고 한다. 자사는『중용』에서 공자의 말씀을 많이 인용했는데 대부분이『논어』와 증자가 쓴『대학』이다. 그래서『중용』에는『논어』와『대학』의 중요 사상이 집약되어 있는 것이다. 그리고『중용』의 사상은 맹자로 이어졌다.

『중용』경 1장에 따르면 하늘이 명(命)하신 것을 성(性)이라 이르고, 성(性)을 따르는 것을 도(道)라 이르고, 도(道)를 수양하는 것을 교(敎)라 이른다고[349] 했다. 이를 보면 천(天)은 만물을 낳고 조화·발육하는 존재이면서 윤리와 도덕의 원천이다. 주자에 따르면 명은 명령(令)과 같으며, 성은 바로 리(理)다. 하늘이 음양오행으로써 만물을 낳아 기(氣)로 형체를 이루고 리(理)를 부여하여서 명령하는 것과 같은 것이다. 이렇게 인간과 만물이 천명을 받고 태어난 본성의 덕은 마땅히 구

---

349)  天命之謂性 率性之謂道 修道之謂敎.

현해야 할 당연한 가치다. 맹자는 마음을 다 실천하면 마음의 근원인 성(性)을 알수 있으며, 그 성을 알면 더 나아가서 성의 근원인 하늘을 알 수 있게 된다고 했다. 이어 그 마음을 보존하여 그 성을 기른다는 것은 하늘을 섬기는 것이고, 살고 죽는 것을 마음에 두지 않고 몸을 닦아 천명(天命)을 기다리는 것은 명(命)을 세우는 것이라고 했다.[350] 결국 본성에 따라 가는 삶이 바로 우리 인간의 길이(道)며 이 인간의 길을 닦아 놓은 것이 성인의 가르침(敎)이다.

## (1) 천(天)

주 왕조에 들어와서는 상 왕조 때 숭배하던 제(帝) 대신에 주족의 수호신인 천(天)이 새로운 숭배의 대상이 되었다. 원래 천은 만물을 낳고 만물을 보호하는 것을 임무로 하는 인격신이었지만 이후 무신론적 존재로 변화했다. 천의 개념은 갑골문에 나온 최고신인 제(帝)나 상제를 지나 서주시대에 들어서는 천도(天道)나 천리(天理)일 뿐만 아니라 최고신이자 절대원리로서 인간의 인격 형성과 상벌의 궁극적 규범으로 존재하게 되었다.

신(神)이란 종교의 대상으로 초인간적, 초자연적 위력을 가지고 인간에게 화와복을 내린다고 믿는 존재다. 인류 역사를 보면[128] 신이나 죽은 조상이 자신을 살펴보고 있다고 믿었던 사람들은 더욱 엄격하게 사회의 규칙을 지켰다. 신을 믿는 사람은 그 종교에서 요구하는 도덕적 명령을 따르거나, 따르려고 노력한다. 초자연적인 징벌을 두려워한 인간들이 강력한 사회 구조와 지속성을 가진 도덕적 사회를 만들어 냈던 것이다. 전통적으로 종교는 사회에 도덕과 윤리, 관습법을 제공해왔고 이를 통해 사람들의 이기심을 억눌러 사회를 통합하는 데 기여하였다. 거의모든 종교는 영혼이 죽음 이후에도 존속한다고 믿거나, 신이 인간의 행운과 불운

---

350)  孟子 曰 盡其心者 知其性也 知其性 則知天矣. 存其心 養其性 所以事天也. 殀壽 不貳 修身以俟之 所以立命也.
      진심 상 1.

을 결정한다고 믿는다. 세상에 다양한 여러 형태의 종교들이 있지만, 공통적인 양식이 존재한다. 즉 신을 그 사회의 전지전능한 지배자이자 선악의 심판자로 믿는다는 사실이다. 사람들은 그 신이 이 세상에서 일어나고 있는 여러 사건들을 지켜보고 있으며 기도와 제사 또는 일정한 규율을 가진 의례로 그들을 움직일 수 있다고 믿고 있다.

서주 시기부터 천은 중국인의 의식 속에서 최고신의 위치를 차지하여 나라와 개인의 운명을 주재하는 궁극적인 결정권을 가진 절대자로 추종되었다. 천은『시경』의 '천생중민(天生蒸民)'과『좌전』의 하늘이 백성을 낳고 그리고 임금을 세운다는 '천생민이수지군(天生民而樹之君)'이라는 말에서도 알 수 있듯이 인간을 비롯한 만물을 낳는 존재다. 반면『중용』의 '천명지위성(天命之謂性)'이라는 구절에서 본다면 천의 명(命)이 인간에 내재하는 것으로 되어 있어서 천과 인간의 관계는 천인합일(天人合一)의 관계로 전환한다.

공자는 천 신앙을 새롭게 해석하여 단지 자연적인 존재의 대상이 아니라, 도덕실천의 근거 혹은 도덕 가치의 근원으로서 천을 이해했다. 광(匡) 땅 사람들이 공자를 양호로 오인하여 포위했을 때 공자는 하늘이 아직 이 문(文)을 없애려 하지 않으신다면, 광(匡) 땅 사람들이 나를 어떻게 할 수 있냐며[351] 천명이 자신에게 있다고 강조했다. 송나라 사마환퇴(司馬桓魋)가 공자를 죽이려 했을 때도 공자는 "하늘이 나에게 덕(德)을 주셨으니, 환퇴가 나를 어쩌겠는가"[352] 하며 하늘의 뜻이 자신에게 있다고 했다. 공자는 자신에게 덕을 부여한 것도 천이며, 주의 문화를 계승하게 하고 이를 후세에 전하게 한 존재도 천이라는 확고하게 믿었다. 이와 같이 천과 공자의 관계는 사명(使命)을 주고받은 관계로서 공자의 의식 안에 천 신앙이 굳게 자리 잡고 있다는 것을 알 수 있다.

---

351)  子 畏於匡 曰 文王 旣沒 文不在玆乎 天之將喪斯文也 後死者 不得與於斯文也 天之未喪斯文也 匡人 其如予 何. 자한 5.

352)  子 曰 天生德於予 桓魋 其如予何. 술이 22.

공자에게 천은 궁극적으로 도덕적 심판자다. 공자가 자신을 아는 이가 없다고 탄식했을 때 자공이 이를 듣고 어찌하여 선생님을 아는 이가 없다고 하시냐고 위로했다. 공자는 하늘을 원망하지 않고 사람을 탓하지 않으며, 아래로 인간의 일을 배워 위로 천리(天理)를 통달하였기 때문에 자신을 알아주는 것은 하늘일 것이라고 했다.[353] 따라서 공자는 군자가 천명을 두려워하고, 대인을 두려워하고, 성인의 말씀을 두려워한다고 했다.[354] 주자는 천명(天命)을 두려워할 줄 알면 곧 삼가며, 두려워하기 때문에 배우는 도중에 그만둘 수 없어서 하늘로부터 받은 것을 잃지 않을 것이라고 했다. 또 대인과 성인의 말씀은 모두 천명에 마땅히 두려워해야 할 바여서 천명을 두려워할 줄 알면 대인과 성인의 말씀을 공경하며 두려워하지 않을 수 없는 것이라고 했다.

어느 날 위(衛)나라의 권신(權臣)인 왕손가(王孫賈)가 아랫목 신(神)인 임금에게 잘 보이기보다는 차라리 부엌 신(神)인 권신(權臣)에게 잘 보이는 것이 낫다는 말이 있다면서 무슨 말인지 공자에게 물었다. 공자는 그렇지 않다고 강하게 부정하며 하늘에 죄를 지으면 어디에 빌어도 소용이 없다고 말했다.[355] 주자에 따르면 천(天)은 곧 리(理)이고 그 크고 높음이 상대가 없어서 아랫목 신과 부엌 신에 비할 수 있는 것이 아니다. 이치를 거스르면 하늘에 죄를 얻게 되는 것이어서 "어찌 아랫목 신과 부엌 신에게 아첨하여 빌어서 면할 수 있는 것이겠는가"라고 말한 것이다. 따라서 공자가 마땅히 이치를 따라야 한다고 지적한 것이다.

노나라의 공백료(公伯寮)가 계손(季孫)에게 자로를 참소했을 때 일이다. 노나라 대부인 자복경백(子服景伯)이 공자께 아뢰기를 계손이 진실로 공백료의 말에 현혹됐다며, 자신의 힘이 그래도 공백료를 죽여 그 시신을 거리에 내걸 수 있다고 했다. 공자는 이를 듣고 도(道)가 장차 행해지는 것도 명(命)이며 도가 장차 폐(廢)하

353)  子曰 莫我知也夫. 子貢曰 何爲其莫知子也 子曰 不怨天 不尤人 下學而上達 知我者 其天乎. 헌문 37.
354)  孔子曰 君子 有三畏 畏天命 畏大人 畏聖人之言. 小人 不知天命而不畏也 狎大人 侮聖人之言. 계씨 8.
355)  王孫賈 問曰 與其媚於奧 寧媚於竈 何謂也 子曰 不然 獲罪於天 無所禱也. 팔일 13.

는 것도 명인데, 공백료가 그 명을 어찌하겠는가 했다.[356] 사량좌(謝良佐)는 비록 공백료의 참소가 행해지더라도 또한 명(天命)이기 때문에 사실상 공백료가 어찌할 수 없는 것이라고 했다.

천명은 천인합일(天人合一) 사상으로 이어져 동양 전통 사상의 기본적 바탕을 이루었다. 천인합일 사상은 인간과 자연이 하나임을 가리키는 개념으로, 인간과 자연을 유기적인 관계로 파악하고 이 둘의 조화를 추구하는 사상이다. 『맹자』에서 맹자는 자신의 마음을 다하면 본성을 알게 되고 자기의 본성을 알게 되면 곧 하늘의 이치를 알게 된다고[357] 하였다. 이는 곧 사람의 마음과 본성이 본래 하늘과 일체임을 나타내고 학문의 길을 진심(盡心)·지성(知性)·지천(知天)의 세 단계로 세분하였다. 또 맹자는 군자가 지나가면 교화(敎化)되며, 마음에 간직하고 있으면 신묘(神妙)해진다. 그러므로 위아래로 천지와 함께 널리 유행하기 때문에 군자가 어찌 조금만 보탬이 있다고 하겠는가 말했다.[358] 이 장에서 맹자는 천인합일을 구체적으로 '여천지동류(與天地同流)'라고 표현하였다.[129] 천인합일론은 두 가지 의미를 가지고 있는데, 하나는 하늘과 사람이 서로 통한다는 천인상통(天人相通)이고 다른 하나는 하늘과 사람이 서로 유사하다는 천인상류(天人相類)다. 천인상통의 관념은 맹자에게서 발단하여 송대의 도학, 즉 성리학에서 크게 발달하였다. '천인상통설'에는 하늘의 덕성이 곧 사람의 심성 속에 포함되어 있다고 주장하고 천도와 인도가 실제로 하나로 관통한다고 여긴다. 한나라 유학자 동중서(董仲舒)는 하늘도 인간과 같은 희로애락이 있다고 설명함으로써 천인합일 사상을 더욱 발전시켰다.

천인합일의 바탕에는 『중용』의 핵심 개념인 성(天命之謂性)과 도(率性之謂道) 그리고 교(修道之謂敎)가 있다. 공자의 가르침은 궁극적으로 천지 운행의 도리

---

356) 公伯寮 愬子路於季孫 子服景伯 以告曰 夫子 固有惑志於公伯寮 吾力 猶能肆諸市朝 子 曰 道之將行也與 命也 道之將廢也與 命也 公伯寮 其如命 何. 헌문 38.
357) 盡其心者 知其性也 知其性 則知天矣. 진심장 상 1.
358) 夫君子 所過者 化 所存者 神 上下 與天地同流 豈曰小補之哉. 진심장 상 13.

(道)를 좇는 것이었다. 어느 날 공자가 말을 하지 않으려고 한다고 했을 때 이를 들은 자공은 선생님께서 말씀을 하지 않으시면 제자들이 어떻게 도(道)를 전할 수 있겠냐고 물었다. 이에 공자는 하늘이 무슨 말을 하는가 반문하며 "그럼에도 사시(四時)가 운행되고 온갖 물건이 자라난다. 그러니 하늘이 무슨 말을 하는가"라고 거듭 말했다.[359] 사시(四時)가 운행되고 온갖 만물이 성장하는 것은 천리가 나타나고 널리 퍼져서 명백한 것이기 때문에 말을 기다리지 않고도 볼 수 있는 것이라고 주자는 설명했다. 이처럼 하늘의 도와 군자의 도는 서로 통하고 이어져 있다.

천은 춘추전국시대 이후[130] 최고의 높은 존재를 뜻하는 개념으로 발전하고 절대적 존재의 명령이란 의미를 지니게 되면서 천명(天命) 관념이 확립되었다. 천이 만물을 낳고 인간이 그것을 완성시킨다는 관념의 성립으로 천자(天子) 즉 황제는 천명을 받은 사람으로 인식되었다. 결국 중국 정치 사상에서 천이 인격화되면서 지배의 정통성을 구하는 수단으로 이용되었으며, 일반 백성들에게 천을 두려운 존재로 인식하게 함으로써 황제의 지배질서에 복종하도록 했다. 천인합일과 천명 관념 등을 동원하여 지배의 정당성을 확보하는 데 주력했던 천(天) 관념은 군주전제주의를 뒷받침하는 중요한 사상이었다.

하지만 천명과 천리와 같은 관념이 절대적인 군주권력에 대해 일정한 제약을 가했다는 것도 중국 정치 사상사의 중요한 특징 가운데 하나다. 『서경』 강고(康誥)편을 보면 "천명(天命)은 일정하지 않다" 하였으니, 선(善)하면 얻고 선(善)하지 않으면 잃는다고 했다.[360] 천인합일을 이론화한 동중서(董仲舒)는 하늘과 인간은 하나로서 서로 감응하는 존재로 이해하였다. 즉 자연현상의 하나인 천재지변은 정치와 도덕이 문란하여 음양의 운행이 교란하여 발생하는 것이며, 반대로 군주가 바르면 음양의 운행이 정상화됨으로써 상서로운 현상이 나타난다는 것이다. 군주는 하늘 즉 천(天)의 대행자인 초인간적인 존재이기 때문에 군주의 잘못에 대해서는

---

359)　子曰予欲無言 子貢曰 子如不言 則小子 何述焉. 子曰 天何言哉 四時 行焉 百物 生焉 天何言哉. 양화 19.

360)　康誥 曰 惟命 不于常 道善則得之 不善則失之矣. 『대학』 전10장.

하늘이 천재지변을 통해서 경고한다는 것이다. 따라서 천자는 왕도 정치를 실현하여 천하를 바르게 하고, 덕치(德治)에 힘쓰지 않을 수 없었다.

## (2) 성(性)

『맹자』를 보면『시경』증민(蒸民)편에 이르기를 하늘이 여러 백성을 낳았으므로 사물이 있으면 법칙이 있다. 사람들이 떳떳한 본성을 가지고 있기 때문에 이 아름다운 덕(德)을 좋아한다고 하였는데, 공자는 이 시를 지은 자는 도(道)를 아는 자라고 하시고 사물이 있으면 반드시 법칙이 있기 마련이라며 사람들이 떳떳한 본성을 가지고 있기 때문에, 이 아름다운 덕을 좋아하는 것이라고 말씀했다.[361] 그리고『중용』에서는 하늘이 만물을 낼 적에는 반드시 그 재질을 따라 돈독히 하여, 심은 것은 북돋아 주고, 기울어지는 것은 엎어 버린다고[362] 했다.[131] 공자는『시경』을 통해서 만물을 조화, 생성하는 존재의 근원으로서 천(天)이 도덕의 근본이 되고 인간을 포함한 만물은 모두 본성의 덕을 받아 태어났다는 것을 인정한 것이다. 이어 맹자는『시경』의 구절과 공자의 말을 통해서 측은지심(惻隱之心), 수오지심(羞惡之心), 사양지심(辭讓之心), 시비지심(是非之心) 등 사단(四端)의 선한 본성을 하늘로부터 받았다고 주장했다.

맹자는 사람들 모두가 남에게 차마 못 하는 마음인 불인지심(不忍人之心)이 있다고 했다. 때문에 선왕께서는 남에게 차마 못 하는 마음을 가지시고 곧 남에게 차마 못 하는 정치를 하셨다고 했다. 남에게 차마 못 하는 마음을 가지고 남에게 차마 못 하는 정치를 하면, 천하를 다스리는 것은 손바닥 위에 놓고 움직이는 것처럼 쉬울 것이라고 했다. 이어서 사람들이 모두 남에게 차마 못 하는 마음이 있다고 말

---

361)  詩曰 天生蒸民 有物有則 民之秉夷(彝) 好是懿德 孔子 曰 爲此詩者 其知道乎 故 有物 必有則 民之 秉夷也 故 好是懿德. 고자 상 6.
362)  故 天之生物 必因其材而篤焉 故 栽者 培之 傾者 覆之.『중용』17장.

하는 근거를 다음과 같이 설명했다. 지금 어떤 사람이 갑자기 어린아이가 우물로 들어가려는 것을 보면 누구나 깜짝 놀라고 불쌍한 마음이 든다. 이런 마음이 생기는 것은 어린아이의 부모와 친분을 맺기 위해서도 아니고 그렇게 함으로써 마을 사람들과 친구들에게 칭찬을 듣기 위해서도 아니며, 그런 어린아이를 구하지 않았을 경우에 듣게 될 비난을 싫어해서도 아니다. 이로 말미암아 본다면 측은하게 여기는 마음인 측은지심이 없으면 사람이 아니며, 자신의 악을 부끄러워하고 남의 악을 미워하는 마음인 수오지심이 없으면 사람이 아니며, 양보하는 마음인 사양지심이 없으면 사람이 아니며, 옳고 그름을 가리는 마음인 시비지심이 없으면 사람이 아니다. 따라서 측은지심은 인(仁)의 단서고, 수오지심은 의(義)의 단서고, 사양지심은 예(禮)의 단서며, 시비지심은 지(智)의 단서다. 사람이 이 네 가지 단서인 사단(四端)을 가지고 있는 것은 사지(四肢)를 가지고 있는 것과 같다. 이 사단을 가지고 있으면서도 스스로 인의(仁義)를 행할 수 없다고 말하는 자는 자신을 해치는 자고, 자기 임금이 인의를 행할 수 없다고 말하는 자는 자기 임금을 해치는 자다. 무릇 나에게 있는 사단을 모두 넓혀서 채워 나갈 줄 알면, 마치 불이 처음 타오르고 샘물이 처음 나오는 것과 같아서 능히 이것을 확충한다면 온 천하도 보호할 수 있겠지만, 진실로 이것을 확충하지 못한다면 부모조차도 섬길 수 없을 것이라고 맹자는 말했다. [363]

## 성상근 습상원(性相近 習相遠)

성(性)은 심장의 생김새를 표현한 심(心)과 태어난다는 생(生)으로 이뤄져 '사람에게 태어나면서부터 갖춰진 마음'이란 뜻이다. 본래 신체의 장기나 인간의 본능

---

363)  孟子 曰 人皆有不忍人之心 先王 有不忍人之心 斯有不忍人之政矣 以不忍人之心 行不忍人 之政 治天下 可運之掌上 所以謂人皆有不忍人之心者 今人 乍見孺子 將入於井 皆有怵惕 惻隱之心 非所以內交於 孺子之父母也 非所以要譽於鄕黨朋友也 非惡其聲而然也(由是觀之 無惻隱之心 非人也 無羞惡之心 非人也 無辭讓之心 非人也 無是非之心 非人也(惻隱之心 仁之端也 羞惡之心 義之端也 辭讓之心 禮之端也 是非之心 知之 端也 人之有是四端也 猶其有四體也 有是四端 而自謂不能者 自賊者也 謂其君不能者 賊其君者也 凡有四端 於我者 知皆擴而充之矣 若火之始然 泉之始達 苟能充之 足以保四海 苟不充之 不足以事父母. 공손추 상 6.

을 얘기하던 심성(心性)이 춘추시대 이후 '사람의 도리'를 실현하는 근거로서 인간 일반의 선천적이고 자연적인 인간성을 의미하게 되었다.[132] 공자의 인간론은 송대(宋代) 유학에서 보이는 철학적이고 우주적인 체계를 지닌 인간론에 중점을 둔 것은 아니었다. 언급했듯이 가장 먼저 성(性)을 논한 사람은 공자이지만 『논어』 전체에서 성(性)이라는 말이 나오는 경우는 두 번뿐이었고 그중 한 번은 공자에게서 인성에 대한 설명을 들은 적이 없다는 자공의 회고로 선생님의 문장(文章)은 들을 수 있었지만 선생님께서 성(性)과 천도(天道)에 대해 말씀하시는 것은 들을 수 없었다는 것이다.[364] 원문에서 문장(文章)은 덕(德)이 밖으로 나타나는 것으로 예법에 맞는 몸가짐인 위의(威儀)와 공자의 말씀인 문사(文辭)를 말한다.

성리학에서 인간 본성이란 인간의 탄생과 더불어 타고난 것으로 인간 의지로써 인위적으로 만들기 이전에 이미 존재하는 천 혹은 자연으로부터 부여된 것이다.[133] 본성(性) 개념의 확립은 인간 정체성의 확립을 가능하게 하는 단서를 제공해 준다는 점에서 동양 사상사에서 중요한 전환점이 아닐 수 없다. 이 본성(性) 개념을 제시한 사람이 바로 공자다. 공자는 천도와 천명 등과 같은 형이상학적인 개념에 대해서는 언급을 자제했지만 성품은 서로 비슷하지만 습관에 의하여 서로 멀어지게 된다는[365] 말을 통해 후대에 다양한 논의가 나올 수 있는 근거를 마련했다. 주자에 따르면 공자가 말한 성(性)은 기질(氣質)을 겸하여 말한 것으로 기질의 성(性)이 본래 좋고 나쁜 차이가 있다. 성리학의 이념에 따르면 '본연지성'은 리(理)에서 생기는 것이기 때문에 흠이 없고 순수한데, '기질의 성'은 기(氣)에서 생기는 것이기에 '통함과 막힘(通塞)', '치우침과 바름(偏正)'의 차별이 생기게 된다.

그러므로 성(性)의 처음을 가지고 말한다면 모두 서로 크게 멀지 않으나, 선(善)에 익숙해지면 선해지고 악(惡)에 익숙해지면 악해지는 것이어서 이 때문에 서로 멀어지게 되는 것이다. 정자(程子) 역시 성(性)은 기질지성(氣質之性)을 말한 것

---

364)  子貢 曰 夫子之文章 可得而聞也 夫子之言性與天道 不可得而聞也. 공야장 12.
365)  子 曰 性相近也 習相遠也. 양화 2.

이고 본연지성(本然之性)을 말한 것이 아니라고 했다. 그 근본으로 말하면 성(性)은 곧 리(理)인 것이고 리(理)는 선(善)하지 않음이 없어서 맹자가 말한 성선(性善)이 바로 이것이라고 했다. 인간의 본성은 곧 천리라는 성리학의 근본 이념인 성즉리(性卽理)와 통하는 사상들이 이미 유가의 경전 속에서 나타나 있었지만 이를 성즉리라고 간단 명료하게 밝힌 것은 송나라 학자 정이(程頤)다. 『논어』에서 단 두 차례밖에 등장하지 않은 성 개념은 『중용』(9회)을 거치고 마침내 『맹자』(36회)에 심(心) 개념과 연결되면서 중요한 철학 개념으로 정착했다.[134]

특히 『중용』의 1장은 성을 천명으로 확인하고 이를 다시 도(道)·교(敎)와 연결지어 하늘의 명령과 사람이 가야 할 길 그리고 도를 배워야 하는 것이 모두 성과 연관된다는 것을 분명히 해 준다. 나아가 『중용』에서 성(誠)으로 말미암아 밝아지는 것(明)을 성(性)이라 이르고, 명(明)으로 말미암아 성실(誠)해지는 것을 교(敎)라고 했다. 그러므로 성(誠)하면 밝아지고, 밝아지면 성(誠)해진다고 했다.[366] 이는 밝은 덕을 밝힌다는 것으로부터 시작해서 인간 본성에 대한 연구로 나아가고 궁극적으로 본성(性)은 천지의 변화와 생성을 돕게 된다. 그래서 『중용』에서 오직 천하에 지극히 성(誠)한 분이어야 그 성(性)을 다할 수 있다고 한 것이다. 이어 그 성(性)을 다하면 사람의 성(性)을 다할 수 있고, 사람의 성을 다하면 만물의 성(性)을 다할 수 있고, 만물의 성을 다하면 천지의 화육(化育)을 도울 수 있고, 천지의 화육을 도우면 천지와 함께 나란히 설 수 있게 되는 것이다.[367]

성리학에 있어서 리의 주재라는 말은 고대의 상제와 천명이라는 개념까지 거슬러 올라간다.[135] 본래 주재(主宰)라는 말은 상제가 이 세상을 주재한다는 표현에서 비롯된 것이다. 보았듯이 상제란 우주만물을 주재하는 최고의 인격신을 의미한다. 자연현상에서 비, 바람, 번개 등을 주관할 뿐만 아니라 인간사회에서도 착

---

366) 自誠明 謂之性 自明誠 謂之敎 誠則明矣 明則誠矣. 『중용』 21장.

367) 惟天下至誠 爲能盡其性 能盡其性 則能盡人之性 能盡人之性 則能盡物之性 能盡物之性 則可以 贊天地之化育 可以贊天地之化育 則可以與天地參矣. 『중용』 22장.

한 사람에게 복을 주고 악한 사람에게 벌을 내리는 방법으로 이 세상을 주재하였던 것이다. 상제의 개념이 퇴색되고 이어서 천, 천명, 천도 등이 그 자리를 대신하였고 송대에 이르면서 주자는 상제를 리(理)로 대체하여 리가 세상만사를 주재하는 것으로 규정한다. 『중용장구』 제1장에서 주자는 이 세상의 모든 존재를 리와 기의 구성으로 설명한다. 그래서 사람과 사물이 생겨날 때에 모두 천지의 기를 받아서 형체를 이루고, 천지의 리를 받아서 본성을 이룬다. 다시 말하면 리(理)는 우주 전체를 관통해 존재하고 있는 법칙과 같은 것으로 일정한 형체에 부여된 뒤에 성(性)이 된다는 것이다.

주자는 천하에 성이 없는 사물이 없다. 그러므로 사물이 있으면 성이 있고 사물이 없으면 성도 없다고 말한다. 물론 이때 하늘이 부여한 리와 사람과 사물 속에 부여된 성은 그 성질이 같다. 주자는 이들의 관계를 물속의 물고기에 비유하여 설명한다. 즉 물속에는 물고기가 있는데, 이때 물고기 배 속의 물은 바로 물고기 몸 밖의 물과 같다는 것이다. 여기에서 물고기 몸 밖의 물은 리를 가리키고, 물고기 배 속의 물은 성을 가리킨다. 즉 물고기 몸 밖의 물이나 물고기 배 속의 물이나 그 성질이 다르지 않은 것처럼 하늘이 부여한 리와 사람과 사물에게 내재된 성은 그 성질이 같다는 말이다. 여기에서 성즉리(性卽理) 즉 '성이 곧 리'라는 성리학의 명제가 성립된다.

정이와 주자에게 직접적인 영향을 준 사람은 송나라 사상가 장재(張載)와 소옹(邵雍)이었다.[136] 장재는 구체적이고 실질적인 사물이 나타났다가 사라지는 것을 기(氣)의 모임과 흩어짐으로 설명하였다. 기의 모임으로 말미암아 사물들이 형성되고 생겨난다는 것이다. 그러나 이 이론은 서로 다른 종류의 사물들이 왜 생겼는지를 설명하지 못한다. 꽃과 나뭇잎은 둘 다 기가 모여 생긴 것이라고 인정한다 하더라도 왜 꽃은 꽃이고 나뭇잎은 나뭇잎인지 그 이유에 대하여는 알지 못했다. 여기에 정이와 주자의 리(理) 개념이 나왔다. 이들에 의하면 우리가 보는 우주는 기(氣)뿐만 아니라 리(理)의 산물이다. 기의 응집이 서로 다른 리에 따라서 서로 다른 방법으로 일어나기 때문에 수많은 다른 종류의 사물들이 존재한다. 꽃은 꽃의 리에 따라서 기가 응집되었기 때문에 꽃이 되었고, 나뭇잎의 리에 따라서 기가 응집되었기 때문에 나뭇잎이 되었다. 비유하자면 리(理)는 유전자와 같다고 하겠다. 생명체는 유전 정보를 토대로 신체를 형성하고 고유의 형질을 발현하는데, 유전자는 이 과정에서 생명체의 설계도 기능을 한다. 이처럼 리는 기의 형태를 규정한다.

인간은 선천적으로 절대선에 해당하는 리가 부여되어 성으로 내재하게 된다.[137] 여기서 선천적이라는 것은 우리가 공간과 시간을 인식하게 되는 것과 같다. 공간과 시간은 그냥 그 자체로 존재하는 것도 아니고 우리가 열심히 궁리한다고 하여 알게 되는 개념도 아니다.[138] 공간과 시간은 우리의 타고난 능력으로서 직관적으로 이런 것이 있다고 본능적으로 깨닫게 되는 것이다. 따라서 그것은 생각하지도 못하고 알지도 못하는 사이 체득하게 되는 의식과 같다. 이런 상태를 선천적이라고 부르는 까닭은 이를 경험에 의해서 아는 것이 아니라, 태어날 때 이미 우리 자신에게 갖추어져 있기 때문이다. 나아가 이러한 공간과 시간에 대해 모든 인간은 똑같은 인식구조를 가지고 있기 때문에 시공간의 관념은 객관적이고 보편타당성을 얻게 되는 것이다.[139] 칸트도 『순수이성비판』에서 모든 지식은 경험과 함께 출발하지만 지식 모두가 경험에서 나오지 않는다고 주장했다. 이 때문에 경험에서 생겨나지 않는 지식에 중요한 요소가 있다는 점을 강조하고 이를 적극적으로 탐구해 나가기 시작했다. 따라서 성과 리는 시공간의 관념처럼 선천적으로 부여된 것이다.

리가 부여된 성은 악의 요소가 전혀 없는 절대선이고 하늘로부터 주어진 리와 분리될 수 없는 존재가 된다. 천인합일(天人合一)이라고 하여 하늘의 이치를 인간의 근거로 삼는 동양의 사유구조가 여기에서 성립된다. 이로써 주자는 인간의 본성이 선하다는 의미를 '성즉리'라는 개념으로 규정했다. 이렇게 선천적으로 부여된 리(理)는 우주의 질서이자 만물의 법칙이며 또한 인간이 따라야 할 최고의 기준이자 도덕준칙이 된다.[140] 즉 우주만물의 법칙인 리가 인간에 내재되어 인간의 본질인 도덕성의 근거가 된다는 뜻이다. 이것은 인간의 도덕규범을 자연법칙과 동일하게 인식하여 영원불변하며 어길 수 없는 것으로 본 것이다. 다시 말하면 우주자연의 질서가 곧 인간사회의 당위적 도리가 된다는 말이다. 주자는 리로써 자연법칙뿐 아니라 인간 존재의 당위를 설명하고, 더 나아가 심성론과 수양론 등을 체계적으로 설명했다.

정리하면[141] 주자학에서는 우주자연의 질서와 인간 심성의 구조가 동일하다고 생각하였고 그렇기 때문에 우주 자연의 질서가 곧 인간사회의 규범이 된다고 믿었다. 주자에 따르면 성(性)은 사람이 하늘에게 받아 태어난 것이고, 천도(天道)는 우주의 원기(元氣)가 두루 미쳐 만물이 나날이 새로워지는 도여서 그 이치가 심오하고 정미하다.[368] 이를 증명하기 위하여 이기론을 주장하였는데, 그 목적은 우주자연의 근본 이치인 리(理)가 인간의 성(性)과 일치한다는 것을 밝히는 데 있었다. 그 근거로 우주론적 질서를 『주역』의 이기론에 입각하여 태극과 음양오행을 근간으로 인간의 심성정(心性情)을 체계화하였고, 인간의 심성론은 『중용』의 '성즉리' 즉 하늘의 리가 인간의 성으로 변화했다는 내용과 맹자의 성선설을 근거로 하였다. 리는 북송시대를 거치면서 존재의 원리뿐 아니라 윤리적 규범에 이르기까지 성리학 최고의 근원이 된다. 이처럼 성리학은 인간이 마땅히 수행해야 할 도덕적 규범을 우주자연의 질서 속에서 그 근거를 찾는다. 우주만물의 법칙인 리가 인간에 내재되어 인간의 본질을 구성하는 도덕성의 근거가 된 것이다. 따라서 리는 실제하는 대상이면서 마땅히 행해야 할 사명이 되었다.

이 때문에 송나라와 명나라의 유학은 성리학이라고도 하지만 신유학이라고 하여 이전의 유학과 뚜렷한 차이를 보인다.[142] 기존의 유학이 이상적인 사회를 위한 정치철학 또는 사회철학의 특성을 지녔다면, 신유학은 그 바탕 위에서 한나라의 음양 사상 등 자연철학과 도교, 불교의 존재론을 결합해서 형이상학적 특성을 뚜렷하게 드러냈다. 인간을 포함한 세상만물을 낳는 근원으로 여겨지던 기를 대체

---

368)　性者 人之所受以生也 天道者 元亨日新之道 深微 故不可得而聞也. 공야장 13 註.

하여 리가 등장한 것이다. 그리고 천명(命)·성(性)·리(理)에 대한 궁리를 통해서 성즉리(性卽理)로 이어진 성리학은 인(仁)을 통해서 감정과 이기심을 통제하고 본성을 회복하는 도덕론을 주장하게 되었다.

## 인무유불선 수무유불하(人無有不善 水無有不下)

다만 완벽한 천리를 받은 인간이 어떻게 악을 행하는지에 대해서는 의문이었다. 공자 이후에 맹자는 선으로써 성(性)을 말했다. 그래서 성이 선한가, 악한가의 문제는 맹자 이후에 성을 논하는 주요 쟁점이 되었다. 맹자는 성 속에 인의예지(仁義禮智)라는 네 개의 단서가 있다고 했다. 인의예지라는 네 개의 근본적인 선은 성 속에 이미 그 단서로 갖추어져 있으며, 성은 본래 갖고 태어나는 것으로 열심히 힘써 수양해서 없었던 것이 새로 생겨나지 않는다고 했다. 즉 사람은 모두 측은, 수오, 사양, 시비의 마음을 지니고 있다. 이것은 사람이 본래부터 갖고 있는 것으로서 때에 따라서 발현하는 것이지 후천적으로 생겨나는 것이 아니다.『맹자』를 보면 맹자와 고자(告子)가 선(善)에 대해서 토론한 내용이 있다. 먼저 고자가 사람의 성(性)은 소용돌이치는 물과 같아서, 동쪽으로 터놓으면 동쪽으로 흐르고, 서쪽으로 터놓으면 서쪽으로 흐른다. 사람의 성이 선(善)과 불선(不善)의 구분이 없는 것은 물이 동쪽과 서쪽의 구분이 없는 것과 같다고 했다. 그러자 맹자는 "물이 진실로 동서의 구분이 없지만, 상하의 구분도 없습니까" 하고 반문했다. 이어 사람의 성이 선한 것은 물이 아래로 내려가는 것과 같아서 사람은 선하지 않은 사람이 없으며 물은 낮은 데로 흘러가지 않는 것이 없다고 설명했다.[369]

이어 맹자의 제자인 공도자는 '고자에 따르면 사람의 성(性)은 선함도 없고 불선도 없다고 하였다. 또 혹자에 따르면 성은 선하게 만들 수도 있고 불선하게 만들 수도 있어서 이 때문에 성군인 문왕과 무왕께서 일어나면 백성들이 선을 좋아하

---

369)  告子 曰 性 猶湍水也 決諸東方則東流 決諸西方則西流 人性之無分 於善不善也 猶水之無分於東西也 孟子 曰 水 信無分於東西 無分於上下乎 人性之善也 猶水之就下也 人無有不善 水無有不下. 고자 상 2.

고, 폭군인 주나라 유왕(幽王)과 여왕(厲王)이 일어나면 백성들이 포악함을 좋아한다고 말했다. 반면 다른 사람은 성이 선한 이도 있고 성이 불선한 이도 있다. 이 때문에 요를 임금으로 삼고서도 상(象) 같은 이복동생이 있었고, 고수(瞽瞍)를 아버지로 삼고서도 순(舜) 같은 자식이 있었으며, 주(紂)를 형의 아들이자 또 임금으로 삼고서도 미자(微子) 계(啓)와 왕자 비간(比干) 같은 사람이 있었다고 하였다. 그런데 지금 선생님께서는 성이 선하다고 말씀하였는데, 그렇다면 이런 주장들은 모두 틀린 것인지' 물었다. 이에 맹자는 그 타고난 재질인 정(情)이 선하다고 할 수 있어서 이것이 자신이 말한 선하다는 것이라고 했다. 그리고 불선을 하는 것은 타고난 재질의 죄가 아니라고 했다. 이어 인·의·예·지는 밖으로부터 오는 것이 아니라, 내가 본래 가지고 있는 것이지만 사람들이 생각하지 않을 뿐이다. 그러므로 구하면 얻고 버리면 잃는다고 하는 것이어서 선악의 차이가 서로 배(倍)가 되고 다섯 배가 되기도 하여 헤아릴 수 없게 되는 것은 타고난 재질을 다하지 못했기 때문이라고 설명했다.[370]

　반면 순자는 성악(性惡)을 주장했다. 사람의 성은 이익을 좋아하고 욕구가 많으며 성(性) 속에는 결코 예의는 없으며 일체의 행위는 모두 후천적인 노력과 훈련으로 이루어진다고 했다. 사람의 성은 악한데, 선한 것은 인위적인 것이다. 순자의 성악설은 그의 저서 『순자』의 성악편에 나타난 화성기위(化性起僞) 즉 본성을 변화시켜 인위를 일으킨다는 문장으로 대표된다. 사람의 본성은 악하여서 날 때부터 이익을 구하고 서로 질투하고 미워하기 때문에 그대로 놔두면 다툼이 그치지 않는다는 것이다. 그러므로 이것을 고치기 위해서는 예의를 배우고 정신을 수양해야만 한다고 주장하였다. 순자는 인간성을 악이라고 생각했기 때문에 인(仁)

---

370)　公都子 曰 告子 曰 性 無善, 無不善也 或曰 性 可以爲善 可以爲不善 是故 文武 興 則民 好善 幽厲 興 則民 好暴 或曰 有性善 有性不善 是故 以堯爲君而有象 以瞽瞍爲父而有舜 以紂爲兄之子 且以爲君 而有微子啓, 王子比干 今曰 性善 然則彼當非與 孟子 曰 乃若其情 則可以爲善矣 乃所謂善也 若夫爲不善 非才之罪也 惻隱之心 人皆有之 羞惡之心 人皆有之 恭敬之心 人皆有之 是非之心 人皆有之 惻隱之心 仁也 羞惡之心 義也 恭敬之心 禮也 是非之心 智也 仁義禮智 非由外鑠我也 我固有之也 弗思耳矣 故 曰 求則得之 舍則失之 或相倍蓰而無算者 不能盡其才者也. 고자 상 6.

보다도 오히려 규범으로서 예(禮)를 중시하고, 예만이 인간의 사회나 정신뿐 아니라 자연계에도 통하는 법이라고 하였다. 따라서 예와 법이 동일시됨으로써 사회질서 이념으로서 법의 가치가 높아져서 제자백가의 하나인 법가(法家)의 사상적인 기반이 이루어졌다.

맹자의 사상을 이은 주자의 이기론을 살펴보면[143] 주자는 세계를 리와 기로 설명하고자 했으며 인간의 본성이 곧 리(理)라고 주장하고 자연과 인간은 인의예지와 같은 선험적 규범을 구현하도록 되어 있다고 했다. 즉 성리학은 맹자의 성선설을 이은 사상체계로 논리적 근거를 보면 첫째, 사람의 본성은 하늘부터 받았다는 (天命之謂性) 것이고 모든 사람의 성(性)은 동일하다는 것이 대전제다. 맹자에 따르면 사람의 성이 선한 것은 물이 아래로 내려가는 것과 같아서, 사람은 선하지 않은 사람이 없으며 물은 낮은 데로 흘러가지 않는 것이 없다.[371] 또 사람들이 배우지 않아도 할 수 있는 것은 양능(良能)이고 생각하지 않아도 알 수 있는 것은 양지(良知)라고 했다. 두세 살 먹은 아이라도 그 어버이를 사랑할 줄 모르는 이가 없으며, 장성해서는 그 형을 공경할 줄 모르는 이가 없다. 어버이를 친애함은 인(仁)이고, 어른을 공경함은 의(義)다. 이는 다름이 아니라 온 천하 사람들 누구나 인과 의를 가지고 있기 때문이라고 했다.[372]

둘째, 사람의 본성(性)은 본래 선한데, 맹자가 말한 대로 인·의·예·지의 사단(四端)이 있기 때문이다. 그런데, 하늘로부터 착한 성을 받은 인간이 잘못을 저지르고 타락하기 때문에 인간의 본성이 선하다는 성리학 논리에 모순이 발생한다. 그래서 주자는 어떻게 인간의 본성이 선한데도 악이 발생할 수 있는가를 본연지성과 기질지성이라는 두 가지 틀로 나누어 설명해 인간의 악함은 기질지성에 유래한다고 주장했다. 본연지성은 리(理)에서 선천적으로 생겨난 인간의 순수하고

---

371) 人性之善也 猶水之就下也 人無有不善 水無有不下. 고자 상 2.
372) 孟子 曰 人之所不學而能者 其良能也 所不慮而知者 其良知也. 孩提之童 無不知愛其親也 及其長也 無不知敬其兄也. 親親 仁也 敬長 義也 無他 達之天下也. 진심 상 15.

선한 본성으로 모든 인간에게 공통되는 것으로 개인의 차이가 없다. 반면 기질지성은 리(理)와 기(氣)가 합하여 후천적으로 생기며 인간의 구체적이고 실제적인 성품이다. 개인의 차이가 있어 맑고 흐리며, 밝고 어둡고, 바르고 치우침의 구별이 있다. 이 때문에 악(惡)이 생긴다는 것이다.

세 번째 원리로 기질지성(氣質之性)을 추가한 것이다. 그리고 이런 구도에 따라 기질을 변화시켜 본성을 회복하는 공부를 강조했다. 그것은 천리를 보존하고 인욕을 제거해야 가능하며, 언제나 마음을 집중해 이치를 궁구할 때 도달할 수 있는 것이다.

하지만 주자의 본연지성과 기질지성의 분류는 결과에 원인을 맞추는 것같이 작위적이고 리(理)과 기(氣), 체(體)와 용(用), 선(先)과 후(後), 본(本)과 말(末)의 구분이 모호하여 후대에 많은 논란이 되고 있다. 이와 같은 악의 존재에 대한 고민은 동양에서만 있었던 것은 아니다.[144] 서양의 신플라톤주의자인 플로티누스(Plotinus)는 악은 '선의 결핍'이라고 주장했고 신학자인 아우구스티누스는 이 개념을 이용해서 악을 설명했다. 그에 따르면 악이란 어떤 자연 사물 같은 실체가 아니고 본질 밖에 나타나는 현상에 불과하다. 이런 현상은 자연 사물이 반드시 지녀야 할 완전성이나 본성의 상실, 혹은 결핍인 것이다. 이에 따르면 선의 결핍 때문에 악이 생겨나는 것이다.[145] 영혼과 육체의 경우와 마찬가지로 선과 악의 사이에도 근원적인 대립은 없는 것으로 악은 선에 대립하는 독자적인 원리가 아니고 선이 불완전한 상태에 놓이게 될 때 악이 되는 것이다. 따라서 성선설의 성리학적 관점과 공자의 언행에 따른 주장으로 본다면 악의 발생은 선의 결핍 때문이라고 보는 것이 타당하다 하겠다.

공자는 성(性)이 서로 가깝다고(性相近 習相遠. 양화 2) 했지 모든 사람의 성(性)이 동일하다고 하지 않았다. 공자에 따르면 하늘이 모든 사람에게 성품(性)을 똑같이 부여하는 것은 아니다. 공자는 태어나면서 아는 자가 최상이고, 배워서 아는 자가 그다음이고, 어려움을 겪은 다음에 배우는 자가 또 그다음이지만 어려움을 겪고도 배우지 않으면, 백성으로서 최하가 되는 것이라고 했다.[373] 즉 선천적으로 타고나는 생이지지자를 비롯해 사람에게 네 가지 등급이 있다고 말한 것이다. 실제로 한날한시에 태어나 같은 부모 밑에서 자란 쌍둥이라고 할지라도 성격이나 지능, 재능은 차이가 나는데 이것은 선천적인 차이가 있기 때문이다.

공자는 술이편에서도 자신이 나면서부터 도(道)를 아는 사람이 아니고 옛것을 좋아하여 부지런히 그것을 구한 사람이라며[374] 생이지지를 거듭 언급했다. 주자의 설명을 보면 공자는 나면서부터 저절로 알게 된 성인이지만 항상 배우기를 좋아했다고 말씀한 것은 비단 사람들을 격려하게 할 뿐 아니라, 나면서부터 저절로 알 수 있는 것은 의리일 뿐이고 예악과 사물에 대한 명칭 그리고 고금(古今)의 역사 등은 배운 뒤에 그 실제를 알 수 있기 때문이다. 이와 함께 오직 지극히 지혜로운 자(上智)와 가장 어리석은 자(下愚)는 변화되지 않는다고도[375] 말했다. 이것은 앞에서 성품은 서로 비슷하지만 습관에 의하여 서로 멀어지게 된다고[376] 했는데, 사람의 기질(氣質)이 서로 비슷한 가운데에서도 좋고 나쁨의 고정되고 불변함이 있어서 습관으로 변화시킬 수 없다는 것을 말한 것이다. 최소한 양극단의 경우 선천적으로 타고난 본성(性)을 후천적으로 변화시킬 수 없다고 한 것이다.

따라서 하늘로부터의 천성을 온전히 받은 사람은 요, 순, 우, 탕, 문무, 주공, 공자와 같은 생이지지자(生而知之者)가 될 것이고 성(性)을 온전하게 받지 못한 사람이 배워서(學) 그 본성을 회복하면 학이지지자(學而知之者)가 될 것이다. 또는 어려움을 극복하고 배우는 자는 곤이학지(困而學之)가 될 것이다. 하지만 어려움에 굴복해 노력을 포기하게 된다면 곤이불학(困而不學)이 되는 것이다. 그렇기 때문에 본성이 부족한 부분에는 틈이 생겨 비리와 부정, 사욕 등 악한 마음이 생겨날 수 있는 것이다. 성(性)은 선한 존재이기 때문에 선의 결핍은 성(性)이 불완전하다

---

373) 孔子 曰 生而知之者 上也 學而知之者 次也 困而學之 又其次也 困而不學 民斯爲下矣. 계씨 9.
374) 子 曰 我非生而知之者 好古敏以求之者也. 술이 19.
375) 子 曰 唯上知與下愚 不移. 양화 3.
376) 子 曰 性相近也 習相遠也. 양화 2.

는 의미다. 즉 불완전한 성에서 선이 부재하게 되고 그 틈에 악이 생겨날 수 있는 것이고 이로 인해 군자와 소인이 나눠질 수 있는 것이다. 공자가 항상 배움(學)을 통해서 본성을 회복해야 한다고 강조한 것은 사람들이 하늘(天)로부터 받은 품성 (性)에 차이가 있기 때문에 이런 차이는 배움을 통해서 극복해 나가야 한다고 거듭 말한 것이다. 이런 맥락에서 '습상원(習相遠)'의 습(習)에 대한 해석도 습관으로 만 한정하기보다는 학습(學習)이란 의미로 보면 성품은 비슷하지만 배움의 차이 에 따라 멀어지게 된다고 풀이할 수 있다. 『논어』학이편에서 공자는 배우고 수시 로 익히면 기쁘지 않겠는가[377] 했다. 언급했듯 주자는 습(習)은 새끼 새가 자주 날 갯짓하는 것과 같다고[378] 하였다. 즉 익히는 것(習)은 배우는 것으로 공자가 중요 시하는 배움(學)과 연결된다.

사람마다 외모도 다르고 신체적 능력도 다르고 지적 능력도 다른데, 성품만 똑 같다는 것은 논리적이지도 않고 자연스럽지도 않다. 다시 말해 모든 사람이 똑같 은 도덕적 감수성을 갖는다는 것은 불가능한 일이다. 공자의 말대로 성품이 비슷 (性相近)하지만 차이는 분명히 있는 것이다. 결국 악이 생기게 되는 것은 사람마 다 하늘로부터 받은 바, 즉 성이 다르고 이에 따라 선의 결핍과 부족이 생길 수밖 에 없는 것이다. 그렇지만 공자는 천명이라고 해서 운명적으로 받아들일 것이 아 니라 배움을 통해서 그 부족한 바를 채워 군자로 되기 위해 힘써야 한다고 강조했 다. 비유하자면 체력이 약하게 태어났더라도 꾸준히 운동을 하면 체력을 회복할 수 있고 오히려 남보다 뛰어날 수도 있는 것이다.

정리하자면 첫째, 모든 사람이 본성을 하늘부터 받았지만(天命之謂性) 모든 사 람의 성품(性)이 동일한 것은 아니다. 최소한 지극히 지혜로운 자(上智)와 가장 어 리석은 자(下愚)의 차이는 있다. 둘째, 사람의 본성(性)은 본래 선한데, 맹자가 말 한 대로 인·의·예·지의 사단(四端)이 있기 때문이다. 셋째, 악(惡)이 발생하는

---

377)  子 曰 學而時習之 不亦說乎. 학이 1.
378)  習 如鳥數飛也.

것은 사람마다 부여된 성품(性)이 다르고, 완전하지 않은 성(性)을 받은 경우 선의 결핍이 생기기 때문이다. 그래서 공자는 사람이 도(道)를 넓힐 수 있는 것이지, 도가 사람을 넓힐 수 있는 것이 아니라고 했다.[379] 즉 본성을 회복하기 위해서 학문과 수양을 해야 하는 것이다.

맹자는 우산(牛山)의 나무가 일찍이 아름다웠는데, 그것이 큰 나라의 근교에 있어서 도끼와 자귀로 베어 내어서 어떻게 아름답게 될 수 있겠냐고 했다. 낮과 밤에 자라나는 것과 비와 이슬이 적셔 주어 싹이 자라지 않는 것은 아니지만, 소와 양을 방목하기 때문에 저와 같이 벌거벗게 된 것이다. 그런데, 사람들은 그 벌거벗은 것만을 보고는 일찍이 재목이 있지 않았다고 생각한다. 맹자는 그래서 이것이 어찌 산의 본래 성질(性)이겠냐고 반문했다. 이어 "비록 사람에게 인의(仁義)의 마음이 없을 수 없지만 그 양심을 잃어버리는 것이 또한 도끼와 자귀로 아침마다 나무를 베는 것과 같아서 이렇게 하고서 아름다울 수 없는 것이다. 더구나 낮과 밤에 자라난 양심과 새벽의 맑은 기운에 좋아하고 미워함이 다른 사람들과 서로 비슷한 것이 얼마 되지 않는데도 낮에 하는 불선한 행동이 이것을 없애고 있다. 따라서 없애기를 반복하면 밤에 자란 선한 기운인 야기(夜氣)도 보존될 수 없고 야기가 보존될 수 없으면 금수(禽獸)와 다르지 않게 된다. 사람들은 금수와 같은 모습만을 보고서 일찍이 훌륭한 재질이 있지 않았다고 생각하지만 이것이 어찌 사람의 본래 모습이겠는가"라고 반박하였다. 그러므로 진실로 잘 길러 주면 물건마다 자라지 않는 것이 없고, 진실로 잘 길러 주지 않으면 물건마다 소멸하지 않는 것이 없다. 그래서 공자는 잡으면 지키고 놓으면 없어져서 나가고 들어옴이 일정한 때가 없으며, 어디로 갈지 그 방향을 알 수 없는 것은 오직 사람의 마음을 두고 말한 것이라고 하셨다.[380] 이에 주자는 배우는 자가 마땅히 언제나 그 힘을 쓰지 않음이 없

---

379) 子曰 人能弘道 非道 弘人. 위령공 28.

380) 孟子曰 牛山之木 嘗美矣 以其郊於大國也 斧斤 伐之 可以爲美乎 是其日夜之所息 雨露之所潤 非無萌蘖之生焉 牛羊 又從而牧之 是以 若彼濯濯也 人 見其濯濯也 以爲未嘗有材焉 此 豈山之性也哉 雖存乎人者 豈無仁義之心 哉 其所以放其良心者 亦猶斧斤之於木也 旦旦而伐之 可以爲美乎 其日夜之所息 平旦之氣 其好惡 與人相近也

어서 정신이 맑고 기운이 안정되게 하여 항상 새벽과 같게 한다면, 이 마음이 항상 보존되어 가는 곳마다 인의가 아님이 없을 것이라고 했다.

## (3) 도(道)

유가에서 도(道)는 이론원칙이자 도덕준칙으로 도덕이상을 뜻한다.[146] 도(道) 자든 덕(德) 자든 초기에는 갈림길을 뜻하는 행(行) 자에서 비롯되었다고 한다. 도는 사람이 가는 큰길이란 의미로부터 삶에서 추구해야 할 정당한 방법과 수단으로 발전했다. 덕(德)은 똑바로 가는 평평하고 넓은 길에서 출발하여 사람의 너그러운 마음 씀씀이란 관념으로 발전하면서 심(心) 자가 더해졌다. 도덕관념이 높은 뜻을 지향하는 일정 수준의 인격적 행위와 연결된 것은 은나라 후기에 이미 생겨났다. 이후[147] 도(道)의 의미는 도로(道路)였다가 도리(道理)라는 뜻으로 확대되었다. 공자 이전에 천도(天道)의 도(道)는 이미 사회의 정치·윤리적 근거가 되는 최고의 근본원리로 작동하기 시작했다. 그리고 공자 시대에 이르러서 도는 그 이전과 이후로 명확하게 구분되었다. 공자의 도가 인간사에서 지켜야 할 도리를 의미하는 인도(人道)이기 때문이다. 『논어』을 보면 증자(曾子)는 공자(夫子)의 도(道)는 충(忠)과 서(恕)일 뿐이라고 했다.[381] 정자(程子)에 따르면 『중용(中庸)』에 충(忠)과 서(恕)는 도(道)와 거리가 멀지 않다고 했는데, 충서(忠恕)는 일이관지(一以 貫之)이니 충(忠)이란 천도(天道)인 것이고 서(恕)란 인도(人道)인 것이다.[382] 이렇듯 공자의 도는 배우는 자가 올바른 삶의 행위를 할 수 있는 실천 원리를 표현한 것이다. 이후에 도가 군자와의 관계에서 추상화되고 삶의 궁극적 규범의 역할을 하게

---

者 幾希 則其旦晝之所爲 有梏亡之矣 梏之反覆 則其夜氣 不足以存 夜氣 不足以存 則其違禽獸 不遠矣 人 見其 禽獸也 而以爲未嘗有才焉者 是豈人之情也哉 故 苟得其養 無物不長 苟失其養 無物不消 孔子 曰 操則存 舍則 亡 出入無時 莫知其鄉(向) 惟心之謂與. 고자 상 8.

381) 曾子曰 夫子之道 忠恕而已矣. 이인 15

382) 違道不遠 是也 忠恕一以貫之 忠者 天道 恕者 人道. 이인 15 註.

되어 공자의 도는 인도(人道), 즉 인간이 되는 길을 말하게 됐다.

## 불가수유리야(不可須臾離也)

공자는 사람이 사는 이치는 정직이기 때문에 정직하지 않은데도 살아 있는 것은 요행히 죽음을 면한 것이라고[383] 했다. 정자에 따르면 생리(生理)는 사람이 태어나 자라는 이치로 사람이 된 도(道) 또는 성(性)을 말한다. 여기서 성(性)이라는 용어를 사용하고 있지는 않지만 공자의 말은 인간의 본성을 설명하고 본성을 따르는 것이(率性) 당연한 도리(道)임을 밝힌 것이다. 이는『중용』1장[384]과 이어진다. "도(道)란 잠시도 떠날 수 없는 것이어서 떠날 수 있으면 도가 아니다. 이 때문에 군자는 보이지 않는 바에도 경계하고, 삼가며 들리지 않는 바에도 두려워한다."[385] 결국 아침에 도(道)를 깨달으면 저녁에 죽어도 괜찮다고 말할 정도로 공자는 도를 궁극적인 지향점으로 여겼다.[386]

그렇지만 공자는 도(道)가 무엇인지 분명히 말하지 않았다. 공자는 '하늘이 무슨 말을 하는가. 그런데도 사시(四時)가 운행되고 온갖 물건이 자라난다. 그런데, 하늘이 무슨 말을 하는가' 반문했다.[387] 주자는 이에 대해 사시(四時)가 운행되고 온갖 만물이 생장하는 것은 천리가 발현하여 널리 퍼진 것이어서 말을 기다리지 않고도 볼 수 있는 것이다. 이처럼 성인의 일거수일투족은 도와 의리의 드러남이 아닌 것이 없어서 하늘과 같은 것이다. 즉 성인의 말씀과 몸가짐으로 알 수 있지만 직접적으로 도를 알려 주지는 않은 것이다. 따라서 비유적인 표현을 통해 공자의 도를 추론할 수 있을 뿐이다. 공자는 누구인들 밖으로 나갈 때에 문을 통하지 않고 나갈 수 있겠냐고 말했다. 그런데 어찌하여 이 도를 따르려 하지 않는가 지적했

---

383)  子曰 人之生也 直 罔之生也 幸而免. 옹야 17.
384)  天命之謂性 率性之謂道 修道之謂敎.
385)  道也者 不可須臾離也 可離 非道也 是故 君子 戒愼乎其所不睹 恐懼乎其所不聞.『중용』1장.
386)  子曰 朝聞道 夕死 可矣. 이인 8.
387)  子曰 予欲無言. 子貢曰 子如不言 則小子 何述焉. 子曰 天何言哉 四時 行焉 百物 生焉 天何言哉. 양화 19.

다.[388] 이에 대해 송나라 유학자 홍흥조(洪興祖)는 사람이 나갈 때에 반드시 문을 지나야 할 줄은 알면서도 행동할 때에 반드시 도를 따라야 함은 알지 못한다. 도가 사람을 멀리 하는 것이 아니라, 사람이 스스로 도를 멀리할 뿐이라고 했다.

공자가 말하는 도는 어디까지나 인간다운 군자의 도를 일컫는 것이지, 인간을 초월해서 스스로 존재하고 활동하는 형이상학적이고 우주적인 도는 아니었다.[148] 이런 면에서 공자의 도 개념은 도가(道家)의 도 개념과는 물론 『주역』이나 신유학의 도 개념과도 다른 것이었다. 도가에서 도는 우주 만물의 근원이며 모든 현상 세계의 원리를 지칭하는 데 반하여, 『논어』에 나오는 공자의 도는 어디까지나 인을 이루는 충서(忠恕)와 같이 인간성을 키우는 실천적 길이었다. 그래서 공자 제자 유약은 『논어』에서 "군자는 근본을 힘쓰니 근본이 서면 도(道)가 생기는 것이다. 부모에게 효도하고 공경하는 것이 인(仁)을 하는 근본일 것이다"라고 했다.[389]

공자가 가르친 도는 군자가 되려는 사람과의 관계 속에서 구체화될 수 있는 것이다. 그래서 도(道)가 같지 않으면 서로 일을 함께 도모하지 말아야 한다고 했다.[390] 여기서 부동(不同)은 선(善)과 악(惡) 그리고 바르지 않음(邪)과 정(正)과 같은 것이다. 또 도에 뜻을 둔 선비가 나쁜 옷과 나쁜 음식을 부끄러워한다면, 이런 사람과는 도를 논할 수 없다고 했다.[391] 앞서 공자는 사람이 도를 넓힐 수 있는 것이지, 도가 사람을 넓힐 수 있는 것이 아니라고 했다.[392] 주자에 따르면 사람 밖에 도가 없고, 도 밖에 사람이 없다. 그러나 사람의 마음(人心)은 지각하여 바꿀 수 있고 도체(道體)는 인위적으로 할 수 없는 것이다. 그러므로 사람은 그 도를 크게 할 수 있는 것이고, 도가 사람을 크게 할 수 없는 것이다. 송나라 사상가 장재(張載)도 마음이 성(性)을 다할 수 있어서 이것은 사람이 도를 크게 하는 것이다. 그

---

388)  子 曰 誰能出不由戶 何莫由斯道也. 옹야 15.
389)  君子務本 本立而道生 孝弟也者 其爲仁之本與. 학이 2.
390)  子 曰 道不同 不相爲謀. 위령공 39.
391)  子 曰 士志於道 而恥惡衣惡食者 未足與議也. 이인 9.
392)  子 曰 人能弘道 非道 弘人. 위령공 28.

러나 성(性)은 마음을 통제할 수 없는 것이므로 이것은 도가 사람을 크게 함이 아닌 것이라고 했다. 그래서 공자는 문(文)을 널리 배우고 예(禮)로써 요약하면 도에서 어긋나지 않을 것이라고 했다.[393]

공자는 노나라 애공에게 사람의 도(道)는 정치에 빠르게 나타나고 땅의 도(道)는 나무에 빠르게 나타나기 때문에 정치라는 것은 효과의 신속함이 쉽게 자라는 갈대와 같다고 했다.[394] 주자는 사람으로서 정사(政)를 세움이 마치 땅에 나무를 심는 것과 같아서 그 이루어 낸 결과가 빠르며, 갈대는 또 쉽게 자라는 생물로 그 발달하는 것이 더욱 빠르다고 했다. 그러므로 훌륭한 인물과 군자가 있어서 정치를 행하는 것이 이와 같이 쉽다고 말한 것이라 했다.

## 인자불우 지자불혹 용자불구(仁者不憂 知者不惑 勇者不懼)

공자의 도는 군자지도(君子之道)라고도 불렀는데 그 안에 지(知)와 용(勇)을 모두 포함하고 있어서 이 도를 통달한 군자는 근심하지 않고 의혹에 빠지지 않으며 두려워함이 없다고 하였다. 공자는 "군자의 도가 세 가지인데 자신은 할 수 있는 것이 없다. 인자(仁者)는 근심하지 않고, 지자(智者)는 미혹되지 않고, 용자(勇者)는 두려워하지 않는다"고 말했다. 이에 대해 자공은 선생님께서 스스로를 말씀하신 것이라고 했다.[395] 인(仁), 지(知), 용(勇)을 서로 비교할 때 인은 협의의 인을 말한 것이고, 광의의 인은 다른 모든 것을 포괄하고 있는 모든 덕의 완성을 말하는 것이다.

앞서 공자는 노나라 애공에게 천하에 달도(達道)가 다섯인데 이것을 행하게 하는 것은 셋이라고 했다. 군신과 부자, 부부, 형제 그리고 붕우의 사귐 등 다섯 가지는 천하의 달도이고 지(智)·인(仁)·용(勇) 세 가지는 천하의 통달한 덕(達德)

---

393) 子曰 博學於文 約之以禮 亦可以弗畔矣夫. 안연 15.
394) 人道 敏政 地道 敏樹 夫政也者 蒲盧也. 『중용』 20장.
395) 子曰 君子道者三 我無能焉 仁者 不憂 知者 不惑 勇者 不懼 子貢 曰 夫子 自道也. 헌문 30.

으로 이것을 행하게 하는 것은 하나라고 했다.[396] 주자에 따르면 지(知)는 달도(達道)를 아는 것이고 인(仁)은 달도를 체득하는 것이고 용(勇)은 달도를 힘쓰는 것이다. 이어 통달한 덕(達德)이라는 것은 천하 고금에 한가지로 얻는 바의 이치며 하나라는 것(一)은 오직 성(誠)일 뿐이라고 했다. 통달한 도(達道)는 비록 사람이 함께 말미암는 바이지만, 이 세 가지 덕이 없으면 이것을 행할 수 없고 통달한 덕(達德)은 비록 사람이 똑같이 얻는 바이지만 한 가지라도 정성스럽지 못함이 있으면, 사람 욕심이 사이에 끼어서 온전한 덕이 아닐 것이다. 따라서 정자는 이른바 정성이란 것은 오직 이 세 가지를 성실히 하는 것이어서 이 세 가지 외에 다른 성(誠)이 없다고 하였다.

이어 공자는 혹은 태어나면서 달도를 알고 또는 배워서 이것을 알거나 애를 써서 알지만, 그 아는 데에 미쳐서는 똑같다고 했다. 또한 편안히 이것을 행하거나 이롭게 여겨서 행하며 혹은 억지로 힘써서 이것을 행하지만, 그 공을 이루는 데에 미쳐서는 똑같다고 말했다.[397] 주자의 설명에 따르면 아는 바는 지(知)고 행하는 바는 인(仁)이고 알아서 성공에 이르러서 같아지는 것은 용(勇)이다. 그 등급으로써 말하면 '생지안행(生知安行)'은 지(知)고 '학지이행(學知利行)'은 인(仁)이며 '곤지면행(困知勉行)'은 용(勇)이다. 대개 사람의 성품이 비록 착하지 않음이 없으나, 기품이 같지 않음이 있다. 그러므로 도를 깨닫는 것에 이르고 늦음이 있으며, 도를 행함에 어렵고 쉬움이 있다. 그러나 능히 스스로 힘쓰고 쉬지 않으면 도(道)에 다다르는 것은 똑같은 것이라고 했다. 송대 유학자 여대임(呂大臨)은 들어가는 길은 비록 다르나 이르는 경지는 같아 중용이 된다. 하지만 만일 생지(生知)와 안행(安行)의 자질을 바라고서 도저히 이에 미치지 못한다 여기고, 곤지(困知)와 면행(勉行)을 가벼이 여겨 능히 성공할 수 없다고 한다면 이는 도가 밝아지지 못하고 행해

---

396)  天下之達道 五 所以行之者 三 曰君臣也 父子也 夫婦也 昆弟也 朋友之交也五者 天下之達道也 知仁勇三者 天下之達德也 所以行之者 一也.『중용』20장.

397)  或生而知之 或學而知之 或困而知之 及其知之 一也 或安而行之 或利而行之 或勉强而行之 及其成功 一也.『중용』20장.

지지 못하는 이유라고 했다.

　공자는 배우기를 좋아함은 지(智)에 가깝고, 힘써 행함은 인(仁)에 가깝고, 부끄러움을 앎은 용(勇)에 가깝다고 말했다.[398] 주자는 이 장이 '달덕'에 미치지 못하여 덕에 들어가기를 구하는 일을 말한 것이라 했다. 앞의 삼지(三知) 즉 생지(生知), 학지(學知), 곤지(困知)는 지(知)가 되고, 삼행(三行) 즉 안행(安行), 이행(利行), 면행(勉行)은 인(仁)이 됨을 통해 보면 곧 이 세 가지의 가까운 것은 용(勇)에 버금가는 것이다. 여대임(呂大臨)에 따르면 어리석은 자는 스스로 옳다 하고 구하지 않으며, 스스로 사사로이 하는 자는 인욕을 따라 돌아옴을 잊고, 나약한 자는 남의 아래가 되기를 좋아하고 사양하지 않는다. 그러므로 배우기를 좋아함은 '지(知)'가 아니나 넉넉히 어리석음을 깨뜨릴 수 있고, 힘써 행함은 '인(仁)'이 아니나 넉넉히 사사로움을 넘어설 수 있고, 부끄러움을 앎은 '용(勇)'이 아니나 넉넉히 나약함을 일으킬 수 있는 것이라고 말했다. 따라서 이 세 가지를 알면 몸 닦을 바를 알 것이고, 몸을 닦을 바를 알면 남을 다스릴 바를 알 것이며, 남을 다스릴 바를 알면 천하와 국가를 다스릴 바를 알 것이다.[399] 이 세 가지란 삼근(三近) 즉 호학(好學), 역행(力行), 지치(知恥)을 가리켜 말한 것이다.

　공자는 앞서 지인용(智仁勇)에 대해 인물을 들어서 설명했다. "지혜(智)에 대해서 순(舜)임금은 크게 지혜로운 분이실 것이다. 순임금은 묻기를 좋아하고, 평범한 말을 살피기를 좋아하시지만 악(惡)을 숨겨 주고 선(善)을 드러내신다. 두 끝을 잡고 헤아려 그 중(中)을 취한 뒤에 백성에게 쓰셨기 때문에 순임금이 되신 것이다"라고 했다.[400] 인(仁)에 대해서 안회(顔回)의 사람됨은 중용을 택하여, 한 가지 선(善)을 얻으면 잘 받들어서 가슴속에 새기고 잃지 않았다고 했다.[401] 용맹(勇)에 대해서는 자로의 질문에 이렇게 답하였다. "군자는 조화를 이루되 휩쓸리지 않아

---

398)　子曰 好學 近乎知 力行 近乎仁 知恥 近乎勇.『중용』20장.
399)　知斯三者 則知所以修身 知所以修身 則知所以治人 知所以治人 則知所以治天下國家矣.『중용』20장.
400)　子曰 舜 其大知也與 舜 好問而好察邇言 隱惡而揚善 執其兩端 用其中於民 其斯以爲舜乎.『중용』6장.
401)　子曰 回之爲人也 擇乎中庸 得一善 則拳拳服膺而弗失之矣.『중용』8장.

서 꿋꿋하고 강하고, 중립하여 치우치지 않기 때문에 꿋꿋하고 강하다. 나라에 도(道)가 있을 때에는 궁색했을 때 지키던 뜻을 변치 않으므로 꿋꿋하고 강하고, 나라에 도(道)가 없을 때에는 죽어도 지조(志操)를 변치 않아서 꿋꿋하고 강하다."[402]

공자는 당시의 사회적 혼란현상을 진단하면서 그 원인을 도가 행해지지 않는데 있다고 보았다. 공자는 '도(道)가 행해지지 못하는 이유를 알겠다. 지혜로운 자는 지나치고 어리석은 자는 미치지 못하기 때문이다. 도(道)가 밝아지지 못하는 이유를 알겠다. 현명한 자는 지나치고 불초(不肖)한 자는 미치지 못하기 때문'이라고 했다.[403] 도가 행해지지 않는 근본 원인은 바로 도덕성의 타락이고 특히 위정자들의 도덕성 상실이었다. 계씨가 주공(周公)보다 부유하였는데도 세금을 더 걷으려 하였을 때 공자는 몹시 실망하여 계씨의 가신인 염유는 이제 우리 사람이 아니므로 너희들이 북을 울려서 성토를 해도 괜찮다고 말했다.[404]

따라서 공자는 도가 행해지는 사회로 복귀하기 위한 해법을 위정자들의 도덕성 회복과 실천에서 먼저 찾았다. 공자가 제시하고 있는 도(道)의 범위를 좁혀 보면 인(仁)과 예(禮)를 아우르는 것이었다. 인은 사람이 갖추어야 할 내면적 도덕성을 의미하고, 예는 그것을 바탕으로 표현되는 외면적 규범을 의미한다. 바꾸어 말하면 효제를 시작으로 충(忠)과 서(恕)를 바탕으로 한 정명(正名)과 극기복례(克己復禮)를 주창하는 도덕정치의 체계를 구축하는 것이다. 이렇듯 도 관념을 기반으로 한 공자의 정치 사상은 정치가 도덕 윤리와 결합되어 있다. 그리고 진정한 사회 질서는 강제된 법률이나 형벌보다 도덕과 예의로 교화함으로써 이루어진다고 보았고 이는 실천적 덕목인 인과 예로 이어진다.[149]

---

402) 故 君子 和而不流 强哉矯 中立而不倚 强哉矯 國有道 不變塞焉 强哉矯 國無道 至死不變 强哉矯.『중용』10장.

403) 子 曰 道之不行也 我知之矣 知者 過之 愚者 不及也 道之不明也 我知之矣 賢者 過之 不肖者 不及也.『중용』4장.

404) 季氏 富於周公 而求也 爲之聚斂而附益之 子 曰 非吾徒也 小子 鳴鼓而攻之 可也. 선진 16.

## 2) 관계의 정립

공자에게 학(學)은 천성(天性)을 회복하는 길이었고, 이에 뜻을 둔 공자는 배움(學)을 통해서 궁극적을으로 혼란한 세상을 평온하게 다스릴 수 있는 방법을 고민했다. 이를 위해서 공자는 쇄소응대(灑掃應對)로 시작해 천도(天道)에 이르기까지 배움에 있어서 불사주야(不舍晝夜)의 노력으로 항상 학이시습(學而時習)하였고 격물궁리(格物窮理)를 통해서 일이관지(一以貫之)할 수 있는 도리(道理)를 깨달았다. 그 도리는 바로 인(仁)이며 군자(君子)를 통해서 인을 실천하고자 하였다.

인(仁)은 人(사람 인)과 二(두 이)가 합쳐진 한자다. 자원(字源)이 상당히 불명확한 한자여서 일단 갑골문에서는 이 글자를 찾아볼 수 없다. 현재도 인(仁) 자의 구성 요소가 어디서 유래한 것인지는 의견이 분분하며, 회의자인지 형성자인지도 정확히 알 수 없다. 맹자는 인(仁)이 사람(人)이라는 뜻으로 인(仁)과 사람을 합하여 말하면 도(道)라고[405] 했다. 주자에 따르면 인은 사람이 되는 이치이다. 하지만 인은 이치고 사람은 사물이므로 인의 이치로써 사람의 몸에 합하여 말하면 이것이 이른바 도(道)라는 것이다. 인(仁) 자는 공자 이전에도 보인다. 『서경』주서(周書) 금등(金縢)편에는 "나는 아버지에게 어질고 순해서(予仁若考)"라는 구절이 있고『시경』정풍 수우전에는 "진실로 아름답고 또 어질다(洵美且仁)"라는 구절이 있다. 또 좌전에는 약 30여 개의 인자가 보이는데 여기에 쓰인 인은 대체로 자애로움(仁愛), 즉 어질고 후덕함(仁厚)을 뜻한다. 그런데 공자 때에 이르러 인은 더욱 넓고 깊은 의미를 갖게 되었다.[150] 예를 실천하는 인간의 본성에서 인간다움 즉 인간

---

405)  孟子 曰 仁也者 人也 合而言之 道也. 진심장 하 16.

을 인간답게 하는 덕목을 발견한 공자가 그 덕성을 인(仁)이라고 부른 뒤부터 특별한 의미를 지니게 되었다. 따라서 인(仁)은 유교에서 인간을 인간답게 하는 본질적인 품성이며 유교 윤리의 최고 덕목이며 인간관계의 근본 가치라고 하겠다.

당연히 인(仁)은 『논어』 전반에서 다뤄지고 있는 중요한 가치다.[151] 유가 경전인 『논어』는 내용으로 보면 평범한 책이라고 할 수 있다. 공자 말씀의 대부분은 모두 실행할 수 있는 것들이고 일상적 행위로부터 이끌어 낸 것들이다.[152] 알다시피 『논어』는 공자와 그 제자들의 언행이 담긴 어록이다. 공자와 그 제자들이 유교의 이상인 『대학』의 도를 어떻게 실천했는가를 살펴볼 수 있는 이른바 유교이론의 구체적 실천이 생생하게 담긴 문헌이라고 할 수 있다. 그런데 『논어』의 내용은 논리적이거나 체계적이지 않다. 공자의 설명은 대화 상대가 누구냐에 따라 다르며, 그 내용의 깊이 또한 일정치 않다. 따라서 읽는 사람에 따라 다른 해석을 내릴 여지가 적지 않다.

보았듯이 공자는 『논어』 첫 구절 학이(學而)편에서 배우는 기쁨을 제일 먼저 내세우고 있다. 사람이 태어나서 사람으로서 갖출 기본 교양을 닦아 사람의 도리를 행하며 사람답게 살아가는 데서 누릴 수 있는 기쁨을 제시한 것이다. 배움을 통한 자기완성은 바로 사람으로서 사는 즐거움인 것이다. 이렇게 배움(學)과 자기수양의 과정에서 어진 성품과 학식을 갖춘 모습이 드러나게 된다. 이어 둘째 구절 유붕(有朋)에서는 자기완성을 위해 힘쓰는 자에게 그 뜻을 알아주고 서로 어울리는 사람이 있기 마련이다. 사람이 서로 무리 지어 어울려 사는 즐거움은 친구들이 찾아오는 것이다. 마지막 구절인 인부지(人不知)는 남이 알아주지 않더라도 언짢게 여기지 않는다는 것이다. 자신을 위해서 마땅히 해야 할 일과 가치 있는 일 그 자체를 자신이 진정으로 원해서 하는 것으로 위기지학(爲己之學)을 말한다. 따라서 [153] 인을 실천하는 수단으로 무엇보다 중요한 것은 학문이다. 학문이야말로 인격을 완성시키고 인의를 실천할 수 있는 최상의 방법이었다. 공자가 일이관지한 목표가 인이라면 수단은 바로 학문이다. 『논어』의 마지막은 군자가 되기 위해서는 하늘이 부여한 길(道)을 알아야 하며(知命), 세상에 홀로 서기 위해서 예를 알아야 하며(知禮), 사람이 어떠한가를 잘 알기 위해서는 말을 알아야 한다는(知言) 글로 끝난다.[406]

『논어』는 한나라 이후 경전(經典) 중 하나로 간주되었기 때문에 일반인들에게 매우 중시되었다.[154] 『맹자』는 한나라(韓) 때 학자 조기(趙岐)가 주석 작업을 통해 7편을 14편으로 만들었지만 관심을 받지 못하다가 당(唐)대의 대표적 문장가인 한유에 이르러 비로소 가치를 인정받게 된다. 또 『대학』과 『중용』은 『예기』의 한 편명이었다. 주자에 이르러서 이 두 편은 『논어』, 『맹자』와 대등한 지위에까지 올라가게 된다. 1190년 주자는 『대학』, 『중용』, 『논어』, 『맹자』 네 권의 경서를 '사자(四子)'라는 이름으로 묶어 간행했는데, 사서(四書)는 '사자서(四子書)' 혹은 '학용논맹(學庸論孟)'이라고도 부른다. 이후 원나라 시대인 1313년부터 청나라가 망한 1912년까지 이들 네 권의 경서는 중국의 관료선발 시험과 학교 교육에서 기본 교재가 된다. 주자는 거의 30년에 걸쳐 이들 네 권의 경서와 관련한 작업을 진행했다. 그의 학문 체계를 구성하는 성리학의 핵심 이론들이 모두 사서에 근거를 두고 있기 때문이다. 실제로 『대학』의 격물치지(格物致知)와 『논어』의 지행합일(知行 合一), 『맹자』의 의리심성(義理心性), 그리고 『중용』의 미발이발(未發已發)은 성리학의 중심사상이다.

『논어』라는 책의 편집은 수백 년간에 걸쳐 이뤄진 것으로 보인다. 전체적으로 보면 제1편인 학이편에서 제10편인 향당편까지의 전편은 대부분 공자가 태어난 노나라에 남아서 활동하던 제자들 사이에서 전하여 내려오다가 편집된 것으로 시대적으로 후편보다 빨리 편찬되었다. 제11편인 선진편부터 제20편인 요왈편에 이르는 후편은 전국시대 당시 제나라에 가서 활동하던 제자들 사이에 편집된 것으로 그 편찬 연대가 전편보다 늦다. 후편 중에서도 마지막 다섯 편, 즉 16편부터 20편은 가장 늦게 편찬되었고 후학들의 언행과 사상이 많이 들어 있다.

---

406)   子 曰 不知命 無以爲君子也. 不知禮 無以立也. 不知言 無以知人也. 요왈 3.

『논어』의 편찬자에 대해서는 여러 가지 설이 있는데, 자하(子夏)를 비롯한 공자의 제자들이나 자하·중궁(仲弓)·자유(子游) 등, 또는 증삼(曾參)의 문인인 악정자춘(樂正子春)과 자사(子思)의 무리, 혹은 증삼과 유자(有子)의 문인 등이 편찬했다는 것이다. 이런 사실은『논어』라는 책 이름에서도 엿볼 수 있다. 양(梁)나라의 황간(皇侃)은 "이 책은 공자의 문인에게서 나온 것이다. 먼저 자세히 따진 뒤에 사람들이 모두 좋다고 한 뒤에야 기록했으므로 '논(論)'이라 하였다. '어(語)'란 논란에 대해 대답하고 설명한다는 말이다."라고 하였다.

다케우치 요시오(武内義雄)에 따르면『논어』를 크게 노나라와 제나라의 어록들 및 그 결합 과정에서 편찬된 것으로 풀이하였다.[155] 원래 한대(漢代)에는『고논어(古論語)』(21편),『제논어(齊論語)』(22편),『노논어(魯論語)』(20편) 세 종류가 있었는데, 동한(東漢)의 정현(鄭玄)이 여러 판본을 모아 총 20편 약 12,000자로 된 지금의『논어(論語)』를 만들어 낸 것이다.『논어』2편에서 8편의 하간칠편(河間七篇)은 노나라에 남아 있던 제자들 사이에 보존된 공자어록으로 증자에서 자사와 맹자로 명맥이 이어지는 것이다. 다케우치는 이 7편 중에서도 위정, 팔일, 이인이 중심을 이루고 태백은 주로 증자의 말을 기록한 것이며, 이 노나라 어록에 9편인 자한이 후에 첨가되었다고 보았다.『논어』에서 그다음으로 오래된 부분은 11편(선진)에서 15편(위령공)인데, 제나라에서 활동하던 제자들 사이에 보존된 공자어록으로 자공, 자하, 자유, 자장이 계승한 것이다. 여기서 공자의 여러 제자들의 말을 주로 수집한 자장편과 요왈편이 첨부되어『제논어(齊論語)』의 최고(最古) 형태를 이루었다고 본다.

『노논어(魯論語)』와『제논어(齊論語)』가 각자 다른 경로를 가지고 전래됐는데, 내용상으로 비슷한 말들이 표현상의 차이있을 뿐『논어』안에 반복해서 나오고 있는 사례들이 이를 뒷받침해 주고 있다. 이인 15장에서 공자의 도는 충서(忠恕)일 뿐이라는 말을 전하는 제자가 증자[407]인 데 비하여, 위령공 23장에서는 서(恕)라는

---

407)  曾子 曰 夫子之道 忠恕而已矣.

평생 동안 실천할 만한 가르침을 받는 인물이 자공[408]으로 기록되어 있다. 충서와 서는 자신에게 충실한 것을 남에게 확대한다는 의미이기 때문에 사실상 같은 것으로 전해진 경로에만 차이가 있음을 알 수 있다. 또한 팔일 22장에서는 공자가 관중은 그 그릇이 작다고[409] 낮게 평가하는 데 비하여 헌문 18장에서 공자는 "관중이 환공(桓公)을 도와 제후의 패자(霸者)가 되게 하여 한 번 천하를 바로잡아서 백성들이 지금까지 그 혜택을 받고 있다. 관중이 없었다면 우리는 오랑캐들처럼 머리를 풀어 헤치고 옷깃을 왼쪽으로 여몄을 것이다"라고[410] 칭찬하고 있다. 관중은 제나라의 공신이었으므로 제나라의 유가들은 노나라와는 다르게 그에 대한 긍정적인 평가가 전해진 것을 알 수 있다.

『논어』의 편찬 과정에서 셋째 부분을 이루는 것은 1편과 10편으로 노나라와 제나라에서 활동하던 제자들이 두 판을 통합하기로 했을 때, 전체를 총괄하는 서론 부분으로 학이와 향당이 편찬되었다는 것이다. 학이편은 유약, 증자 등 노나라에 살던 제자들과 자공, 자하 등 제나라에 살던 제자들의 기록 등이 종합되어 있다. 이뿐만 아니라 군자의 이상과 배움의 중요성을 강조하는 공문(孔門)의 정신을 소개하는『논어』전체의 머리말 역할을 하고 있다. 향당편은 제자들과 당시 사람 등에 의해 기억된 공자의 행동을 수집한『논어』안에서도 특이한 단락으로 군자가 지켜야 하는 몸가짐과 행동의 규범을 제시했다.

기무라 에이치(木村英一)는『공자와 논어』(1971)와『논어』(1975)에서 노나라의 어록이 가장 오래된 것이고 그 후에 제나라 판(版)이 편찬되었으며, 이 둘의 교류와 융합을 통해 현재의『논어』가 이루어졌다는 데에는 다케우치 요시오와 일치하고 있다.[156] 그러나 그는『제논어』가 독립적으로 형성된 것이 아니라『노논어』가 제나라에 전래되어 보완된 것이라고 보는 점에서 의견을 달리한다. 또『논어』의 총

---

408)  子貢 問曰 有一言而可以終身行之者乎 子 曰 其恕乎 己所不欲 勿施於人.
409)  子 曰 管仲之器 小哉.
410)  子 曰 管仲 相桓公霸諸侯 一匡天下 民到于今 受其賜 微管仲 吾其被髮左衽矣.

498장 중에서 대부분은 공자를 자(子)로 부르고 있고 하론에 보이는 공자로 부른 부분은 『논어』 전체의 10%가 안 되는 42장뿐이다. 이것은 아마도 공문(孔門) 밖 세상에 전해지던 공자의 말씀을 기원전 4세기 초에서 3세기 중엽에 걸쳐 후학들이 『논어』를 편집 또는 재편집할 때 채택했을 것이라고 기무라는 추정하였다. 따라서 『논어』의 최종 편집 연대는 전국 시기 말기로 마지막 5편이 가장 늦다는 데에는 학자들의 의견이 일치하고 있다. 즉 『논어』에 보존된 공자의 언행의 기록은 대부분 그의 직제자들에 의하여 전해진 것이며 그것이 몇 차례에 걸친 편찬 작업을 통해 오늘과 같은 구조를 지니게 되었다는 것이다.[157]

## (1) 인의 시작

어느 날 섭공(葉公)이 공자에게 우리 고을에 몸을 정직하게 하여 행동하는 자가 있다며 그의 아버지가 양(羊)을 훔치자 아들이 이를 증언하였다고 자랑했다. 이에 공자는 우리 고을의 정직한 사람은 이와 다르다고 했다. 아버지는 자식을 위하여 숨겨 주고 자식은 아버지를 위하여 숨겨 주어서 정직함은 그 가운데 있는 것이라고 말하였다.[411] 주자에 따르면 아버지와 자식이 서로 숨겨 주는 것은 천리(天理)와 인정의 지극히 당연한 것이다. 그러므로 정직하기를 구하지 않아도 정직함이 그 가운데 있는 것이다.

### 전전긍긍(戰戰兢兢)

공자의 제자인 증자가 병이 들자, 제자들을 불러 놓고 이불을 걷고 자신의 발과 손을 보라고 말했다. 『시경』에 이르기를 "두려워하고 조심하여(戰戰兢兢) 깊은 못에 임한 듯이, 얇은 얼음판을 밟는 듯이 한다"고 하였는데, 죽음에 임해서야 자신

---

411)  葉公 語孔子曰 吾黨 有直躬者 其父 攘羊 而子 證之. 孔子 曰 吾黨之直者 異於是 父爲子隱 子爲父隱 直在其中
      矣. 자로 18.

은 이러한 근심을 면한 것을 알게 되었다고 하였다.[412] 시(詩)는 소민편(小旻篇)이다. 원문에서 전전(戰戰)은 두려워하는 것이고, 긍긍(兢兢)은 경계하고 삼가는 것이다. 못에 임한 듯이 한다 함은 떨어질까 두려워하는 것이고, 얼음을 밟는 듯이한다는 것은 빠질까 두려워하는 것이어서 이처럼 부모님으로부터 받은 몸을 온전히 보전하기 위해서 조심하는 것이다.[158] 『효경』에서 공자는 신체발부가 부모로부터 이어받은 것이므로 감히 훼손시킬 수 없는데 그것이 바로 효의 시작이고, 입신하여 도를 행하는 데까지 나가서 부모를 영광스럽게 하는 것이 효의 마지막이라고 하였다. 또 효는 부모를 섬기는 것이 시작이고 임금을 섬기는 것이 그다음이며, 훌륭한 인물이 되어 몸을 세우는 것이 그 끝이라고 했다.[413] 또 공자는 부모가 생존해 계시거든 먼 곳에 가지 아니하며, 가더라도 반드시 일정한 장소가 있어야 한다고 했다.[414]

『공자가어』 치사편에 보면 공자가 제나라로 가는 도중에 곡하는 소리를 들었는데 그 소리가 매우 슬펐다. 공자가 마부에게 이 곡소리가 슬프지만 상을 당한 사람의 슬픔은 아니라고 말하고 말을 몰고 앞으로 갔다. 조금 앞으로 나아가 이상한 사람을 보았는데 낫을 차고 흰옷을 입고서 곡하는 소리가 슬프지 않았다. 공자가 수레에서 내려 다가가서 누구인지 물었다. 그는 구오자(丘吾子)라고 답했다. 공자가그에게 지금 상을 당하지 않았는데 어찌하여 슬프게 곡을 하는지 물었다. 구오자가 자신에게 세 가지 잘못이 있는데 이를 뒤늦게 깨달아 이제 후회한들 어떻게 할수 없다고 했다. 그는 "어렸을 때 배움을 좋아하여 천하를 두루 돌아다니다 돌아왔는데, 어버이가 돌아가신 다음이었습니다. 이것이 첫 번째 잘못입니다. 장성해서 제나라 임금을 섬겼는데 임금이 교만하고 사치하여 훌륭한 선비를 잃었으므로신하로서의 절조를 이루지 못하였습니다. 이것이 두 번째 잘못입니다. 제가 평생

---

412)  曾子 有疾 召門弟子曰 啓予足 啓予手 詩云 戰戰兢兢 如臨深淵 如履薄氷 而今而後 吾知免夫 小子. 태백 3.

413)  子曰 身體髮膚 受之父母 不敢毁傷 孝之始也 立身行道 揚名於後世 以顯父母 孝之終也 夫孝 始於事親 中於事君 終於立身.『효경』개종명의장.

414)  子曰 父母 在 不遠遊 遊必有方. 이인 19.

토록 남들과 돈독히 사귀었는데 지금은 모두 나와 인연을 끊었으니 이것이 세 번째 잘못입니다. 나무는 고요히 있고자 하지만 바람은 그치지 않고 자식은 봉양하고자 하지만 어버이는 기다려 주지 않습니다. 가기만 할 뿐 오지 않는 것은 세월이고, 두 번 다시 볼 수 없는 것은 어버이입니다"415) 말하고 이제 하직하겠다며 마침내 물에 빠져 죽었다. 공자는 제자들에게 이 일은 경계로 삼을 만하다며 기억하라고 말하였다. 이로부터 제자들 중에 작별하고 돌아가 어버이를 봉양한 자가 열에 세 명이었다. 여기서 효도를 다하지 못하고 어버이를 여읜 자식의 슬픔을 이르는 풍수지탄(風樹之嘆)이라는 고사성어가 유래했다고 한다. 공자는 부모의 나이를 기억하지 않으면 안 되니, 한편으로는 그 때문에 기쁘고 한편으로는 그 때문에 두렵다고 했다.416)

공자는 효를 행하는 것에 대해 사람의 됨됨이와 처지에 따라 다르게 말했다. 노나라의 대부 맹의자(孟懿子)가 효에 대해 물었을 때 공자는 어김이 없는 것이라고 답했다. 공자는 부모님께서 살아 계실 때는 예(禮)로 섬기고, 돌아가시면 예로 장사 지내고, 예로 제사 지내는 것이라고 이를 설명했다.417) 어느 날 맹의자(孟懿子)의 아들 맹무백(孟武伯)이 효에 대해 물었을 때에 부모는 오직 자식이 병들까 근심한다고 공자가 말했다.418) 자유(子游)가 효에 대해 묻자 공자는 지금의 효는 봉양을 잘하는 것을 이르지만 개나 말도 모두 양육함이 있으므로 부모를 공경하지 않는다면 개나 말을 기르는 것과 무엇이 다르겠는가 말하였다.419) 또 자하가 효에 대해 물었을 때 공자는 어버이를 섬길 때 얼굴빛을 온화하게 하기가 어려우니, 부형(父兄)에게 일이 있을 때 자제들이 그 수고로움을 대신하고, 술과 밥이 있으면

---

415)  樹欲靜而風不止 子欲養而親不待 往而不可追者年也 去而不見者 親也.

416)  子曰 父母之年 不可不知也 一則以喜 一則以懼. 이인 21.

417)  孟懿子 問孝 子曰 無違 樊遲 御 子 告之曰 孟孫 問孝於我 我 對曰 無違 樊遲 曰 何謂也 子曰 生事之 以禮 死葬之以禮 祭之以禮. 위정 5.

418)  孟武伯 問孝 子曰 父母唯其疾之憂. 위정 6.

419)  子游 問孝 子曰 今之孝者 是謂能養 至於犬馬 皆能有養 不敬 何以別乎. 위정 7.

부형에게 잡수시게 하는 것만을 효라고 할 수 있겠느냐고 반문하였다.[420]

정자(程子)에 따르면 맹의자에게 말한 것은 일반인들에게 말한 것이고 맹무백에게 말한 것은 그 사람됨이 근심할 만한 일이 많았기 때문이다. 자유(子游)는 봉양은 잘하나 혹 공경하지 못할까 염려해서였고, 자하는 강직하고 의로우나 온화한 빛이 혹 부족하였다. 이는 각각 그 재질의 높고 낮음과 그의 결함에 따라서 말한 것이므로 말이 똑같지 않은 것이다. 공자가 자하에게 답한 것을 더욱 자세히 말하면 부모를 섬기되 은미하게 간(諫)해야 하므로 부모의 뜻이 내 말을 따라주지 않더라도 더욱 공경하고 어기지 않으며, 수고로워도 원망하지 않아야 한다는 것이다.[421]

이 장(章)은 『예기(禮記)』의 내칙(內則)의 내용과 서로 표리(表裏)가 된다. 은미하게 간한다는 것은 내칙에 이른바 부모가 과실이 있거든 기운을 내리고 얼굴빛을 화하게 하여 부드러운 소리로써 간한다는 것이다. 부모의 마음이 자신의 말을 따르지 않더라도 더욱 공경하고 어기지 말라는 것은 간하는 말이 만일 받아들여지지 않더라도 더욱 공경하고 더욱 섬겨 기뻐하시면 다시 간한다는 것이다. 수고롭되 원망하지 않는다는 것은 내칙에 이른바 부모가 잘못하여 향당(鄕黨)·주려(州閭)에서 죄(罪)를 얻기보다는 차라리 익숙히 간해야 할 것이라고 했다. 향당·주려라고 하는 것은 고을의 대소(大小)에 따라서 이르는 말이다. 향당은 보통 지역 사회를 지칭할 때 쓰는 일반적인 용어로, 『전한서(前漢書)』 「식화지(食貨志)」에 5가(家)가 린(鄰)이 되고, 5린이 리(里)가 되며, 4리가 족(族)이 되고, 5족이 당(黨)이 되며, 5당이 주(州)가 되고, 5주가 향(鄕)이 되는데, 1향은 1만 2천 500호다. 공자는 아버지가 살아 계실 때에는 그의 뜻을 관찰하고, 아버지가 돌아가신 뒤에는 그의 행동을 관찰한다. 그러나 아버지가 돌아가신 후 3년 동안은 아버지의 도

---

420)  子夏 問孝 子曰 色難 有事 弟子 服其勞 有酒食 先生饌 曾是以爲孝乎. 위정 8.
421)  子曰 事父母 幾諫 見志不從 又敬不違 勞而不怨. 이인 18.

(道)를 고치지 말아야 효라 말할 수 있다고 했다.[422] 이는 부모의 도를 고치더라도 때를 잘 선택해서 해야 한다는 것이다.

유학자들은 효를 인과 연결했으며, 효를 우연히 일어나거나 형편이나 조건에 따라 달라지는 행동으로 보지 않았다.[159] 여기에는 두 가지 중요한 이유가 있는데, 첫째는 인과 효의 관계에서 인이 구체적으로 드러나는 것은 효를 통해서이기 때문이고, 또 하나는 인은 실천을 통해 드러나는 것인데, 여기에는 효가 가장 직접적이기 때문이다. 학자에 따르면 우리의 도덕체계는 인류가 진화의 과정에서 습득한 지혜이자 사회적 본능이다. 사회적 본능은 도덕감, 공감, 그리고 양심 등으로 나타나는데, 이러한 사회적 본능은 부모와 자식 사이의 혈연적 애정에서 출발한다. 그러므로 가족을 중심으로 이루어지는 가족 구성원들 사이의 혈연적 사랑은 도덕의 기원이자 출발점이다.[160]

## 효제야자 기위인지본여(孝弟也者 其爲仁之本與)

자제들은 집에 들어가서는 효도하고 나와서는 공손하며, 행실을 삼가고 말을 성실하게 하며, 널리 사람들을 사랑하되 인자(仁者)와 친해야 한다. 이를 행하고 남은 힘이 있으면 글을 배워야 한다고 공자는 말했다.[423] 윤돈(尹焞)에 따르면 덕행은 근본이고 문예는 말단이다. 그 근본과 말단을 궁구하여서 먼저 할 것과 나중 할 것을 안다면 덕에 들어갈 수 있을 것이다.

맹자도 효의 핵심은 어버이를 섬기는 것이고, 의의 핵심은 형을 따르는 것이라고 했다.[424] 이는 혈연 가족에 대한 자연적인 사랑이 인으로 이어지고 혈연 관계의 규범이 의로 연결된다고 할 수 있다. 옳은 행위는 인간의 내면에 달려 있다는 의내(義內)의 확립은 사람의 심성 안에 도덕성의 내재라는 보편성을 확립했다. 따라

---

422) 子曰 父在 觀其志 父沒 觀其行 三年 無改於父之道 可謂孝矣. 학이 11.
423) 子曰 弟子 入則孝 出則弟 謹而信 汎愛衆 而親仁 行有餘力 則以學文. 학이 6.
424) 孟子曰 仁之實 事親 是也 義之實 從兄 是也. 이루 상 27.

서 인은 부모를 섬기는 사친(事親)에서 그치는 것이 아니라, 더 나아가 타인에 대한 사랑으로 퍼져 나가는 속성을 지닌다. 또 의는 형제만 따르는 것에서 그치는 것이 아니라, 보편적이고 도덕적 실천으로 넓혀지는 본질적인 성질을 지닌다. 그러므로 맹자는 어버이를 어버이로 받는 것이 인이고 어른을 공경하는 것이 의(義)라며, 다른 것은 없고 그것을 온 천하에 적용시켜 나가는 것이라고 말했다.[425] 사친과 경장(敬長)으로 끝나는 것이라면 그것은 효와 제다. 인의는 실로 혈연 원리를 넘는 보편성을 속에 품고 있다. 그러므로 이를 천하에 적용시켜 나갈 수 있고 의내의 확립은 효제를 인의의 보편적 윤리로 확장시킬 수 있는 것이다.

효는 종적이며 제는 횡적인 것이다.[161] 이처럼 종적이고 횡적인 두 종류의 사랑이 생겨나면 자신과 주위로부터 시작해 온 세상에 사랑이 확산할 수 있다. 이 효제를 제대로 실천하는 사람이 군자다. 그래서 유약(有子)은 사람됨이 효성스럽고 공경스러우면서 윗사람 범하는 것을 좋아하는 자가 드물고 윗사람 범하는 것을 좋아하지 않으면서 난(亂) 일으키는 것을 좋아하는 자는 있지 않다고 했다. 이어 군자는 근본에 힘쓰니, 근본이 확립되면 도(道)가 생기는 법이다. 그래서 효와 공경은 인(仁)을 행하는 근본이라고 말했다.[426]

주자에 따르면 인은 사랑의 이치(理)이고 마음의 덕으로 군자는 모든 일을 오로지 근본에 힘을 쓰기 때문에 근본이 이미 확립되면 그 도가 스스로 생겨난다. 따라서 효제는 인의 근본으로 효제에 힘쓰면 인의 도가 그로부터 생기는 것이다. 정자(伊川)는 덕에 근본이 있어서 근본이 확립되면 그 도(道)가 충만하고 확대된다고 했다. 효제를 집에서 실천한 이후에 인애(仁愛)가 남에게 미치는 것이므로 『맹자』진심 편에서 말한 '어버이를 친애하고 나서 사람을 사랑한다'는[427] 것이 이에 해당한다. 그러므로 인(仁)을 실천하는 데는 효제를 근본으로 삼고, 본성(性)을 말할

---

425)  親親 仁也 敬長 義也 無他 達之天下也. 진심 상 15.
426)  有子 曰 其爲人也 孝弟 而好犯上者 鮮矣 不好犯上 而好作亂者 未之有也 君子 務本 本立而道生 孝弟也者 其爲仁之本與. 학이 2.
427)  親親而仁民 仁民而愛物. 진심장 상 45.

때에는 인을 효제의 근본으로 삼는다. 또 유약의 말은 인을 실천하는 것은 효제로부터 시작된다고 한 것이다. 인은 사랑을 근본으로 하고 사랑은 어버이를 사랑하는 것보다 더 큰 것이 없다. 그러므로 효제라는 것은 인을 실천하는 근본일 것이라고 말한 것이다.

따라서[162] 인심(仁心)은 가장 먼저 효제로 드러나기 때문에 인의 실천은 효제부터 시작되어야 한다. 정이와 주자가 위인(爲人)이란 인을 행하는 것이라고 한 것은 인이 체이고 효제가 용이기 때문이다. 효제는 인의 한 부분이기 때문에 인을 행하는 기본이라고 말할 수 있다. [428][163] 인은 남을 사랑하는 것인데[429] 누구를 사랑해야 하는가에 대해서 유학자들은 마땅히 인의 실현이 자식의 부모에 대한 사랑에서 시작되어야 한다고 생각했다. 따라서 사람과 사람 사이에서 있을 수 있는 여러 가지 인의 관계에서 효는 가장 먼저 실천되어야 할 바인 것이다. 『중용』에서도 군자의 도는 비유해 말하자면 먼 곳을 가려면 가까운 곳에서 출발하는 것과 같고, 높은 곳에 오르려면 반드시 낮은 곳에서 시작하는 것과 같다고 했는데, 이런 도의 일반적 과정이 어버이를 사랑하고 섬기는 데서 시작되어야 하는 것은 자연스러운 것이다. 『시경』에 '처자와 정이 좋고 뜻이 합하는 것이 비파와 거문고를 타는 듯하며, 형제가 이미 화합하여 화락하고 즐겁구나. 너의 집안을 화목하게 하며 너의 처자를 즐겁게 한다'고 하였는데, 공자는 이렇게 되면 부모가 편안할 것이라고 하였다. [430]

효는 살아 계시는 부모님뿐만 아니라 고인과 먼 조상들에게도 그에 상응하는 존경을 포함하고 있다.[164] 따라서 조상 숭배는 부모님에게 경의를 표하는 것으로부터 자연스럽게 이어져서 생긴 관념으로 효는 조상 숭배의 바탕이다. 공자는 『예기』 예기(禮器)편에서 나는 싸우면 이기고, 제사 지내면 복을 받았다고 했는데, 이

---

428)  孝弟也者 其爲仁之本與. 학이 2.

429)  樊遲 問仁 子曰 愛人 問知 子曰 知人. 안연 22.

430)  君子之道 辟如行遠必自邇 辟如登高必自卑. 詩曰 妻子好合 如鼓瑟琴 兄弟旣翕 和樂且耽 宜爾室家 樂爾妻帑 子曰 父母 其順矣乎.『중용』15장.

것은 전쟁을 하든 제사를 지내든 도(道)를 행하였기 때문이라고 말했다.[431]

공자는 인(仁)이 도(道)를 행할 수 있는 힘이라고 보았다.[165] 인은 성실하고 순수한 마음으로 사람을 사랑하는 애인(愛人)이고 충과 서는 인을 완성하는 길이다. 이런 마음이 우선 표현되어 나타나는 것이 부모에 대한 효도다. 따라서 효는 모든 행위의 첫걸음이 된다. 『공자가어』삼서편을 보면 군자에게는 삼서(三恕)가 있다. 임금을 능히 섬기지 못하면서 신하에게 복종을 요구하는 것은 서(恕)가 아니고, 어버이에게 능히 효도하지 못하면서 자식에게 보답을 요구하는 것도 서(恕)가 아니며, 형을 능히 공경하지 못하면서 아우에게 순종을 요구하는 것도 서(恕)가 아니다. 선비가 삼서의 근본을 밝게 안다면 몸을 단정히 하였다고 말할 수 있을 것이라고 공자는 말했다.

삼서는 칠교(七敎)로 이어진다. 칠교란 사람이 지켜야 할 일곱 가지의 가르침으로 군신(君臣)·부자(父子)·부부(夫婦)·형제(兄弟)·붕우(朋友)·장유(長幼)·빈객(賓客)에 관한 도를 말한다. 『공자가어』왕언해편에서 증자가 왕도(王道)를 위한 칠교를 묻자 공자는 윗사람이 노인을 존경하면 아랫사람은 더욱 효도하고, 윗사람이 나이 많은 사람을 존중하면 아랫사람은 더욱 공경하며, 윗사람이 베푸는 것을 즐거워하면 아랫사람은 더욱 너그러워지고, 윗사람이 어진 이를 사랑하면 아랫사람은 좋은 벗을 가리며, 윗사람이 덕을 좋아하면 아랫사람은 은거하지 않고, 윗사람이 탐욕을 싫어하면 아랫사람은 이익을 다투는 것을 부끄러워하며, 윗사람이 청렴하고 겸양하면 아랫사람은 부끄러움을 알고 예절을 지키는 법이라며 이를 칠교라고 말했다. 칠교는 백성을 다스리는 근본으로 정치와 교육을 바로잡으면 근본이 바르게 된다.

계강자가 만일 무도(無道)한 자를 죽여서, 백성들을 도(道)가 있는 데로 나아가게 한다면 어떤지 공자에게 물었때 공자는 정치를 하면서 어찌 사람을 죽이는 일로써 하냐고 반문했다. 이어 그대가 선(善)하고자 하면 백성들이 선해질 것이니,

---

431)  孔子曰 我戰則克 祭則受福 蓋得其道矣.

군자의 덕은 바람이고, 소인의 덕은 풀과 같아서 풀 위에 바람이 불면 풀은 반드시 쓰러진다고 답하였다.[432] 공자는 자신이 바르면 명령하지 않아도 행해지고, 자신이 바르지 못하면 비록 명령하더라도 따르지 않는다고 말했다.[433] 그렇기 때문에 임금이 자신보다 다른 사람을 먼저 앞세운 후에 대부(大夫)는 충성하게 되고 선비는 신의를 지키며, 백성은 돈독해지고 풍속은 아름다워지며, 남자는 미더워지고 여자는 정숙하게 되는 것이어서 이는 교화의 지극함인 것이다.

## (2) 인(仁)

어느 날 노나라 대부 맹무백(孟武伯)이 자로가 인(仁)한지 공자에게 물었다. 공자는 모르겠다고 대답하였는데, 다시 묻자 유(由)는 제후국의 군정을 다스리게 할 수는 있지만, 그가 인(仁)한지는 모르겠다고 했다. 다음으로 염유 구(求)는 어떤지 물었다. 이에 구(求)는 큰 읍과 경대부 집안의 가신이 되게 할 수는 있지만, 그가 인(仁)한지는 모르겠다고 답했다. 그럼 공서적(公西赤)은 어떤지 물었다. 공서적은 예복을 입고 조정에 서서 빈객을 맞이하게 할 수는 있지만, 그가 인(仁)한지는 모르겠다고 공자는 다시 답하였다.[434] 주자에 따르면 자로는 인(仁)에 있어 하루에 한 번이나 1개월에 한 번 이르는 인물로서 혹은 있기도 하고 혹은 없기도 하여 그 유무를 기필할 수 없으므로 알지 못하겠다고 공자가 말한 것이다.

또 제자 원헌이 이기려 하고, 자랑하고, 원망하고, 욕심내는 일을 행하지 않으면 인(仁)이라고 할 수 있는지 물었다. 공자는 어렵다고 할 수는 있으나 인(仁)인지는

---

432) 季康子 問政於孔子曰 如殺無道 以就有道 何如 孔子 對曰 子 爲政 焉用殺 子 欲善 而民 善矣 君子之德 風 小人之德 草 草上之風 必偃. 안연 19.

433) 子曰 其身 正 不令而行 其身 不正 雖令不從. 자로 6.

434) 孟武伯 問 子路 仁乎 子曰 不知也 又問 子曰 由也 千乘之國 可使治其賦也 不知其仁也. 求也 何如 子曰 求也 千室之邑 百乘之家 可使爲之宰也 不知其仁也 赤也 何如 子曰 赤也 束帶立於朝 可使與賓客言也 不知其仁也. 공야장 7.

내 알지 못하겠다고 말하였다.[435] 주자는 '이 네 가지가 마음속에 있는데도 능히 제어하여 행하지 못하게 한다면 어렵다고 할 수 있다. 다만 인(仁)은 천리(天理)가 완전하여 저절로 네 가지의 누(累)가 없기 때문에 행하지 못하게 하는 것만으로 인이라고 말하는 것은 부족하다'고 했다.

안연과 자로가 공자를 모시고 있었는데, 공자가 자신들의 포부을 말해 보라고 했다. 먼저 자로는 수레와 말과 값비싼 갖옷을 친구들과 함께 사용하다가 닳아서 해지더라도 유감이 없었으면 한다고 했다. 안연은 자신이 잘한 일을 자랑하지 않으며 공적을 과시하지 않았으면 한다고 했다. 이어 자로가 선생님의 뜻을 듣고 싶다고 하자 공자는 늙은이를 편안하게 해 주고, 벗에게는 미덥게 하고, 젊은이를 감싸 주겠다고 말하였다.[436] 정자(程子)에 따르면 공자께서는 인(仁)을 자연스레 행하신 것이고 안연은 인을 떠나지 않은 것이며 자로는 인을 구한 것이다. 또 자로·안연·공자의 뜻은 모두 남과 함께하신 것인데, 다만 작고 큰 차이가 있을 뿐이라고 했다.

인(仁)이 공자의 가르침에서 가장 핵심적 위치를 차지하고 있다는 것은 잘 알려진 사실이지만 앞서 보았듯이 그 의미를 정확하게 파악하기란 쉬운 일이 아니다.[166] 인이란 용어 자체는 『시경』과 『서경』에서는 육체적 아름다움을 묘사하는데 쓰였고, 『좌전』과 『국어』에서는 부모, 자식 간의 애정을 묘사하여서 효, 의, 예, 충, 신과 더불어 여러 가지 덕목 중의 하나로 나온다. 그런데 공자는 인(仁)을 일체의 덕목을 포괄하는 광의의 개념으로 재개념화하고 그 의미도 한층 심화해 선(善)의 근원이 됨과 동시에 행(行)의 기본이 되는 공자 사상의 핵심 윤리로 의미를 부여하였다. 공자의 인이란 말로 다 표현할 수 없는 광의의 개념이다. 따라서 공자는 인에 관하여 정의를 내리기보다는 인에 관하여 묻는 제자들에게 배움과 인품에

435)   克伐怨欲 不行焉 可以爲仁矣. 子 曰 可以爲難矣 仁則吾不知也. 헌문 2.
436)   顏淵季路 侍 子 曰 盍各言爾志 子路 曰 願車馬 衣輕裘 與朋友共 敝之而無憾 顏淵 曰 願無伐善 無施勞 子路 曰 願聞子之志 子 曰 老者 安之 朋友 信之 少者 懷之. 공야장 25.

따라 그에 맞는 답을 말해 주었고 그러한 개별적인 대화가 『논어』에 기록됐다.

어느 날 번지(樊遲)가 인에 대해 물었을 때 공자는 사람을 사랑하는 것이라고 했다.[437] 다른 날 번지가 인을 묻자, 공자는 거처할 때에는 공손(恭)하게 하고, 일을 집행할 때에는 경건(敬)하게 하며, 사람을 대할 때에는 충성(忠)스럽게 하는 것이어서 이것을 비록 오랑캐의 나라에 가더라도 버려서는 안 된다고 했다.[438] 호인(胡寅)에 따르면 번지가 인을 물은 것이 세 번인데, 공(恭)과 경(敬), 충(忠)을 말한 자로편이 맨 처음이고, 옹야편에서 어려운 것을 먼저 하고 얻는 것을 뒤로 한다는[439] 것이 다음이고, 안연편의 사람을 사랑하라(愛人)는 것이 맨 나중이다.

상주시대는 인간의 목숨이 짐승과 다를 바 없어서[167] 전쟁을 통해서 얻은 노예는 인격이 인정되지 않았다. 그들은 제사 때 희생물로 바쳐졌을 뿐 아니라, 권력자가 죽으면 살아 있는 사람을 함께 묻는 순장 풍습에 의해 희생되었다. 공자가 인신 희생에 대하여 분노한 사실은 『맹자』에 전해진다. 공자는 처음으로 순장(殉葬)할 때 사용하는 나무 인형인 용(俑)을 만든 자는 그 후손이 없을 것이라고 했는데, 이는 사람을 본떠서 장례에 사용하였기 때문이라고 했다.[440] 용(俑)은 장례에 쓰이는 나무 혹은 진흙으로 만든 사람 모양의 형상이다. 이는 순장의 풍습이 공자 시대까지 전해지고 있었음을 말한다. 『공자가어』 곡례공서적문편에도 비슷한 대화가 있다. 자유가 공자에게 "장례에서 진흙으로 수레를 만들고 풀잎으로 영령의 형상을 만드는 것은 옛날부터 있었습니다. 그러나 지금 정교한 인형을 만드니 예전에 풀잎으로 만든 것은 장례에 아무런 유익함도 없습니다"라고 말하였다. 공자는 풀잎으로 영령의 형상을 만든 자는 잘한 것이지만, 나무 인형을 만든 자는 어질지 못한 것이어서 이렇게 하면 산 사람을 순장하게 되지 않겠느냐고 했다. 주자는 옛날에 풀을 엮어 사람을 만들어서 상여를 호위하게 하였는데, 후대에는 얼굴과 눈 등 모습이

---

437)  樊遲 問仁 子 曰 愛人. 안연 22.
438)  樊遲 問仁 子 曰 居處恭 執事敬 與人忠 雖之夷狄 不可棄也. 자로 19.
439)  樊遲 問仁 曰 仁者 先難而後獲 可謂仁矣. 옹야 20.
440)  仲尼曰 始作俑者 其無後乎 爲其象人而用之也. 양혜왕 상 4.

사람과 매우 유사하였으므로, 공자가 인하지 못함을 미워한 것이라고 하였다.

또 공자가 벼슬을 할 때 집 마구간에 불이 났는데, 조정에서 물러나와 사람이 다쳤느냐고 물으시고 말(馬)에 대해서는 묻지 않으셨다.[441] 이를 보면 공자의 인(仁)의 바탕에는 사람이 있다. 인이란 사람과 사람 사이의 관계를 의미하는 만큼 두 사람이 올바른 관계를 유지하려면 마땅히 지켜야 할 규범이나 덕목이 필요한데, 효·제·충·신(孝悌忠信) 등이 그 대표적인 예다. 공자가 인을 실천 윤리의 기본 이념으로 삼으면서부터 그 의미는 일체의 덕목을 포괄하는 광의의 개념을 갖게 되었다. 그 후부터 인은 선(善)의 근원이 되고 행(行)의 기본이 되었다. 따라서 유학에서 인이란 인간다움의 최고 경지를 표현하는 덕목이라고 하겠다.

인과 관련해 조선의 유학자 정약용은 사람이 자연적, 사회적 역할을 제대로 해내는가에 초점을 두었다.[168] 그는 보편 사랑과 개별 사랑의 위계를 세우지 않고 구체적인 역할 수행 자체에 주목했다. 즉 사람은 상황에 따라 어버이와 자식, 스승과 제자처럼 다양한 양자 관계에 놓이고 그 관계에 어울리는 덕행을 제대로 하기만 한다면 그것이 바로 인이 되는 것이다. 그리고 인(仁)의 실천은 상대방에 대한 요구가 아니라 자기 수양에서 비롯해야 한다고 보았다. 결국 인은 개별 사랑을 넘어선 범위의 개념이 아니라 효도, 공경, 우애 등을 아우르는 통합적이고 보편적인 관념이라고 할 수 있다.

### 물시어인(勿施於人)

자공이 공자에게 종신토록 행할 만한 한 마디 말이 있는지 물었다. 공자는 아마도 서(恕)일 것이라며 서(恕)란 자기가 하고자 하지 않는 것을 남에게 시키지 않는 것이라고 답해 주었다.[442] 윤돈(尹焞)에 따르면 공자는 자공에게 인을 구하는 방법으로써 말씀해 주셨는데, 이것을 미루어 지극히 한다면 비록 성인의 경지라 하

---

441) 廐焚 子 退朝曰 傷人乎 不問馬. 향당 12.
442) 子貢 問曰 有一言而可以終身行之者乎 子 曰 其恕乎 己所不欲 勿施於人. 위령공 23.

더라도 여기에서 벗어나지 않을 것이어서 종신토록 행함이 당연한 것이다.

다음은 '물시어인'을 들은 이후 자공과 공자의 대화인 것 같다. 어느 날 자공은 남이 나에게 가하지 않기 바라는 일을 저도 남에게 가하지 않으려고 한다고 했다. 그러자 공자는 이것은 네가 미칠 바가 아니라고 말했다.[443] 정자(程子)는 내가 남이 나에게 가(加)하기를 원하지 않는 일을 나도 남에게 가(加)하지 않으려고 함은 인(仁)이고 자신에게 시행하여 원하지 않는 것을 나 역시 남에게 베풀지 않으려 하는 것은 서(恕)라며 서(恕)는 자공이 혹 힘쓸 수 있으나, 인(仁)은 미칠 수 있는 것이 아니라고 말한 것이라고 했다. 주자에 따르면 무가제인(無加諸人)의 무(無)는 자연히 그렇게 되는 것이고 물시어인(勿施於人)의 물(勿)은 금지하는 말이어서 이것이 인(仁)과 서(恕)의 구별이다.

중궁(仲弓) 염옹이 인(仁)에 대해 물었을 때도 공자는 '물시어인'을 말하였다. 공자는 문을 나갔을 때에는 큰 손님을 뵙듯이 삼가고, 백성을 부릴 때에는 큰 제사를 받들 듯이 조심하며, 자신이 하고자 하지 않은 것을 남에게 베풀지 말아야 한다. 이렇게 하면 나라에 있어도 원망함이 없으며, 집 안에 있어도 원망함이 없을 것이라고 했다. 이를 듣고 중궁은 비록 불민하나 이 말씀을 따라 실천하겠다고 했다.[444] '물시어인'처럼 '당신이 받기를 원하는 방식대로 행하라'는 근본적 도덕 원칙은 어느 사회에서나 찾아볼 수 있는 것이며, 살인, 도둑질, 근친상간의 금지 역시 어느 사회에서나 공통적으로 발견된다. 학자들에 따르면 도덕심의 뿌리는 '공감'이었다. 인간은 무리를 이뤄 함께 사냥하고 전리품을 동등하게 나누게 됐다. 이 과정에서 인류가 신뢰와 존중, 책임감을 공유했고 타인의 감정에 동조하는 '공감'에서 한 단계 발전한 윤리의식인 '공정성'이 자리 잡았다. 이어 인간이 단순한 무리가 아니라 집단을 구성하면서 우리와 그들을 구분하게 됐고, 집단 정체성을 형성

---

443)  子貢 曰 我不欲人之加諸我也 吾亦欲無加諸人 子 曰 賜也 非爾所及也. 공야장 11.

444)  仲弓 問仁 子 曰 出門如見大賓 使民如承大祭 己所不欲 勿施於人 在邦無怨 在家無怨 仲弓 曰 雍雖不敏 請事斯
語矣. 안연 2.

하는 과정에서 옳고 그름의 규범을 체계화한 윤리로서 '정의'가 만들어졌다. 따라서 도덕성이란 공통의 가치에 근거하여 다툼과 문제를 처리하는 사회 전체의 옳고 그름에 대한 공감과 합의라고 할 수 있다.

"인이란 자신이 서고자 하면 남을 세우고 자신이 이루고자 하면 남을 이루게 하는 것이다"라고[445] 하는데 이것은 적극적인 의미다.[169] 이 말은『논어』에서 자공이 만일 백성에게 은혜를 널리 베풀어 많은 사람을 구제한다면 인하다고 할 만한 것인지 공자에게 물었을 때 나온다. 공자는 '어찌 인에 그치겠는가' 하고 그런 사람은 반드시 성인(聖人)일 것이며 '요순도 오히려 그렇게 하지 못하는 것을 병통으로 여겼다'고 말했다. 인자(仁者)는 자신이 서고자 하면 남도 서게 하며, 자신이 통달하고자 하면 남도 통달하게 하기 때문에 가까이 자기에게서 취하여 자신이 하고자 하는 바를 미루어 남에게 미루어 간다면 인(仁)을 실천하는 방법이라고 할 수 있다고 했다.[446] 주자는 자기로써 남에게 미치는 것은 인자(仁者)의 마음으로 이로써 살펴본다면 천리가 두루 흘러서 끊임이 없음을 볼 수 있다. 따라서 인의 본체를 나타낸 것이 이보다 절실한 것이 없다고 했다. 여대임(呂大臨)에 따르면 자공은 인에 뜻을 두었으나 한갓 높고 원대한 것을 일삼아 그 방법을 알지 못하였다. 그러므로 공자께서 자신에게서 취하는 것으로 가르쳐 주신 것이어서 행여 가까워서 들어갈 수 있을까 기대하신 것이다. 이것이 바로 인을 하는 방법으로 비록 널리 은혜를 베풀고 많은 사람을 구제하는 것이라도 또한 여기서부터 나아가는 것이다.

소극적인 의미로 인은 말했듯이 자신이 원하지 않는 바를 남에게 시행하지 말라고[447] 한 것이다. 인은 적극적인 의미와 소극적 의미가 결합해 행하게 되는 것으로 자신을 미루어 남을 완성하는 것이다.[170] 그래서『중용』에서는 자기를 이루는 것은 사랑(仁)이고 남을 이루게 하는 것은 지혜(知)다. 이 두가지는 본성의 덕이라고 했

---

445) 夫仁者 己欲立而立人 己欲達而達人.
446) 子貢 曰 如有博施於民 而能濟衆 何如 可謂仁乎. 子 曰 何事於仁 必也聖乎 堯舜 其猶病諸. 夫仁者 己欲立而立人 己欲達而達人 能近取譬 可謂仁之方也已. 옹야 28.
447) 己所不欲 勿施於人.

다.[448] 즉 인(仁)이라는 것은 본체(體)로서 근본인 것이고 지(知)라는 것은 용(用)이 발하는 것이다. 이는 모두 나의 성(性)에 고유한 것이어서 안과 밖의 다름이 없다. 따라서 이미 자기에게서 얻으면 모든 일이 때에 맞게 되어 모두 그 마땅함을 얻게 될 것이다.

### 극기복례(克己復禮)

공자는 진실로 인(仁)에 뜻을 두면 악(惡)함이 없다고 말했다.[449] 공자는 인이 구체적으로 무엇이라고 정의하지 않았지만 어떻게 하는 것이 인을 행하는 것인지 다양한 방법론을 제시했다. 공자는 어느 제자도 인하다고 인정하지 않았고, 자신도 인하다고 자처하지 않았다. 공자는 인을 설명할 때 다양한 용어들이 사용하였는데, 그중에서 주요한 것들은 효(孝), 제(悌), 예(禮), 충(忠), 서(恕), 경(敬), 공(恭), 관(寬), 신(信), 민(敏), 혜(惠), 온량(溫良), 애인(愛人) 등이다.

다만 공자가 제자인 안연에게 인을 실현하는 구체적 방법으로 극기복례를 설명한 바가 있다. 안연이 인에 대해 물었을 때 공자는 자기의 사욕을 이겨 예로 돌아가는 것이 인이다. 하루라도 사욕을 이겨 예로 돌아가면 천하 사람들이 모두 그 인을 인정한다며, 인을 하는 것은 자신에게 달려 있는 것으로 남에게 달려 있는 것이 아니라고 말했다. 안연이 그 실천 조목을 묻자 공자는 예가 아니면 보지 말며(非禮勿視), 예가 아니면 듣지 말며(非禮勿聽), 예가 아니면 말하지 말며(非禮勿言), 예가 아니면 움직이지 말아야 한다고(非禮勿動) 했다. 이에 안연이 비록 불민하나 이 말씀을 따라 실천하겠다고 답하였다.[450] 정자(程子)는 예가 아닌 곳이 바로 사의(私意)라며 이미 사의라면 인(仁)일 수 없다고 했다. 모름지기 자기의 사욕을 이겨 내고 다해서 모두 예에 돌아가게 하여야 비로소 인이 될 수 있는 것이라고 말

448) 誠者 非自成己而已也 所以成物也 成己 仁也 成物 知也 性之德也 合內外之道也 故 時措之宜也. 『중용』 25장.
449) 子曰 苟志於仁矣 無惡也. 이인 4.
450) 顏淵 問仁 子曰 克己復禮 爲仁 一日克己復禮 天下 歸仁焉 爲仁 由己 而由人乎哉 顏淵 曰 請問其目 子曰 非禮勿視 非禮勿聽 非禮勿言 非禮勿動 顏淵 曰 回雖不敏 請事斯語矣. 안연 1.

하고 극기복례를 하면 일마다 모두 인해진다. 그러므로 천하가 인을 부여한다고 공자가 말씀한 것이라고 설명했다. 공자는 '극기복례위인'[451]에서 내적 덕목인 인(仁)과 표현 형식인 예(禮)를 통하여 덕의 내용과 실천방법을 구체화하였으며 도덕적 실천성을 강조하였다.

공자의 인은 내적인 인격을 대표하고[171] 공자 이전의 예는 오로지 외적 규범이자 외적 표준이었다. 공자에 이르러서야 예가 인에 귀속되었고, 인을 예의 근본으로 삼게 되었다. 그러므로 공자는 사람으로서 인하지 않으면 예를 어떻게 행할 수 있겠으며, 사람으로서 인하지 않으면 악(樂)을 어떻게 할 수 있냐고 했다.[452] 또 모난 술그릇(觚)이 모나지 않으면 모난 술그릇이라고 할 수 있겠냐고도 말했다.[453] 정자(程子)에 따르면 모난 그릇이 그 모양과 제도를 잃으면 모난 그릇이 아니기 때문에 이는 하나의 그릇을 들어 천하의 만물이 모두 그렇지 않음이 없다는 것을 보인 것이다. 따라서 임금으로서 임금의 도리를 잃으면 임금 노릇을 못하는 것이고 신하로서 신하의 직분을 잃으면 빈자리가 되는 것이라고 지적했다. 이 때문에 범조우(范祖禹)는 사람으로서 인하지 못하면 사람이 아니고 나라로서 다스려지지 않으면 나라가 아닌 것이라고 말했다. 공자는 만일 주공과 같은 아름다운 재주를 갖고 있더라도 교만하고 또 인색하여 인하지 않다면 그 나머지는 볼 것이 없다고 했다.[454]

인의 뜻은 한계를 정하기 불가능하고 개념을 한정하면 오히려 그 의미를 왜곡할 수 있기 때문에 공자는 불가한 것과 필수적인 것을 일러 인을 추구하도록 했다. 자장이 공자에게 인에 대해 묻자 공자는 다섯 가지를 천하에 행할 수 있으면 인이라 한다고 했다. 자장이 그 내용을 물었을 때 공자는 공손함(恭)과 너그러움(寬), 믿음(信), 민첩함(敏), 은혜로움(惠)이라고 말했다. 공손하면 업신여김을 받지 않고,

451)  子曰 克己復禮 爲仁 一日克己復禮 天下 歸仁焉 爲仁 由己 而由人乎哉. 안연 1.
452)  子曰 人而不仁 如禮 何 人而不仁 如樂. 팔일 3.
453)  子曰 觚 不觚 觚哉觚哉. 옹야 23.
454)  子曰 如有周公之才之美 使驕且吝 其餘 不足觀也已. 태백 11.

너그러우면 민심을 얻게 되고, 믿음이 있으면 남들이 의지하고, 민첩하면 공이 있고, 은혜로우면 충분히 사람을 부릴 수 있다고 알려 주었다.[455]

　제나라 대부 최자(崔子)가 제나라 임금을 시해한 뒤 말 10승(乘)을 소유하고 있던 진문자(陳文子)가 이를 버리고 떠났다. 승(乘)은 춘추전국시대의 군부(軍賦)와 전투단위로써 4마리의 말이 끄는 전투용 수레인 병거나 전차의 단위다. 춘추 초기에는 1승의 단위가 30명이었으나 중기 이후 증원되어 100명까지 늘어났다. 수레에는 3사람의 갑사가 타고 그 뒤를 7명의 귀족으로 이루어진 갑사와 20명의 일반인으로 구성된 보졸이 따랐다. 1승의 전차부대 구성은 지휘관 1명, 전문 전투원인 차우(車右) 1명과 마부인 어자(御字) 1명 모두 3명이 타고 그 뒤를 갑사 7명과 일반 도병 20명이 뒤를 따랐다. 전차에 타거나 뒤를 따르는 갑사 10명은 모두 귀족 출신으로 충원되었다. 그런데, 춘추 중기부터 일승의 구성인원 중 갑사의 수는 줄어들고 도병의 수가 대폭 늘어나기 시작했다. 갑사는 전차에 타는 3인으로 줄어들었으나, 도병은 대폭 늘어나 치중을 담당한 별도의 도병 25명을 포함하여 100인으로 늘어났다. 이를 보면 진문자는 제나라의 상당한 권력자였다.

　진문자가 다른 나라에 이르러서 말하기를 이곳에도 우리나라 대부 최자와 같은 자가 있다고 말하고 그곳을 떠났다. 이어 또 다른 나라에 이르러서도 이곳에도 우리나라 대부 최자와 같은 자가 있다고 하고 떠나갔다. 이를 듣고 자공이 그의 행동이 어떤지 묻자 공자는 깨끗하다고 말하였다. 그럼 인(仁)이라고 할 만한지 자공이 다시 물었다. 이에 공자는 모르겠다며 어찌 인이 될 수 있겠느냐고 말하였다.[456] 진문자(陳文子)는 제나라 대부(大夫)로 이름은 수무(須無)다. 주자에 따르면 문자(文子)가 자기 몸을 깨끗이 하고 어지러운 나라를 떠났으므로 청백하다고 이를 만하다. 그러나 그의 마음이 과연 의리의 당연함을 보고서 얽매인 바가 없었

455)　子張 問仁於孔子 孔子 曰 能行五者於天下 爲仁矣 請問之 曰 恭寬信敏惠 恭則不侮 寬則得衆 信則人任焉 敏則有功 惠則足以使人. 양화 6.
456)　崔子 弑齊君 陳文子 有馬十乘 棄而違之 至於他邦 則曰 猶吾大夫崔子也 違之 之一邦 則又曰 猶吾大夫崔子也 違之 何如 子 曰 淸矣 曰 仁矣乎 曰 未知 焉得仁. 공야장 18.

는지, 아니면 이해의 사사로움에 마지못한 것이어서 아직도 원망과 후회를 면치 못한 것이었는지 알 수 없다. 이 때문에 공자께서 다만 그의 깨끗함만을 인정하고 그의 인(仁)은 허용하지 않은 것이다.

이번에는 자장이 공자에게 '초(楚)나라의 영윤(令尹)인 자문(子文)이 세 번 벼슬하여 영윤이 되었으나 기뻐하는 기색이 없었고, 세 번 벼슬을 그만두었으나 서운한 기색이 없었습니다. 옛날 자신이 맡아보던 영윤의 정사를 반드시 새로 부임해 온 영윤에게 일러 주었다고 하는데, 이는 어떠한지' 물었다. 공자는 충성스럽다고 답했다. 인(仁)이라고 할 만한지 다시 물었는데, 공자는 모르겠다며 어찌 인이 될 수 있겠는가 했다.[457] 영윤(令尹)은 벼슬 이름이며 초나라의 상경(上卿)으로 재상(宰相)에 해당한다. 주자에 따르면 자문(子文)의 사람됨이 기뻐함과 성냄을 나타내지 않고 남과 자기 사이에 간격이 없어 나라만을 알고 자신이 있음을 알지 못하여서 그의 충성이 대단했다. 그러므로 자장이 인(仁)한지 물은 것이다. 그러나 그가 세 번 벼슬하였다가 세 번 그만두고 물러나면서 새로 부임해 온 영윤에게 옛 정사를 말해 준 것이 모두 천리에서 우러나와 인욕의 사사로움이 없었는지 알 수 없다. 이 때문에 공자가 다만 그의 충(忠)만을 허락하고 그의 인은 인정하지 않은 것이다.

제나라의 명재상 관중이 변절했던 일을 두고 공자의 제자들은 그가 인(仁)하지 않다고 생각했다. 자로는 환공(桓公)이 공자규(公子糾)를 죽인 뒤 소홀(召忽)은 그를 위해 따라 죽었고 관중은 죽지 않았으므로 인하지 않다고 말해야 한다고 했다. 그러자 공자는 환공이 제후들을 규합하되 무력을 쓰지 않은 것은 관중의 힘이었기 때문에 누가 그의 인만 하겠냐고 반문했다.[458] 당시 제나라 양공(襄公)이 무도(無道)하여 포숙아(鮑叔牙)는 공자(公子) 소백(小白)을 받들고 거나라로 망명하

---

457) 子張 問曰 令尹子文 三仕爲令尹 無喜色 三已之 無慍色 舊令尹之政 必以告新令尹 何如 子 曰 忠矣 曰 仁矣乎 曰 未知 焉得仁. 공야장 18.

458) 子路 曰 桓公 殺公子糾 召忽 死之 管仲 不死 曰 未仁乎. 子 曰 桓公 九合諸侯 不以兵車 管仲之力也 如其仁 如其仁. 헌문 17.

였으며, 무지(無知)가 양공을 시해하자 관중과 소홀은 공자 규(糾)를 받들고 노나라로 망명하였다. 노나라 사람들이 공자 규를 제나라로 들여보냈으나 싸움에 이기지 못하고 소백이 들어가는데, 이가 바로 환공이다. 환공이 노나라로 하여금 자규를 죽이게 하고 관중과 소홀을 보내 줄 것을 청했다. 이때 소홀은 죽고 관중은 함거(檻車)에 갇히기를 자청하였는데, 포숙아가 환공에게 말하여 정승을 삼게 하였다. 이 때문에 자로는 관중이 군주를 잊고 원수를 섬겼기 때문에 천리를 해쳐 인이 될 수 없다고 의심한 것이다. 관중이 비록 인인(仁人)이 될 수는 없으나, 그 혜택이 사람들에게 미쳤으면 인의 공(功)이 있는 것이라고 주자는 설명했다.

　자공도 자로와 같은 말을 하였다. 관중은 인자(仁者)가 아닐 것이라며, 환공이 공자규(公子糾)를 죽였는데, 따라 죽지 않고 또 환공을 도왔다고 했다. 이에 공자는 관중이 환공을 도와 제후의 패자(霸者)가 되게 하여 한 번 천하를 바로잡아서 백성들이 지금까지 그 혜택을 받고 있다며 관중이 없었다면 우리는 오랑캐들처럼 머리를 풀어 헤치고 옷깃을 왼쪽으로 여몄을 것이라고 했다. 이어 어찌 관중이 필부들의 작은 신의를 지키기 위해 스스로 목매어 죽어서 시신이 도랑에 뒹굴어도 아무도 알아주는 이가 없는 것과 같이 하겠는가 말하였다.[459] 정자(程伊川)는 이 장을 다음과 같이 설명했다. 환공은 형이고 자규는 아우였다. 관중은 자신이 섬기던 자에게 사사로이 하여 그를 도와 나라를 다툰 것은 의(義)가 아니다. 환공이 자규를 죽인 것은 비록 지나쳤으나 자규의 죽음은 실로 마땅하였다. 관중은 처음에 자규와 더불어 함께 모의하였기 때문에 함께 죽는 것도 괜찮았고, 동생을 도와 나라를 다툰 것이 의(義)가 아님을 알고서 스스로 죽음을 면하여 후일의 공(功)을 도모함도 또한 괜찮은 일이다. 그러므로 성인이 그의 죽지 않은 일을 탓하지 않고 그의 공적을 칭찬하신 것이다.

　자공이 인(仁)을 행하는 것에 대해 물었을 때 공자는 공인(工人)이 자기 일을 잘

---

459)　子貢 曰 管仲 非仁者與 桓公 殺公子糾 不能死 又相之. 子 曰 管仲 相桓公霸諸侯 一匡天下 民到于今 受其賜 微
　　　管仲 吾其被髮左衽矣. 豈若匹夫匹婦之爲諒也 自經於溝瀆而莫之知也. 헌문 18.

하려면 반드시 먼저 그 연장을 예리하게 해야 하고 한 나라에 살 때에는 그 나라의 대부 중에 현명한 자를 섬기며, 그 나라의 선비 중에서 인(仁)한 자를 벗삼아야 한다고 알려 주었다.[460] 주자에 따르면 현(賢)은 일로써 말하는 것이고 인(仁)은 덕(德)으로써 말한 것이다. 공자가 일찍이 자공을 평하기를 자기만 못한 자를 좋아한다고 하였다. 그러므로 이것으로써 그에게 말해 준 것이다. 또한 두려워하고 꺼려하며 부지런히 학문과 도덕을 닦는 바가 있어서 그 덕(德)을 이루게 하고자 한 것이다. 정자(程子)는 자공이 인(仁)을 행함을 물었고, 인(仁)을 물은 것이 아니기 때문에 공자가 인을 행하는 자료로서 말씀하셨을 뿐이라고 말했다.

공자의 제자 사마우(司馬牛)가 공자에게 인을 물었을 때 인자(仁者)는 말하는 것을 조심한다고 했다. 그러자 사마우가 말하는 것을 조심하면 곧 인이라 이를 수 있는지 물었다. 공자는 그렇게 하기가 어렵기 때문에 말하는 것을 조심하지 않을 수 없다고 했다.[461] 원문에서 인(訒)은 참는 것이며 어려워하는 것이다. 주자에 따르면 인자(仁者)는 마음이 보존되어 방심하지 않는다. 그러므로 그 말이 마치 참는 바가 있어서 쉽게 발하지 않는 듯하는 것으로 이는 그 덕(德)의 일단(一端)인 것이다. 공자는 사마우가 말이 많고 조급하기 때문에 이것으로써 말씀해 주어서 그 이에 삼가게 하신 것이다. 따라서 인을 하는 방법도 여기에서 벗어나지 않는 것이다.

이어 공자는 사람의 과실(過失)이 무리(類)에 따라 제각각이어서 그 사람의 과실을 보면 인한지 인하지 않은지를 알 수 있다고 했다.[462] 정자(程子)에 따르면 사람의 과실은 각기 그 무리대로 하는 것이다. 군자는 항상 후한 데에 잘못되고 소인은 항상 박한 데에 잘못되며, 군자는 사랑에 지나치고 소인은 잔인함에 지나치는 것이다. 이에 윤돈(尹焞)은 이로써 관찰한다면 사람의 인하고 인하지 못함을 알

---

460)　子貢 問爲仁 子曰 工 欲善其事 必先利其器 居是邦也 事其大夫之賢者 友其士之仁者. 위령공 9.
461)　司馬牛 問仁 子曰 仁者 其言也 訒 曰 其言也 訒 斯謂之仁矣乎 子曰 爲之難 言之 得無訒乎. 안연 3.
462)　子曰 人之過也 各於其黨 觀過 斯知仁矣. 이인 7.

수 있다고 했다. 남송 학자 오역(吳棫)에 따르면 후한 때에 오우(吳祐)가 말하기를 한 관리가 어버이 때문에 허물이 드러나서 과실을 보면 인(仁)을 안다는 것이라고 했다. 중국 후한 순제(順帝) 때 인자하고 청렴하기로 유명하였던 오우가 교동후상(膠東侯相)으로 근무하고 있을 때 있었던 일이다. 그 아래에 하급관리인 손성(孫性)이 아버지에게 옷을 한 벌 마련해 주고 싶어 했다. 손성은 백성에게 조금씩 세금을 더 거두는 방법을 써서 옷을 마련해 아버지에게 옷을 갖다드렸다. 아버지는 이 사실을 알아내고는 그 옷을 오우에게 반납하고, 그에 해당하는 벌을 받으라고 하였다. 손성이 아버지 명을 어기지 못하고 오우에게 와서 그 내막을 알리고 처벌받기를 청하였다. 이때 오우는 이 일에 대해서 과오를 저지른 과정을 보고 그 사람의 어질고 어질지 않음을 알 수 있다는 관과지인(觀過知仁)이라고 말하고 그 옷을 다시 부친에게 갖다드리도록 하였다. 이 이야기는 『후한서(後漢書)』 오우전(吳祐傳)에 전한다.

맹자는 인을 행하기 위한 방법으로 반구저기(反求諸己)를 강조했다. 맹자는 화살 만드는 사람이 어찌 갑옷 만드는 사람보다 어질지 않지 않지만 화살 만드는 사람은 오직 사람을 해치지 못할까 두려워하고, 갑옷 만드는 사람은 오직 사람을 해칠까 두려워한다. 무당과 관(棺)을 만드는 목수 또한 그러하다. 그러므로 직업을 선택함에 삼가지 않으면 안 되는 것이라고 했다. 이어 인은 하늘이 내려 준 높은 벼슬이며 사람이 사는 편안한 집이다. 그러나 이것을 막는 사람이 없는데도 어질지 못하므로 이는 지혜롭지 못한 것이다. 어질지 못하고 지혜롭지 못하여 예도 없고 의(義)도 없으면 남에게 부림을 당하게 된다. 남에게 부림을 당하면서 부림을 당하는 것을 부끄러워하는 것은 마치 활 만드는 사람이 활 만드는 것을 부끄러워하고, 화살 만드는 사람이 화살 만드는 것을 부끄러워하는 것과 같다. 만일 부림을 당하는 것을 부끄러워한다면 인을 행하는 것만 한 것이 없다. 인자(仁者)의 마음가짐은 활 쏠 때와 같다. 활 쏘는 자는 자세를 바로잡은 뒤에 발사하며, 발사하여 과녁을 맞히지 못하더라도 자신을 이긴 자를 원망하지 않고, 맞히지 못한 원인을 자신에게서 찾을(反求諸己) 뿐이라고[463] 했다.

## 교언영색 선의인(巧言令色 鮮矣仁)

인은 겉모습만 보고 판단할 수 없고 마음속에서 드러나는 것이다. 공자는 듣기
좋은 말만 하고 보기 좋은 얼굴빛만 꾸미고 지나치게 공손함을 옛날 좌구명(左丘
明)이 부끄럽게 여겼는데, 나 또한 이를 부끄럽게 여긴다. 속으로 원망하면서도
원망을 감추고 그 사람과 사귐을 좌구명이 부끄럽게 여겼는데, 나 또한 이를 부
끄럽게 여긴다고 말했다.[464] 정자(伊川)에 따르면 좌구명(左丘明)은 옛날에 알려
진 사람이다. 춘추좌전(春秋左傳)을 지은 좌구명과는 다른 인물로 보인다. 사량좌
(謝良佐)는 두 가지의 부끄러워할 행동이 담을 뚫고 담을 뛰어넘는 도둑질보다 심
하다며, 좌구명이 이를 부끄럽게 여겼으므로 그의 수양의 경지를 알 만하다고 했
다. 공자께서 자신도 부끄러워한다고 스스로 말씀하셨으므로 이는 마음속으로 노
팽(老彭)에게 비한다(竊比老彭)는 뜻이다. 노팽은 은나라의 어진 대부인데 공자
는 옛 인격자를 닮고 싶다고 겸손하게 말한 것이다. 앞서 술이편에 나온 표현이
다. 공자는 옛것을 전술(傳述)하기만 하고 창작하지 않으며, 옛것을 믿고 좋아하
는 것을 상나라의 어진 대부인 노팽과 마음 속으로 견줄 만하다고 말했다.[465] 따라
서 진실한 감정이 있고 나서 인(仁)이 있는 것이다. 좌구명은 아첨하는 말투와 부
드러운 낯빛을 일삼는 자들을 치욕으로 생각했고 원수를 대할 때 원한의 감정을
감추고 호의적으로 대하는 것도 치욕으로 생각했다.

이 때문에 공자가 말을 듣기 좋게 하고 얼굴빛을 곱게 꾸미는 사람치고 어진 이

---

463)　孟子 曰 矢人 豈不仁於函人哉 矢人 惟恐不傷人 函人 惟恐傷人 巫匠 亦然 故 術不可不愼也 孔子 曰 里仁 爲美
　　　擇不處仁 焉得智 夫仁 天之尊爵也 人之安宅也 莫之禦而不仁 是 不智也 不仁不智 無禮無義 人役也 人役而恥
　　　爲役 由弓人而恥爲弓 矢人而恥爲矢也 如恥之 莫如爲仁 仁者 如射 射者 正己而後 發 發而不中 不怨勝己者 反
　　　求諸己而已矣. 공손추 상 7.
464)　子曰 巧言令色足恭 左丘明 恥之 丘亦恥之 匿怨而友其人 左丘明 恥之 丘亦恥之. 공야장 24.
465)　子曰 述而不作 信而好古 竊比於我老彭. 술이 1.

가 드물다고 한 것이다.[466] 정자(伊川)에 따르면 교언영색은 인(仁)이 아니고 이를 알았다면 인을 알 것이라고 했다. 이와 함께 말은 뜻을 전달하는 것일 뿐이라고 공자는 말했다.[467] 즉 언사(言辭)는 뜻을 통달함을 취할 뿐이며 풍부하고 화려함으로써 훌륭함을 삼지 않는다는 것이다. 이와 관련해 공자는 누가 미생고(微生高)를 정직(正直)하다 하느냐고 반문했다. 어떤 사람이 초(醋)를 빌리려 했을 때 그의 이웃집에서 빌어다 주었다며 비판했다.[468] 미생(微生)은 성(姓)이고 고(高)는 이름이다. 노나라 사람으로 평소에 정직하다고 소문이 나 있는 자였다. 어떤 사람이 식초를 빌리려 왔을 때 자기 집에 식초가 없으므로 이웃집에서 빌어 준 것이다. 주자에 따르면 공자께서 이를 말씀하신 것은 뜻을 굽혀 남의 비위를 맞추고 아름다움을 빼앗아 생색을 낸 것이어서 정직함이 될 수 없다고 하신 것이다. 오히려 공자는 강하고 굳세고 질박하고 어눌(語訥)함이 인에 가깝다고 했는데,[469] 양시(楊時)는 강하고 굳세면 물욕에 굽히지 않고, 질박하고 어눌하면 제멋대로 하지 않기 때문에 인에 가까운 것이라고 했다.

인은 멀리 있는 것이 아니다. 공자는 인(仁)이 멀리 있다고 여기는가 반문하고 자신이 인을 하고자 하면 인에 이르는 것이라고 했다.[470] 또 『시경』에 누락된 일시(逸詩)에 "앵두나무 당체(唐棣) 꽃이 바람에 흔들리는구나. 어찌 그대를 생각하지 않으리. 집이 멀기 때문일 뿐이라고 하였는데, 공자는 생각하지 않아서 그런 것이지 어찌 멀리 있겠느냐"고 했다.[471] 이는 시(詩)의 말을 빌어서 인이 가까이 있다고 반론한 것이다.

인이 멀지 않음에도 풍속이 변하는 것을 공자는 한탄했다. 옛날에는 백성들에게 세 가지 병폐(疾)가 있었는데, 지금에는 이것마저도 없다고 했다. 즉 옛날의 뜻이

---

466)  子曰 巧言令色 鮮矣仁. 학이 3.

467)  子曰 辭 達而已矣. 위령공 40.

468)  子曰 孰謂微生高直 或 乞醯焉 乞諸其鄰而與之. 공야장 23.

469)  子曰 剛毅木訥 近仁. 자로 27.

470)  子曰 仁遠乎哉 我欲仁 斯仁 至矣. 술이 29.

471)  唐棣之華 偏其反而 豈不爾思 室是遠而 子曰 未之思也 夫何遠之有. 자한 30.

크나 행실이 따르지 못하는 광자(狂者)는 작은 예절에 구애를 받지 않았는데 지금의 광자는 방탕하기만 하고, 옛날의 자긍심이 있는 자는 모가 나서 엄격하였는데 지금의 긍지가 있다는 자는 사납다며, 옛날의 어리석은 자는 정직했는데 지금의 어리석은 자는 거짓되기만 할 뿐이라고 했다.[472] 원문에서 광(狂)이란 품은 뜻이 너무 높은 것이다. 사(肆)는 작은 예절에 구애를 받지 않는 것이고 탕(蕩)은 큰 한계를 넘어서는 것이다. 긍(矜)은 자신을 지키기를 너무 엄히 하는 것이다. 염(廉)은 모가 있어 엄격한 것이고 분려(忿戾)는 다툼에 이르는 것이다. 우(愚)는 미련하여 밝지 못한 것이다. 직(直)은 감정대로 행동하는 것이고 사(詐)는 사사로움을 끼고 함부로 행동하는 것이다. 주자는 옛날의 병폐가 지금에는 이마저도 없다고 공자가 말하셨는데, 이는 풍속이 더욱 야박해지는 것을 슬퍼하신 것이라고 했다.

그래서 공자는 여색(女色)을 좋아하듯이 덕을 좋아하는 자를 보지 못하였다고 탄식했다.[473] 주자는 아름다운 여인을 좋아하는 것은 인지상정이지만 호덕(好德)은 실천이 따라야 하는 것이기 때문에 누구나 할 수 있는 것이 아니라고 했다. 그렇기 때문에 호색(好色)하듯 호덕(好德)하는 사람을 만나기 쉽지 않은 것이라고 설명했다. 그럼에도 공자는 사람들이 인에 힘을 쓰도록 노력하였다. 사람이 인에 대해서 그 절실함이 물과 불보다도 더 심한데도 물과 불에 뛰어들었다가 죽는 자는 내가 보았지만 인을 실천하다가 죽는 자는 보지 못하였다고 했다.[474] 또 인에 대해서는 스승에게도 양보하지 않는다고[475] 했다.

나아가 공자는 인을 지키기 위한 살신성인(殺身成仁)까지 말하여 인을 생명과 같이 절실하게 여겼다. 뜻이 있는 선비와 덕을 이룬 인자(仁者)는 살기 위해 인을 해침은 없고, 자신을 희생하여 인을 이룸은 있다고 했다.[476] 지사(志士)는 뜻이 있

---

472) 子曰 古者 民有三疾 今也 或是之亡也. 古之狂也 肆 今之狂也 蕩 古之矜也 廉 今之矜也 忿戾 古之愚也 直 今之愚也 詐而已矣. 양화 16.
473) 子曰 吾未見好德 如好色者也. 자한 17.
474) 子曰 民之於仁也 甚於水火 水火 吾見蹈而死者矣 未見蹈仁而死者也. 위령공 34.
475) 子曰 當仁 不讓於師. 위령공 35.
476) 子曰 志士仁人 無求生以害仁 有殺身以成仁. 위령공 8.

는 선비고 인인(仁人)은 덕(德)을 이룬 사람이다. 주자에 따르면 의리상 마땅히 죽어야 할 때에 삶을 구한다면 그 마음에 불안한 바가 있을 것이므로 이것은 그 마음의 덕을 해치는 것이다. 따라서 마땅히 죽어야 할 경우에 죽는다면 마음이 편안하고 덕이 온전할 것이라고 했다.

## (3) 인의 확장

공자는 인을 어떤 추상적 원리나 관념적 개념으로 여기지 않았다. 일상적 삶에서 벗어나지 않으며 구체적인 사례로서 인의 본질을 드러내어 나타냈다. 공자는 노나라 애공에게 인(仁)은 사람(人)이므로 친한 사람을 친하게 대하는 것보다 중요한 것이 없고, 의(義)는 마땅함(宜)이어서 어진 사람을 높이는 것보다 중요한 것이 없다며, 친한 사람을 친하게 대하는 데 차별이 있고 어진 사람을 높이는 데 차등을 두는 것은 예가 생겨난 이유라고 설명했다.[477] 공자의 말에 따르면 인을 실천하는 데 친친(親親)보다 중요한 것은 없다.

공자를 이은 맹자는 인을 체계적으로 표현했는데, 두세 살 먹은 아이라도 그 어버이를 사랑할 줄 모르는 이가 없으며, 장성해서는 그 형을 공경할 줄 모르는 이가 없다. 어버이를 친애함은 인(仁)이고, 어른을 공경함은 의(義)인데, 이는 다름이 아니라 온 천하 사람들 누구나 인과 의를 가지고 있기 때문이라고 했다.[478] 즉 친친(親親)은 인(仁)이며 인은 친친에서 출발한다고 보았다. 그래서 맹자는 군자가 사물에 대해서는 아끼기는 하지만 사람을 사랑하듯 하지 않으며, 사람에 대해서는 사랑하기는 하지만 어버이처럼 친애하지 않는다고 했다. 이어 어버이를 친애하고 나서 백성을 사랑하고, 백성을 사랑하고 나서 사물을 아낀다고 말했다.[479] 인

---

477)  仁者 人也 親親 爲大 義者 宜也 尊賢 爲大 親親之殺 尊賢之等 禮所生也. 『중용』 20장.
478)  孩提之童 無不知愛其親也 及其長也 無不知敬其兄也 親親 仁也 敬長 義也 無他 達之天下也. 진심장 상 15.
479)  孟子 曰 君子之於物也 愛之而弗仁 於民也 仁之而弗親 親親而仁民 仁民而愛物. 진심장 상 45.

의 확장은 가까운 가족의 사랑에서 시작하여, 나아가 사람들을 사랑하고 만물을 아낄 줄 아는 마음으로 이어지게 되는 것이다.

공자에게 인은 예(禮)와 악(樂)으로 구현되는 것이다. 공자에게 예와 악은 인의 실체적 표현이라고 할 수 있으며, 인의 또 다른 이름이다. 공자는 '극기복례'라는 말을 통해 예가 곧 인의 실천임을 밝혔다. 예와 악은 인을 본질로 하고 있으며 인을 본질로 하지 않는다면 예와 악이 아니다. 그래서 공자는 사람으로 인하지 못하면 예를 어떻게 하며, 사람으로 인하지 못하면 악(樂)을 어떻게 하겠냐고 말한 것이다.[480]

공자는 사람을 사랑하는 것이 인이라고 했다.[481] 사랑이 부모에게 미치면 효가 되고, 형제에게 미치면 우(友)가 되며, 남의 부모에게 미치면 제(悌)가 되고, 나라에 미치면 충(忠)이 된다. 또 자녀에게 이르면 자(慈)가 되며 남의 자녀에 이르면 관(寬)이 되고, 나아가 백성에까지 이르게 되면 혜(惠)가 된다. 이는 하나의 이치(理致)로써 모든 것을 꿰뚫다는 일이관지(一以貫之. 위령공 2)로 체용의 관계와 같은 표현이다. 효우제충(孝友悌忠)과 자관혜(慈寬惠)를 성실하게 실천하면 공(恭), 경(敬), 신(愼), 민(憫), 서(恕)는 자연히 그들 속에서 생기게 된다. 그렇기 때문에 유학자 한유(韓愈)는 박애(博愛)를 일러서 인이라 하였다. 그는 『고문진보』 원도(原道) 편에서 널리 사랑하는 것을 인이라 하고 행하여 이치에 마땅한 것을 의라 한다. 이를 말미암아 따라가는 것을 도라 하고 자신에게 충족되어 있어서 밖에 기대함이 없는 것을 덕이라 한다고[482] 했다.

사마우(司馬牛)는 공자 제자로 성(姓)은 사마(司馬)고, 이름은 경(耕)이며, 자(字)는 자우(子牛)다. 그는 춘추시대 송나라 사람으로 나무를 뽑아 공자를 죽이려고 했던 사마환퇴의 동생이다. 『춘추좌전』을 보면, 노나라 애공(哀公) 14년에 송

---

480)  子曰 人而不仁 如禮 何 人而不仁 如樂. 팔일 3.
481)  樊遲 問仁 子曰 愛人. 안연 22.
482)  博愛之謂仁 行而宜之之謂義 由是而之焉之謂道 足乎己無待於外之謂德.

나라 경공(景公)과 환퇴가 권력투쟁을 하는 이야기가 나온다. 환퇴가 경공과 권력
투쟁을 벌이다 쫓겨난다는 내용인데, 그때 사마우에게는 환퇴 말고도 상소(向巢)
라는 형이 있고, 자기(子穎)와 자거(子車)라는 동생 두 명이 있었다. 사마우의 형
제는 적어도 다섯 명이 된다는 것인데, 권력투쟁 결과 환퇴는 위나라로 도망가고,
향소는 노나라로 달아났으며 사마우는 제나라로 피했다. 이렇게 형제가 다섯이
나 되지만 함께 있지 못하고 사방으로 흩어지는 바람에 생사조차 알 수 없게 된 것
이다. 그런 까닭에 사마우는 괴로워하며 자하를 찾아가 남들은 다 형제가 있는데
나만 홀로 형제가 없다고 한탄했다. 형제가 있어도 없는 것과 똑같다는 말이었다.
자하는 이를 듣고 생사는 명(命)에 달려 있고 부귀는 하늘(天)에 달려 있다며 군자
가 공경하고 잃음이 없고 남을 대함에 공손하고 예가 있으면 천하가 다 형제나 마
찬가지인데, 군자가 어찌 형제가 없음을 걱정하느냐고 말했다.[483] 이는 군자가 되
어 행동을 조심해서 실수하지 않고 남들에게 공손하게 예의 바르게 살아가면 천
하에 있는 사람들이 모두 다 형제처럼 되는 법이므로 피붙이인 형제를 만나지 못
한다고 뭐가 걱정이냐는 말이다.

　맹자는 인(仁)의 실제가 어버이를 섬기는 것이고 의(義)의 실제는 형에게 순종
하는 것이라고 했다. 지(智)의 실제는 이 두 가지를 알아서 떠나지 않는 것이고 예
(禮)의 실제는 이 두 가지를 절도에 맞게 조절하고 표현하는 것이다. 음악의 실제
는 이 두 가지를 즐거워하는 것으로 즐거워하면 이 두 가지의 마음이 생겨나게 된
다. 이 두 가지의 마음이 생겨나면 어찌 그만둘 수 있겠느냐며 그만두려 해도 그만
둘 수 없는 경지에 이르면 너무 좋아서 자신도 모르는 사이에 발로 뛰고 손으로 춤
을 추게 될 것이라고 말했다.[484]

---

483)　司馬牛 憂曰 人皆有兄弟 我獨亡 子夏 曰 商 聞之矣 死生 有命 富貴 在天 君子 敬而無失 與人恭而有禮 四海之
　　　內 皆兄弟也 君子 何患乎無兄弟也. 안연 5.
484)　孟子曰 仁之實 事親 是也 義之實 從兄 是也. 智之實 知斯二者 弗去 是也 禮之實 節文斯二者 是也 樂之實 樂斯
　　　二者 樂則生矣 生則惡可已也 惡可已 則不知足之蹈之 手之舞之. 이루장 상 27.

## 덕불고 필유린(德不孤 必有鄰)

공자는 덕(德)이 있는 사람은 외롭지 않으니, 반드시 이웃이 있다고 했다.[485] 덕이 있는 자는 반드시 같은 무리가 있어서 거주하는 곳에 이웃이 있는 것과 같은 것이다. 주자에 따르면 덕은 홀로 서지 않고 반드시 같은 무리와 호응한다. 그러므로 덕이 있는 사람은 반드시 그를 따르는 무리가 있어서 사는 곳에 이웃이 있는 것과 같다고 했다. 『주역』에서도 군자는 경(敬)으로 안을 바르게 하고, 의(義)로 바깥을 반듯하게 한다. 경(敬)과 의(義)가 바로 서면 덕은 외롭지 않다고[486] 했다. 공자는 또 마을에 인후(仁厚)한 풍속이 있는 것이 아름답기 때문에 거처할 곳을 가리되 인(仁)에 처하지 않는다면 어떻게 지혜롭다 할 수 있겠는가[487] 말했다.

이는 현대 사회에서 말하는 사회적 자본으로 신뢰의 형성과 같은 맥락으로 볼수 있다. 정치학자 프랜시스 후쿠야마(Francis Yoshihiro Fukuyama)는 『신뢰』라는 책에서 경제생활은 사회생활에 깊이 뿌리내리고 있으며, 사회를 하나로 묶어주는 규범과 규칙 그리고 도덕적 의무감 등의 연결망에 전체적으로 의존하고 있다고 말했다.[172] 그 연결망의 올이 촘촘하면 할수록 신뢰의 수준이 높아진다. 신뢰는 상대가 어떻게 행동할 것이라는 믿음에 따라 상대방의 협조를 기대하는 것이라고 볼 수 있다. 이 신뢰에 기여하는 다양한 문화적 요소들 중에서 도덕적 가치및 그것을 형성하는 종교보다 더 중요한 것은 없다. 후쿠야마에 따르면 전통적인종교와 윤리적 체계는 문화적으로 결정된 행동 방식의 주요한 제도적 원천이다.

유학에서 덕이라는 개념이 중요한 의미를 가지고 드러나기 시작한 것은 『서경』이다. 이상적인 고대 제왕의 언행과 통치이념을 담고 있는 『서경』에서 군주의 덕은 통치의 정당성을 확보하는 근원적인 힘으로 인식되었다. 공자에 이르러 덕 개념은 정치적 의미에서 하늘이 준 인간다움의 인격을 지칭하는 윤리적인 개념으로

---

485)  子曰 德不孤 必有鄰. 이인 25.
486)  君子敬以直內 義以方外 敬義立而德不孤.
487)  子曰 里仁 爲美 擇不處仁 焉得知. 이인 1.

확산된다. 공자는 내적 덕목인 인과 표현 형식인 예를 통하여 덕의 내용과 실천방법을 구체화하였으며, 도덕적 실천성을 강조하였다. 인은 덕목(德目) 중의 하나로서 덕의 하위 범주에 해당하면서도, 덕의 속성과 특징으로 해석된다. 삼강오륜(三綱五倫)을 보면 사람이 지켜야 할 다섯 가지 도리인 '인의예지신'의 덕목이 모두 덕의 내용을 이루고 있고, 인은 오륜을 대표한다고 하겠다.

그래서 공자는 『논어』에서 인을 도의 핵심으로 여기고 인을 분명하게 인간과 인간다움의 바탕으로 규정하여 인은 덕의 기초이자 본질적인 요소가 되었다. 공자는 천리마(千里馬)를 훌륭하다고 말하는 것이 그 천리를 달릴 수 있는 힘을 칭찬함이 아니라 그 양순한 덕을 칭찬하는 것이라고 말했다.[488]

어느 날 번지(樊遲)가 공자를 따라 무우(舞雩)의 아래에 놀 때 덕을 높이고, 간특함을 다스려 제거하고, 미혹을 분별하는 것에 대해 물었다. 공자가 이를 듣고 좋은 질문이라며 칭찬하고 해야 할 일을 먼저 하고 이득을 따지지 않는 것이 덕을 높이는 것이고, 자신의 악(惡)을 다스리고 남의 악을 책망하지 않는 것이 간특함을 없애는 것이 아니냐고 했다. 이어 일시적인 분노로 자신을 잊어 화가 부모에게까지 미치게 함이 미혹된 것이 아니겠느냐고 했다.[489] 무우(舞雩)는 원래 기우제를 뜻하나 여기서는 기우제를 지내는 산봉우리를 말한다.

주자에 따르면 어려움을 먼저 하고 이득을 뒤에 하라는 선사후득(先事後得)과 같이 당연히 해야 할 바를 하고 그 공적을 계산하지 않는다면, 덕이 날로 쌓여도 스스로 알지 못할 것이다. 또 자기 몸을 다스림에 오로지 하고 남을 책하지 않는다면, 자기의 악(惡)이 숨겨질 곳이 없을 것이며, 하루아침의 분노가 심히 미미하고 화가 그 어버이에게까지 미침은 심히 크다는 것을 안다면, 의혹을 분별하여 그 분함을 다스릴 수 있을 것이라고 했다. 번지는 무인으로, 『춘추좌전』에는 제나라

---

488) 子曰 驥 不稱其力 稱其德也. 헌문 35.
489) 樊遲 從遊於舞雩之下 曰 敢問崇德修慝辨惑. 子曰 善哉 問. 先事後得 非崇德與 攻其惡 無攻人之惡 非修慝與 一朝之忿 忘其身 以及其親 非惑與. 안연 21.

의 침공을 받았을 때 노나라 군의 좌장군을 맡은 염유 휘하에서 번지가 무공을 세운 기록이 있다. 제나라군이 쳐들어올 때 20대 안팎의 어린 나이에도 용감하게 나서서 노나라 군의 동요를 막고 일사불란하게 군을 움직여 제나라 군을 격퇴했다고 한다. 하지만 그의 성품이 거칠고 바르지 못하며 이익을 따지길 좋아하여 공자가 이를 감안하여 이 세 가지로써 말씀하셨다. 이는 다 그의 잘못을 바로잡은 것이다.

때문에 공자는 자신의 공로를 드러내지 않고 겸손한 맹지반(孟之反) 같은 인물을 높이 평가했다. 맹지반은 자랑하지 않는 사람이라며, 싸움에 패해서 달아날 때 군대의 제일 후미에 있었는데, 장차 도성 문으로 들어올 즈음에 말을 채찍질하면서 말하기를 감히 제일 뒤에 후퇴하려 한 것이 아니었고 말이 나아가지 않았기 때문이라 하였다고 칭찬했다.[490] 맹지반은 노나라의 대부로 애공 11년에 노나라가 제나라와 전쟁을 치르게 되었다. 맹유자(孟孺子)가 우장군이 되고 염구가 좌장군이 되어 출전했다. 그런데 맹유자가 이끄는 우군은 싸워 보지도 않고 후퇴해서 도읍으로 도망쳤다. 그러자 제나라의 두 장수가 사수(泗水)를 건너 우군을 추격해왔고, 이에 우군 장수 중 한 사람이었던 맹지반이 병사들이 안전하게 후퇴할 수 있도록 군대의 후미를 엄호하며 성문으로 들어왔다. 전쟁에서 후퇴할 때는 후미에 서는 것을 공으로 여겼기 때문에, 맹지반은 성문 안에 들어와서 자신이 일부러 뒤에 온 것이 아니라, 말(馬)이 나가지 않아서 늦게 들어온 것이라고 자신의 공로를 가렸다는 말이다. 이에 사량좌(謝良佐)는 사람이 남보다 앞서려 하지 않는 마음을 갖는다면, 인욕이 날로 사라지고 천리가 날로 밝아져 자기를 자랑하고 남에게 뽐낼 수 있는 모든 것을 굳이 말할 것이 없다. 그러나 배움을 알지 못하는 자는 남보다 앞서려는 마음을 한시도 잊는 적이 없으므로 맹지반과 같은 이는 모범으로 삼을 만하다고 했다.

공자는 용맹을 좋아하고 가난을 싫어하면 난(亂)을 일으키고, 사람으로서 인하

490)  子 曰 孟之反 不伐 奔而殿 將入門 策其馬曰 非敢後也 馬不進也. 옹야 13.

지 못함을 너무 미워하면 난(亂)을 일으킨다고 했다.[491] 용맹을 좋아하고 분수를 편안히 여기지 못하면 반드시 난을 일으키고, 인하지 못한 사람을 미워하여 용납할 곳이 없게 하면 반드시 난을 일으킨다. 이 두 가지의 마음은 선악이 비록 다르나 난을 일으키는 것은 마찬가지다. 그래서 공자는 덕을 닦지 못하는 것과 학문을 갈고 닦지 못하는 것과 의(義)를 듣고도 옮겨 가지 못하는 것과 불선(不善)을 고치지 못하는 것이 바로 자신의 걱정거리라고 했다.[492] 윤돈(尹焞)은 덕(德), 학(學), 의(義), 선(善) 네 가지는 나날이 새롭게 하는 요체라고 했다. 또 자장이 덕을 높이고 미혹을 분별하는 방법을 물었을 때, 공자는 충(忠)과 신(信)을 주로 하며 의(義)로 옮겨가는 것이 덕을 높이는 것이라고 했다.[493]

하지만 무조건 베푼다고 후덕한 것은 아니다. 혹자가 공자에게 '은덕으로써 원한을 갚는 것이 어떻습니까' 물었다. 이에 공자가 그렇다면 무엇으로써 은덕에 보답하겠는가 되묻고 정직함으로써 원한을 갚고, 덕으로 덕을 갚아야 한다고 말했다.[494] 주자에 따르면 혹자의 말은 후덕(厚德)하다고 이를 만하지만 성인의 말씀을 가지고 살펴보면 사심(私心)에서 나와 원한과 덕에 대한 보답이 모두 공평함을 얻지 못함을 볼 수 있기 때문에 반드시 공자의 말씀과 같이 한 뒤에 두 가지의 보답이 각기 제 자리를 얻게 된다. 즉 원한을 원수로 여기지 않고 덕은 갚지 않음이 없는 것이어서 그렇다면 또 후덕하지 않은 것이 아니다.

맹자는 군자가 일반인과 다른 것은 그 마음을 보존하기 때문이라고 했다. "군자는 인을 마음에 보존하고, 예를 마음에 보존한다. 인자(仁者)는 남을 사랑하고, 예가 있는 자는 남을 공경한다. 남을 사랑하는 자는 남도 항상 그를 사랑해 주고, 남을 공경하는 자는 남도 항상 그를 공경한다"고 맹자는 말했다.[495] 그래서 무릇 덕

---

491) 子曰 好勇疾貧 亂也 人而不仁 疾之已甚 亂也. 태백 10.
492) 子曰 德之不修 學之不講 聞義不能徙 不善不能改 是吾憂也. 술이 3.
493) 子張 問崇德辨惑 子曰 主忠信 徙義 崇德也. 愛之 欲其生 惡之 欲其死 旣欲其生 又欲其死 是 惑也. 誠不以富 亦祇以異. 안연 10.
494) 或曰 以德報怨 何如. 子曰 何以報德. 以直報怨 以德報德. 헌문 36.
495) 孟子曰 君子 所以異於人者 以其存心也 君子 以仁存心 以禮存心. 仁者 愛人 有禮者 敬人. 愛人者 人恒愛之 敬

이 있으면 외롭지 않고 반드시 따르는 이웃과 친구가 있는 것이다.

## 인이불인 여례하(人而不仁 如禮何)

공자에 이르러서 예가 인에 귀속되었고, 인을 예의 근본으로 삼게 되었다. 인은 예로 실현되었을 때 그 의미가 드러나며, 예 또한 인을 바탕으로 했을 때에 그 도덕적 정당성을 확보할 수 있다. 그러므로 공자는 사람으로서 인하지 않으면 예를 어떻게 행할 수 있겠으며, 사람으로서 인하지 않으면 악(樂)을 어떻게 할 수 있겠는가 했다.[496] 『중용』에서는 인이란 사람이므로 어버이를 친애함이 으뜸이고, 의(義)는 마땅함이어서 어진 이를 높임이 으뜸이기 때문에 친척에 대한 친애의 구분과 존현의 등급이 예(禮)가 생겨난 이유라고 했다.[497][173] 그래서 인을 아는 것이 의의 기초이며, 의는 인이 객관적으로 드러난 것이라 할 수 있다. 인·예·의는 상호 연결되는데, 인은 예의 근본이 되며 예는 인의 표현이 되는 것이다. 이로써 예를 통합하여 인으로 돌아가는 것이다.[498]

공자의 인 사상은 예와는 뗄 수 없는 관계이며[174] 주나라 때에 이미 예는 도덕규범과 정치적 제도, 법령 등의 내용이 포함되었다. 특히 혈연적 유대관계를 중시하는 종법제도에서는 예가 그 중심이 되었다.[175] 예의 최초의 모습은 종교적 제사의식이었다. 중국의 고대사회에서 예란 일종의 종교제사에 수행하는 숭배의식이었다. 또 고대인들에게 이와 같은 종교활동은 일상생활과 분리될 수 없는 것이었다. 세월이 지나며 예는 차츰 사람과 사람 사이의 생활 규범이 되었다. 이것이 마침내 중국 전통문화의 사상구조 안에서 핵심 관념으로 변했다. 『설문해자(說文解字)』에 예(禮)는 '땅귀신 기(示)' 자와 '풍년들 풍(豊)' 자로 구성되어 있다고 설명되어 있다. 기(示)는 신적 존재이고 풍(豊)은 제기(祭器)인 '豆(두)'에다 제물인 음식을

人者 人恒敬之. 이루장 하 28.
496)    子 曰 人而不仁 如禮 何 人而不仁 如樂. 팔일 3.
497)    仁者 人也 親親 爲大 義者 宜也 尊賢 爲大 親親之殺 尊賢之等 禮所生也.『중용』20장.
498)    子 曰 克己復禮 爲仁. 안연 1.

담아 신에게 봉헌하는 제사 의례를 의미한다. 따라서[176] 예(禮) 자는 풍(豊) 자가 변화한 것으로서 최초의 의미는 제사와 밀접한 관계가 있다. 예를 행하는 기구를 뜻하는 풍에서 제사 지내는 사람의 행위와 의절을 가리키는 예로 발전한 것이다. 이것이 다시 확대되어 규례와 규범의 의미를 포함하게 되었으며, 서주 300여 년의 변화를 거치면서 그 의미가 점차 형성되었다. 이러한 과정에서 예는 점차 의미가 확대 재생산되면서 윤리·도덕적으로 천하를 다스린다는 관념으로 발전했다. 주대의 이러한 변화 과정 속에서 예는 인간의 삶과 관련한 모든 가치와 행동을 제어하는 차원으로 의미가 확장되었다.

『공자가어』문례편에서 공자는 노나라 애공에게 예가 음식에서 비롯하였다고 설명하였다. 공자는 먼 옛날에 돼지고기를 찢어 날로 먹었으며, 웅덩이의 물을 손으로 떠서 마시고, 풀을 북채로 삼고 흙으로 북을 만들었는데도 오히려 귀신을 공경하여서 사람이 죽으면 집 위에 올라가 '돌아오라'고 소리친 뒤 입에 음식을 넣고 익힌 고기를 싸서 죽은 이를 보내 주었다고 했다. 이로써 죽은 몸은 땅으로 가고 혼은 하늘로 올라가는 것이어서 이를 일러 하늘은 혼을 불러 가고 땅은 시신을 마무리한다고 하는 것이다. 이 때문에 살아 있는 자는 남쪽을 향하고 죽은 자는 머리를 북쪽으로 두는 것이므로 이는 모두 그 처음 생겨날 때를 좇아서 하는 것인데, 성인께서 나오신 뒤에 불의 이로움을 이용하여 쇳물을 형틀에 붓고, 흙을 구워 누대, 집, 창문을 만들었으며, 그을리고 익히며 삶고 구워서 술과 식초를 만들었다. 명주실과 삼실을 가공하여 베와 명주를 만들어 산 사람을 봉양하고 죽은 사람을 장례 치르고 귀신과 그 조상을 섬겼으며, 군신의 관계를 바르게 하고 부자의 관계를 돈독히 하며 형제 간에 화목하게 하고 상하와 부부의 관계를 가지런히 정하였다. 이것이 예가 크게 이루어진 이유라고 공자는 설명했다.

그리고 예(禮)를 조화롭게 만드는 수단으로 악(樂)이 등장한다. 음악은 3대 기능이 있는데, 발산 기능, 조절 기능, 감정 전달 기능이다.[177] 악(樂)이란 마음의 화합을 이끄는 것이고 예란 차이를 분별하는 것이다. 이것이 예와 악의 가장 중요한 기능과 역할이다. 다시 말하면 예는 차이와 등급을 구별하는 것이고 음악은 감정을 통일하고 조화를 이끌어 내는 것이다. 이렇듯 예와 악은 서로 부족한 부분을 보충하고 보완하는 상생의 관계다. 모든 종교는 의례를 그 중심에 두고 있다. 종교 의례에 참여하는 것을 통하여 사람들은 종교에 대한 믿음을 강화하며, 종교 의례는 심리적으로도 사람들이 종교 집단의 목표에 동질 의식과 일체감을 갖게 함으로써 종교 집단 구성원이 통합하는 데 큰 역할을 한다. 그리고 의례는 반드시 음악을 포함한다. 원시 사회에서는 춤이 의례의 중요한 일부분이었지만, 대부분의 제도 종교에서는 춤이 의례의 중요 목록에서 없어졌다.

춘추 시대에 이르러 예는 이미 원시 종교적 의미에서 벗어나 모든 인문세계를 포괄하는 공통 관념으로 자리 잡게 되었다.[178] 동시에 춘추 시대의 여러 도덕적 개념 대부분이 예에 통합되었다. 첫째, 주나라 초기의 중요한 도덕 관념으로 경(敬)은 제사 그릇인 이(彝)와 혼용되다가 춘추 시대에 이르러 예와 관련하여 함께 쓰이게 되었다. 둘째, 충신(忠信) 또한 예와 관련 있다. 믿음으로 예를 지키고 예로 몸을 보호하는 것이므로 충성과 믿음은 예의 그릇이다. 셋째, 인륜 도덕을 들 수 있다. 유교에서 부자유친, 군신유의, 부부유별, 장유유서, 붕우유신의 오륜(五倫)은 기본적인 도덕지침이 되었고 춘추 시대 후기에 이르러 예와 의식을 구분하기 시작했다. 결과적으로 예의 기능은 정치 사회의 질서를 세우는 데 있었고 예로 나라를 지키고 법과 제도를 실행하며, 백성을 잃지 않는 것이라는 말은 바로 이러한 의미를 담고 있다.

## 회사후소(繪事後素)

자하가 공자에게 『시경』에 '예쁜 웃음에 보조개가 예쁘며, 아름다운 눈에 눈동자가 선명하구나. 흰 비단으로 채색을 한다'고 하였는데, 이 시는 무엇을 말한 것인지 물었을 때 공자는 그림 그리는 일(繪事)이 흰 비단을 마련한 뒤(後素)에 한다는 뜻이라고 설명했다. 그러자 자하가 바탕인 충신(忠信)이 먼저고, 형식인 예(禮)가 그 뒤라는 뜻과 같다고 말했다.[499] 양시(楊時)에 따르면 단맛은 조미(調味)를 받아들이고, 흰 것은 채색을 받아들이며, 충신(忠信)한 사람만이 예(禮)를 배울 수 있는 것이다. 만일 그 바탕이 없다면 예(禮)가 헛되이 행해지지 않기 때문이다. 그래서 그림 그리는 일은 흰 비단을 마련하는 것보다 뒤에 한다는 말인데, 공자가 이를 말했을 때 자하는 예(禮)가 뒤라고 답하여 그 뜻을 잘 이해하였다고 할 만했다며, 자하와 자공이 함께 시(詩)를 말할 만했던 것은 이런 이유였다고 했다. 만약 장구(章句)의 지엽적인 것에만 마음을 몰두한다면 그 시(詩)를 배움이 고루할 뿐이기 때문이다. 이른바 '나를 일으킨다'는 기여(起予)는 또한 스승과 제자가 서로 학문이 진전된다는 교학상장(敎學相長)의 뜻이다.

노나라 사람 임방(林放)이 예의 근본에 대해 물었을 때, 공자는 질문이 훌륭하다고 칭찬하며 예(禮)는 사치하기보다는 차라리 검소한 것이 낫고, 상(喪)은 형식적으로 잘 치르는 것보다는 차라리 슬퍼하는 것이 나은 것이라고 말했다.[500] 범조우(范祖禹)에 따르면 제사는 경(敬)이 부족하고 예(禮)가 넘치기보다는 예가 부족하고 경(敬)이 넘치는 것만 못하며, 상(喪)은 슬픔이 부족하고 예(禮)가 넘치기보다는 예가 부족하고 슬픔이 넘치는 것만 못하다. 예가 사치로써 잘못되고 상(喪)이 형식적으로 치르는 것으로 잘못되는 것은 모두 근본으로 돌아가지 못하고 그 지엽적인 것을 따르기 때문이다. 예는 사치하여 과한 것이 검소하면서 부족한 것만 못하고, 상(喪)은 형식적으로 치러 화려한 것이 슬퍼하면서 검소한 것보다 못하다. 검소함은 사물의 바탕이고, 슬퍼함은 마음의 정성이어서 예의 근본이 되는 것이다. 그래서 공자는 사치스러우면 불손하고 검소하면 고루하나, 불손하기보다는 차라리 고루한 것이 낫다고 하였다.[501]

이어 공자는 예를 강조하지만 옥과 비단을 이르는 것이 아니고, 음악을 주장하

---

499)  子夏 問日 巧笑倩兮 美目盼兮 素以爲絢兮 何謂也 子曰 繪事 後素 曰 禮 後乎 子曰 起予者 商也 始可與言詩已矣. 팔일 8.
500)  林放 問禮之本 子曰 大哉 問 禮 與其奢也 寧儉 喪 與其易也 寧戚. 팔일 4.
501)  子曰 奢則不孫 儉則固 與其不孫也 寧固. 술이 35.

지만 종(鍾)과 북을 말하는 것이 아니라고 말했다.⁵⁰²⁾ 주자에 따르면 공경, 즉 인을 행하고서 옥백(玉帛)으로 받들면 예가 되고, 조화를 하고서 종고(鍾鼓)로 나타내면 악(樂)이 된다. 근본을 빠뜨리고 오로지 그 끝만을 일삼으면 예악이라고 할 수 없는 것이다. 유약(有子)은 예가 행해지는 것은 조화가 중요하므로 선왕의 도(道)도 이것을 아름답게 여겼다. 그래서 작은 일과 큰 일 모두 이것을 따랐다. 하지만 행해서는 안 될 바가 있는 것이어서 조화만을 알아서 조화만을 이루고 예로써 절제하지 않는다면 이 또한 행해질 수 없는 것이라고 강조했다.⁵⁰³⁾ 범조우(范祖禹)에 따르면 모든 예의 체(體)는 경(敬)을 주장하고, 그 용(用)은 화(和)를 귀히 여기는 것이어서 경(敬)은 예가 확립되는 것이고 화(和)는 낙(樂)이 말미암아 생겨나는 것이다. 또 주자는 엄하면서도 태연하고, 화하면서도 절제하는 것은 이치의 자연스러운 것이고 예(禮)의 전체라고 했다. 따라서 여기에서 터럭 끝이라도 차이가 있으면 그 중정(中正)함을 잃어서 각각 한쪽 편벽함에 치우칠 것이므로 그 행할 수 없음이 똑같은 것이라고 했다.

『공자가어』논례편을 보면 자장, 자공, 자유가 모여 예에 대해 논의하게 됐을때 공자가 예에 대해 말해 주겠다고 했다. 공자는 공경하면서도 예에 맞지 않는 것을 촌스럽다고 하고, 공손하면서도 예에 맞지 않는 것을 지나치다고 하고 용감하면서도 예에 맞지 않는 것을 거스른다고⁵⁰⁴⁾ 하였다. 이어 너무 지나치면(給) 자애로움과 인을 잃는다고 했다. 자공이 어떻게 해야 예에 맞는 것인지 거듭 묻자 공자는 예(禮)일 뿐이며 무릇 예란 중에 맞게 하는 것이라고⁵⁰⁵⁾ 하였다. 이어 윗자리에 있으면서 너그럽지 못하고 예(禮)를 행하면서 공경하지 않으며, 상례에 임하여 슬퍼하지 않는다면 무엇으로 그를 살펴보겠느냐고 말했다.⁵⁰⁶⁾ 주자에 따르면 윗자리에

---

502) 子曰 禮云禮云 玉帛云乎哉 樂云樂云 鍾鼓云乎哉. 양화 11.
503) 有子曰 禮之用 和 爲貴 先王之道 斯爲美 小大由之 有所不行 知和而和 不以禮節之 亦不可行也. 학이 12.
504) 敬而不中禮 謂之野 恭而不中禮 謂之給 勇而不中禮 謂之逆.『공자가어』논례편.
505) 夫禮所以制中也.『공자가어』논례편.
506) 子曰 居上不寬 爲禮不敬 臨喪不哀 吾何以觀之哉. 팔일 26.

있을 때는 사랑함을 주장하기 때문에 너그러움을 근본으로 삼는다. 예(禮)를 행함에는 경(敬)을 근본으로 삼고, 초상에 임해서는 슬픔을 근본으로 삼기 때문에 이미 그 근본이 없다면 무엇으로 그 행하는 바의 잘잘못을 관찰하겠느냐고 말한 것이다.

『논어』20편 중에서 예를 주제로 하여 수집되어 예에 관한 언급을 가장 많이 하고 있는 부분은 팔일편이다.[179] 공자는 선조(先祖)에게 제사를 지내실 때에는 조상이 계신 듯이 하였고, 신(神)을 제사 지낼 때에는 신이 계신 듯이 하였다. 따라서 내가 제사에 참여하지 않으면 제사를 지내지 않은 것과 같다고 했다.[507] 그런데 팔일 전체를 분석하여 보면 제사 의식 때의 예를 말하고 있는 부분과 인간사에서의 예를 말하는 부분이 거의 반반을 차지하고 있고, 이 두 가지 의미를 모두 포괄하고 있는 경우도 여러 번 있는 것을 볼 수 있다. 이는 예의 원초적 의미였던 제사 등 종교 의식에서 가졌던 경(敬)의 태도가 그대로 인간관계에 적용될 수 있으며, 이 두 세계가 분리되는 것이 아니라 서로 통하는 것이라고 공자는 생각했다는 것을 말해 준다.

예는 유교적 제사 의례의 구성과 절차뿐 아니라 인간의 도덕성에 근거하는 사회적 질서의 규범과 행동의 근거를 가리키는 포괄적인 용어다. 공자는 그 가운데 예의 가장 큰 기능이 한 인간을 자립하게 하여 남 앞에 나설 수 있게 하는 데 있다고 했다.[508] 즉 예란 인간과 인간 사이의 관계를 올바르게 묶어 주는 것이다. 나아가[180] 예는 군자가 준수하는 생활 규범이지만, 군자의 본질은 예에 있는 것이 아니라 의(義)에 있다. 실질적인 의미의 의는 예를 통하여 외부에 행해지기 때문에 예는 의의 표현이고, 의는 예의 실체이며 기초다. 때문에 군자는 의(義)로써 바탕을 삼고, 예(禮)로써 행하며 겸손함으로써 나타내며 신(信)으로써 이루어 군자답다

---

507)  祭如在 祭神如神在 子 曰 吾不與祭 如不祭. 팔일 12.
508)  不知禮 無以立也. 요왈 3.

고 공자는 말했다.[509] 앞서 자로가 군자도 용맹을 숭상하는지 물었을 때 '군자는 의 (義)를 제일로 삼는다. 군자가 용기만 있고 의가 없으면 난(亂)을 일으키고, 소인 이 용기만 있고 의가 없으면 도둑질을 한다'고 했다.[510] 또 군자에 대해 물었을 때 공경(敬)으로써 몸을 수양한다고 했다.[511]

예라는 개념은[181] 춘추 시기에 견고히 확립된 것으로서 공자의 사상이 나오기 이 전에 이미 춘추시대의 사회 전체가 예를 규범으로 하여 움직이고 있었다. 다만 춘 추 시기의 예는 군자, 곧 지배 계급에게만 적용되던 것으로 서민에까지 확산되지 않았다. 그러나 공자의 사상 체계에서 가장 중시되는 것은 예보다 인이었고 능력 보다는 인격이었다. 공자는 사람으로서 인하지 않으면 예를 어떻게 행할 수 있겠 으며, 사람으로서 인하지 않으면 악(樂)을 어떻게 할 수 있냐고 했다.[512] 안연이 인 에 대해 물었을 때는 자기의 사욕을 이겨 예로 돌아가는 것이 인이라고 했다. 하루 라도 사욕을 이겨 예로 돌아가면 천하 사람들이 모두 그 인을 인정한다. 인을 하는 것은 자신에게 달려 있는 것으로 남에게 달려 있는 것이 아니라고 말했다.[513] 그러 므로 인(仁)은 인간을 인간답게 하는 본질이자 최고 덕목으로 인을 넓혀 나갈 때 개인과 사회, 국가가 제자리를 찾을 수 있었다.

---

509) 子曰 君子 義以爲質 禮以行之 孫以出之 信以成之 君子哉. 위령공 17.
510) 子路曰君子 尙勇乎 子曰 君子 義以爲上 君子 有勇而無義 爲亂 小人 有勇而無義 爲盜. 양화 23.
511) 子路問君子 子曰 脩己以敬. 헌문 42.
512) 子曰 人而不仁 如禮 何 人而不仁 如樂. 팔일 3.
513) 顏淵 問仁 子曰 克己復禮 爲仁 一日克己復禮 天下 歸仁焉 爲仁 由己 而由人乎哉.

# 3) 인의 구현

보았듯이 공자는 인(仁)은 사람(人)이므로 친한 사람을 친하게 대하는 것보다 중요한 것이 없고, 의(義)는 마땅함(宜)이어서 어진 사람을 높이는 것보다 중요한 것이 없다고 하였다. 친한 사람을 친하게 대하는 데 차별이 있고 어진 사람을 높이는 데 차등을 두는 것은 예가 생겨난 이유라고 설명했다.[514] 공자의 말에 따르면 인을 실천하는 데 친친(親親)보다 중요한 것은 없다. 이어 공자는 인(仁)에 새로운 의미를 부여하여 덕(德)의 정수, 즉 인간성의 완성을 표현하는 용어로 재개념화했다. 인이란 자신이 원하지 않는 바를 남에게 행하지 말라는 '기소불욕 물시어인(己所不欲 勿施於人)'에서 나아가 인이란 자신이 서고자 하면 남을 세우고 자신이 이루고자 하면 남을 이루게 하는 '기욕립이립인(己欲立而立人)'[515]의 적극적인 의미로 확대된다. 그래서 맹자는 군자가 사물에 대해서는 아끼기는 하지만 사람을 사랑하듯 하지 않으며, 사람에 대해서는 사랑하기는 하지만 어버이처럼 친애하지 않는다. 어버이를 친애하고 나서 백성을 사랑하고, 백성을 사랑하고 나서 사물을 아낀다고 말했다.[516] 인의 확장은 가까운 가족의 사랑에서 시작하여, 나아가 사람들을 사랑하고 만물을 아낄 줄 아는 마음으로 이어지게 되는 것이다. 더 나아가 공자는 인의 의미를 재정의하는 데 그치지 않고, 인을 실천할 수 있는 방안까지 제시했다. 중용의 도와 위기지학을 통한 수기, 그리고 수기를 넘어서 안인(安人)에 이

---

514)  仁者 人也 親親 爲大 義者 宜也 尊賢 爲大 親親之殺 尊賢之等 禮所生也. 『중용』 20장.
515)  夫仁者 己欲立而立人 己欲達而達人.
516)  孟子 曰 君子之於物也 愛之而弗仁 於民也 仁之而弗親 親親而仁民 仁民而愛物. 진심장 상 45.

르는 길을 보여 줬다.

천명으로부터 인에 이르기까지 공자 사상에서 배움은 궁극적으로 구체적인 행동을 통해 실천하는 데 있다. 공자는 이 과정을 인(仁), 예(禮), 악(樂), 충(忠), 신(信), 경(敬), 지(知) 등으로 표현했고 그 가운데 가장 중요한 본체로서 인(仁)을 강조했다. 인(仁)이라는 것은 지(知)와 행(行)을 함께 하는 것이다. 따라서 인(仁)은 아는 것에만 그치는 것이 아니라 행동과 실천이 병행되어야 하는 것이고 상황에 따라서 말과 행동을 어떻게 해야 되는지를 판단하는 기준으로 공자는 중용을 강조했다. 지나침은 미치지 못함과 같다고 했기 때문에[517] 어느 상황에서 그 말과 행동이 지나친 것인지 혹은 미치지 못하는 것인지에 대한 적절함을 판단하는 것이 인을 실천하기 위해서 중요할 수밖에 없다.

『공자가어』 삼서편에 보면 공자가 노나라 환공의 사당에서 기울어지는 그릇을 보고 사당을 지키는 사람에게 무슨 그릇인지 물었다. 그러자 유좌(宥坐)라는 그릇이라고 대답했다. 공자는 듣기로 유좌라는 그릇은 속이 비어 있으면 기울어지고 중간 정도 차면 바르게 서고 가득 차면 엎어지기 때문에 훌륭한 임금이 지극한 경계로 삼아 늘 자리 곁에 두었다고 했다. 유자(宥坐)는 좌우명(座右銘)과 같은 뜻으로 자리의 오른쪽에 앞에 놓고 늘 경계하도록 한다는 것이다. 유(宥)는 우(右)와 같고 좌(坐)는 좌(座)와 같은 뜻이다. 이어 공자는 제자들을 돌아보고 물을 부어 보라고 말했다. 이어 물을 부었는데, 중간 정도 차서는 바르게 섰고 가득 차서는 엎어졌다. 공자는 한숨을 쉬며 물건이 가득 차고서 엎어지지 않는 것이 어디에 있겠는가 하고 탄식하였다고 한다.

## (1) 중용(中庸)

『논어』에서 공자는 중용의 덕이 지극하다면서 사람들 중에 이 중용의 덕을 실천

---

517)  子 曰 過猶不及 선진 15

한 이가 적은 지 오래됐다고 하였다.[518][182] 『중용』은 형이상학적 도덕론을 정립한 책으로 『중용』에서는 정성(誠)과 밝음(明)을 상세히 설명하고 중화(中和)의 가치를 강조한다. 『중용』에 따르면 인간은 자신의 마음을 세워 천명과 일치하는 최고의 경지에 나아갈 수 있다. 누구라도 성실한 태도를 끝까지 견지하면 중용의 도에 이를 수 있다는 결론이다. 『중용』 1장을 보면 중(中)이라는 것은 치우치지 않고 기울어지지 않고 지나치거나 미치지 못함이 없는 것이고 용(庸)은 항상 같다는 것이다.[519] 치우치지 않은 '불편(不偏)'은 원의 중심점처럼 모든 것과 조화를 이루는 상태이고, 기울어지지 않은 '불의(不倚)'는 평형을 이루는 저울처럼 균형을 찾는 점이다. 바로 이 '조화'와 '균형'을 추구하는 것이 중(中)의 개념이다. 정자(程子)는 편벽되지 않음을 중이라 하고 변치 않음을 용이라 하고, 중은 천하의 정도이고 용은 정리라고 말했다.[520] 본래 요순 시절부터 중(中)이라는 글자만 말했을 뿐이었는데, 용(庸)이라는 글자를 더해 사용한 것은 공자였다. 용이란 평상 곧 일상의 도리여서 사람들이 항상 실천해야 하는 것으로 잠시라도 벗어나면 안 된다는 뜻에서 중용이라 했다. 자사는 이 도리가 사라질까 염려하여 『중용』이란 책을 지어 그 뜻을 밝혔다.

### 불편불의 무과불급(不偏不倚 無過不及)

동양의 세계관은 기본적으로 동적인데[183] 이 세계관에 따르면 세상은 끊임없이 변하고 있으며 그 변화에는 언제나 방향성이 있다. 그 흐름을 타면 성공을 거두지만, 거스르면 실패하게 된다. 이런 변화를 읽으려는 사람들에게 『역경(易經)』은 세상의 흐름을 탈 수 있는 방법과 기술을 가르치는 교범인 동시에 변화하는 세계의 모습을 담은 일종의 안내서다. 점을 치는 용도와는 별도로 많은 중국 철학자들이

---

518)  子曰 中庸之爲德也 其至矣乎 民鮮 久矣. 옹야 27.
519)  中者 不偏不倚無過不及之名 庸 平常也.
520)  子程子曰 不偏之謂中 不易之謂庸 中者 天下之正道 庸者 天下之定理.

『역경』에 위대한 지혜가 담겨 있다고 인정하는 이유다.

기원전 3세기에 추연(鄒衍)을 창시자로 하는 음양가가 고대로부터 전해지던 음양설과 오행설을 체계적으로 완성했다.[184] 음양오행 사상은 유가나 도가의 사상 배경에도 영향을 주었고 훗날 유교와 도교가 성립해 가는 과정에서도 깊이 연구되고 이론적으로 정립되었다. 더 나아가 음양이 만물의 근본이 될 뿐만 아니라 우주론적 방면으로 발전해 천도(天道)와 하나가 되고 도덕적인 의미까지 갖게 된 것은 송대의 유학 발전과 관련이 있다. 보았듯이 음양설이란 이 세상 만물의 근원을 태극으로 보고 태극에서 나온 음과 양이라는 두 가지 기운이 삼라만상의 운행에 영향을 미친다고 여긴다. 태양과 달, 따뜻함과 차가움, 빛과 그림자, 남성과 여성처럼 양(陽)은 동적인 요소를 나타내고 음(陰)은 정적인 요소를 상징한다. 양과 음은 서로 상대 영역을 잠식하기도 하지만 그 각각은 절대 없어(無)지지는 않는다. 음양의 요인은 동시에 작용하며 서로 그 효과를 상쇄하는데, 이렇게 함으로써 균형을 유지한다. 이는 인간이 신체 내부 상태나 환경의 변화를 인지했을 때, 서로 반대되는 영향을 끼치는 신경 및 호르몬이 분비되어 신체 내 항상성이 유지되도록 하는 길항(拮抗)작용과 유사하다. 교감신경과 부교감신경으로 인해 심장 박동, 호흡, 혈압 등이 조절되는 경우가 이에 해당된다.

음양설은 천체의 운행과 계절의 변화, 자연현상을 설명하려는 방향으로 나아가며, 책력 작성이나 천문학 분야로도 활용되면서 발전했다. 은나라 시대의 고대 점술은 역이라는 사상으로 집약할 수 있는데, 훗날 『역경』이라는 유교 경전으로 편찬되면서 오경 중 하나로 꼽힌다. 실제로 활용된 음양오행설은 중국 자연과학의 중심이론으로 확립된다. 자연에는 사계절이 순환하고 비가 내리고 천둥이 치며, 곡식과 열매가 맺는 등 수많은 현상이 일어난다. 음양설에 의하면 이러한 자연현상들은 모두 음양의 변화에 의해 이루어진다. 책력에서는 태양이 가장 높은 위치에서 가장 낮이 긴 날을 가리켜 양이 더없이 큰 '하지'로 정하고, 가장 낮은 위치에서 가장 밤이 긴 날을 가리켜 음이 더없이 큰 '동지'로 규정했다. 그리고 낮과 밤의 길이가 같아 음과 양이 동등한 날을 춘분과 추분으로 정했다. 춘분에서 하지, 추분, 동지로 진행되는 그 중간에는 입춘, 입하, 입추, 입동을 배치하여 사계절의 시작을 알렸다. 이러한 계절의 구분은 시대가 지남에 따라 24절기로 나뉘며, 농업에 유용하게 사용되었다. 고대 중국인은 천지만물이 모두 한 기운 또는 음양의 이기(二氣)에 의해서 구성된다고 하는 세계관이었고 음양오행설도 그 발전으로서 나타난 사상이었다. 『주역』, 즉 『역경』에서는 천이 인간을 비롯한 우주 만물을 탄생시키고 만물이 살아갈 수 있는 환경을 만들어 주었다고 말한다.[185] 그러한 생각은 점점 발전해 『중용』에서는 인간의 성품을 만든 천의 섭리를 따라 자신을 수양하고, 사회의 질서를 이룩하고자 하는 논리가 전개된다. 그래서 『주역』의 핵심적이고 기본적인 내용을 이해하지 않고는 『중용』에서 말하는 내용을 이해하기가 쉽지 않다.

중의 위치는 끊임없이 변하고 있고, 그에 따라 의리(義理)를 유지하여 불변하는 것이 용이라 할 수 있다.[186] 그러므로 변화되는 세계에 맞게(中) 쓰는(庸) 것이 곧 중용이라 할 수 있다. 중용은 공자가 강조한 지행합일(知行合一)을 위한 전제라고 할 수 있다. 공자는 "도가 행하여 지지 못하는 까닭을 알겠다. 지자(知者)는 지나치고 우자(愚者)는 미치지 못하는구나. 도가 밝혀지지 못하는 까닭을 알겠다. 현자(賢者)는 지나치고 불초자(不肖者)는 미치지 못한다"고[521] 하여 중용의 도는 지와 행의 상호조화와 균형 속에서 실천될 수 있는 것임을 주장했다. 공자는 군자와 소인을 비교하여 '군자가 중용을 몸으로 체득하여 실행하는 체행(體行)을 하고 소인은 중용에 반(反)한다. 군자가 체행하는 중용은 군자로서 시중(時中)하는 것이고 소인이 중용에 반함은 소인으로서 거리낌이 없기 때문'이라고[522] 말하며 군자의 중용은 때에 따라 알맞게 도를 행하는 것임을 강조하였다.

---

521) 子 曰 道之不行也 我知之矣 知者 過之 愚者 不及也 道之不明也 我知之矣 賢者 過之 不肖者 不及也, 『중용』 4장.

522) 仲尼 曰 君子 中庸 小人 反中庸 君子之中庸也 君子而時中 小人之中庸也 小人而無忌憚也, 『중용』 2장.

주자는 유교가 간과했던 만물의 근원과 인간 정신의 근본, 인간은 어디에서 왔는가 등 근원적인 문제를 논리적으로 해결하고자 유교 경전을 다시 한번 집대성했다. 주자는 태극을 우주의 중심으로 놓고, 태극의 움직임으로 양이 나오며 양이 극한까지 움직이면 정(靜)이 되어 음을 낳는다고 보았다. 동과 정, 움직임과 고요함을 일으키는 태극을 리(理)로서 형이상 개념으로 보고 음양은 형이하의 대상으로 물질이 있는 형태라고 생각했다.[187] 주자는 고대 중국 사상인 음양설과 오행설, 도가 사상에 있는 도의 요소까지 유교 안에 통합했다. 도는 어디나 존재하고 만물의 근원이 되는데, 도의 변화 또한 음양으로 설명된다. 『주역』 계사전(繫辭傳)을 보면 일음 일양을 일컬어 도라 하는데, 그것을 이은 자는 선(善)하고 그것을 이룬 자를 성(性)이라 한다고[523] 표현했다. 『주역』의 괘사와 효사를 종합적으로 해설한 계사전은 고대 중국 사회에서 일종의 점서(占書)적 기능을 수행해 온 『주역』이 의리(義理)와 도덕적으로 해석될 수 있는 토대를 제공했다. 그래서 중국의 전통적 가치관인 유교는 주자학의 탄생으로 종교성과 합리성을 더하고 나아가 철학과 학문으로서 성장했다. 이 과정에서 주자는 인간의 마음 작용도 리(理)와 기(氣)로 설명했다. 인간의 마음에도 리에 해당하는 성(性)과 기에 해당하는 정(情)이 있다고 본 것이다. 인간에게는 하늘에서 받은 법칙으로 본연의 성(性)인 리(理)가 갖춰져 있다는 이론을 성즉리(性卽理)라고 부른다. 따라서[188] 주자철학의 근본은 한마디로 말하면 리(理)라고 할 수 있다.

주자학은 노장 사상이나 불교의 영향을 깊게 받은 것이어서 이정자(二程子)의 이기설이 화엄종의 리(理) 사상에서 실마리를 얻었던 것은 부정하기 어렵다. 정이천은 만물은 기(氣)만으로 구성된 것이라고 생각하지 않았다. 보통 만물은 기를 소재로 해서 구성되어 있지만 그 기는 반드시 그 근본에 리를 갖추고 있다.[189] 정이천에 의하면 만물 속에는 리가 내재하는데, 인간의 경우 성(性)에 리가 담긴다. 인간은 신체를 가진 존재이므로 그 성은 리와 함께 기의 요소도 포함하는 것이다. 거

---

523)　一陰一陽之謂道 繼之者 善也 成之者 性也.

기에서 정이천은 순수한 인간의 성을 리로서의 성, 즉 본연의 성(本然之性)과 기의 요소를 가진 기질의 성(氣質之性)[524]으로 구분하였다. 본연의 성은 순수한 천리이지만 기는 음양이나 정조청탁(精粗淸濁)을 가진 것이므로 기질의 성은 자연적으로 차이를 낳지 않을 수 없다. 따라서 기질의 성을 어떻게 본연의 성처럼 변함없이 지속할 것인지가 관건이 된다. 이를 위해서 주관적인 방법으로는 내적 수양이 있고 객관적인 방법으로 격물치지 또는 격물궁리가 있다.

## 군자지도 비이은(君子之道 費而隱)

그런데 문제는 성(性)에 담긴 도를 알기 쉽지 않다는 것이다. 『중용』을 보면 군자의 도는 넓으면서도 은미하다.[525] 필부필부(匹夫匹婦)의 어리석음으로도 참여하여 알 수 있지만 그 지극함에 이르러서는 비록 성인(聖人)이라도 알지 못하는 바가 있으며, 필부필부의 불초함으로도 행할 수 있지만 그 지극함에 이르러서는 비록 성인이라도 능하지 못한 바가 있으며, 천지가 모든 것을 베풀어도 사람들이 오히려 섭섭하다고 여기는 바가 있다. 그러므로 군자가 큰 것을 말하면 천하도 이를 실어 주지 못하고, 작은 것을 말하면 천하도 이를 쪼개지 못한다.[526] 따라서 군자의 도는 필부필부에게서 발단이 되어서 그 지극함에 이르러서는 천지에 밝게 드러난다.[527]

주자에 따르면 군자의 도는 가까이는 부부가 집 안에서 거처하는 사이에서부터 멀리는 성인과 천지도 능히 다할 수 없는 것에 닿는다. 따라서 그 큼이 밖이 없고 그 작음이 안이 없으니 가히 넓다(費)고 이를 만한 것이다. 그러나 그 이치가 그렇게 된 까닭은(所以然)는 은미하여 드러나지 않으며, 대개 가히 알 수 있고 가히 능

---

524) 이에 대한 견해를 4장 1절 2항 성(性)에서 정리했다.
525) 君子之道 費而隱. 『중용』 12장.
526) 夫婦之愚 可以與知焉 及其至也 雖聖人 亦有所不知焉 夫婦之不肖 可以能行焉 及其至也 雖聖人 亦有所不能焉 天地之大也 人猶有所憾 故 君子 語大 天下 莫能載焉 語小 天下莫能破焉. 『중용』 12장.
527) 君子之道 造端乎夫婦 及其至也 察乎天地. 『중용』 12장.

할 수 있는 것은 도(道) 전체 가운데 한 가지뿐이다. 반면 그 지극함에 이르러 성인도 알지 못하고 능하지 못한 것은 전체를 들어 말한 것이어서 성인도 진실로 다하지 못하는 바가 있는 것이라고 했다. 송대 유학자 후중량(侯仲良)은 성인도 알지 못하는 바는 공자께서 노자에게 예를 묻고 관제(官制)를 물은 것과 같은 종류고, 능하지 못한 바는 공자께서 지위를 얻지 못한 것과 요순이 널리 베푸는 것을 부족하게 여긴 것과 같은 종류라고 했다. 주자는 사람이 천지에 대하여 섭섭해(憾)한다는 것은 하늘이 덮어 주고 땅이 실어 주어 생겨날 때 치우침이 있는 것과 추위와 더위, 재앙과 상서로움이 그 마땅함을 얻지 못하는 것들을 말한다고 했다.

주자는 「중용서문」에서 사람의 마음가짐으로부터 올바른 행동과 실천의 구현을 설명하였다. 사람 마음의 본래 순수한 지각은 하나일 뿐이지만, 인심(人心)과 도심(道心)이 다른 것은 인심은 형기의 사사로움에서 나오고 도심은 성명의 올바름에 근원하여 지각되는 바가 같지 않기 때문이다. 그래서 사람의 마음은 위태로워 편안하지 못하며 반면 도심은 은미하여 보기 어려운 것이다. 그러나 사람은 형체가 있기 때문에 아무리 지혜로운 사람이라도 사심이 없을 수 없고, 또한 사람은 누구나 타고난 본성이 있기 때문에 아무리 어리석은 사람이라도 도심이 없을 수 없다. 두 가지가 마음 사이에 섞여서 다스릴 바를 알지 못하면, 위태로운 인심은 더욱 위태롭고 은미한 도심은 더욱 은미해지기 때문에 천리의 공평함이 끝내 사사로운 인욕을 이기지 못하게 된다. 정밀하고 치밀하다는 것은 인심과 도심의 사이를 살펴서 섞이지 않도록 하는 것이고, 마음을 한곳에 몰두하는 것은 본심의 올바름을 지켜서 떠나가지 않도록 하는 것이다. 이것을 일삼아 조금도 끊어짐이 없게 하고 반드시 도심으로 하여금 항상 한 몸의 주인이 되게 하며 인심이 매번 그 명령을 듣게 하면, 위태로운 인심이 편안해지고 은미한 도심은 나타난다. 그러므로 몸가짐뿐 아니라 말과 행동이 저절로 지나치거나 모자라는 잘못이 없게 될 것이다.[528]

---

528) 蓋嘗論之: 心之虛靈知覺, 一而已矣, 而以爲有人心道心之異者, 則以其或生於形氣之私, 或原於性命之正, 而所以爲知覺者不同 是以或危殆而不安, 或微妙而難見耳 然人莫不有是形, 故雖上智不能無人心, 亦莫不有是性, 故

주자가 이렇게 중용을 자세히 설명했지만 그 의미를 깨닫기 쉽지 않고 실천하기는 더욱 어렵다. 그렇기 때문에 중도를 찾고 지킨다는 것은 말처럼 될 수 있는 것이 아니다. 자유는 임금을 섬기면서 자주 간(諫)하면 욕(辱)을 당하고, 붕우(朋友) 간에 자주 충고하면 소원해진다고 했다.[529] 호인(胡寅)은 임금을 섬김에 간하는 말이 행해지지 않으면 마땅히 떠나야 하고, 벗을 인도함에 착한 말이 받아들여지지 않으면 마땅히 중지해야 한다고 했다. 너저분하고 번거롭게 번독(煩瀆)함에 이르면 말한 자가 가벼워지고 듣는 자가 싫어한다. 이 때문에 영화(榮華)를 구하다가 도리어 욕을 당하고, 친하기를 구하다가 도리어 소원해지는 것이라고 말했다. 『공자가어』변정편에서 공자는 충신이 임금에게 간쟁하는 것은 의미상 다섯 가지 종류가 있다고 했다. 첫째는 휼간(譎諫)이고, 둘째는 당간(戇諫)이고, 셋째는 강간(降諫)이고, 넷째는 직간(直諫)이고, 다섯째는 풍간(諷諫)이다. 오직 임금의 의향을 헤아려 행해야 하는 것이어서 공자 자신은 풍간을 따를 것이라고 했다. 이에 대해 다산 정약용은 휼간이란 완곡한 말로 군주를 깨우치는 것이고, 당간은 우직하고 꾸밈없이 간하는 것이고, 강간은 기세를 누그러뜨려 낮추어 간하는 것이고, 직간은 거리낌 없이 간하는 것이고, 풍간은 넌지시 감동시키는 것이라고 했다.

　공자는 향사례를 비유해 중용에 맞게 하는 실천하는 방도를 말하였는데, 활을 쏠 때에 과녁의 가죽 뚫는 것을 기준으로 삼지 않는 것은 힘이 동등하지 않기 때문으로 옛날의 활 쏘는 도(道)라고 했다.[530] 활을 쏘는데 가죽을 뚫는 것을 주장하지 않는다는 것은 『의례(儀禮)』향사례편(鄉射禮篇)의 글이다. 피(皮)는 가죽이니 과녁인 후(侯)를 베로 만들고 그 가운데에 가죽을 붙여서 표적으로 삼은 것이니, 이른바 곡(鵠)이라는 것이다. 그래서 과녁의 한가운데를 정곡(正鵠)이라고 한다. 옛

---

雖下愚不能無道心 二者雜於方寸之間, 而不知所以治之, 則危者愈危, 微者愈微, 而天理之公 卒無以勝 夫人欲之私矣 精則察夫二者之間而不雜也, 一則守其本心之正而不離也 從事於斯, 無少間斷, 必使道心常爲一身之主, 而人心每聽命焉, 則危者安 微者著, 而動靜云爲自 無過不及之差矣.

529)　子游 曰 事君數 斯辱矣 朋友數 斯疏矣. 이인 26.
530)　子曰 射不主皮 爲力不同科 古之道也. 팔일 16.

날에는 활쏘기로써 덕행(德行)을 관찰하여 다만 적중시키는 것만을 주장하고 가죽을 뚫는 것을 주장하지 않았다. 이는 사람의 힘이 강약이 있어 동등하지 않기 때문이다.

## 천하지대본(天下之大本)

『중용』1장에서 하늘이 명(命)하신 것을 성(性)이라 이르고, 성을 따르는 것을 도(道)라 이르고, 도를 수양하는 것을 교(敎)라 이른다고 했다. 이어 기뻐하고 성내고 슬퍼하고 즐거워하는 정(情)이 일어나지 않은 상태를 중(中)이라 이른다. 기뻐하고 성내고 슬퍼하고 즐거워하는 정(情)이 일어나지만 모두 절도(節度)에 맞는 상태를 화(和)라 한다. 중(中)이란 천하의 큰 근본이고 화(和)란 천하에 두루 통하는 도(道)다.[531] 주자에 따르면 희로애락은 정(情)이고 그 발하지 않은 것은 곧 성(性)이며 치우치고 기울어지는 바가 없는 까닭으로 중(中)이라 이른다. 발(發)하여 절도에 맞는 것은 정(情)의 바른 바여서 어그러지는 바가 없는 까닭으로 화(和)라 이른다.

대본(大本)이란 것은 하늘이 명한 성(性)이고 천하의 이치가 모두 이로 말미암아 나오기 때문에 도의 체(體)다. 달도(達道)라는 것은 성(性)을 따름을 이르는 것이며 천하와 고금(古今)에 함께 말미암는 바여서 도의 용(用)이다. 이는 성정(性情)의 덕을 말하여 도(道)를 가히 떠날 수 없는 뜻을 밝힌 것이다. 따라서 중(中)과 화(和)를 지극히 하면, 천지가 편안히 제자리를 잡고 만물이 제대로 길러진다.[532] 주자는 대개 천지만물이 본래 자신과 하나여서 나의 마음이 바르면 즉 천지의 마음도 바를 것이고, 나의 기운이 순하면 천지의 기운도 또한 순하다. 그러므로 그 효험이 이와 같은 데 이른다고 했다. 이것은 학문의 지극한 효과고 성인의 일로서

---

531)  天命之謂性 率性之謂道 修道之謂敎 喜怒哀樂之未發 謂之中 發而皆中節 謂之和 中也者 天下之大本也 和也者 天下之達道也.『중용』1장.
532)  致中和 天地 位焉 萬物 育焉.『중용』1장.

처음부터 외부에 기대지 않는 것이므로 수도(修道)의 교(敎)가 또한 그 가운데 있는 것이다. 이는 체(體)와 용(用)이 비록 동(動)과 정(靜)에 다름이 있지만 반드시 그 체(體)가 선 이후에 작용(用)이 행하여진다. 그렇다고 해서 체와 용이 별개의 두 가지 현상이 있는 것은 아니라고 했다.

『중용』1장은 자사가 전한 바의 뜻을 글로 기술하여 먼저 도의 근원이 하늘에서 나와서 가히 바뀔 수 없고 그 실체가 몸에 갖추어져 가히 떠날 수 없다는 것을 밝혀 놓은 것이다. 이어 기르고 살피는 요체를 말하였고, 끝으로 성스러운 귀신의 변화(功化)가 지극함을 말한다. 따라서 대개 배우는 자들이 이에 자기 몸에서 돌이켜 구해서 스스로 얻어 무릇 외부 유혹의 사사로움을 버리고 그 본연의 선함을 충족시키게 하고자 한 것이다. 『중용』에서는[190] 하늘의 움직임과 땅의 위치를 관찰해 천지자연의 변화화 순환을 파악하고 그 원리에 따라 천도라는 개념을 이끌어 냈다. 그리고 이러한 천도에 따라 인의예지로 표현되는 성(性)을 이끌어 내고, 그 성을 기준으로 중화에 이르기 위한 중용을 실천할 것을 주장했다. 그 이유는 자연의 질서와 같이 사회의 질서를 유지하기 위해서다. 따라서 인간은 자연의 섭리를 본받아 인간다운 삶을 살기 위해 노력하고, 인간답게 행동하는 데 힘쓰라는 가르침을 전하고 있다. 시간의 흐름 속에서 환경과 조건이 변화하는 것은 자연의 섭리다. 그러한 주변의 여건과 그 시기의 정황 등을 고려해 실천하는 것이 시중(時中)이다. 화(和)는 감정이 발(發)하였으나 상황에 따라 중절하는 것이라고 했고 시중은 시간에 따라 변화하는 상황에 중절(中節)하는 방법이다. 그리고 시중의 기준은 중을 이루고 있는 인의예지를 기준으로 해야 한다.

그래서 공자는 상도(常道)로서 불규칙한 상황에 임시로 맞추는 행위규범으로 권도(權道)를 말했다. 공자는 함께 배울 수는 있어도 함께 도(道)에 나아갈 수는 없으며, 함께 도(道)에 나아갈 수는 있어도 함께 설 수는 없으며, 함께 설 수는 있어도 함께 권도(權道)를 행할 수는 없다고 했다.[533] 정자(程子)는 더불어 함께 배

---

533)    子 曰 可與共學 未可與適道 可與適道 未可與立 可與立 未可與權. 자한 29.

운다는 것은 도(道)를 구하는 것을 아는 것이고 함께 도에 나아간다는 것은 나아
갈 바를 아는 것이며, 함께 선다는 것은 뜻을 독실히 하고 굳게 지켜 변하지 않는
것이라고 했다. 권(權)은 저울로 물건을 저울질하여 경중을 아는 것이다. 더불어
권도를 행한다는 것은 일의 경중을 저울질하여 의리에 합하게 함을 말한다.

『맹자』에도 권도에 대한 설명이 있다. 제나라의 변론가 순우곤(淳于髡)이 남녀
간에 물건을 직접 주고받지 않는 것이 예(禮)인지 물었다. 맹자가 그렇다고 답하
였다. 그렇다면 제수가 우물에 빠졌을 경우에 손을 잡아 구해 주어야 하는지 다시
물었다. 맹자는 제수가 물에 빠졌는데 구해 주지 않는다면 이는 승냥이라며 남녀
간에 물건을 직접 주고받지 않는 것은 예이고, 제수가 물에 빠졌을 때 손을 잡아
구원해 주는 것은 권도(權道)라고 말하였다.[534]

노나라의 현자 유하혜는 하면 안 되는 말과 행동을 바른말과 행동으로 하고자
노력하면서 참을성을 길렀다. 『순자(荀子)』대략(大略)편에는 품에 안고서도 난잡
하지 않다는 좌회불란(坐懷不亂)이라는 말이 있다. 유하혜가 추운 날 밤에 성문
앞에 유숙하게 되었는데, 집이 없어서 추위에 떠는 여자를 만나게 되었다. 여자가
동상이 걸릴까 두려워 그녀를 안고 자신의 옷으로 감싼 채 하룻밤을 앉아 있었다.
그러나 예의에 어긋난 행위는 일어나지 않았다. 이 또한 권도를 행한 사례라고 할
수 있다.

공자는 진실로 중용을 잡기 위해서 '윤집기중(允執其中)'을 강조하며 순임금을
기렸다. "순(舜)임금은 크게 지혜로운 분이실 것이다. 순임금은 묻기를 좋아하고,
평범한 말을 살피기를 좋아하시지만 악(惡)을 숨겨 주고 선(善)을 드러내셨다. 그
리고 두 끝을 잡고 헤아려 그 중(中)을 취한 뒤에 백성에게 쓰셨기 때문에 순임금
이 되신 것이다."라고 했다.[535] 주자에 따르면 순임금이 큰 지혜가 되신 것은 자신

---

534)  淳于髡 曰 男女 授受不親 禮與 孟子 曰 禮也 曰 嫂溺 則援之以手乎 曰 嫂溺不援 是 豺狼也 男女 授受不親 禮也
      嫂溺 援之以手者 權也. 이루장 상 17.
535)  子 曰 舜 其大知也與 舜 好問而好察邇言 隱惡而揚善 執其兩端 用其中於民 其斯以爲舜乎. 『중용』 6장.

의 생각대로 하지 않고 남에게서 취하셨기 때문이다. 이언(邇言)은 얕고 가까운 데 말인데도 오히려 반드시 살피었으므로 선(善)을 버리는 일이 없는 것을 가히 알 수 있다. 그러나 그 말이 선하지 못한 것은 숨겨서 드러내지 않고, 그 선한 것은 널리 퍼트려 숨기지 않았다. 때문에 그 넓고 밝음이 이와 같아서 당연히 누구나 선으로써 말하기를 즐거워하지 않을 수 없는 것이다. 양단(兩端)은 중론이 같지 않은 상황의 극과 극이다. 대개 모든 사물은 작은 것과 큰 것, 두터운 것과 얇은 것 등과 같은 양단이 있다. 선(善)의 가운데에 또 그 두 끝을 잡고 헤아려서 중을 취한 연후에 쓰면, 그 택하는 것을 살피고 행함이 지극한 것이다. 그러나 자신에게 있는 저울과 자가 정밀하고 간절하여 어긋나지 않는 자가 아니면 이렇게 할 수 없는 것이다. 이는 앎(知)이 과하거나 미치지 못함이 없어서 도가 행해지는 이유라고 설명했다.

따라서 군자가 중용을 행하는 것은 군자다우면서 때에 맞게 하기 때문이고 소인이 중용과 반대로 하는 것은 소인으로서 꺼리는 것이 없기 때문이다.[536] 주자는 군자가 중용을 한다는 것은 그 군자의 덕이 있으면서 또한 능히 때에 따라 중(中)에 처하는 것이고 소인이 중용에 반한다는 것은 그 소인의 마음에서 또한 기탄하는 바가 없는 것이라고 했다. 대개 중(中)은 정한 본체가 없고 때에 따라서 있기 때문에 이것이 항상 된 이치인데, 군자는 이것이 자신에게 있음을 알고 있어서 능히 보지 않을 때에도 경계하고 삼가며, 듣지 않을 때에도 두려워하고 두려워하여 때에 맞지 않음이 없다고 했다. 반면 소인은 이것이 있음을 알지 못하니, 욕심을 부리고 망령되이 행하여 거리끼는 바가 없는 것이라고 했다.

### 성자 물지종시(誠者 物之終始)

중용은 유교 국가인 조선에서 매우 중시됐는데, 조선의 22대 국왕 정조는 '평소 중용이란 어려운 철학이론이나 고상한 척하는 실천법이 아니다. 우리가 살아가

---

536)　君子之中庸也 君子而時中 小人之中庸也 小人而無忌憚也. 『중용』 2장

는 일상에서 최적의 지점이 중용이고 그 지점을 찾기 위해 노력하는 것이 중용이라고 했다. 이어 아무리 훌륭한 내용이라도 지금 이 순간의 삶을 담아내지 못하면 쓸모가 없고, 아무리 좋은 목적을 가지고 애를 쓴다고 해도 현실을 반영하지 못하면 실패하고 만다. 이상과 원칙을 유지하면서도 어떻게 하면 현장의 목소리를 담아낼지를 고심하고, 시의성을 확보할지를 고민하는 모든 사람에게 시중은 여전히 중요한 가치'라고 말했다.

중용을 깊이 고찰한 정조는 규장각 소속 문신을 대상으로 연 과거시험에서 중용에 관한 문제를 낸 적이 있다. 여기서 정약용은 '사물의 마땅한 법칙이 때에 따라 각기 다르다며, 마치 저울에 물건을 올려놓으면 물건의 무게에 따라 추가 달리 멈추는 것과 같기 때문에 군자도 중용하려면 당연히 시중해야 한다'고 대답했다. 정조는 또 성(誠)이라는 글자가 중용의 주축이 되는 이유는 무엇인지 질문했다. 정약용은 중용에서 가장 중요한 핵심은 오직 성(誠) 자 하나뿐이라며 성(誠)은 끊임없이 경계하고 삼가며 두려워하는 마음가짐을 잃지 않는다는 계신공구(戒愼恐懼) 네 글자에서 벗어나지 않는데 여기에 힘을 쏟는다면 중용의 도가 회복되기 때문이라고 했다. 이어 사사로운 욕망을 통제하고 하늘의 이치를 보존하여 중용의 도를 이어 가기 위해서는 배우는 이들이 진심으로 스스로 조심하고 삼가며 두려워하고 걱정하는 마음으로 진리의 근원을 추구해야 한다고 말했다. 또 성현의 가르침을 따르고 조금도 안일하지 않고 방종하지 않으며, 고요할 때는 혼매함이 없고 움직일 때는 조급함이 없어야 한다고 했다. 숨겨진 것보다 더 잘 드러나는 것이 없으며 작은 일보다 더 잘 나타나는 것이 없다. 그러므로 군자는 홀로를 삼가는 것이라고 했다.[537]

『중용』에서 성(誠)은 스스로 이루는 것이요, 도(道)는 스스로 가야 할 길이라고 했다.[538] 성(誠)이라는 것은 만물이 스스로 이루는 것이고 도라는 것은 사람이 마

---

537)  莫見乎隱 莫顯乎微 故 君子 愼其獨也.『중용』1장.
538)  誠者 自成也 而道 自道也.『중용』25장.

땅히 스스로 행하여야 할 바를 말한다. 주자에 따르면 성(誠)은 마음으로써 말한 것이어서 근본이고, 도는 이치로써 말한 것으로 용(用)인 것이다. 또한 성(誠)은 자신을 이룰 뿐만 아니라 남을 이루어 준다. 자신을 이룸은 인이고 남을 이루어 줌은 지(智)다. 이는 성(性)의 덕으로 안과 밖을 합한 도다. 그러므로 때에 맞게 처리함이 마땅하다. [539] 성(誠)은 비록 자기를 이루는 바이나 이미 스스로 이룬 바가 있으면 곧 자연히 바깥 세계에 미쳐서 도가 또한 외부에서 행해지는 것이다.

『중용』에 있어서 성(誠)은 진실무망(眞實無妄)한 천리의 본연으로 천도(天道)이며, 만물의 존재의미를 끊임없이 완성해 가는 우주적 원리이다. 천도인 성(誠)으로부터 밝아진 것이 성(性)이기 때문에 인간에게 내재된 성(性) 역시 성(誠)을 본질로 하고 있다. 즉 인간 본유의 천부적인 덕성으로서 성(性)은 하늘로부터 받은 천리의 본연인 성(誠)의 특성을 지니게 된다. 따라서 성(誠)은 인간 존재의 본질이자 우주 만물의 존재 원리가 되는 것이고 천리의 본연으로 하늘과 사람이 조화할 수 있는 천인합일의 원리가 되는 것이다. 오직 천하에 지극히 성(誠)한 분이 그 성(性)을 다할 수 있다. 그래서 그 성(性)을 다하면 사람으로서 성(性)을 다할 수 있고, 사람의 성(性)을 다하면 사물의 성(性)을 다할 수 있고, 사물의 성(性)을 다하면 천지의 화육(化育)을 도울 수 있고, 천지의 화육을 도우면 천지와 함께 나란히 설 수 있게 되는 것이다. [540]

성(誠)은 『중용』이전의 고전에서는 행위를 수식하는 부사 정도로 사용되었으나, 『중용』에 이르러서는 더욱 뚜렷하게 유학의 중심되는 실체 개념으로 정립되었다. 그래서 『중용』에는 성(誠)과 관련한 구절이 많이 나온다. 『중용』 23장에서 '정성을 다하면 형상을 이루고 형상을 이루면 드러나게 되고 드러나면 밝아지며 밝아지면 감동을 줄 수 있다. 감동하면 변하고 변하면 화할 수 있어서 오직 천하에

---

539)  誠者 非自成己而已也 所以成物也 成己 仁也 成物 知也 性之德也 合內外之道也 故 時措之宜也. 『중용』 25장.
540)  惟天下至誠 爲能盡其性 能盡其性 則能盡人之性 能盡人之性 則能盡物之性 能盡物之性 則可以贊 天地之化育 可以贊天地之化育 則可以與天地參矣. 『중용』 22장.

지극한 정성이 있어야 능히 변화를 이끌 수 있다'고[541] 했다.『중용』25장에서는 '정성이 만물의 처음이자 끝이어서 정성스럽지 못하면 만물도 존재하지 않는다. 그러므로 군자는 성(誠)을 귀하게 여긴다'고[542] 했다. 세상 만물이 모두 실제의 이치(理)가 행하는 바이다. 그러므로 반드시 이 이치를 얻은 연후에 이 만물이 있는 것이므로 얻은 바의 이치가 이미 다하면 만물이 또한 다해서 없어진다. 그러므로 사람의 마음이 하나라도 성실하지 않음이 있으면 비록 하는 바가 있더라도 또한 없는 것과 같아서 군자는 반드시 성실함을 귀하게 여긴다. 대개 사람의 마음이 능히 성실하지 않음이 없어야 이에 스스로 이루게 되고, 자신에게 있는 도(道) 또한 행해지는 것이다. 따라서『중용』26장의 "지극한 정성은 쉼이 없다"[543]는 말이 이에 해당한다.『중용』20장에서는 "성(誠)은 하늘의 도(道)이고, 성(誠)해지려고 하는 것은 사람의 도(道)이다. 성(誠)한 자는 힘쓰지 않아도 도(道)에 맞으며, 생각하지 않아도 알아서 저절로 도(道)에 맞기 때문에 성인(聖人)이다. 성(誠)해지려고 하는 자는 선(善)을 택하여 굳게 지키는 자다"라고 했다.[544]

천도는 성(誠)에 의해서 스스로 중(中)이 유지되면서 원형이정(元亨利貞)의 운행으로 만물의 질서를 만들고 만물의 생명을 보전한다.[191] 다만 사람은 천명에 의해 받은 인의예지가 마음속에서 중을 유지해야 하지만, 희로애락이라는 감정이 발생하면서 사람의 마음은 균형을 잃어버렸다. 개인의 중용이 균형을 잃어버리면 천하의 중용이 흔들려 질서가 문란해지고 결국 세상 사람들이 생명을 보전하기조차 힘들어진다. 따라서 그러한 감정을 상황에 따라 인의예지에 맞춰 중에 가장 근접하도록 조화를 이루어 개인적으로는 본성을 회복하고 사회적으로는 문란해진 질서를 회복하여 상생해야 한다. 그러한 화(和)를 이루는 바른길이 도이고 그 도를 실천하는 것이 선이며 사람관계에서는 충서다. 증자는 공자의 도(道)는 충(忠)

---

541)  其次 致曲 曲能有誠 誠則形 形則著 著則明 明則動 動則變 變則化 唯天下至誠 爲能化.
542)  誠者 物之終始 不誠 無物 是故 君子 誠之爲貴.
543)  故 至誠 無息.
544)  誠者 天之道也 誠之者 人之道也 誠者 不勉而中 不思而得 從容中道 聖人也 誠之者 擇善而固執之者也.

과 서(恕)일 뿐이라고 했다. [545] 그리고 중화(中和)를 이루기 위한 도가 구체적으로 제시된 것이 오상 관계이며 달도다. 공자는 군신관계와 부자관계, 부부관계, 형제관계, 친구관계 다섯 가지는 천하의 통달한 도(達道)이며, 지(智)·인(仁)·용(勇) 세 가지는 천하의 공통된 덕(達德)이니, 이것을 행하게 하는 것은 성(誠) 하나라고 말했다. [546]

그리하여 지극히 성(誠)한 도(道)는 앞일을 미리 알 수 있게 된다. 국가가 장차 흥하려 할 때에는 반드시 상서로운 조짐이 있으며, 국가가 장차 망하려 할 때에는 반드시 흉한 징조가 있다. 이것이 시초점인 서점(筮占)과 거북점인 귀복(龜卜)에 나타나기도 하고 사지(四肢)에 동(動)하기도 한다. 시초점은 시초(蓍草)라는 빳빳한 풀나무를 가지고 치는 점으로 나중에는 시초 대신 구하기 쉬운 댓가지를 주로 사용하였다. 시초점은 죽통 같은 것에 댓가지들을 넣고 점칠 때 죽통을 흔들거나 그 안에 있는 댓가지들을 꺼내서 양손으로 나누면서 점을 친다. 그리하여 화(禍)와 복(福)이 장차 이르려 할 때에는 좋을 것을 반드시 먼저 알며 좋지 못할 것을 반드시 먼저 안다. 그러므로 지극한 성(誠)은 신(神)과 같은 것이다. [547]

## 과유불급(過猶不及)

자공이 공자에게 자장과 자하 중 누가 나은지 물었다. 자장은 지나치고, 자하는 미치지 못한다고 공자가 말했다. 그러자 자공이 그러면 자장이 나은 것인지 다시 물었다. 이에 공자는 지나친 것은 미치지 못함과 같다고 말했다. [548] 자장은 재주가 높고 뜻이 넓었으나 구차히 어려운 일을 하기 좋아했으므로 항상 중도(中道)에 지나쳤고, 자하는 독실히 믿고 삼가 지켰으나 뜻과 행동이 협소했으므로 항상 미치

---

545) 曾子 曰 夫子之道 忠恕而已矣. 이인 15.
546) 天下之達道 五 所以行之者 三 曰君臣也 父子也 夫婦也 昆弟也 朋友之交也五者 天下之達道也 知仁勇三者 天下之達德也 所以行之者 一也.『중용』20장.
547) 至誠之道 可以前知 國家將興 必有禎祥 國家將亡 必有妖孽 見乎蓍龜 動乎四體 禍福將至 善 必先知之 不善 必先知之 故 至誠 如神.『중용』24장.
548) 子貢 問 師與商也 孰賢 子 曰 師也 過 商也 不及 曰 然則師 愈與 子 曰 過猶不及. 선진 15.

지 못하였다. 도(道)는 중용을 최고의 경지로 삼는 것이어서 현자(賢者)와 지자(智者)의 지나침이 비록 우자(愚者)와 불초(不肖)한 자의 미치지 못함보다 나을 것 같지만 그 중도를 잃음은 똑같은 것이다.

후한 말기의 학자 정현(鄭玄)은 중용을 알맞게 쓰임과 호응하는 작용을 기록한 것으로 이해하였다.[192] 이후 주자를 중심으로 하는 성리학에서 중용은 유학의 전통인 심법(心法)으로 전수되었다. 마음의 철학인 동시에 행동의 준칙으로서 마음 다스림이 어떠해야 가장 알맞은 것인지 그 적절한 상태를 찾는 개념으로 이해하였던 것이다. 공자는 나라에 도(道)가 있을 때에는 말과 행실을 위엄 있게 하며, 나라에 도(道)가 없을 때에는 행실은 위엄 있게 하되 말은 공손하게 해야 한다고 말했다.[549] 윤돈(尹焞)에 따르면 군자의 몸가짐은 변할 수 없고 말에 이르러서는 때로 다하지 못하여 화(禍)를 피하여야 하는 경우가 있는 것이다. 때문에 나라를 다스리는 자가 선비로 하여금 말을 공손하게 한다면 위태롭지 않을 수 없는 것이다. 즉 위정자가 신하의 말을 막는다면 나라가 위태로울 것이다. 『중용』에서는 윗자리에 거해서 교만하지 않고, 아랫사람이 되어서는 배반하지 않는다. 나라에 도(道)가 있을 때에는 그 말이 몸을 일으키게 하기에 충분하고, 나라에 도(道)가 없을 때에는 그 침묵이 몸을 용납되게 하기에 충분하다고 하였다. 『시경』대아(大雅) 증민편(烝民篇)에는 이미 밝고 또 지혜로워 그 몸을 보존한다고 하였으므로 이를 말한 것이라고 했다.[550]

『공자가어』자로초견편을 보면 진(陳)나라 영공(靈公)은 신하의 아내 하희(夏姬)와 간통을 하는 등 행실이 엉망이었고 신하들과 하희를 두고 경쟁을 벌였다. 이에 충직한 대부 설야(泄冶)가 직간을 올렸다. 결국 설야는 영공이 방치하는 상황에서 함께 간통했던 신하들이 보낸 자객 손에 피살됐다. 이를 보고 자공은 진나

---

549)  子曰 邦有道 危言危行 邦無道 危行言孫. 헌문 4.
550)  是故 居上不驕 爲下不倍 國有道 其言 足以興 國無道 其黙 足以容 詩曰 旣明且哲 以保其身 其此之謂與. 『중용』 27장.

라 대부 설야가 간언하다 죽었다며 이는 은나라 주왕에 간언하다 심장이 도려져 죽임을 당한 비간과 같이 어질다고 할 수 있는지 공자에게 물었다. 공자는 이에 대해 비간은 그 임금 주(紂)에게 있어서 친척이며 숙부였고 벼슬로는 천자를 보좌하는 소사(少師)였고 그에게는 충성으로 보답하겠다는 마음이 종묘를 보호해야 한다는 데에 있었다고 했다. 그 때문에 고집스럽게 죽음으로써 다투었고, 자신이 죽은 뒤에 주임금이 뉘우치고 깨닫기를 바랐기 때문에 그 근본 뜻과 마음이 인(仁)에 있었지만 설야는 영공에게 있어서 대부의 지위였으며, 친척 사이도 아니었다고 했다. 다만 총애를 염두에 두고 떠나지 않은 채 어지러운 조정에서 벼슬한 것이며, 구차스럽게 제 한 몸으로써 한 나라의 음란과 혼미함을 바로잡고자 하였다. 따라서 그 죽음은 무익한 것으로 인을 잃은 것이라 할 수 있다고 했다. 이는 공자가 설야의 행동이 지나친 것이었다고 지적한 것이다.

『공자가어』변정편에서 자공이 공자에게 물었다. 예전 제나라 임금이 정치를 물었는데 선생님께서 정치는 재물을 절약하는 데 있다고 하시고, 노나라 임금이 정치를 물었는데 정치는 신하를 깨우치는 데 있다고 하시고, 섭공이 정치를 물었는데 정치는 가까운 사람을 기쁘게 하고 먼 사람을 오게 하는 데 있다고 하셨다. 세 사람의 질문은 같은데 선생님(夫子)의 대답이 같지 않으니 어찌하여 정치를 하는 방법이 다른 것인지 물었다. 공자는 각각 그 상황을 고려하여 말해 준 것이라고 했다. 제나라 경공은 나라를 다스릴 때에 누각을 꾸미는 데 사치하고 궁궐 동산에서 노는 데 빠져서 오감이 즐거운 기생과 풍류가 한시도 그친 적이 없었고, 하루아침에 천승(千乘)의 관직을 세 사람에게 하사하였다. 그래서 정치는 재용을 절약하는 데 있다고 말한 것이라 했다. 또 노나라 애공에게는 신하 세 사람(맹손, 숙손, 계손)이 있었는데 안으로는 당파를 결성하여 그 임금을 어리석게 하고 밖으로는 제후국의 손님을 못 오게 막아 임금의 총명을 가렸다. 그래서 정치는 신하를 깨우치는 데 있다고 말한 것이라고 했다. 형(荊) 지역은 땅은 넓지만 도읍지는 협소하여 백성들이 떠나려는 마음을 가지고 있어 그 거처를 편안하게 여기지 못하였다. 그래서 정치는 가까운 사람을 기쁘게 하고 먼 사람을 오게 하는 데 있다고 초나라 섭공에게 말한 것이라며, 이렇게 세 가지 경우가 있기 때문에 정치가 같지 않은 것이라고 설명했다.

중용이란 인간관계에 있어서는 내가 남에게 베푸는 말과 행동 또는 감정표현에 부족함이 있는 것인지 아니면 지나친 것인지를 살펴서 상황에 맞는 적절함을 행하는 것을 말한다. 즉, 상대방에게 베푸는 말과 행동에서 적절함을 지키는 것이 중용이다. 남에게 베푸는 말과 행동이 부족하면 상대는 원망하게 되고, 남에게 베푸는 말과 행동이 지나치면 상대는 부담스럽게 여긴다. 과(過)하지도 않고 불급(不及)하지도 않아야 하는 것이다. 이는 오륜인 부부관계, 부자관계, 군신관계, 형제관계, 친구관계에서도 마찬가지다. 자공이 벗을 사귀는 도에 대하여 물었을 때 공자는 중도(中道)를 말하였다. 충심으로 말해 주고 잘 인도하되 벗이 따라주지 않으면, 그만두어서 자신을 욕되게 함이 없어야 한다고 했다.[551] 벗은 인(仁)을 돕는 것이다. 그러므로 그 마음을 다하여 말해 주고 그 말을 잘하여 인도할 것이다. 그러나 의리로써 합한 자이므로 불가능하면 그만두어야 한다. 만일 자주 말하다가 소원함을 당한다면 스스로 욕되는 것이다.

『공자가어』 육본편을 보면 자하가 삼년상을 마치고 공자를 뵙자 공자가 자하에게 거문고를 주라고 하였다. 자하가 거문고를 안고 연주를 하니 간간이락(侃侃而樂)했다. 간간이락이란 후회 없는 당당한 표정을 말한다. 자하는 선왕이 제정한 예이기 때문에 감히 그에 맞게 하지 않을 수 없었다고 했다. 이에 공자가 군자라고 말하였다. 이번에는 민자건이 삼년상을 마치고 공자를 뵙자 공자가 거문고를 타게 하였다. 민자건은 거문고를 안고 절절이비(切切而悲)했다. 절절이비란 부모에 대한 감정이 간절하여 슬픔이 가시지 않은 표정을 말한다. 민자건은 선왕이 제정한 예이기 때문에 감히 과하게 할 수 없었다고 했다. 공자가 민자건에게도 군자라고 말하였다. 그러자 자공이 민자건은 슬픔이 다하지 않았는데 공자께서 군자라고 하

---

551)　子貢 問友 子 曰 忠告而善道之 不可則止 無自辱焉. 안연 23.

시고, 자하는 슬픔이 이미 다했는데 또 군자라고 하셨다며, 두 사람의 감정이 서로 다른데 모두 군자라고 하신 이유를 물었다. 공자는 민자건이 슬픔을 잊지 못하였는데도 예로써 끊었고, 자하는 슬픔이 이미 다했는데도 슬픈 감정을 연장하여 예에 이르렀다. 그러니 비록 모두 군자라고 하더라도 역시 옳지 않겠는가 하였다.

『공자가어』육본편에 있는 증자의 일화이다. 증자가 오이밭을 갈고 있을 적에 뿌리를 잘못 베었다. 그러자 증자의 아버지 증석이 노하여 큰 몽둥이를 잡고 증자의 등을 때렸는데, 증자가 땅에 넘어져 한참 동안 정신을 차리지 못하였다. 이윽고 깨어나 오히려 즐거운 표정으로 증석에게 말하였다. 아까 자신이 아버지께 잘못을 저질러 때려서 가르쳐 주셨는데, 편찮으신 데는 없으신지 물었다. 그리고는 물러나 방에 들어가 거문고를 타며 노래하여 아버지가 이를 듣고서 자신이 건강하다는 것을 알게 하고자 하였다. 공자가 이 일을 듣고 노하여 제자들에게 증삼이 오거든 들이지 말라고 하였다. 증삼은 자신이 잘못이 없다고 여겨 사람을 시켜 공자에게 그 이유를 물었다. 공자는 임금이 되기 전에 순이 고수를 섬길 때에 심부름을 시키려고 하면 그 곁에 있지 않은 적이 없었지만 찾아서 죽이려고 하면 그렇게 하도록 한 적이 없었다고 했다. 기록에 의하면 순이 지붕을 다 고치고 내려오려니, 사다리를 치워 버리고 고수가 창고에 불을 질렀다. 또 순에게 우물을 파게 한 다음에 매장하고자 했다. 이어 작은 회초리로 때리면 맞기를 기다렸지만 큰 몽둥이로 때리면 피하여 달아났다. 그러므로 고수는 아버지답지 않은 죄를 저지르지 않았고 순은 진정한 효를 잃지 않았던 것이다. 그런데 지금 증삼은 아버지를 섬길 때에 몸을 내맡긴 채 크게 노하도록 두어 죽더라도 피하지 않았다. 만약 죽어서 아버지를 불의한 데에 빠뜨렸다면, 그 불효함이 이보다 클 수 없다. 너는 천자의 백성인데 천자의 백성을 죽인 죄가 어떤지 아느냐고 반문했다. 증삼이 이를 듣고 죄가 크다고 말하고 공자에게 가서 사죄하였다.

노나라 대부 계문자(季文子)가 모든 일을 세 번 생각한 뒤에 행하였는데, 공자는 이 말을 듣고 두 번이면 된다고 말하였다.[552] 계문자는 노나라 대부로 매사를 반드시 세 번 생각한 뒤에 행하였다. 한번은 진(晉)나라에 사신으로 가면서 진나라 임금이 병을 앓는다는 말을 듣고 상(喪)을 당할 경우 사신으로서 행해야 할 예(禮)를 미리 찾아보고 갔다. 이 때문에 노나라는 예의의 나라로 인정받아 나라의 위신을 세울 수 있었다. 정자(程子)에 따르면 악한 짓을 하는 자는 애당초 생각함이 있음을 알지 못한다. 생각함이 있다면 선(善)을 할 것이다. 그러나 두 번 생각함에 이르면 이미 살핀 것이고 세 번 하면 사사로운 뜻이 일어나 도리어 현혹된다. 그러므로 공자가 비판한 것이라고 설명했다.

자화(子華)가 공자를 위하여 제(齊)나라에 심부름을 갔을 때 염자(冉子)가 자화의 어머니를 위해 곡식을 줄 것을 요청하였다. 공자는 여섯 말 넉 되(釜)를 주라고 하였다. 그래도 더 줄 것을 청하자 공자는 열여섯 말(庾)을 주라고 하였는데, 염자(冉子)가 열여섯 섬(秉)을 주었다. 한 되는 약 1.8리터 정도, 한 말은 한 되의 열 배로 약 18리터 정도, 한 섬은 한 말의 열 배로 180리터 정도라고 한다. 이에 공자는 적(赤)이 제나라에 갈 때 살찐 말을 타고 값비싼 갖옷을 입었다며, 군자는 곤궁한 자를 돌보아 주고 부유한 자를 계속 돌봐 주지는 않는 것이라고 말하였다. 다른 날 공자의 제자인 원사(原思)가 공자의 가신(家臣)이 되었다. 공자가 곡식 9백(百)을 주었는데 이를 사양하였다. 공자는 사양하지 말고 너의 이웃집과 마을에 나누어 주라고 하였다.[553] 자화(子華)는 공서적(公西赤)이다. 원사(原思)는 공자의 제자로 이름은 헌(憲)이다. 공자가 노나라 사구(司寇)가 되었을 때에 원사를 가신으로 삼았다. 떳떳한 녹봉은 사양할 것이 없으므로 남음이 있으면 스스로 미루어 가난한 사람을 구휼하라고 공자가 말한 것이다. 이웃집과 마을 및 거주하는 향당(鄉黨)에는 서로 구휼해 주는 의리가 있기 때문이다.

---

552) 季文子 三思而後 行 子 聞之 曰 再 斯可矣. 공야장 19.
553) 子華 使於齊 冉子 爲其母請粟 子曰 與之釜 請益 曰與之庾 冉子 與之粟五秉. 子曰 赤之適齊也 乘肥馬 衣輕裘 吾 聞之也 君子 周急 不繼富 原思 爲之宰 與之粟九百 辭 子曰 毋 以與爾鄰里鄉黨乎. 옹야 3.

정자(程子)에 따르면 공자가 자화를 심부름 보낸 것과 자화가 공자를 위해 심부름을 간 것은 당연한 의(義)인데, 염유가 그를 위해 곡식을 줄 것을 요청하여서 성인은 너그럽게 용납하여 남의 말을 거절하려고 하지 않았다. 그래서 조금 주라고 하여 주지 않아야 한다는 것을 보여 주신 것인데, 더 줄 것을 요청하자 역시 조금 주라고 하여 이는 더 주어서는 안 됨을 보여 주신 것이다. 그러나 염유가 이를 깨닫지 못하고 많이 주었으므로 이는 너무 지나친 것이기 때문에 공자가 그르다고 한 것이며, 만일 공서적이 지극히 궁핍하였다면 공자가 반드시 스스로 구휼해 주셨을 것이고 요청하기를 기다리지 않았을 것이라고 했다. 원사의 경우 가신이 되었으므로 떳떳한 녹봉이 있는 것인데, 원사는 그 많음을 사양하여 그리하여 이웃집과 마을의 가난한 자에게 나누어 주도록 가르쳐 주셨으므로 이 역시 의리가 아닌 것이 없다고 설명했다.

## 문질빈빈(文質彬彬)

중용을 위해서는 겉모양과 내면이 조화를 이뤄야 한다. 내면의 깊은 성품도 이를 제대로 나타낼 수 있는 수양과 학문이 뒷받침돼야 빛나는 것이다. 공자는 내면적인 질박(質朴)함이 외면적인 문채(文彩)를 이기면 촌스럽고, 외면적인 문채가 내면적인 질박함을 이기면 겉만 화려한 것이므로 문채와 질박함이 적절히 조화를 이룬 뒤에 군자라고 하였다.[554] 원문에서 야(野)는 촌사람으로 비루하고 간략함을 말한다. 사(史)는 문서를 맡은 사람으로 견문이 많아 일에는 익숙하나 성실성이 부족한 것이다. 빈빈(彬彬)은 반반(班班)과 같은 뜻으로 물건이 서로 섞여 적절한 모양이다. 학자는 마땅히 남는 것은 덜어 내고 부족한 것은 보충해야 하기 때문에 덕(德)을 이룸에 이른다면 군자가 되기를 기약하지 않아도 그렇게 됨을 말한 것이다.

위(衛)나라 대부인 극자성(棘子成)이 군자는 질(質)해야 할 뿐이라며 문(文)을 가지고 무엇을 따지겠는가 말하였다. 자공은 이를 듣고 극자성이 군자를 설명함

---

554)   子曰 質勝文則野 文勝質則史 文質 彬彬 然後 君子. 옹야 16.

이 애석하다고 했다. '네 필의 말이 끄는 빠른 수레로도 혀에서 나오는 말을 따라 잡지 못하니, 문(文)이 질(質)과 같으며 질(質)이 문(文)과 같아서 만약 질(質)만 보존한다면 호랑이나 표범의 털 없는 가죽이 개나 양의 털 없는 가죽과 같을 것'이라고 했다.[555] 주자에 따르면 이는 만일 문(文)을 버리고 홀로 질(質)만 보존한다면 군자와 소인을 분별할 수 없음을 말한 것이다. 이어 극자성(棘子成)은 당시의 폐단을 바로잡는 데 진실로 과(過)하여 잘못되었고, 자공은 자성(子成)의 폐단을 바로잡는 데 본말(本末)과 경중(輕重)의 차이가 없었기 때문에 둘 다 잘못된 것이라고 지적했다.

공자는 상황과 경중에 맞게 중용을 지켜야 한다고 했다. 공자는 베로 면류관을 만드는 것이 본래의 예(禮)이지만 지금은 생사(生絲)로 만드는데, 검소하므로 자신은 시속(時俗)을 따르겠다고 했다. 당(堂) 아래에서 절하는 것이 본래의 예인데 지금은 당 위에서 절을 한다. 하지만 교만하므로 자신은 비록 시속과 어긋나더라도 당 아래에서 절하는 예를 따르겠다고 했다.[556] 신하가 임금과 예(禮)를 행할 때에는 마땅히 당(堂) 아래에서 절해야 하며, 임금이 이를 사양하면 그제야 당(堂) 위로 올라가서 절을 끝낸다. 정자(程子)는 군자가 처세(處世)함에 있어서 일이 의리에 위배되지 않는 것은 세속을 따르는 것이 괜찮지만, 의리에 해로울 경우에는 세속을 따를 수 없는 것이라고 설명했다. 또 공자는 군자를 모실 때 저지르는 세 가지 잘못이 있다고 말했다. 말할 때에 미치지 않았는데 먼저 말하는 것을 조급함이라 하고, 말할 때에 미쳤는데 말하지 않는 것을 숨김이라 하고, 안색을 살피지 않고 말하는 것을 장님이라 한다고 했다.[557] 윤돈(尹焞)은 때에 맞은 뒤에 말하면 세 가지의 잘못이 없을 것이라고 했다.

위(衛)나라 대부 영무자(甯武子)는 나라에 도(道)가 있을 때는 지혜롭게 행동하

---

555) 棘子成 曰 君子 質而已矣 何以文爲 子貢 曰 惜乎 夫子之說 君子也 駟不及舌 文猶質也 質猶文也 虎豹之鞹 猶犬羊之鞹. 안연 8.
556) 子 曰 麻冕 禮也 今也純 儉 吾從衆 拜下 禮也 今拜乎上 泰也 雖違衆 吾從下. 자한 3.
557) 孔子 曰 侍於君子 有三愆 言未及之而言 謂之躁 言及之而不言 謂之隱 未見顔色而言 謂之瞽. 계씨 6.

였고 나라에 도(道)가 없을 때는 어리석게 행동하였다. 그의 지혜는 따라갈 수 있으나 그의 어리석음은 따라갈 자가 없다고 공자는 말했다.[558] 『춘추좌전』을 보면 영무자가 위나라에서 벼슬한 시기는 문공(文公)과 성공(成公) 때에 해당되는데, 문공(文公)은 도(道)가 있었으나 영무자는 볼만한 일이 없었으므로 이것이 그의 지혜를 따를 수 있다는 것이다. 성공(成公)은 무도(無道)하여 나라를 잃는 지경에 이르렀는데, 영무자는 그 사이에서 이리저리 힘을 쓰며 몸과 마음을 다 바쳐서 어렵고 험한 일을 피하지 않았다. 그가 처세한 바는 지혜롭고 재주 있는 사람들은 모두 깊이 피하고 즐겨 하지 않는 것이었다. 그런데도 영무자는 마침내 자기 몸을 보전하고 그 임금을 구하였으므로 그의 어리석음을 따를 수 없다는 것이다.

　어느 날 자로가 옳은 일을 들으면 곧바로 행해야 하는지 물었다. 공자는 부형(父兄)이 계시는데, 어떻게 듣고 곧바로 행할 수 있겠느냐고 말하였다. 이번에는 염유가 똑같이 옳은 일을 들으면 곧바로 행해야 하는지 물었다. 공자는 들으면 곧바로 행해야 한다고 답해 주었다. 이를 보고 공서화는 공자에게 자로가 물었을 때는 부형이 계시다고 하시고 염유가 물었을 때는 곧바로 행해야 한다고 답하셨는데, 그 차이가 무엇인지 물었다. 이에 공자는 구(求)가 뒤로 물러나므로 나아가게 한 것이고, 유(由)는 남보다 앞서가므로 한 발 물러나게 한 것이라고 설명해 주었다.[559] 주자는 성인(聖人)이 한 사람은 나아가게 하시고 한 사람은 물러나게 한 것은 의리의 중도(中道)를 따르게 하여 그들로 하여금 지나치거나 미치지 못하는 병통이 없게 하려고 하신 것이라고 설명했다.

　다른 날 자로가 공자에게 삼군(三軍)을 통솔하신다면 누구와 함께하시겠는지 물었다. 공자는 '맨손으로 범을 잡고, 맨몸으로 황하를 건너려다 죽어도 후회함이 없는 자와는 나는 함께하지 않을 것이며, 반드시 일에 임하여 신중하고, 계획하기

558)　子曰 甯武子 邦有道則知 邦無道則愚 其知 可及也 其愚 不可及也. 공야장 20.

559)　子路 問 聞斯行諸 子曰 有父兄 在 如之何其聞斯行之 冉有 問 聞斯行諸 子曰 聞斯行之 公西華 曰 由也 問 聞斯行諸 子曰 有父兄在 求也 問 聞斯行諸 子曰 聞斯行之 赤也 惑 敢問 子曰 求也 退故 進之 由也 兼人故 退之. 선진 21.

를 좋아하여 성공하는 자와 함께할 것'이라고 말했다.[560] 1만 2천5백 명을 1군(軍)이라 하는데, 큰 나라는 삼군(三軍)을 둔다. 자로는 공자께서 안연만 칭찬하는 것을 보고, 자기의 용맹을 자부하여 공자께서 삼군을 출동하신다면 반드시 자기와 함께할 것이라고 생각한 것이다. 원문에서 포호(暴虎)는 맨손으로 범을 잡는 것이고 빙하(馮河)는 맨몸으로 강하(江河)를 건너는 것이다. 주자에 따르면 이것을 말씀한 것은 모두 그의 용맹을 억제하여 가르치려고 한 것이다.

안회는 자로의 반면교사였다. 공자는 안회의 사람됨이 중용을 택하여, 한 가지 선(善)을 얻으면 잘 받들어서 가슴속에 새기고 잃지 않았다고 했다.[561] 또한 공자는 안연에게 써 주면 나가서 도(道)를 행하고, 버려지면 물러나서 은둔하는 것을 오직 자신과 안연만이 할 수 있다고 인정하였다.[562]

## (2) 수기(修己)

'나를 닦음'이라는 수기(修己)의 개념은 수양을 통한 인간의 도덕적 완성을 중요한 목적으로 한다. 유학은 이상적인 사회 건설의 가능성을 이상적 인간상에서 찾기 때문에 항상 수기를 중시해 왔다. 공자가 인간 성장의 단계로 보여 준 지학(志學)·입(立)·불혹(不惑)·지천명(知天命)·이순(耳順)·종심소욕불유구(從心所欲不踰矩)가 바로 수기의 과정을 보여 주는 대표적인 예다. 공자는 노나라 애공에게 정치를 설명하며 군자는 몸을 닦지 않을 수 없다고 했다. 이어 몸을 닦을 것을 생각한다면 어버이를 섬기지 않을 수 없고, 어버이 섬길 것을 생각한다면 사람을 알지 않을 수 없고, 사람을 알 것을 생각한다면 하늘을 알지 않을 수 없다고 말했다.[563] 주자에 따르면 정치를 행함은 사람을 얻음에 있고, 사람을 얻기 위해서

---

560)  子路 曰 子 行三軍 則誰與. 子 曰 暴虎馮河 死而無悔者 吾不與也 必也臨事而懼 好謀而成者也. 술이 10.
561)  子曰 回之爲人也 擇乎中庸 得一善 則拳拳服膺而弗失之矣. 『중용』 8장.
562)  子 謂顔淵曰 用之則行 舍之則藏 惟我與爾 有是夫. 술이 10.
563)  故 君子 不可以不修身 思修身 不可以不事親 思事親 不可以不知人 思知人 不可以不知天. 『중용』 20장.

몸을 닦지 않을 수 없는 것이다. 그래서 몸을 닦음은 도로써 하고 도를 닦음은 인(仁)으로 한다. 몸을 닦음을 생각하면 가히 어버이를 섬기지 않을 수 없는 것이고, 어버이를 친히 하는 인(仁)을 다하고자 하려면 반드시 어짊을 높이고(尊賢) 의리(義)로 말미암아야 한다. 또한 마땅히 사람을 알아야 하고, 친친(親親)의 강등(降等)과 어진 이를 높이는 등급이 모두 하늘의 이치이므로 당연히 하늘을 알아야 한다고 했다.

공자의 제자 증자가 병환이 심해졌을 때 노나라의 대부인 맹경자(孟敬子)가 문병을 왔다. 증자는 새가 죽을 때에는 그 울음소리가 슬프고, 사람이 죽을 때에는 그 말이 착한 법이라 하고 군자가 귀중히 여기는 도(道) 세 가지를 말했다. 용모를 움직일 때에는 사나움과 태만함을 멀리하며, 얼굴빛을 바로잡을 때에는 신의에 가깝게 하며, 말을 할 때에는 비루하고 도리에 어긋나는 것을 멀리해야 한다고 했다. 또 제기(祭器) 등의 자질구레한 일은 담당자가 있기 때문에 윗사람이 중시할 일이 아니라고 했다.[564] 주자에 따르면 도(道)는 있지 않은 데가 없으나, 군자가 귀중히 여기는 것은 이 세 가지 일에 있을 뿐이다. 이는 모두 수신하는 요점이고 정치하는 근본이니, 배우는 자들은 마땅히 마음을 다잡고(操存) 성찰하여 경황 중(造次)이거나, 위급한 상황(顚沛)이라도 떠나서는 안 되는 것이다.

『중용』에서 군자는 현재 자신의 지위에 따라 마땅히 해야 할 것을 행하고, 그 밖의 것을 원하지 않는다고 했다.[565] 부귀한 처지가 되어서는 부귀에 마땅하게 행하고, 빈천한 처지가 되어서는 빈천에 마땅하게 행하며, 이적(夷狄)의 입장이 되어서는 이적에 마땅하게 행하고, 환난을 당해서는 환난에 마땅하게 행하는 것이어서 군자는 가는 곳마다 스스로 만족하지 않음이 없다.[566] 윗자리에 있으면서 아랫사람을 업신여기지 않고 아랫자리에 있으면서 윗사람을 끌어내리지 않으며 자신

---

564) 曾子 有疾 孟敬子 問之 曾子 言曰 鳥之將死 其鳴也 哀 人之將死 其言也 善. 君子 所貴乎道者 三 動容貌 斯遠暴慢矣 正顔色 斯近信矣 出辭氣 斯遠鄙倍矣 籩豆之事 則有司 存. 태백 4.

565) 君子 素其位而行 不願乎其外.『중용』14장.

566) 素富貴 行乎富貴 素貧賤 行乎貧賤 素夷狄 行乎夷狄 素患難 行乎患難 君子 無入而不自得焉.『중용』14장.

을 바르게 하고 남에게 요구하지 않으면 원망이 없을 것이므로 위로는 하늘을 원망하지 않으며 아래로는 사람을 탓하지 않는다.[567] 그러므로 군자는 평이한 데 처하여 천명을 기다리고, 소인은 위험한 일을 행하면서 요행을 바란다.[568] 또 가난하면서 원망이 없기는 어렵고, 부유하면서 교만하지 않기는 쉽다고 했다.[569] 가난에 처해서 어려움과 부(富)에 처해서 쉬운 것은 보통 사람들의 마음이므로 사람들은 마땅히 그 어려운 것을 힘써야 하며, 그 쉬운 것도 소홀히 해서는 안 되는 것이라고 주자는 설명했다.

### 위기지학(爲己之學)

공자는 학문의 목적을 인격 완성을 위한 위기지학(爲己之學)에 두었다. 옛날에 배우는 자들은 자신을 수양하기 위한 학문을 하였는데, 지금 배우는 자들은 남들에게 알려지기 위한 학문을 한다고 공자는 탄식했다.[570] 정자(伊川)에 따르면 위기(爲己)는 도(道)를 자기 몸에 얻으려고 하는 것이고 위인(爲人)은 남에게 인정을 받고자 하는 것이다.

공자는 학문 방법에 있어서 학(學)과 사(思)의 병행, 지행합일(知行合一), 자강불식(自彊不息)의 끊임없는 노력 그리고 문헌에서 널리 배우되 예로 요약하는 박문약례(博文約禮)를 들었다. 문(文)을 널리 배우고 예(禮)로써 요약하면 도(道)에서 어긋나지 않을 것이라고 했다.[571] 학문의 내용에 있어서는 문·행·충·신(文行忠信)을 들었다. 공자는 네 가지로써 가르치셨으니, 학문(文)·실천(行)·충실(忠)·신의(信)였다.[572] 이는 시·서·예·악(詩書禮樂)으로 대표되는 인문학 전반의 문(文)과 말보다 실천을 강조하는 행(行), 자기 자신에게 충심을 다하는 충(忠),

---

567) 在上位 不陵下 在下位 不援上 正己而不求於人 則無怨 上不怨天 下不尤人. 『중용』 14장.
568) 故 君子 居易以俟命 小人 行險以徼幸. 『중용』 14장.
569) 子曰 貧而無怨 難 富而無驕 易. 헌문 11.
570) 子曰 古之學者 爲己 今之學者 爲人. 헌문 25.
571) 子曰 博學於文 約之以禮 亦可以弗畔矣夫. 안연 15.
572) 子 以四敎 文行忠信. 술이 24.

그리고 남에게 믿음을 주는 신(信)을 의미한다.

공자 같은 성인도 항상 자신을 경계했다. 군자의 도(道)가 네 가지인데 자신은 그중에 한 가지도 잘하지 못한다. 자식에게 바라는 것으로써 부모를 섬기는 것을 능하지 못하며, 신하에게 바라는 것으로써 군주를 섬기는 것을 능하지 못하며, 아우에게 바라는 것으로써 형을 섬기는 것을 능하지 못하며, 벗에게서 바라는 것을 내가 먼저 벗에게 베푸는 것을 능하지 못한다. 떳떳한 덕을 행하며 떳떳한 말을 삼가서 행실에 부족한 바가 있으면 감히 힘쓰지 않을 수 없으며, 말에 남는 바가 있으면 감히 다하지 않아서 말은 행실을 돌아보며, 행실은 말을 돌아보아야 하는 것이므로 군자가 어찌 독실하게 하지 않겠는가 했다.[573] 주자에 따르면 덕행은 부족한데 힘쓴다면 행함이 더욱 힘써질 것이고 말은 다하지 않았는데 참는다면 삼감이 더욱 지극할 것이다. 이어 삼가기를 지극히 하면 말이 행동을 돌아보게 될 것이고 행함을 힘쓰면 행동이 말을 돌아보게 될 것이라고 했다.

자공이 남을 비교하고 있을 때 공자는 자공에게 현명한가 보구나 말하며 자신은 그럴 겨를이 없다고 지적했다.[574] 이어 남이 나를 알아주지 않음을 걱정하지 말고, 자신의 능하지 못함을 걱정해야 한다고 했다.[575] 같은 맥락에서 공자는 남이 자신을 알아주지 않을까 걱정하지 말고, 내가 남을 알아주지 못함을 걱정해야 한다고 말했다.[576] 또 군자는 자신의 무능함을 근심하고, 남이 자신을 알아주지 않음을 근심하지 않는다고 했다.[577]

『예기』 내칙편에는 많은 것들을 폭넓게 배우되 설익은 지식으로 남을 가르치려 하지 말고, 지식과 덕을 마음속에 간직하며 쌓아 가되 밖으로 드러내 보이지 말라

---

573) 君子之道 四 丘未能一焉 所求乎子 以事父 未能也 所求乎臣 以事君 未能也 所求乎弟 以事兄 未能也 所求乎朋友 先施之 未能也 庸德之行 庸言之謹 有所不足 不敢不勉 有餘 不敢盡 言顧行 行顧言 君子 胡不慥慥爾.『중용』 13장.

574) 子貢 方人 子 曰 賜也 賢乎哉 夫我則不暇. 헌문 31.

575) 子 曰 不患人之不己知 患其不能也. 헌문 32.

576) 子 曰 不患人之不己知 患不知人也. 학이 16.

577) 子 曰 君子 病無能焉 不病人之不己知也. 위령공 18.

는578) 말이 있다. 남에게 보이기 위한 공부를 하는 사람은 깊은 성찰과 내면으로 쌓아 가는 노력이 없기에 깊이 있는 공부를 할 수 없다. 또한 이들은 함부로 자신의 지식을 드러내거나 남을 가르치려 든다. 맹자는 이러한 모습을 두고 사람들의 병폐는 남의 스승이 되기를 좋아하는 데 있다고 경계했다.579)

그래서 공자는 자신을 엄히 책망하고, 남을 가볍게 책망한다면 원망이 멀어질 것이라고 했다.580) 주자에 따르면 자신을 책하기를 후하게 한다면 몸이 더욱 닦아지고, 남을 책하기를 박하게 한다면 사람이 따르기 쉬운 것이다. 이 때문에 사람들이 그를 원망할 수 없는 것이다. 또 자신이 바르면 명령하지 않아도 행해지고, 자신이 바르지 못하면 비록 명령하더라도 따르지 않는다고 하였다.581) 어느날 자공이 공자에게 고을 사람들이 모두 좋아하면 어떤지 물었을 때 공자는 안 된다고 하였다. 그러자 다시 고을 사람들이 모두 미워하면 어떤지 물었다. 공자는 고을 사람 중에 선(善)한 자가 좋아하고, 선(善)하지 않은 자가 미워하는 것만 못하다고 알려 주었다.582)

맹자는 '위기지학'을 잃어버린 마음을 다시 구하는 것(求放心)이라 했고,『대학』에서는 명명덕(明明德)으로 설명하였다. 그래서 맹자는 인(仁)이란 사람의 마음이고, 의(義)는 사람의 길이다. 그런데 사람들이 그 길을 버려 두고 따르지 않으며, 그 마음을 잃어버리고 찾을 줄을 몰라 안타깝다. 사람이 닭과 개를 잃어버리면 찾을 줄을 알지만, 마음을 잃어버리고는 찾을 줄을 모른다고 했다. 그래서 학문의 길이란 다른 것이 없고 그 잃어버린 마음을 찾는(求放心) 것일 뿐이라고 말했다.583)

정이천은 '위기지학'이 자신뿐 아니라 남을 이루어 주는 데 비해서 '위인지학'은

---

578) 博學不教 內而不出.
579) 孟子 曰 人之患 在好爲人師. 이루장 상 23.
580) 子 曰 躬自厚而薄責於人 則遠怨矣. 위령공 14.
581) 子 曰 其身 正 不令而行 其身 不正 雖令不從. 자로 6.
582) 子貢 問曰 鄕人 皆好之 何如 子 曰 未可也 鄕人 皆惡之 何如 子 曰 未可也 不如鄕人之善者 好之 其不善者 惡之. 자로 24.
583) 孟子 曰 仁 人心也 義 人路也 舍其路而不由 放其心而不知求 哀哉 人 有鷄犬 放則知求之 有放心而不知求 學問之道 無他 求其放心而已矣. 고자상 11.

남에게 인정받는 학문을 하여 끝내는 자신을 잃어버리는 데 이른다고 지적하였다. 때문에 공자는 교묘하게 꾸민 말은 덕(德)을 어지럽히고 작은 것을 참지 못하면 큰일을 어지럽힌다고[584] 했다. 또 말하는 것을 부끄러워하지 않으면, 그 말을 실천하기가 어렵다고[585] 하였다. 주자는 큰소리를 치며 부끄러워하지 않으면 반드시 실천하려는 뜻이 없어서 스스로 그 능하고 능하지 못함을 헤아리지 않은 것이어서 그 말을 실천하려고 하여도 어렵다고 했다.

현자(賢者)는 세상을 피하고 그다음은 땅을 피하고, 그다음은 얼굴빛을 보고 피하고, 그다음은 말을 들어 보고서 피한다고 하였다.[586] 주자에 따르면 현자는 천하에 도(道)가 없으면 은둔하는 것이어서 백이와 태공(太公) 같은 분이 바로 그들이니, 어지러운 나라를 떠나 다스려지는 나라로 가는 것이다. 그다음은 색(色)을 보고 피하니, 예모(禮貌)가 쇠하면 떠나는 것이고 그다음은 말을 어기면 피한다고 했다. 그래서 공자는 거친 밥을 먹고 물을 마시며, 팔베개를 베고 누워도 즐거움이 또한 그 가운데 있는 것이어서 의(義)롭지 못하면서 부귀함은 나에게 뜬구름과 같다고 했다.[587] 성인(聖人)의 마음은 순수하고 혼연(渾然)히 천리여서 비록 지극히 곤궁한 환경에 처하더라도 낙(樂)이 있지 않은 데가 없다. 그 의(義)롭지 못한 부귀 보기를 마치 뜬구름이 없는 것같이 여겨, 막연해서 그 마음에 동요됨이 없는 것이다.

그럼에도 군자는 일생을 마치도록 이름이 일컬어지지 않는 것을 싫어한다고 공자는 강조했다.[588] 범조우(范祖禹)는 군자가 학문을 하여 자신을 위하고 남이 알아주기를 구하지 않는다. 그러나 종신토록 이름이 일컬어지지 않는다면 선(善)을 행한 실체가 없음을 알 수 있다고 했다.

---

584) 子曰 巧言 亂德 小不忍 則亂大謀. 위령공 26.
585) 子曰 其言之不怍 則爲之也 難. 헌문 21.
586) 子曰 賢者 辟(避)世. 其次 辟地. 其次 辟色. 其次 辟言. 헌문 39.
587) 子曰 飯疏食飮水 曲肱而枕之 樂亦在其中矣 不義而富且貴 於我 如浮雲. 술이 15.
588) 子曰 君子 疾沒世而名不稱焉. 위령공 19.

## 충서(忠恕)

『중용』에 충(忠)과 서(恕)는 도(道)와 거리가 멀지 않으므로 자신에게 베풀어 보아 원하지 않는 것을 나 또한 남에게 베풀지 말라는 것이라고[589] 했다. 주자에 따르면 자기의 마음을 다하는 것이 충(忠)이고, 자기 마음을 미루어 남에게 미치는 것이 서(恕)다. 자기 몸에 베풀어 보아 원치 않는 것이면 또한 남에게 베풀지 말라는 것은 충서의 뜻이므로 자기의 마음으로 남의 마음을 헤아림에 일찍이 같지 않음이 없으면 곧 도가 사람에게서 멀지 않다는 것을 능히 볼 수 있다. 그러므로 자기가 하고자 하지 않는 바를 곧 남에게 베풀지 말 것이니, 이것이 사람을 멀리하지 않고 도를 하는 일이라고 했다. 장자(張子)가 이른바 자기를 사랑하는 마음으로써 남을 사랑하면 어짊(仁)을 다한다고 한 것이 이것이다.

공자는 증자에게 자신의 도(道)는 하나의 이치가 꿰뚫고 있다고 했다. 문인(門人)들이 무슨 말씀인지 물었을 때 선생님의 도는 충(忠)과 서(恕)일 뿐이라고 증자는 대답했다.[590] 정자(程子)에 따르면 성인(聖人)이 사람을 가르침에 각기 그 재질을 따르셨다. 도(道)가 일이관지(一以貫之)라는 것은 오직 증자만이 이것을 통달할 수 있었으며 공자께서 이 때문에 증자에게 말씀해 주신 것이다. 『중용』에 이른바 충서위도불원(忠恕違道不遠)이란 것은 아래로는 인간의 일을 배우면서 위로 천리를 통달한다는 뜻이다.

『대학』에서는 충서를 혈구지도(絜矩之道)라고 했다. 이른바 천하를 화평하게 함이 그 나라를 다스림에 있다는 것은 윗사람이 노인을 노인으로 대접하면 백성들이 효를 일으키고, 윗사람이 어른을 어른으로 대접하면 백성들이 공경하는 마음을 일으키며, 윗사람이 고아를 구휼하면 백성들이 저버리지 않는다. 그러므로 군자는 자기의 마음을 가지고 남을 헤아리는 혈구의 도가 있는 것이다.[591] 또한 어진

---

589) 忠恕 違道不遠 施諸己而不願 亦勿施於人. 『중용』13장.

590) 子 曰 參乎 吾道 一以貫之 曾子 曰 唯. 子 出 門人 問曰 何謂也 曾子 曰 夫子之道 忠恕而已矣. 이인 15.

591) 所謂平天下 在治其國者 上 老老而民 興孝 上 長長而民 興弟 上 恤孤而民 不倍 是以 君子 有絜矩之道也. 『대학』전10장.

이를 보고도 등용하지 못하고 등용하되 먼저 하지 못하는 것이 태만함이며, 선하지 않은 자를 보고도 물리치지 못하며, 물리치더라도 멀리하지 못하는 것이 잘못이다. 남이 미워하는 것을 좋아하고 남이 좋아하는 것을 미워하는 것을 일러서 사람의 본성을 거스른다고 한다. 이러한 자는 재앙이 반드시 그 몸에 미칠 것이다. 그러므로 군자에게는 큰 도(道)가 있다. 반드시 충(忠)과 신(信)으로써 얻고, 교만함과 방자함으로써 잃어버리게 된다.[592] 따라서 충과 서의 의미는 자기의 순수한 마음을 다하는 것이 '충'이고, 그 순수한 자기의 마음을 미루어 다른 사람에게 미루어 나가는 것이 '서'라고 할 수 있다. 즉 '충'은 내적인 것이고 '서'는 외적인 것으로 동전의 앞뒤면의 관계와 같아 하나로 보아야 할 것이다.

『공자가어』자로초견편을 보면 공자의 제자이자 조카인 공멸(孔篾)이 몸가짐과 행동을 어떻게 해야 할지 물었다. 공자는 알면서도 하지 않는 것보다는 차라리 모르는 게 낫고, 친하면서도 믿지 않는 것보다는 차라리 친하지 않은 게 나으며, 즐거운 일이 찾아올 때에 즐겁다고 교만해서는 안 되고, 근심스러운 일이 닥칠 때에 잘 생각해서 걱정스러운 일이 없게 해야 한다고 알려 주었다. 그러자 공멸이 몸가짐과 행동의 도리가 이것뿐인지 물었다. 이에 공자가 자신의 능하지 못한 점을 다스리고 자신의 부족한 점을 보완할 뿐, 자신이 무능하다고 하여 남의 능력을 의심하지 말고 자신이 능하다고 하여 남을 업신여기지 말아야 한다고 했다. 나아가 종일토록 말하더라도 자신에게 걱정을 끼치는 일이 없게 하고, 종일토록 행하더라도 자신에게 환난이 닥치는 일이 없게 해야 한다며 이것은 오직 지혜로운 자만이 할 수 있는 것이라고 했다. 이와 함께 공자는 약(約), 즉 검속하고 절제함으로써 실수하는 경우는 적다고 말했다.[593] 사량좌(謝良佐)는 잘난 체하여 제멋대로 행동하지 않음을 약(約)이라 이른다고 했다. 또 활쏘기는 군자와 비슷한 점이 있어서 활

---

592)  見賢而不能舉 舉而不能先 命也 見不善 而不能退 退而不能遠 過也 好人之所惡 惡人之所好 是謂拂人之性 菑必
      逮夫身 是故 君子 有大道 必忠信以得之 驕泰以失之. 『대학』전10장.
593)  子 曰 以約失之者 鮮矣. 이인 23.

을 쏘아 정곡(正鵠)을 맞추지 못하면 돌이켜 자기 자신에게서 원인을 찾는다고[594]
하였다.

『공자가어』자로초견에는 공멸의 다른 일화가 있다. 어느 날 공자가 공멸(孔蔑)
을 만났을 때 벼슬한 뒤로 얻은 것은 무엇이며, 잃은 것은 무엇이냐고 물었다. 공
멸은 얻은 것이 없고 잃은 것만 세 가지 있다고 답했다. 첫째로 나랏일이 많아 공
부할 새가 없어 학문이 후퇴했으며, 둘째로 받는 녹이 너무 적어서 부모님을 제대
로 봉양하지 못하였고, 셋째로 공무에 쫓기다 보니 벗들과의 관계가 멀어졌다고
했다. 공자는 이번엔 공멸과 같은 벼슬에서 같은 일을 하는 제자 복자천(宓子賤)
을 만나 같은 질문을 했다. 복자천은 잃은 것이 없고, 세 가지를 얻었다고 답했다.
첫째로 글로만 읽었던 것을 이제 실천하게 되어 학문이 더욱 밝게 되었고, 둘째로
받는 녹을 아껴 부모님과 친척을 도왔기에 더욱 친근해졌으며 셋째로 공무가 바쁜
중에 시간을 내어 우정을 나누니 벗들과 더욱 가까워졌다고 했다. 이를 보면 공자
가 앞서 공멸에게 몸가짐과 행동에 대해 경계를 하도록 한 것인지 짐작할 수 있다.

공자는 군자에게 세 가지 경계할 것이 있어서 여색(女色)을 경계해야 하고 싸움
을 경계해야 하며 욕심을 경계해야 한다고 했다.[595] 이를 위해 공자는 유익한 좋아
함이 세 가지이고 해로운 좋아함이 세 가지가 있다고 했다. 예악(禮樂)을 절도에
맞게 시행하는 것을 좋아하고 남의 선(善)함을 말하기 좋아하며 어진 벗이 많음을
좋아하는 것은 유익한 것이며, 반면에 교만하고 즐거움을 좋아하고 편안히 노는
것을 좋아하며 향락에 빠지기를 좋아하는 것이 해로운 것이라고 말했다.[596] 또 공
자는 재계(齊戒)와 전쟁(戰爭) 그리고 질병(疾病)을 조심했다.[597]

그럼에도 도(道)를 지키고 행하는 것이 어려운 세상을 공자는 탄식했다. 선(善)

---

594) 子曰 射 有似乎君子 失諸正鵠 反求諸其身. 『중용』14장.
595) 孔子曰 君子 有三戒 少之時 血氣 未定 戒之在色 及其壯也 血氣 方剛 戒之在鬪 及其老也 血氣 旣衰 戒之在得.
　　　계씨 7.
596) 孔子曰 益者 三樂 損者 三樂 樂節禮樂 樂道人之善 樂多賢友 益矣 樂驕樂 樂佚遊 樂宴樂 損矣. 계씨 5.
597) 子之所愼 齊戰疾. 술이 12.

을 보고는 미치지 못할 듯이 열심히 노력하고 불선(不善)을 보고는 끓는 물을 더 듬는 것처럼 빨리 피해야 하는데, 자신은 그렇게 하는 사람을 보았고 그렇게 하는 사람이 있다는 말도 들었다. 하지만 숨어 살면서 그 뜻을 구하고 의(義)를 행하여 그 도(道)를 행하는 것에 대해서는 자신은 그러한 사람이 있다는 말만 들었고, 그 렇게 하는 사람을 보지는 못하였다고 말했다. [598]

## 과즉물탄개(過則勿憚改)

공자는 '군자가 중후하지 않으면 위엄이 없어서 배움도 견고하지 못하다. 진실과 신의를 주장하며, 자기보다 못한 자를 벗 삼지 말고, 허물이 있으면 고치기를 꺼리지 말아야 한다'고 했다. [599] 공자의 말은 배움을 시작한 제자들을 대상으로 당부한 것으로 보인다. 이런 맥락에서 보면 초학자에게 벗은 인(仁)을 돕는 동료여서 인품이 자기만 못하다면 유익함은 없고 손해만 있을 것이다. 또 과즉물탄개(過則勿憚改), 즉 허물이 있으면 마땅히 속히 고쳐야 할 것이고, 두려워하고 어렵게 여겨서 구차히 편안하게 해서는 안 되는 것이다. 그래서 공자는 허물이 있어도 고치지 않는 것을 허물이라고 했다. [600]

한문 학습의 입문서인 『천자문(千字文)』에도 이런 내용이 있다. 허물을 알면 반드시 고치고, 능함을 얻으면 잊지 말아야 한다. 중유(仲由)는 잘못을 듣기를 좋아하여 남이 잘못을 말해 주면 기뻐하였다. 그는 잘못을 들어 알면 반드시 고쳐서 백대(百代)의 스승이 될 수 있었다. 『논어』자장편에 이르기를 달마다 그 능함을 잊지 않는다고 한 것이 이것이다. 능하면서 잊지 않는다면 얻음이 더욱 견고하여 잃지 않을 것이다. 이 두 글귀를 알면 학문에 나아갈 수 있다. [601]

---

598)  孔子曰 見善如不及 見不善如探湯 吾見其人矣 吾聞其語矣. 隱居以求其志 行義以達其道 吾聞其語矣 未見其人
      也. 계씨 11.
599)  子曰 君子 不重則不威 學則不固 主忠信 無友不如己者 過則勿憚改. 학이 8.
600)  子曰 過而不改 是謂過矣. 위령공 29.
601)  知過必改 得能莫忘 仲由 喜聞過 人有告之以過則喜 其聞知而必改之 可爲百世師也 論語曰 月無忘其所能 是也
      能而無忘 則得愈堅而不失 知此二句 則可以進學矣. 『주해천자문』 2장.

그래서 공자는 세 사람이 길을 가면 그 가운데 반드시 나의 스승이 있으므로 선(善)한 것은 가려서 따르고, 선(善)하지 못한 것은 거울로 삼아 고쳐야 한다고 말했다.[602] 이에 대해 주자는 세 사람이 함께 길을 가면 그중의 하나는 나 자신이고 다른 두 사람 가운데 한 사람은 선(善)하고 한 사람은 악(惡)하다면 자신은 그 선(善)한 사람의 선행을 따르고, 그 악(惡)한 사람의 악행을 경계 삼아 고쳐야 한다. 이것은 이 두 사람이 모두 나의 스승이 되는 것이라고 했다. 또 공자는 유익한 벗이 세 가지고 손해가 되는 벗이 셋이 있다고 말했다. 벗이 정직하고 성실하며 문견(聞見)이 많으면 유익하고, 벗이 편벽되고 아첨을 잘하며 말만 잘하면 해롭다고 지적했다.[603]

이어 어진 이의 행실을 보고는 그와 같아지기를 생각하고, 어질지 못한 이의 행실을 보고는 안으로 자신을 반성해야 한다고 했다.[604] 호인(胡寅)은 사람의 선(善)과 악(惡)이 똑같지 않음을 보고서 자신에게 돌이키지 않음이 없다면, 단지 남을 부러워하기만 하고 스스로 버리기를 달갑게 여기지 않을 것이며, 남을 꾸짖기만 하고 자책하기를 잊지 않을 것이라고 했다. 또 더불어 말할 만한데 함께 말하지 않으면 사람을 잃는 것이고, 더불어 말할 만하지 않은데 함께 말하면 말을 잃는 것이어서 지혜로운 자는 사람을 잃지 않으며 또한 말을 잃지 않는다고 하였다.[605] 따라서 어진 이의 행실을 보고는 그와 같아지기를 생각하고, 어질지 못한 이의 행실을 보고는 안으로 자신을 반성해야 한다.[606]

자하의 문인(門人)이 자장에게 벗 사귀는 법을 물었을 때 자장이 자하는 무어라고 했는지 되물었다. 그 문인은 자하가 사귈 만한 자를 사귀고, 사귀어서는 안 될 자를 사귀지 말라고 하였다고 전했다. 이에 자장은 '내가 들은 것과는 다르다. 군

---

602) 子曰 三人行 必有我師焉 擇其善者而從之 其不善者而改之. 술이 21.
603) 孔子曰 益者 三友 損者 三友 友直 友諒 友多聞 益矣 友便辟 友善柔 友便佞 損矣. 계씨 4.
604) 子曰 見賢思齊焉 見不賢而內自省也. 이인 17.
605) 子曰 可與言而不與之言 失人 不可與言而與之言 失言 知者 不失人 亦不失言. 위령공 7.
606) 子曰 見賢思齊焉 見不賢而內自省也. 이인 17.

자는 어진 이를 존경하고 백성을 포용하며, 잘하는 이를 좋게 여기고 능하지 못한 이를 불쌍히 여긴다. 내가 크게 어질다면 남들에 대해 누구를 용납하지 못할 것이며, 내가 어질지 못하다면 남들이 나를 거절할 것이므로 어떻게 남을 거절할 수 있겠는가' 했다.[607]

공자는 여러 사람들이 다 그를 미워하더라도 반드시 살펴보아야 하며, 여러 사람들이 다 그를 좋아하더라도 반드시 살펴보아야 한다고 했다.[608] 양시(楊時)에 따르면 인자(仁者)만이 능히 사람을 좋아하고 미워할 수 있는 것이므로 여럿이 좋아하고 미워한다고 해서 살펴보지 않는다면 혹 사사로움(私)에 가리울 수 있는 것이다. 이어 공자는 알지도 못하면서 함부로 행동한 적이 없다고 했다. 많이 듣고서 그중에 좋은 것을 가려서 따르며, 많이 보고서 기억해 두는 것은 아는 것의 다음 단계가 된다고 했다.[609] 주자는 '부지이작(不知而作)'이 그 이치를 알지 못하고서 함부로 행동하는 것이라고 했다. 그리고 공자는 옛날에 말을 함부로 하지 않은 것은 실천이 미치지 못함을 부끄러워했기 때문이라고 했다.[610] 범조우(范祖禹)에 따르면 군자의 말씀은 부득이한 뒤에 하는 것으로 이는 말하기가 어려운 것이 아니라 행하기가 어렵기 때문이다. 사람들은 다만 행하지 않기 때문에 가볍게 말하는 것이다. 따라서 말한 것을 그 행실과 같이 하고 행실을 그 말한 것과 같이 한다면, 말을 하는데 있어서 반드시 쉽게 하지 못할 것이다.

그럼에도 공자는 아직 자신의 허물을 보고서 진심으로 자책하는 자를 보지 못하였다고 탄식했다.[611] 주자는 이 장에서 허물이 있을 때에 스스로 아는 자가 드물며, 허물을 알고서 내심(內心)으로 자책하는 자는 더더욱 드물다. 내심으로 자책한다면 그 뉘우침과 깨달음이 깊고 간절하여 허물을 고칠 것임에 틀림없다고 했

---

607) 子夏之門人 問交於子張 子張 曰子夏 云何 對曰 子夏 曰 可者 與之 其不可者 拒之 子張 曰 異乎吾所聞 君子 尊賢而容衆 嘉善而矜不能 我之大賢與 於人 何所不容 我之不賢與 人將拒我 如之何其拒人也. 자장 3.
608) 子曰 衆惡之 必察焉 衆好之 必察焉. 위령공 27.
609) 子曰 蓋有不知而作之者 我無是也 多聞 擇其善者而從之 多見而識之 知之次也. 술이 27.
610) 子曰 古者 言之不出 恥躬之不逮. 이인 22.
611) 子曰 已矣乎 吾未見能見其過而內自訟者也. 공야장 26.

다. 공자께서 스스로 끝내 만나 보지 못할까 두려워하여 탄식하셨는데, 배우는 자
들을 깨우치심이 깊은 것이라고 설명했다. 이 때문에 공자는 나이 40살이 되어서
도 미움을 받으면 거기서 끝난 것이라고 경계했다.[612] 주자에 따르면 40세는 덕
(德)이 이루어지는 때인데, 남에게 미움을 받는다면 그대로 끝날 뿐이다. 그러므
로 사람들에게 제때에 맞춰서 허물을 고치고 선(善)으로 나아가기를 권면 하신 것
이다.

## 수기이안인(修己以安人)

『논어』 선진편을 보면 자로(子路)·증석(曾晳)·염유(冉有)·공서화(公西華)가
공자를 모시고 앉았었는데, 공자가 자신 때문에 말하기를 어려워하지 말라며 너
희들이 평소에 말하기를 자신들을 알아주지 않는다고 하는데, 혹시라도 너희들을
알아준다면 어찌하겠느냐고 물었다. 먼저 자로가 말했다. 천승(千乘)의 나라가 대
국(大國) 사이에 끼어 있어서 침략을 받고, 따라서 기근이 들더라도 자신이 다스
리면 3년 정도면 이르러 백성들을 용맹하게 하고 또 의리로 향할 줄을 알게 할 수
있다고 했다. 공자가 이를 듣고 소리 없이 웃으셨다. 다음으로 염유는 사방 6~7십
리, 혹은 5~6십 리 되는 나라를 제가 다스리면 3년 정도면 백성들을 풍족하게 할
수 있으나 예악에 있어서는 군자를 기다리겠다고 답했다. 이번에는 공서화에게
물었다. 이에 공서화는 자신이 능하지 않아 배우기를 원한다며 종묘의 일과 또는
제후들이 회동할 때에 현단복(玄端服)과 장보관(章甫冠) 차림으로 작은 집례(執
禮)가 되기를 원한다고 말했다. 끝으로 증점에게 물었다. 증점이 비파를 드문드문
타다가 비파를 놓고 일어나 세 사람의 뜻과는 다르다고 말했다. 이에 공자는 자신
의 뜻을 말하면 된다고 하자, 증점은 늦봄에 봄 옷을 만들어 입고 관(冠)을 쓴 어른
5, 6명과 동자(童子) 6, 7명과 함께 기수(沂水)에서 목욕하고 무우(舞雩)에서 바람
쐬고서 노래하며 돌아오겠다고 답했다. 공자가 이를 듣고 감탄하며 자신은 증점

---

612)  子曰 年四十而見惡焉 其終也已. 양화 26.

과 같이 하겠다고 말했다.<sup>613)</sup> 이 장은 공자가 수기치인에 앞서 수기안인의 인격 수양의 중요성을 강조한 것이다. '수기(修己)'는 자신에게 모자라는 부분을 채워 넣고 넘치는 부분을 덜어 내는 것이고 '안인(安人)'은 수기를 바탕으로 주위 사람을 편안하게 해 주라는 뜻이다.

자로가 군자에 대하여 공자에게 물었을 때 군자는 자신을 닦기를 경(敬)으로써 한다고 알려 주었다. 자로가 "이것뿐입니까" 하고 다시 물었다. 그러자 공자는 자신을 닦음으로써 남을 편안하게 한다고 했다. 자로가 이와 같을 뿐인지 또 물었다. 이에 공자가 자기를 닦음으로써 백성을 편안하게 해야 하므로 자기를 닦음으로써 백성을 편안하게 하는 것은 요순(堯舜)께서도 오히려 부족하게 여기셨다고 가르쳐 주었다.<sup>614)</sup> 주자에 따르면 경(敬)으로 몸을 닦는다는 공자의 말씀이 지극하고 다하였는데, 자로가 이것을 하찮게 여겼으므로 다시 내적으로 쌓인 것이 무성(盛)하여 자연히 남에게 미치는 것을 가지고 말하였을 뿐 다른 방법이 있는 것은 아니라며, 요순께서 오히려 부족하게 여기셨다는 것은 이보다 더할 수가 없음을 말씀하여 자로의 욕망을 그치게 하고 가까운 것에서 돌이켜 구하게 한 것이다. 성인(聖人)의 마음은 무궁하여 세상이 비록 지극히 잘 다스려지더라도 반드시 천하에 단 하나의 물건이라도 제자리를 얻지 못함이 없다고 장담할 수 없는 것이다. 그러므로 요순도 오히려 백성을 편안히 하는 것을 부족하게 여기신 것이다. 만일 자신의 다스림이 이미 만족하다고 한다면 성인(聖人)이 될 수 있는 것이 아니다.

그래서 공자는 위정자의 덕목을 강조하였다. 진실로 자신을 바르게 한다면 정치하는 데에 무슨 어려움이 있으며, 자신을 바르게 하지 못한다면 어떻게 남을 바

---

613) 子路曾晳冉有公西華 侍坐 子 曰 以吾 一日長乎爾 毋吾以也 居則曰 不吾知也 如或知爾 則何以哉. 子路 率爾而 對曰 千乘之國 攝乎大國之間 加之以師旅 因之以饑饉 由也 爲之 比及三年 可使有勇 且知方也 夫子 哂之 求 爾 何如 對曰 方六七十 如五六十 求也 爲之 比及三年 可使足民 如其禮樂 以俟君子. 赤 爾 何如 對曰 非曰能之 願學焉 宗廟之事 如會同 端章甫 願爲小相焉 點 爾 何如 鼓瑟希 鏗爾舍瑟而作 對曰 異乎三子者 之撰 子 曰 何傷 乎 亦各言其志也 曰 莫春者 春服 旣成 冠者五六人 童子六七人 浴乎沂 風乎舞雩 詠而歸 夫子 喟然嘆曰 吾與點 也. 선진 25.

614) 子路 問君子 子 曰 修己以敬 曰 如斯而已乎 曰 修己以安人 曰 如斯而已乎 曰 修己以安百姓 修己以安百姓 堯舜 其猶病諸. 헌문 45.

르게 할 수 있겠는가 하였다.⁶¹⁵⁾ 또 원헌(原憲)이 수치스러운 일에 대해 물었을 때 공자는 나라에 도(道)가 있을 때 녹(祿)만 먹으며, 나라에 도(道)가 없을 때도 녹만 먹는 것이 수치스러운 일이라고 했다.⁶¹⁶⁾ 나라에 도(道)가 있을 때에 훌륭한 일을 하지 못하고, 나라에 도(道)가 없을 때에도 홀로 선(善)하게 하지 못하면서 다만 녹(祿)을 먹을 줄만 아는 것은 모두 수치스러울 만한 일이라고 주자는 설명했다.

같은 맥락에서 공자는 사어(史魚)가 정직하여 나라에 도(道)가 있을 때에도 화살처럼 곧으며, 나라에 도(道)가 없을 때에도 화살처럼 곧았다고 했다. 또 거백옥(蘧伯玉)은 군자라며 나라에 도(道)가 있으면 벼슬하고, 나라에 도가 없으면 감추었다고 말하였다.⁶¹⁷⁾ 원문에서 사(史)는 관명(官名)이다. 어(魚)는 위(衛)나라 대부(大夫)로 이름은 추(鰌)다. 여시(如矢)란 곧음을 말한다. 위나라 영공(靈公) 때 사어(史魚)라는 대부가 있었는데 곧기로 이름났다고 한다. 하지만 임금은 사람을 쓰는 데 어진 이와 그렇지 못한 이를 분별하지 못했다. 거백옥(蘧伯玉)이라는 인물은 어질었으나 쓰지 않았고, 미자하(彌子瑕)라는 사람은 불량한 자였으나 도리어 중용했다. 보다 못한 대부(大夫) 사어가 자주 간언하여 바로잡으려고 했으나 끝내 임금이 따르지 않았다고 한다. 사어가 임종에 이르러 거백옥을 등용하지도 못하고 미자하를 물리치는 데도 실패해 임금을 보필하지 못했다고 자책했다. 이어 자신이 죽거든 시신을 들창 아래 두도록 유언했다. 자초지종을 들은 영공은 그제서야 빈소를 제대로 차리도록 했다. 그리고 사어의 뜻을 좇아 거백옥을 등용해 쓰고 미자하를 물리쳐 멀리했다고 한다. 신하는 죽어서까지 간했고, 임금은 늦게나마 그 고언을 따랐다. 이를 '사어(史魚)의 시간(尸諫)'이라고 하였다. 신하였던 사어(史魚)가 임금에게 시체로서 간(諫)했다는 고사를 천자문(千字文)에서 사어병직(史魚秉直)이라는 구절로 표현하고 있다. 그러므로 공자가 그의 곧음을 칭찬

---

615)  子曰 苟正其身矣 於從政乎 何有 不能正其身 如正人 何. 자로 13.
616)  憲 問恥 子曰 邦有道 穀 邦無道 穀 恥也. 헌문 1.
617)  子曰 直哉 史魚 邦有道 如矢 邦無道 如矢. 君子哉 蘧伯玉 邦有道則仕 邦無道則可卷而懷之. 위령공 6.

하셨다. 이 일화는 『공자가어』곤서편에 보인다.

주자에 따르면 거백옥(蘧伯玉)은 조정에 나가고 들어가는 도리(道理)가 성인(聖人)의 도에 부합하여 군자라고 말한 것이다. 예컨대 손림부(孫林父)와 영식(甯殖)이 군주를 추방하고 시해하려는 모의에 거백옥이 대답하지 않고 나간 것이 그 한 가지 사례다. 『논어』에 보면 거백옥이 공자에게 사람을 보냈을 때 공자께서 심부름꾼에게 거백옥이 무엇을 하는지 물었다. 심부름꾼은 거백옥이 허물을 적게 하려고 하시지만 아직 능하지 못하다고 대답하였다. 심부름꾼이 나간 뒤 공자는 심부름꾼이 훌륭하다고 거듭 말하였다.[618] 이는 심부름꾼을 들어 그 주인인 거백옥을 칭찬한 것이다.

그러므로 공자는 도를 믿기를 돈독히 하면서도 배우기를 좋아하고, 죽음으로써 지키면서도 도(道)를 잘 행해야 한다. 위태로운 나라에는 들어가지 않고 어지러운 나라에는 살지 않으며, 천하에 도(道)가 있으면 나와서 벼슬하고 도가 없으면 숨어야 한다. 나라에 도(道)가 있을 때에는 가난하고 천한 것이 부끄러운 일이며, 나라에 도(道)가 없을 때에는 부유하고 귀한 것이 부끄러운 일이라고 하였다.[619] 주석을 보면 독실하게 믿지 않으면 학문을 좋아하지 못하지만 독실하게 믿기만 하고 학문을 좋아하지 않는다면 믿는 바가 혹 정도(正道)가 아닐 수 있다. 죽음으로써 지키지 않으면 도(道)를 잘하지 못하지만 죽음으로써 지키기만 하고 도(道)를 잘하지 못한다면, 이 또한 쓸데없는 죽음이 될 뿐이다. 그러므로 죽음으로써 지키는 것은 독실히 믿는 결과이고 도(道)를 잘하는 것은 학문을 좋아한 효과다. 주자에 따르면 군자가 위태함을 보면 목숨을 바치는 것이다. 그렇다면 위태한 나라에서 벼슬하는 자는 떠날 수 있는 의(義)가 없다. 그러나 밖에 있을 경우에는 들어가지 않는 것이 옳다. 난방(亂邦)이란 위태롭진 않아도 형정(刑政)과 기강이 문란한

---

618)　蘧伯玉 使人於孔子 孔子 與之坐而問焉曰 夫子 何爲 對曰 夫子 欲寡其過而未能也 使者 出 子 曰 使乎使乎. 헌문 26.

619)　子 曰 篤信好學 守死善道 危邦不入 亂邦不居 天下 有道則見 無道則隱 邦有道 貧且賤焉 恥也 邦無道 富且貴焉 恥也. 태백 13.

것이어서 그 몸을 깨끗이 하고 떠나는 것이다. 도(道)가 없으면 자기 몸을 숨기고 나타나지 않는 것이다. 이는 오직 독실하게 믿으면서도 학문을 좋아하고, 죽음으로써 지키면서도 도(道)를 잘하는 자만이 능히 할 수 있는 것이다. 송나라 학자 조공무(晁公武)는 학문도 있고 지조도 있으면 거취의 의리가 깨끗하고, 출처의 분별이 명백한 뒤에 군자의 온전한 덕(德)이 되는 것이라고 했다.

## (3) 치인

유학에서 수기와 치인는 본말의 관계다. 자기 수양을 바탕으로 하여 국가사회를 잘 다스린다는 수기치인(修己治人)의 이해는 이상적인 정치의 구현이라고 할 수 있다. 공자는 노나라 애공에게 정치를 하는 것은 사람에게 달려 있어서 사람을 취하는 것은 몸으로써 해야 하고, 몸을 닦는 것은 도(道)로써 해야 하고, 도(道)를 닦는 것은 인(仁)으로써 해야 한다고 했다.[620] 주자에 따르면 이는 인군이 정사를 함이 사람을 얻음에 있고, 사람을 취하는 법은 또 몸을 닦는 데 있어서 능히 그 몸을 어질게 하면 곧 인군이 있고 신하가 있어서 정사가 일어나지 않음이 없음을 말한 것이다. 이어 공자는 나라를 다스리는 9가지 기본 요건으로 '치국구경(治國九經)'을 말했다. 수신(修身)이 가장 우선이고, 그다음은 어진 이를 존중하고(尊賢) 나와 가까운 이들을 친애하는 것(親親)이다. 이어 대신을 공경하며(敬大臣), 여러 신하들을 내 몸처럼 여기고(體群身), 뭇 백성을 자녀처럼 대하는 것이다(子庶民). 그리하여 여러 기술자들을 초빙하고(來百工), 먼 지방의 사람들을 너그럽게 대하고(柔遠人), 제후들을 회유하는 것(懷諸侯)이다. 이는 자신을 바로잡는 근본에서 시작하여 말단에 이르며, 가까운 데서 출발하여 먼 곳까지 두루 미치는 것이 핵심이다.[621]

---

620)　故 爲政 在人 取人以身 修身以道 修道以仁.『중용』20장.
621)　凡爲天下國家 有九經 曰 修身也 尊賢也 親親也 敬大臣也 體群臣也 子庶民也 來百工也 柔遠人也 懷諸侯也.
　　　『중용』20장.

## 혈구지도(絜矩之道)

『대학』에서 이른바 나라를 다스리는 것은 반드시 먼저 그 집안을 가지런하게 함에 있다는 것은 자기 집안을 가르치지 못하면서 남을 가르칠 수 있는 자는 없기 때문이다. 그러므로 군자는 집을 나가지 않고서도 나라에 가르침을 이룰 수 있다. 효(孝)는 임금을 섬기는 것이고, 제(弟)는 윗사람을 받드는 것이고, 자(慈)는 여러 백성들을 부리는 것이다.[622] 수신하면 집안을 가르칠 수 있다. 효·제·자는 수신하여 집을 가르치는 바이지만 군주를 섬기고 윗사람을 받들고 백성을 부리는 도가 여기에서 벗어나지 않는 것이다. 이는 집안의 가지런함이 위에 이르러서 가르침이 아래서 이뤄지는 것이다.

이처럼 『대학』에서 말하는 '수신제가치국평천하(修身齊家治國平天下)'는 결국 '수기치인(修己治人)'이라 할 수 있는데 '수기치인'의 방법으로 '혈구지도(絜矩之道)'를 제시했다. 혈구지도는 자로 물건을 재듯이 내 마음을 자로 삼아 남의 마음을 재고, 내 처지를 생각해서 남의 처지를 생각하는 것이다. 『대학』에서 보았듯이 천하를 화평하게 함이 그 나라를 다스림에 있다는 것은 윗사람이 노인을 노인으로 대접하면 백성들이 효(孝)를 일으키고, 윗사람이 어른을 어른으로 대접하면 백성들이 공경하는 마음을 일으키며, 윗사람이 고아를 구휼하면 백성들이 저버리지 않는다. 그러므로 군자는 자기의 마음을 가지고 남을 헤아리는 혈구의 도(絜矩之道)가 있는 것이다.[623] 또 윗사람에게서 싫었던 것으로써 아랫사람을 부리지 말며, 아랫사람에게서 싫었던 것으로써 윗사람을 섬기지 말며, 앞사람에게 싫었던 것으로써 뒷사람에게 먼저 하지 말며, 뒷사람에게 싫었던 것으로써 앞사람을 따르지 말며, 오른쪽에게서 싫었던 것으로써 왼쪽을 사귀지 말며, 왼쪽에게서 싫었던 것으로써 오른쪽을 사귀지 말아야 한다. 이를 일러 혈구의 도라고 하는 것이다. 이

---

622) 所謂治國 必先齊其家者 其家 不可敎 而能敎人者 無之 故 君子 不出家而成敎於國 孝者 所以事君也 弟者 所以事長也 慈者 所以使衆也. 『대학』전9장.
623) 所謂平天下 在治其國者 上 老老而民 興孝 上 長長而民 興弟 上 恤孤而民 不倍 是以 君子 有絜矩 之道也. 『대학』전10장.

것은 천하를 평안하게 하는 중요한 도리다. 그러므로 덕(德)은 근본이고 재물은 말단이다. 근본을 밖으로 하고 말단을 안으로 하면, 백성을 다투게 하여 빼앗는 것을 가르치는 것이다. 이러므로 재물이 모이면 백성들이 흩어지고, 재물이 흩어지면 백성들이 모인다. 따라서 도리에 어긋나게 나간 말은 또한 도리에 어긋나게 들어오고, 도리에 어긋나게 들어온 재물은 또한 도리에 어긋나게 나간다.[624]

『공자가어』 애공편을 보면 노나라 애공이 공자에게 정치를 묻자 공자는 문왕과 무왕의 정치가 기록에 남아 있어서 문왕과 무왕 같은 사람이 있으면 그러한 정치가 실행되고 문왕과 무왕 같은 사람이 없으면 그러한 정치가 없어진다고 답했다. 이어 하늘의 도는 만물을 낳는 데 민첩하고, 사람의 도는 바른 정치에 힘쓰고, 땅의 도는 만물을 자라게 하는 데 힘쓰는 것이니 무릇 정치는 벌과 같아 변화를 기다려 성장한다고 했다. 따라서 올바른 정치는 사람을 얻는 데 달려 있기 때문에 사람을 얻기 위해서는 자신부터 올바로 하고, 도를 닦는 것은 인으로부터 해야 한다고 강조했다. 인(仁)은 사람(人)이니 친한 사람을 친하게 대하는 것보다 중요한 것이 없고, 의(義)는 마땅함(宜)이니 어진 사람을 높이는 것보다 중요한 것이 없다. 친한 사람을 친하게 대하는 데 차별이 있고 어진 사람을 높이는 데 차등을 두는 것은 예가 생겨난 이유라고 했다.[625] 예(禮)는 정치의 근본이기 때문에 군자는 자신부터 닦지 않을 수 없어서 자신을 닦을 것을 생각한다면 어버이를 섬기지 않을 수 없고, 어버이를 섬길 것을 생각한다면 사람을 알지 않을 수 없고, 사람을 알고자 한다면 하늘의 이치를 알지 않을 수 없는 것이다.[626]

공자는 나아가 몸을 닦으면 도(道)가 확립되고, 어진 이를 높이면 의혹되지 않고, 친척을 친애하면 삼촌과 형제들이 원망하지 않고, 대신(大臣)을 공경하면 현

624) 所惡於上 毋以使下 所惡於下 毋以事上 所惡於前 毋以先後 所惡於後 毋以從前 所惡於右 毋以交於左 所惡於左 毋以交於右 此之謂絜矩之道 德者本也 財者末也 外本內末 爭民施奪 是故財聚則民散 財散則民聚 是故言悖而出者 亦悖而入 貨悖而入者 亦悖而出. 『대학』 전10장.

625) 仁者 人也 親親 爲大 義者 宜也 尊賢 爲大 親親之殺 尊賢之等 禮所生也. 『중용』 20장.

626) 故 君子 不可以不修身 思修身 不可以不事親 思事親 不可以不知人 思知人 不可以不知天. 『중용』 20장.

혹되지 않고, 신하들의 마음을 보살피면 선비들의 보답하는 예가 중하고, 백성들을 자식처럼 사랑하면 백성들이 권면하고, 백공들을 오게 하면 재물이 풍족해지고, 먼 곳의 사람을 부드럽게 감싸 주면 사방이 귀의해 오고, 제후(諸侯)들을 품어 주면 천하가 두려워한다고 했다. [627]

어느 날 자장이 공자에게 어떻게 해야 정사(政事)에 종사할 수 있는지 물었다. 공자는 오미(五美)를 높이고 사악(四惡)을 물리치면 정사에 종사할 수 있다고 했다. 그러자 자장이 오미(五美)가 무엇인지 다시 물었다. 군자는 은혜롭되 허비(虛費)하지 않으며, 수고롭게 하되 원망(怨望)하지 않고, 하고자 하면서도 탐(貪)하지 않으며, 태연하면서도 교만(驕慢)하지 않으며, 위엄이 있으면서도 사납지 않은 것이라고 공자는 설명했다. 이를 듣고 자장이 무엇을 은혜롭되 허비하지 않는 것인지 물었다. 공자는 백성들이 이롭게 여기는 것을 말미암아서 그것을 이롭게 해 준다면 이것이 은혜롭되 허비하지 않는 것이 아니겠는가 했다. 또 수고롭게 할 만한 일을 가려서 수고롭게 하기 때문에 누가 원망하겠는가 했다. 인(仁)을 하고자 하여 인을 얻었으므로 또 무엇을 탐하겠느냐고 반문했다. 군자는 많거나 적거나, 크거나 작거나에 관계없이 감히 오만하게 대함이 없으므로 이것이 태연하면서도 교만하지 않은 것이라고 했다. 군자는 의관(衣冠)을 바르게 하며 보기를 공경히 하고 엄숙해서, 사람들이 바라보고 두려워하기 때문에 이것이 위엄이 있으면서도 사납지 않은 것이라고 설명했다. 그러면 무엇을 사악(四惡)이라 하는지 자장이 재차 물었다. 공자는 가르치지 않고 죽이는 것을 학(虐)이라 하고, 미리 경계하지 않고 성공을 요구하는 것을 폭(暴)이라 하고, 명령을 태만히 하고 기일(期日)을 각박하게 지키게 하는 것을 적(賊)이라 하고, 남들과 똑같이 물건을 주면서도 출납할 때에 인색한 것을 유사(有司)라 한다고 했다. [628] 이는 정치에서 경계해야 할 것을

---

627)  修身 則道立 尊賢 則不惑 親親 則諸父昆弟 不怨 敬大臣 則不眩 體群臣 則士之報禮 重 子庶民 則百姓 勸 來百工 則財用 足 柔遠人 則四方 歸之 懷諸侯 則天下 畏之.『중용』20장.

628)  子張 問於孔子曰 何如 斯可以從政矣 子 曰 尊五美 屛四惡 斯可以從政矣 子張 曰 何謂五美 子 曰 君子 惠而不費 勞而不怨 欲而不貪 泰而不驕 威而不猛 子張 曰 何謂惠而不費 子 曰 因民之所利而利之 斯不亦惠而不費乎

공자가 정리해 준 것이다.

　다른 날에 자장이 정치에 대해서 물었다. 공자는 평소의 마음가짐을 게을리하지 말고, 행하기를 충성스럽게 해야 한다고 했다.[629] 정자(程子)에 따르면 자장은 인(仁)이 부족하여 성심(誠心)으로 백성을 사랑함이 없어서 그렇다면 반드시 게을러져서 마음을 다하지 않을 것이다. 그러므로 이것으로써 말씀해 주신 것이다. 또 자하가 노나라 거보(莒父)의 읍재(邑宰)가 되어 정치에 대해 물었을 때 공자는 속히 하려고 하지 말고 작은 이익을 보지 말아야 한다. 속히 하려고 하면 목표를 달성하지 못하고, 작은 이익을 보면 큰일을 이루지 못한다고 충고하였다.[630] 정자(程子)에 따르면 자장이 정사를 물었을 때 공자는 마음에 두기를 게을리하지 말고 행하기를 충심으로 하라[631]고 하였고, 자하가 정사를 물었을 때는 속히 하려고 하지 말고, 작은 이익을 보지 말라고 하였다. 이는 자장은 언제나 지나치게 높아 인(仁)하지 못하였고, 자하의 병통은 항상 천근(淺近)하고 소소한 데 있었기 때문에 각기 자신에게 절실한 일로 가르쳐 준 것이다.

### 거직조저왕 즉민복(擧直錯諸枉 則民服)

　위정자가 갖춰야 할 기본 덕목은 백성으로부터 신뢰를 얻는 것이다. 이를 위해서는 곧은 인재를 등용해야 한다. 노나라 애공(哀公)이 어떻게 하면 백성이 복종하는지 물었다. 공자는 정직한 사람을 들어 쓰고 정직하지 못한 사람을 버려두면 백성들이 복종하며, 정직하지 못한 사람을 들어 쓰고 정직한 사람을 버려두면 백성들이 복종하지 않는다고 답하였다.[632]

---

　　擇可勞而勞之 又誰怨 欲仁而得仁 又焉貪 君子 無衆寡 無小大 無敢慢 斯不亦泰而不驕乎 君子 正其衣冠 尊其瞻視 儼然人望而畏之 斯不亦威而不猛乎 子張 曰 何謂四惡 子曰 不敎而殺 謂之虐 不戒視成 謂之暴 慢令致期 謂之賊 猶之與人也 出納之吝 謂之有司. 요왈 2.

(629)　子張 問政 子曰 居之無倦 行之以忠. 안연 14.

(630)　子夏 爲莒父宰 問政 子曰 無欲速 無見小利 欲速則不達 見小利則大事 不成. 자로 17.

(631)　居之無倦 行之以忠.

(632)　哀公 問曰 何爲則民服 孔子 對曰 擧直錯諸枉 則民服 擧枉錯諸直 則民不服. 위정 19.

번지(樊遲)가 인(仁)에 대해 물었을 때 공자는 사람을 사랑하는 것이라고 했다. 지(智)에 대해 물었을 때는 사람을 아는 것이라고 말했다. 번지가 그 내용을 이해하지 못하자, 공자는 정직한 사람을 들어서 부정한 사람 위에 놓으면 부정한 자로 하여금 똑바르게 할 수 있다고 설명하였다. 번지가 물러가서 자하를 보고 '지난번에 선생님을 뵙고 지(智)에 대해 물었는데, 공자(夫子)께서 정직한 사람을 들어서 부정한 사람 위에 놓으면 부정한 자로 하여금 곧아지게 할 수 있다고 하셨다. 이는 무슨 말씀인지' 물었다. 자하는 그 말씀이 아주 훌륭하다고 감탄하며 순(舜)임금이 천하를 소유하였을 때에 여러 사람 중에서 고요(皐陶)를 등용하니 불인(不仁)한 자들이 멀리 사라졌고, 탕(湯)임금이 천하를 소유하였을 때에 여러 사람 중에서 이윤을 등용하여서 불인한 자들이 멀리 사라졌다고 설명했다.[633] 정직한 사람을 들어 쓰고 부정한 자를 버리는 것은 지혜이고 부정한 자로 하여금 곧게 하면 이것은 인(仁)인 것이다. 이와 같이 하면 이 두 가지는 서로 모순되지 않을 뿐만 아니라, 도리어 서로 쓰임이 되는 것이다.

공자가 위나라 영공의 무도(無道)함을 말한 것을 듣고 계강자(季康子)가 이와 같은데도 어찌하여 지위를 잃지 않았는지 물었다. 이에 공자는 중숙어(仲叔圉)가 빈객(賓客)을 다스리고 축타(祝鮀)는 종묘(宗廟)를 다스리고 왕손가(王孫賈)는 군대를 다스렸으므로 이와 같은데 어찌 지위를 잃겠냐고 말했다.[634] 위나라 영공은 일곱 살 때부터 42년간이나 군주로 있었으나, 부인 남자(南子)에게 빠져 정치에는 무관심했다. 결국 그가 죽은 뒤에 내란이 일어났다. 공자는 노나라를 떠난 뒤 위나라에 들러 영공을 만났으나 공자를 예우하려던 영공의 뜻에 반대하는 자가 있어서 1년 남짓에 위나라를 떠났다. 뒤에 공자가 다시 위나라에 들렀을 때 영공은

---

633) 樊遲 問仁 子曰 愛人 問知 子曰 知人. 樊遲 未達. 子曰 擧直錯諸枉 能使枉者直 樊遲 退 見子夏曰 鄕也 吾 見於夫子而問知 子曰 擧直錯諸枉 能使枉者直 何謂也. 子夏曰 富哉 言乎. 舜有天下 選於衆 擧皐陶 不仁者 遠矣 湯有天下 選於衆 擧伊尹 不仁者 遠矣. 안연 22.

634) 子 言衛靈公之無道也 康子曰 夫如是 奚而不喪 孔子曰 仲叔圉 治賓客 祝鮀 治宗廟 王孫賈 治軍旅 夫如是 奚其喪. 헌문 20.

군진(軍陣)의 일을 물었다. 공자는 군려(軍旅)의 일은 공부하지 않았다고 대답하고 위나라를 떠났다. 중숙어(仲叔圉)는 대부 공숙문자(公叔文子) 즉 공숙발(公叔拔)이다. 외국 사절을 접대하는 대행인(大行人)의 직역(職役)을 맡았다. 대부 축타(祝鮀)는 종묘제사를 관장하는 대축(大祝)의 직위에 있었다. 대부 왕손가(王孫賈)는 군려(軍旅)를 통솔하는 사마(司馬)의 직무를 맡았다. 세 사람은 모두 위(衛)나라 신하로 비록 어질지는 못하였으나 그 재능이 쓸 만하였고, 영공(靈公)이 이들을 등용함에 또한 각각 그 재능에 맞게 하였다. 다른 날 계강자가 백성들에게 윗사람을 공경하고 충성하게 하며 선(善)을 권면(勸勉)하게 하려면 어떻게 하는지 물었다. 공자는 백성을 대하기를 위엄 있고 엄숙하게 하면 백성들이 공경하고, 효도와 사랑을 베풀면 백성들이 충성하고, 잘하는 자를 등용하여 잘못하는 자를 가르치면 선을 권장하게 될 것이라고 답하였다.[635]

중궁이 계씨의 가신이 되어 정치에 대해서 물었다. 공자는 유사에게 먼저 시키고 작은 허물을 용서해 주며, 덕과 재능이 있는 어진 인재를 등용해야 한다고 말했다. 어떻게 어진 인재를 알아서 등용하는지 다시 묻자, 공자는 자네가 아는 어진 인재를 등용하면 자네가 미처 모르는 자를 남들이 내버려두겠느냐고 알려 주었다.[636] 범조우(范祖禹)는 유사(有司)에게 먼저 시키지 않으면 군주가 신하의 일을 행하게 될 것이라고 설명했다. 또 작은 허물을 용서하지 않으면 아래에 온전한 사람이 없게 될 것이고 어진 이와 유능한 이를 등용하지 않으면 모든 업무가 마비될 것이다. 이 세 가지를 잃으면 계씨의 가신도 될 수 없는데, 하물며 천하를 다스림에 있어서야 더 말할 것이 없다. 그렇기 때문에 공자는 지혜가 거기에 미치더라도 인(仁)이 그것을 지킬 수 없으면 비록 얻더라도 반드시 잃고, 지혜가 미치고 인(仁)이 지킬 수 있으며 엄정하게 백성들에게 임하더라도 백성들을 예(禮)로써 분발시키지 않으면 좋다고 할 수 없다고 했다. 또 지혜가 거기에 미치며 인(仁)이 그

---

635)　季康子 問 使民敬忠以勸 如之何 子曰 臨之以莊則敬 孝慈則忠 擧善而敎不能則勸. 위정 20.

636)　仲弓 爲季氏宰 問政 子曰 先有司 赦小過 擧賢才. 曰 焉知賢才而擧之 曰 擧爾所知 爾所不知 人其舍諸. 자로 2.

것을 지킬 수 있더라도 엄정하게 백성들에게 임하지 않으면 백성들이 공경하지 않는다고 말하였다.[637]

공자는 '거직조저왕'의 인물을 다음과 같이 들었다. 장문중(臧文仲)은 지위를 도둑질한 자일 것이다. 유하혜(柳下惠)가 현명함을 알면서도 그를 등용하여 함께 조정에 서지 않았다.[638] 장문중은 노나라 대부로 성은 장손(臧孫)이고 이름은 진(辰)이다. 중(仲)은 자(字), 문(文)은 시호다. 삼환(三桓)의 세력이 강하지 않을 때 활동했는데, 지혜롭다는 평판이 있었다. 하지만 그는 제후가 지닐 복구(卜龜)인 채(蔡)를 지녔고, 사당의 기둥머리에 산(山) 모양을 조각하고 동자기둥에 마름 문양을 넣었다. 그래서 공자는 『논어』에서 그를 비판했다. 장문중이 큰 거북을 보관해 두는 집을 만들면서 기둥 끝의 두공(斗栱)에는 산을 조각하고 들보 위의 동자기둥에는 수초(水草)인 마름을 그렸는데, 어찌 지혜롭다 하겠는가 했다.[639] 공자는 장문중에 대해 지위를 훔친 '절위(竊位)한 자'라고 심하게 꾸짖었는데, 유하혜(柳下惠)의 어짊을 알면서도 그를 조정에 서도록 추천하지 않았다는 이유에서다.

앞서 여러 번 등장한 노나라의 현자 유하혜는 이름이 전획(展獲)인데, 자(字)가 금(禽)이어서 전금(展禽)이라 부른다. 유하(柳下)는 봉지(封地)나 호(號)다. 제나라가 노나라를 침략했을 때, 유하혜는 장문중에게 작은 나라로서 큰 나라 섬기는 방도를 일러 주었다. 또 노나라 동문 밖에 원거(爰居)라는 바닷새가 날아와서 장문중이 새에게 제사 지내려 했을 때 국가 전례를 명분 없이 더하지 말라고 설득했다. 하부불기(夏父弗忌)가 희공(僖公) 신위의 반열을 올리려 했을 때는 귀신의 도리와 인간의 도리를 모두 범하게 된다고 만류했다. 『맹자』에서는 유하혜를 화(和)를 이룬 성인이라고 칭송했다. 범조우(范祖禹)는 정치를 맡은 장문중이 현명한 이를 알지 못했다면 지혜가 밝지 못한 것이고, 알고도 쓰지 않았다면 현명한 이를 가

---

637) 子 曰 知及之 仁不能守之 雖得之 必失之. 知及之 仁能守之 不莊以涖之 則民不敬. 知及之 仁能守之 莊以涖之 動之不以禮 未善也. 위령공 32.

638) 子 曰 臧文仲 其竊位者與 知柳下惠之賢而不與立也. 위령공 13.

639) 子 曰 臧文仲 居蔡 山節藻梲 何如其知也. 공야장 17.

린 것이 된다며 현명한 이를 가린 죄가 더욱 크다고 했다. 유하혜(柳下惠)가 사법관인 사사(士師)가 되어 세 번 내침을 당했다. 그러자 혹자가 그대는 아직 떠날 만하지 않은가 했다. 이에 유하혜는 도(道)를 곧게 하여 사람을 섬긴다면 어디를 간들 세 번 내침을 당하지 않겠으며, 도를 굽혀 사람을 섬긴다면 어찌 부모의 나라를 떠날 필요가 있겠는가 대답했다.[640] 유하혜는 담담한 성격의 소유자여서 설사 임금이 바르지 않더라도 부끄럽게 여기지 않았고 작은 벼슬도 마다하자 않았다. 작은 관직이라도 등용되면 자기의 능력을 숨기지 않고 자신의 역량을 최대한 발휘하고자 노력하였다. 그래서 유하혜가 감옥지기로 일하다가 사직하게 되어 어떤 사람이 왜 그 땅을 떠나가지 않는지 물었을 때 그는 도(道)를 곧게 하고서 사람을 섬기면 어디를 간들 세 번은 쫓겨나지 않겠는가 하였던 것이다.

공자는 자산(子産)에 대해서도 군자의 네 가지 도가 있어서 몸가짐이 공손했고, 윗사람 섬김이 공경스러웠으며, 백성을 보살핌이 은혜로웠고, 백성을 부림이 의(義)로웠다고 말했다.[641] 춘추 시대 정나라의 대부로 성은 희(姬), 씨는 국(國), 이름은 교(僑)이며 '자산'은 자다. 사마천의 『사기』에 따르면 자산이 재상이 되고 1년 후에는 어린이들이 못된 장난을 하지 않았고 장년은 일에 열중하였으므로 노인이나 아이들은 중노동을 하지 않고도 살아갈 수 있었다. 2년 후에는 외상으로 물건을 파는 사람이 없어졌다. 3년 후에는 밤이 되어도 문단속을 하는 집이 없어졌으며, 또 길에 떨어진 물건을 줍는 법이 없었다. 4년 후에는 농민이 농기구를 논밭에 둔 채로 집에 돌아왔다. 5년 후에는 사족은 군역에서 해방되고 또 복상(服喪)의 기간은 어김없이 지키게 되었다. 자산이 병들어 죽었을 때 정나라 백성들이 소리 내어 울었다.

또 공자는 안평중(晏平仲)에 대해서 남과 사귀기를 잘하며 오래되어도 공경한다고 하였다.[642] 안영(晏嬰)은 제나라의 명재상이다. 자는 중(仲), 시호는 평(平)이

---

640)  柳下惠 爲士師 三黜 人 曰 子 未可以去乎 曰 直道而事人 焉往而不三黜 枉道而事人 何必去父母之邦. 미자 2.
641)  子 謂子産 有君子之道 四焉 其行己也 恭 其事上也 敬 其養民也 惠 其使民也 義. 공야장 15.
642)  子 曰 晏平仲 善與人交 久而敬之. 공야장 16.

다. 제 영공(靈公), 장공(莊公), 경공(景公) 3대를 섬긴 재상으로서 절약, 검소하고 군주에게 기탄없이 간언한 것으로 유명하였다. 안평중 혹은 안자(晏子)라는 존칭으로 불리기도 한다. 안영의 키는 여섯 자(尺)가 되지 않았다고 사서에 기록되어 있다. 당시 한 자의 길이는 20cm 안팎으로 지금의 30.3cm보다 훨씬 짧았다. 그러나 작은 체구에 커다란 용기를 갖추고 있어서 항상 사직(社稷)을 최우선으로 생각하여 간언을 하였다. 제나라 안에서 절대적인 신망을 얻어서 군주조차도 안영을 조심스럽게 대하였다고 한다. 또한 안영 자신은 검약을 행하며 소박한 생활을 고집하여 고기가 식탁에 오르는 경우는 매우 드물었다고 한다.

안영이 초나라에 사신으로 갔을 때 초 영왕(靈王)은 키가 작은 안영을 업신여겨 창피를 주기 위해서 사람이 통과하는 문을 닫아 걸고 그 옆에 개 정도나 통과할 만한 작은 문을 만들어 놓은 뒤 안영에게 이를 지나가게 하였다. 이에 대해 안영은 개 나라에 사신으로 간 자는 개 문으로 들어간다며 신은 지금 초나라에 신으로 왔기 때문에 이러한 문으로는 들어갈 수가 없다고 외쳤다. 이를 들은 영왕은 어쩔 수 없이 대문을 열어 주었다. 그러나 영왕은 이 정도로 포기하지 않고, 안영을 알현하는 자리에 제나라 출신의 도둑을 불러와 제나라 사람은 이리도 훔치는 일을 좋아하는가 하고 창피를 주었다. 안영은 이에 대해 귤이 회수 이남에서는 귤(橘)이지만, 회수 이북에서는 탱자(枳)가 된다며 이는 토지와 풍토의 차이라고 말했다. 이어 제나라에서는 도둑질을 하지 않았던 자가 초나라에 와서는 도둑질을 하였으므로 초나라의 풍토는 사람들에게 도둑질을 하게 만드는 것 같다고 되받아쳤다. 과연 이 말에는 영왕도 할 말이 없어 크게 웃으며 성인과 더불어 장난치는 게 아니라고 했는데, 오히려 과인이 창피를 당했다며 안영을 인정했다고 한다. 포악한 행실로 천하에 악명을 떨치던 영왕마저 감탄하게 한 일화로 안영은 귀국 후에 더욱 명성이 높아지게 되었다. 또한 이 고사에서 남귤북지(南橘北枳), 귤화위지(橘化爲枳)라는 사자성어가 나왔다.

백이와 숙제는 사람들의 지나간 악행을 마음에 두지 않았다. 이 때문에 원망하는 사람이 드물었다고 공자는 높이 평가하였다.[643] 백이와 숙제는 고죽국(孤竹國) 임금의 두 아들이다. 맹자는 그들을 일컬어 악한 임금의 조정에서 벼슬하지 않았고, 악한 사람과는 함께 말하지 않았으며, 고향 사람과 서 있을 때에도 그의 갓(冠)이 바르지 않으면 돌아보지 않고 떠나 버려서 마치 자기가 물들 것처럼 여겼다고 하였다. 그들의 꼿꼿한 지조(志操)가 이와 같았으므로 당연히 포용하는 바가 없을 듯하다. 그러나 미워하던 사람이 잘못을 고치면 즉시 미워하는 마음을 그쳤다. 그래서 사람들도 심히 그를 원망하지 않은 것이다. 정자(程子)는 남이 옛날에 저지른 잘못을 생각하지 않는 것은 청자(淸者)의 도량이라고 했다.

『공자가어』오의해편을 보면 노나라 애공이 공자에게 사람을 뽑는 법에 대해 물었다. 애공 재위 당시 안으로는 삼환(三桓)의 세력이 강했고, 밖으로는 오나라와 제나라의 공격으로 국력을 펴지 못했다. 그는 삼환이 강해지는 것을 걱정하여 제후의 힘을 빌려 이를 억제하려고 하다 거꾸로 삼환의 공격을 받아 위나라로 달아났고, 추나라를 거쳐 월나라로 갔다. 공자는 애공에게 일을 잘하는 관리에게 과업을 맡겨야 하는데 영악한 자는 뽑지 말고, 멋대로 대답하는 자는 뽑지 말며, 말이 많은 자는 뽑지 말아야 한다며, 영악한 자는 탐욕스러운 마음이 있고, 멋대로 대답하는 자는 일을 어지럽히며, 말이 많은 자는 속인다고 했다. 그러므로 활을 고르게 된 뒤에 화살이 강하게 나가기를 구하고, 말이 길들여진 뒤에 잘 달리기를 구하며, 선비가 반드시 성실한 뒤에 지식과 능력이 있기를 구하는 것이다. 성실하지 않으면서 능력만 많은 자는 비유하면 승냥이와 이리 같으니 가까이해서는 안 된다고 말했다.

### 필야정명호(必也正名乎)

자로가 공자에게 '위(衛)나라 임금이 선생님을 기다려 정치를 한다면 선생님께서는 장차 무엇을 먼저 하시겠습니까' 물었다. 이에 공자는 반드시 명분을 바로잡

---

643)  子 曰 伯夷叔齊 不念舊惡 怨是用希. 공야장 22.

겠다고 하였다. 그러자 자로는 선생님이 세상의 실정을 너무 모르신다며 어떻게 바로잡으시겠냐고 반문하였다. 공자는 자로를 꾸짖으며 군자는 자신이 알지 못하는 것은 제쳐 놓고 말하지 않는 것이라며 명(名)이 바르지 않으면 말이 순조롭지 못하고, 말이 순조롭지 못하면 일이 이루어지지 않으며, 일이 이루어지지 않으면 예악이 일어나지 못한다. 그리하여 예악이 일어나지 못하면 형벌이 알맞지 못하고, 형벌이 알맞지 못하면 백성들이 손발을 둘 곳이 없게 된다. 그러므로 군자가 명칭을 붙이면 반드시 말할 수 있으며, 말할 수 있으면 반드시 행할 수 있는 것이어서 군자는 자신이 한 말에 대해서 구차히 함이 없을 뿐이라고 했다.[644]

위나라 군주는 출공(出公) 첩(輒)을 말한다. 이때는 노나라 애공(哀公) 10년으로 공자는 초나라에서 위나라로 와 있었다. 앞서 보았듯이 위 영공의 맏아들인 세자 괴외가 계모인 남자(南子)의 사통 사실을 알고 남자를 죽이려 하다 발각되어 송나라으로 도망쳤다. 이후에 영공이 죽자 괴외의 아들인 공손 첩(輒)을 세우니 그가 출공(出公)이다. 출공은 즉위한 지 12년이 지났는데도, 아버지 괴외를 불러들이지 않았다. 기원전 480년에 마침내 괴외가 군사를 일으켜 공회를 위협해 출공을 쫓아냈다. 이처럼 출공은 자기의 아버지를 아버지로 여기지 않고, 자기의 할아버지를 아버지로 삼아 명분(名分)과 실상(實狀)이 문란하였다. 그러므로 공자가 명분을 바로잡는 것을 우선으로 삼은 것이다. 공자가 상세하게 말했지만 자로는 끝내 깨닫지 못하였다. '괴외의 난' 당시 자로는 공회를 구하러 가서 성안으로 들어가 공회를 풀어 주지 않으면 누대에 불을 지르겠다고 위협하며 석기, 우염과 싸우다가 전사했다. 호인(胡寅)은 자로가 첩(輒)을 섬기고 떠나지 않다가 마침내 그 난리에 죽었는데, 이는 한갓 그 사람의 녹봉을 먹었으면 그 난(難)을 피하지 않는 것이 의(義)가 되는 것만을 알고, 첩(輒)의 녹봉을 먹는 것이 의(義)가 아님은 알지 못한

---

(644)  子路 曰 衛君 待子而爲政 子將奚先. 子 曰 必也正名乎. 子路 曰 有是哉 子之迂也 奚其正. 子 曰 野哉 由也 君子 於其所不知 蓋闕如也. 名不正 則言不順 言不順 則事不成. 事不成 則禮樂 不興 禮樂 不興 則刑罰 不中 刑罰 不中 則民無所措手足. 故 君子 名之 必可言也 言之 必可行也 君子 於其言 無所苟 而已矣. 자로 3.

것이라고 지적했다.

공자의 정명론은 정당성을 확보한 정치성의 회복을 말하고 이는 도덕성 회복으로 이어지는 것이었다.[193] 정치의 안정, 예악 제도의 설계, 형벌의 엄정성, 사회 질서의 유지 등은 모두 정명을 기초로 한다. 공자는 명분이 바르지 못했기 때문에 백성들이 정도를 잃어버리고 어찌할 줄 모르게 되었다고 생각했다. 정명의 목적은 천하 질서를 확립하여 모든 사람이 각자의 위치에서 자신의 본분을 다하게 하는 데 있다. 때문에 공자는 그 지위에 있지 않으면 그 정사(政事)를 도모하지 않는다고 하였다.[645]

제나라 경공(景公)이 공자에게 정치에 대하여 물었을 때 공자가 임금은 임금답고(君君) 신하는 신하다우며(臣臣) 아버지는 아버지답고(父父) 자식은 자식답게 되는 것(子子)이라고 답하였다. 경공(景公)이 이를 듣고 좋은 말씀이라고 했다. 이어 진실로 임금이 임금답지 못하고 신하가 신하답지 못하며, 아버지가 아버지답지 못하고 자식이 자식답지 못한다면, 비록 곡식이 있더라도 내가 그것을 먹을 수 있겠느냐고 말하였다.[646] 이는 인륜의 큰 법이고 정사(政事)의 근본이다. 이때에 경공은 실권(實權)을 잃어서 대부인 전씨가 나라에 은혜를 후하게 베풀었으며 경공은 또 안에 총애하는 여자가 많아서 태자(太子)를 세우지 않았기 때문에 군신 간과 부자 간 모두에 다 그 도(道)를 잃고 있었다. 그러므로 공자가 이것을 지적한 것이다. 경공에 대한 평가는 제나라의 중흥 군주이기도 하지만 그 이면에는 나라를 전씨에게 넘겨준거나 다름없는 어리석은 군주이기도 했다. 재상 안영이 살아 있었을 때는 그의 말을 듣고 나라를 잘 다스렸으나 그 뒤에는 공자가 경계했듯이 명분을 바로잡지 못했다. 즉 전씨를 견제할 생각을 하지 않았고, 방치해 뒀기 때문에 그 후계자들은 비참한 죽음을 맞거나 실권이 없이 지내다가 결국 강(姜)씨의

---

645)  子 曰 不在其位 不謀其政. 태백 14.
646)  齊景公 問政於孔子. 孔子 對曰 君君臣臣父父子子. 公 曰 善哉 信如君不君 臣不臣 父不父 子不子 雖有粟 吾得
      而食諸. 안연 11.

제나라가 멸망하는 원인을 만들기도 했다.

계강자(季康子)가 공자에게 정치에 대해서 물었을 때 정사(政事)는 바르게 한다는 뜻이므로 당신이 올바르게 통솔한다면 누가 감히 바르게 하지 않겠냐고 공자는 답하였다. [647] 호인(胡寅)에 따르면 노나라는 중엽부터 정사(政事)가 대부에게서 나왔기 때문에 가신들이 나쁜 관행을 본받아서 읍(邑)을 점거하고 배반하여 부정함이 심하였다. 그러므로 공자가 이것으로써 말한 것으로 강자(康子)가 올바름으로써 스스로 극복하여 삼가(三家)의 옛 버릇을 고치고자 한 것이었다.

## 위정이덕(爲政以德)

공자는 『논어』 위정편 첫머리에서 덕(德)으로 하는 정치는 비유하자면 북극성이 제자리에 머물러 있을 때 뭇 별들이 그곳으로 향해 도는 것과 같다고 했다. [648] 범조우(范祖禹)에 따르면 정사(政事)를 덕으로 하면 움직이지 않아도 교화되고, 말하지 않아도 믿고, 하지 않아도 이루어지게 된다. 따라서 지키는 것이 지극히 간략하면서도 번거로움을 제어할 수 있고 처(處)하는 것이 지극히 고요하면서도 움직이는 것을 제어할 수 있으며, 일삼는 것이 지극히 적으면서도 여러 사람을 복종시킬 수 있는 것이다.

공자는 이어서 백성을 법령으로 이끌고 형벌로 다스리면, 백성들이 형벌을 면하려고만 하고 부끄러워함이 없다. 백성을 덕으로 인도하고 예로 규제하면, 백성들이 부끄러워할 줄도 알고 자연히 선(善)에 이를 것이라고 말했다. [649] 주자는 법과 제도란 정치를 하는 도구이고 형벌은 정치를 돕는 방법이며 덕(德)과 예(禮)는 정치를 내는 근본인데, 덕은 또한 예의 근본이라고 했다. 이것은 서로 종(終)과 시(始)가 되어서 비록 어느 한쪽도 폐할 수 없다. 하지만 법제와 형벌은 백성으로 하

---

647)  季康子 問政於孔子 孔子 對曰 政者 正也 子帥以正 孰敢不正. 안연 17.

648)  子曰 爲政以德 譬如北辰 居其所 而衆星 共之. 위정 1.

649)  子曰 道之以政 齊之以刑 民免而無恥 道之以德 齊之以禮 有恥且格. 위정 3.

여금 죄를 멀리하게 할 수 있을 뿐이며, 덕과 예의 효과는 백성으로 하여금 자신도 모르는 사이에 날로 개과천선(改過遷善)하게 할 수 있는 것이다. 그러므로 백성을 다스리는 자는 단지 법제와 형벌만을 믿어서는 안 되며 마땅히 그 근본인 덕과 예를 깊이 탐구해야 한다고 했다.

이와 같은 정치를 보여 준 임금이 순(舜)과 우(禹)라고 공자는 말했다. "순임금과 우임금은 위대하시다. 천하를 소유하시고도 관여하지 않으셨다.[650] 순임금은 신하 다섯 사람이 있었는데 천하가 다스려졌고 무왕(武王)은 다스리는 신하 열 사람을 두었다"고 하였다. 공자는 인재를 얻기 어렵다고들 하는데, 정말 그러하다며 요임금·순임금 때만 주(周)나라보다 성하였으나 열 사람 신하 중에 부인이 있었으므로 아홉 사람일 뿐이었다. 문왕(文王)은 천하를 셋으로 나누어 그 둘을 소유하시고도 은나라를 복종하여 섬기셨다. 그러므로 주나라의 덕은 지극한 덕이라고 이를 만하다고 했다.[651] 신하 다섯 사람은 우(禹)·직(稷)·설(契)·고요(皐陶)·백익(伯益)이다. 또 신하 열 사람은 주공단(周公旦)·소공석(召公奭)·태공망(太公望)·필공(畢公)·영공(榮公)·태전(太顚)·굉요(閎夭)·산의생(散宜生)·남궁괄(南宮适)이고 그 한 사람은 문왕(文王)의 비(妃)인 문모(文母)다. 『춘추전(春秋傳)』을 보면 문왕이 상나라를 저버리고 돌아선 나라를 거느리고 주왕(紂王)을 섬겼다. 천하에서 문왕에게 귀속한 주(州)가 여섯이니, 형주(荊州)·양주(梁州)·예주(豫州)·서주(徐州)·양주(揚州)고, 오직 청주(靑州)·연주(兗州)·기주(冀州)만이 아직도 주왕에게 속해 있었다고 하였다.

덕(德)은 '입신(立身)'의 근본이자 '입국(立國)'의 근간이다. 그러므로 덕으로 스스로를 다스리는 것도 중시하고 덕으로 정치를 하는 것도 중시해야 한다. 어느 날 번지(樊遲)가 농사일을 배우기를 청했을 때 공자는 늙은 농부만 못하다고 했다.

---

650) 子 曰 巍巍乎 舜禹之有天下也而不與焉. 태백 18.
651) 舜 有臣五人而天下 治 武王 曰 予有亂臣十人 孔子 曰 才難 不其然乎 唐虞之際 於斯 爲盛 有婦人焉 九人而已. 三分天下 有其二 以服事殷 周之德 其可謂至德也已矣. 태백 20.

그러자 채소 가꾸는 일을 배울 것을 청했다. 공자는 늙은 원예사만 못하다고 했다. 번지가 나간 뒤 공자는 번수(樊須)가 소인이라며 윗사람이 예를 좋아하면 백성들이 감히 공경하지 않음이 없고, 윗사람이 의(義)를 좋아하면 백성들이 감히 복종하지 않음이 없고, 윗사람이 믿음을 좋아하면 백성들이 감히 사실대로 하지 않음이 없다. 이렇게 되면 사방의 백성들이 자식을 포대기에 업고 올 것인데, 어찌 농사일을 배울 필요가 있겠는가 했다.[652] 예(禮)·의(義)·신(信)은 대인(大人), 즉 위정자(爲政者)의 일이다. 따라서 위정자가 예(禮)·의(義)·신(信)을 좋아하면 일이 마땅함에 부합하게 되는 것이다.

공자가 위(衛)나라에 갈 때 염유(冉有)가 수레를 몰았는데, 공자가 백성들이 많다고 말하였다. 염유가 이미 백성들이 많으면 또 무엇을 더하여야 하는지 물었다. 공자는 부유하게 해 주어야 한다고 했다. 이에 염유가 이미 부유해지면 또 무엇을 더하여야 하는지 물었다. 그러자 공자는 가르쳐야 한다고 말하였다.[653] 또 공자는 가르치지 않은 백성을 데리고 전쟁을 하는 것을 백성을 버리는 것이라고 했다.[654]

춘추 오패가 된 진(晉) 문공은 즉위하자마자 온 힘을 다하여 백성을 훈련시켰다. 이듬해에 문공이 백성을 동원하려 하자 진나라 대부 자범(子犯)이 말하기를, 진나라는 여러 해 동안 전란에 휩싸여 있어서 백성은 여전히 무엇이 의(義)인지 모르고 여태껏 평안히 살면서 즐겁게 일해 본 적이 없다고 했다. 그러자 문공은 외교활동을 강화하고 주(周) 양왕(襄王)을 호송해 귀국시킨 후 복위시켰다. 자기 나라로 돌아온 후 적극적으로 백성을 위하여 이익을 도모해 백성은 점차 생산에 관심을 가지게 되고 생계에 만족하게 되었다. 오래지 않아 문공이 또 군대를 일으키려고 하자 자범이 말했다. 백성이 아직 무엇이 믿음(信)인지를 모르기 때문에 그들에게 믿음의 가치를 설득할 방법이 없다고 했다. 그러자 문공은 원(原)나라를

---

652)  樊遲 請學稼 子曰吾不如老農 請學爲圃 曰吾不如老圃. 樊遲 出 子曰小人哉 樊須也. 上 好禮 則民莫敢不敬 上 好義 則民莫敢不服 上 好信 則民莫敢不用情 夫如是 則四方之民 襁負其子而至矣 焉用稼. 자로 4.

653)  子 適衛 冉有 僕. 子曰庶矣哉. 冉有 曰旣庶矣 又何加焉 曰富之. 曰旣富矣 又何加焉 曰敎之. 자로 9.

654)  子曰以不敎民戰 是謂棄之. 자로 30.

정벌하면서 3일 이내에 항복시키지 못하면 철군하겠노라고 약속하였다. 3일 후에 문공은 자신이 한 약속을 지켜 30리 밖으로 철군하면서 국내외에 그의 진실됨을 알리고 신뢰할 수 있음을 증명하였다. 이후 진나라의 상인은 장사하면서도 폭리를 취하지 않았고 노인이나 어린이도 속이지 않을 정도로 상도의를 지키게 되었다. 진나라에 믿음과 명예를 지키는 풍속이 생기게 된 것이다. 그렇게 되자 문공이 이제 군대를 일으켜도 되겠는가 물었다. 자범은 백성이 아직도 귀천 존비의 예의를 알지 못하여 공경(恭敬)하는 마음이 없다고 답했다. 이에 문공은 대규모로 열병하면서 예의의 위엄을 나타내었고 법무관을 설치해 관원을 관리하였다. 그렇게 하니 백성은 명령에 복종하는 것이 습관이 돼 다시는 의심하거나 염려하지 않았다. 그제야 군대를 일으켜 초나라와 제나라를 이기고 진나라는 한 번의 전쟁으로 패자가 되었다.

공자는 공손하되 예가 없으면 수고롭고, 삼가되 예가 없으면 두렵고, 용맹하되 예가 없으면 난을 일으키고, 강직하되 예가 없으면 각박해지게 된다고 하였다.[655] 또 위정자가 친척들을 후하게 대하면 백성들이 인(仁)에 흥기하고, 옛 친구를 버리지 않으면 백성들이 야박해지지 않는다고 말했다.[656] 송나라 유학자 장재(張載)에 따르면 사람의 도리에 먼저 해야 할 것과 뒤에 해야 할 것을 알면 공손해도 수고롭지 않고, 삼가도 두렵지 않고, 용맹스러워도 난리를 일으키지 않고, 곧아도 급하지 않아 백성들이 교화되어 덕이 후해질 것이라고 했다.

이렇게 교화가 이뤄져야 공자는 왕자(王者)가 다스리더라도 반드시 한 세대가 지난 뒤에야 백성들이 인해질 것이라고 했다.[657] 정자(程子)에 따르면 3년이면 이루어짐이 있다는 것은 법도와 기강이 이루어지고 교화가 시행됨을 말한다. 인(仁)으로 백성을 젖게 하고 의(義)로 백성을 연마하여 피부에 젖어들고 골수에 스며들

---

655) 子曰 恭而無禮則勞 愼而無禮則葸 勇而無禮則亂 直而無禮則絞.
656) 君子 篤於親 則民興於仁 故舊 不遺 則民不偷. 태백 2.
657) 子曰 如有王者 必世而後 仁. 자로 12.

게 하여야 예악이 일어날 수 있다. 이것이 바로 인(仁)이어서 인은 쌓고 오래 하지 않으면 이룰 수 없는 것이라고 했다.

## 민무신불립(民無信不立)

자공이 정치에 대해서 물었을 때 공자는 양식을 풍족하게 하고, 군대를 풍족하게 하고, 백성들이 윗사람에게 신의를 지키는 것이라고 했다. 자공이 이를 듣고 반드시 부득이해서 버려야 한다면, 이 세 가지 중에 무엇을 먼저 버려야 하는지 물었다. 공자는 군대를 버려야 한다고 했다. 이어서 반드시 부득이해서 버려야 한다면, 이 두 가지 중에 무엇을 먼저 버려야 하는지 자공이 또 물었다. 공자는 양식을 버려야 한다고 했다. 예로부터 사람은 누구나 다 죽기 마련이지만, 백성들의 신의가 없으면 나라가 존립할 수가 없다고 하였다.[658] 주자에 따르면 인정(人情)을 가지고 말한다면 병(兵)과 양식이 풍족한 뒤에 자신의 신의가 백성들에게 믿어질 수 있는 것이고, 백성의 덕(德)을 가지고 말한다면 신(信)은 본래 인간의 고유한 것으로 병(兵)과 양식이 앞설 수 있는 것이 아니다. 이 때문에 위정자들은 마땅히 몸소 백성들에게 솔선수범하여 죽음으로써 지켜야 할 것이고 위급하다고 해서 백성을 버릴 수 있다고 여겨서는 안 되는 것이다.

보았듯이 노나라 애공(哀公)이 유약(有若)에게 농사가 흉년이 들어서 재정이 부족한데, 어찌해야 하는지 물었다. 유약이 어찌하여 10분의 1을 세금으로 거두는 철법(徹法)을 쓰지 않느냐고 말했다. 애공은 10분의 2도 오히려 부족한데, 어떻게 철법을 쓰겠느냐고 반문했다. 이를 들은 유약은 백성이 풍족하면 임금께서 누구와 더불어 부족하겠으며, 백성이 풍족하지 못하다면 임금께서 누구와 더불어 풍족하겠냐고 말하였다.[659]

---

658) 子貢 問政 子曰 足食足兵 民 信之矣 子貢 曰 必不得已而去 於斯三者 何先 曰 去兵 子貢 曰 必不得已而去 於斯二者 何先 曰 去食 自古皆有死 民無信 不立. 안연 7.

659) 哀公 問於有若曰 年饑 用不足 如之何. 有若 對曰 盍徹乎. 曰 二 吾猶不足 如之何其徹也. 對曰 百姓 足 君孰與 不足 百姓 不足 君孰與足. 안연 9.

계씨(季氏)가 노나라의 부용국(附庸國)인 전유(顓臾)를 공격하려 할 때 염유와 계로가 공자를 뵙고 계씨가 장차 전유를 공격하려고 한다고 했다. 공자는 염유에게 너의 잘못이 아니냐고 말하고 전유는 옛날에 선왕(先王)께서 동몽산(東蒙山)의 제주(祭主)로 삼으셨고 또 우리 노나라 국경 안에 있으므로 사직의 신하인데 어찌 공격할 필요가 있겠냐고 말하였다. 그러자 염유는 계손이 하려고 하는 것이지 저희 두 사람은 하고자 하지 않다고 했다. 이를 듣고 옛날의 어진 사관(史官)인 주임(周任)은 능력을 펴서 지위에 나아가 제대로 할 수 없으면 그만두어야 한다고 말했다고 공자는 염유에게 설명했다. 이어 위태로운데도 붙잡아 주지 못하며 넘어지는데도 부축해 주지 못한다면 장차 그런 신하를 어디에다 쓰겠느냐고 반문했다. 또 염유의 말이 잘못되었다며 호랑이와 들소가 우리에서 뛰쳐나오고, 거북의 등 껍질과 옥(玉)이 궤 속에서 훼손된다면 누구의 잘못이겠느냐고 물었다. 염유가 이에 대해 지금 전유는 성곽이 견고하며 계씨의 식읍(食邑)인 비읍(費邑)에 가까워서 지금 취하지 않으면 후세에 반드시 자손의 우환이 될 것이라고 했다. 그러자 공자는 염유에게 군자는 하고 싶다고 말하지 않고 굳이 변명하는 것을 미워한다고 말하였다. 이어 공자는 나라를 소유한 자와 집을 소유한 자는 백성이 적음을 근심하지 않고 고르지 못함을 근심하며, 가난함을 근심하지 않고 편안하지 못함을 근심한다고 한다. 고르면 가난함이 없고 화(和)하면 적음이 없고 편안하면 기울어짐이 없다. 그러므로 먼 지방 사람이 복종하지 않으면 문덕(文德)을 닦아서 그들을 오게 하고, 이미 왔으면 편안하게 해 주어야 하는 것이다. 지금 유(由)와 구(求)는 계씨를 돕되 먼 지방 사람이 복종하지 않는데도 오게 하지 못하고, 나라가 분열되고 무너져 흩어지는데도 지키지도 못하고, 그러면서도 창과 방패를 나라 안에서 쓰려고 하고 있어서 계손(季孫)의 근심이 전유에 있지 않고 집 병풍 안에 있을까 두렵노라고 공자는 말했다.[660)

---

660) 季氏 將伐顓臾 冉有季路 見於孔子曰 季氏 將有事於顓臾. 孔子 曰 求 無乃爾是過與. 夫顓臾 昔者 先王 以爲東蒙主 且在邦域之中矣 是 社稷之臣也 何以伐爲 冉有 曰 夫子 欲之 吾二臣者 皆不欲也. 孔子 曰 求 周任 有言

주자에 따르면 계씨가 전유를 취하려 한 것은 백성의 적음과 가난함을 근심해서다. 그러나 이때 계씨가 나라를 점거하고 노나라 군주는 백성이 없었으므로 고르지 못한 것이며, 군주는 약하고 신하는 강하여 서로 혐의와 틈이 생겨서 편안하지 못한 것이다. 고르면 가난함을 근심하지 않아 화(和)하고, 화(和)하면 백성이 적음을 근심하지 않아 편안하며, 편안하면 서로 의심하거나 시기하지 않아 나라가 기울고 전복되는 근심이 없게 된다.

그래서 공자는 전차 천 대를 동원할 수 있는 제후 나라를 다스리되 일을 신중히 처리하고 미덥게 하며, 씀씀이를 절약하고 사람을 사랑하며, 백성을 농한기에 부려야 한다고 했다.[661] 정자(伊川)는 이 말이 지극히 평범하지만 당시 제후들이 과연 이렇게 할 수 있었다면 또한 그 나라를 잘 다스릴 수 있었을 것이라고 했다. 성인의 말씀은 비록 지극히 평범하지만 위로는 임금으로부터 아래는 백성까지 모두 통용되는 것이어서 이 세 마디 말을 만약 그 지극한 곳까지 미루어 나간다면 요순의 다스림도 이것을 넘지 않을 것이다.

『공자가어』육본편을 보면 배는 물이 없으면 운행할 수 없으나 배에 물이 차면 가라앉고 만다고 했다. 임금은 백성이 아니면 다스릴 수 없지만 백성이 임금을 범하게 되면 나라는 기울어지고 마는 법이다.[662] 이런 까닭으로 군자는 자기의 행동을 엄하게 하지 않을 수 없으며, 소인은 언제나 가지런하게 하지 않을 수 없다. 이어 자하는 군자란 백성들에게 신임을 얻은 뒤에 백성을 다스리는 것이어서 백성들에게 신임을 얻지 못하면 백성들이 자신들을 괴롭힌다고 여긴다. 군자는 신임을 얻은 뒤에 간(諫)하는 것이어서 윗사람에게 신임을 얻지 못하면 윗사람이 자신

日 陳力就列 不能者 止 危而不持 顚而不扶 則將焉用彼相矣. 且爾言 過矣 虎兕 出於柙 龜玉 毁於櫝中 是誰之過與. 冉有 曰 今夫顓臾 固而近於費 今不取 後世 必爲子孫憂. 孔子 曰 求 君子 疾夫舍曰欲之 而必爲之辭 丘也 聞有國有家者 不患寡而患不均 不患貧而患不安 蓋均 無貧 和 無寡 安 無傾. 夫如是 故 遠人 不服 則修文德以來之 旣來之 則安之. 今由與求也 相夫子 遠人 不服而不能來也 邦分崩離析而不能守也 而謀動干戈於邦內 吾恐季孫之憂 不在顓臾 而在蕭墻之內也. 계씨 1.

661)  子 曰 道千乘之國 敬事而信 節用而愛人 使民以時. 학이 5.
662)  舟非水不行, 水入舟則沒 君非民不治, 民犯上則傾.

을 비방한다고 여긴다고 했다.[663]

그러므로 맹자는 다음과 같이 경계하였다. 백성이 가장 귀중하고, 사직(社稷)이 그다음이고, 임금은 가벼운 존재다. 그러므로 백성의 마음을 얻으면 천자가 되고, 천자에게 신임을 얻으면 제후가 되고, 제후에게 신임을 얻으면 대부(大夫)가 된다. 제후가 사직을 위태롭게 하면 제후를 바꾸어 버린다. 희생이 이미 준비되고 제사에 바칠 곡식인 자성(粢盛)이 정결하여 제사를 제때에 지냈는데도, 가뭄이 들고 물이 넘치면 사직을 바꾸어 설치한다고 했다.[664] 주자는 제후가 무도하여 장차 사직이 남에게 멸망을 당하게 되면 마땅히 현명한 임금으로 바꾸어 세워야 한다. 이는 군주가 사직(社稷)보다 가벼운 것을 말한 것이라고 했다.

---

663)   子夏 曰 君子 信而後 勞其民 未信則以爲厲己也 信而後 諫 未信則以爲謗己也. 자장 10.
664)   孟子 曰 民 爲貴 社稷 次之 君 爲輕. 是故 得乎丘民 而爲天子 得乎天子 爲諸侯 得乎諸侯 爲大夫. 諸侯 危社稷 則變置. 犧牲 旣成 粢盛 旣潔 祭祀以時 然而旱乾水溢 則變置社稷. 진심 하 14.

# 5
## 공자의 유산

5천여 만 명의 한국인 가운데 유교를 믿는 사람은 얼마나 될까? 문화체육관광부의 2018년 한국의 종교 현황 보고에 따르면 전체 인구의 0.15%인 7만 5천여 명에 불과하다. 그런데[194] 한국만큼 유교적 전통을 존중하는 나라가 없다고 한다. 우리나라 지폐만 보아도 천 원권엔 이황, 오천 원권엔 이이, 만 원권엔 세종대왕, 오만 원권엔 신사임당으로 모두 유교 인물이다. 한국 사람들은 유교의 발상지인 중국 사람들보다 더 유교적이다. 현대 중국은 제사가 간단한 수준이고, 한국에 비하면 복잡하게 지내지도 않는 편이다. 1970년 대만 조사에 따르면 부모와 조부모를 제사 지내는 2대 봉사가 이미 보편적이었고 제사상도 한국보다 훨씬 자유로운 편이었다. 한국의 경우 유교식으로 제사를 지내는 가구는 71%에 달한다. 기일 제사의 경우 조상이 돌아가신 날에 올리는 제사로 '기제(忌祭)' 혹은 '기제사'라고도 부른다. 이는 고대에는 없던 제사였으나, 송대 성리학자들이 시작한 제사다. 우리나라에서는 전통적으로 기제사가 중시되어 모든 제사에 우선하였고, 제수도 풍성하게 차렸다가 친지, 이웃들과 나누어 먹는 행사가 되었다. 한국갤럽 2014년 조사를 보면 다른 종교를 갖고 있는 한국 사람들도 대부분 유교식 제사를 지낸다. 불교 신자의 93%와 천주교도의 66%가 제사를 지내고 심지어 개신교도의 24%도 유교 의식(儀式)을 행한다. 제사는 유교 질서의 근간인 종법제도를 반영하며 효(孝), 서(序), 별(別) 등 유교 가치관을 담은 의례다. 이런 점에서 한국의 가정에는 여전히 유교 문화가 자리 잡고 있다.

나아가 유교는 한국인의 윤리·도덕 의식에 지대한 영향을 미쳤다. 21세기에도 삼강오륜(三綱五倫)은 가정과 사회, 국가 운영에 있어서 기본 윤리로 평가되고 있다. 이는 가족중심주의 문화와 사회를 중시하는 공동체 문화, 충효가 강조되는 예의 문화, 사회질서 기강을 중시하는 서열 문화 등으로 이어졌다. 예의와 명예를 중시하고 군자와 소인을 구별하는 의식은 그 근원에 유교적 사고가 자리 잡고 있다. 한국인이라면 인의예지(仁義禮智)와 희로애락(喜怒哀樂)이라는 성리학의 이론과 개념을 들어 본 적이 있고 상당수는 이를 이해한다. 인륜과 패륜 그리고 왕도와 패도 등 정치와 사회 질서의 기준도 유교 이념들이다.

유교는 '배움'에 최고의 가치를 부여하고 있고, 유교의 숭문(崇文)주의 이념은 한국 사회의 교육열의 근원이다. 고등학생 10명 중 7~8명이 대학에 진학할 정도인 세계 최고의 교육열은 학벌주의와 서열화라는 문제가 있지만 한국 경제와 사회발전의 원동력이었다. 21세기 한국에는 개인주의, 민주주의, 시장경제 등 서양의 정치, 경제, 문화가 뿌리내렸음에도 불구하고, 유교적 관념은 여전히 한국인과 한국 사회의 정체성을 형성하는 근간인 것이다.

언급했듯이 농업 발달에 따른 식량 생산 증대는 인구 증가뿐만 아니라 고대 국가 발전으로 이어졌다. 국가라는 새로운 체제는 정신적으로 통합할 수 있는 신앙이 필요했고 농사는 기후와 자연재해에 영향을 받는 만큼 자연신을 비롯해 하늘(天)과 조상신에게 풍년을 기원하는 것은 자연스러운 현상이었다. 농경이 가족 중심으로 이뤄지면서 중국에서는 혈연과 친족 관계가 중시되었고 이는 조상 숭배와 제사의 발달 그리고 제사를 모시기 위한 친족 간의 등급을 나누는 종법제로 이어졌다. 특히 중국의 경우 민간 종교 신앙이 세속사회의 문화와 결합된 '분산형 종교' 특성을 띠면서 일상생활과 사회에 상당한 영향을 미치게 됐다.

유교는 이런 바탕 위에서 발달한 종교이자 사상이다. 유가를 의미하는 유(儒)는 강우를 전문적으로 다루는 주술사로 사람(人)과 비(雨)의 두 가지 이미지가 결합된 형태고, 은나라에서 유(儒)는 조상신을 모시는 일을 맡았던 사람들로 상례를 주관하면서 예에 관한 일을 직업으로 삼은 특수한 집단이었다. 이후 이들은 정치·사회 변화 과정에서 유가를 사상적으로 뒷받침하게 되었다. 유가에서 말하는 소위 친친(親親)은 바로 종법제를 이상화한 개념이며, 공자에 이르러 천(天)과 명(命), 성(性), 도(道)의 개념을 재정립하고 인(仁)과 군자(君子), 중용(中庸)의 재개념화를 통해서 이상 세계의 실현을 추구하게 되었다. 이 과정에서 공자는 도덕과 인의 시작과 실천이 배움(學)에 있다고 강조하였다.

이는 다른 종교의 경전과 비교해면 그 차이를 알 수 있다. 기독교 성경의 시작은 "처음에 하느님께서 하늘과 땅을 지어내셨다. 하느님께서 '빛이 생겨라' 하시자 빛이 생겨났다. 하느님께서는 우리 모습을 닮은 사람을 만들자, 그래서 바다의 고기와 공중의 새, 또 집짐승과 모든 들짐승과 땅 위를 기어 다니는 모든 길짐승을 다스리게 하자 하시고, 당신의 모습대로 사람을 지어내셨다"이다. 이슬람교의 경전인 쿠란의 시작은 "가장 자비로우시고 가장 자애로우신 분, 하나님의 이름으로 ( بِسْم ٱللَّهِ ٱلرَّحْمٰنِ ٱلرَّحِيمِ ) 온누리의 주 하나님께 모든 찬미를 드립니다 ( ٱلْحَمْدُ لِلَّهِ رَبِّ ٱلْعٰلَمِينَ )"이다. 불교의 경전인『반야심경』의 시작은 "관자재 보살이 깊은 반야바라밀다를 행할 때, 오온이 공한 것을 비추어 보고 온갖 고통을 건너느니라(觀自在菩薩 行深般若波羅蜜多時 照見五蘊皆空 度一切苦厄)"이다. 이처럼 모든 종교의 경전은 절대자에 대한 권위와 경애 등으로 시작된다. 반면 유교 경전인『논어』에서는 "공자는 배우고 수시로 익히면 기쁘지 않겠는가 하시고 벗이 먼 곳으로부터 찾아온다면 즐겁지 않겠는가 하시고 남이 알아주지 않더라도 서운해하지 않는다면 군자답지 않겠는가 말씀하셨다.(子 曰 學而時習之 不亦說乎 有朋 自遠方來 不亦樂乎 人不知而不慍 不亦君子乎. 학이1)"로 첫 장을 시작한다. 절대자가 아니라 배움(學)을 제일 먼저 강조한 것이다.

뿐만 아니라『논어』전체가 배우고 가르치고 실천하는 것에 대한 내용이다. 공자는 술이장에서 자신이 나면서부터 도(道)를 아는 사람이 아니다. 옛것을 좋아하여 부지런히 그것을 구한 사람이라고[665] 했고 내 일찍이 종일토록 밥을 먹지 않고, 밤

---

665) 子 曰 我非生而知之者 好古敏以求之者也. 술이 19.

새도록 잠을 자지 않고서 생각하였으나, 유익함이 없었다. 배우는 것만 못하였다고[666] 하였다. 또 배우기를 널리 하고(博學), 뜻을 독실히 하며(篤志), 절실하게 묻고(切問), 가까이 자신에게 있는 것부터 생각하면(近思), 인(仁)은 그 가운데 있다고[667] 말하였다. 공자는 열 집쯤 사는 작은 읍(邑)에도 반드시 자신처럼 충성스럽고 진실한 자가 있겠지만 자신처럼 배우기를 좋아하는 자는 없을 것이라며 자랑했다.[668]

학문에 대한 자세도 절실해서 아침에 도(道)를 깨달았으면 저녁에 죽어도 괜찮다고 했다.[669] '학이불염 회인불권(學而不厭 誨人不倦)'은 공자가 학문을 대하는 구체적 표현이다. 공자는 묵묵히 마음속에 기억하며, 배우기를 싫어하지 않으며, 남을 가르치기를 게을리하지 않을 뿐이다. 이외에 무엇이 자신에게 있겠느냐고 했다.[670] 또 세 사람이 걸어가면 그중에는 반드시 나의 스승이 될 사람이 있고[671] 자제들은 집에 들어가서는 효도하고 나와서는 공손하며, 행실을 삼가고 말을 성실하게 하며, 널리 사람들을 사랑하되 인자(仁者)와 친해야 한다. 이를 행하고 남은 힘이 있으면 글을 배워야 한다고[672] 했다.

불치하문(不恥下問)이라는 말 그대로 공자는 배우는 데 민첩했고 아랫사람에게 묻는 것을 부끄러워하지 않았다. 제자에게는 아는 것을 안다고 하고, 모르는 것을 모른다고 하는 것이 진실로 아는 것이라고[673] 했다. 공자의 제자인 안연은 능하면서 능하지 못한 이에게 묻고, 많이 알면서 적게 아는 이에게 묻고, 있어도 없는 것처럼 하고, 가득해도 빈 것처럼 하며, 남이 잘못을 범해도 따지지 않았다고 한

---

666) 子曰 吾嘗終日不食 終夜不寢 以思 無益 不如學也. 위령공 30.
667) 子夏曰 博學而篤志 切問而近思 仁在其中矣. 자장 6.
668) 子曰 十室之邑 必有忠信 如丘者焉 不如丘之好學也. 공야장 27.
669) 子曰 朝聞道 夕死 可矣. 이인 8.
670) 子曰 黙而識之 學而不厭 誨人不倦 何有於我哉. 술이 2.
671) 子曰 三人行 必有我師焉. 술이 21.
672) 子曰 弟子 入則孝 出則弟 謹而信 汎愛衆 而親仁 行有餘力 則以學文. 학이 6.
673) 子曰 由 誨女知之乎 知之爲知之 不知爲不知 是 知也. 위정 17.

다.674) 이 때문에 노나라 애공(哀公)이 제자 중에 누가 배우기를 좋아하는지 물었을 때 공자는 '불천노 불이과(不遷怒 不貳過)'를 언급하며 안회(顏回)라는 제자가 배우기를 좋아했는데, 불행히 명(命)이 짧아 죽어 지금은 없다며 아직 배우기를 좋아하는 자가 있다는 말을 듣지 못하였다고675) 한탄했다.

　궁극적인 배움의 길을 공자는 다음과 같이 강조했다. "아는 것은 좋아하는 것만 못하고, 좋아하는 것은 즐거워하는 것만 못하다."676) 학문의 방법에 대해서도 공자는 '학이불사즉망 사이불학즉태(學而不思則罔 思而不學則殆)'라며 배우기만 하고 생각하지 않으면 얻음이 없고, 생각하기만 하고 배우지 않으면 위태롭다고 했다.677) 그래서 문(文)을 널리 배우고 예(禮)로써 요약하면 도(道)에서 어긋나지 않을 것이라고678) 당부했다. 배움에 대한 공자의 말을 다시 정리해 보았다. 2천 5백년 전 성인의 말이지만 어느 말이라도 맞지 않는 것이 없고 버릴 것이 없다. 이 때문에 공자의 사상은 시대와 공간을 넘어 확산될 수 있었다.

---

674)　曾子 曰 以能 問於不能 以多 問於寡 有若無 實若虛 犯而不校 昔者吾友 嘗從事於斯矣. 태백 5.

675)　哀公 問 弟子 孰爲好學 孔子 對曰 有顏回者 好學 不遷怒 不貳過 不幸短命死矣 今也則亡 未聞好學者也. 옹야 2.

676)　子 曰 知之者 不如好之者 好之者 不如樂之者. 옹야 18.

677)　子 曰 學而不思則罔 思而不學則殆. 위정 15.

678)　子 曰 博學於文 約之以禮 亦可以弗畔矣夫. 안연 15.

# 1) 유교의 전래

　유교가 한반도에 전래된 연대는 확실한 기록이 없지만 한자가 전래된 시기에 더불어 자연스럽게 전파되었을 것으로 추정된다. 삼국시대에 당나라의 학제인 국학(國學)을 받아들인 때를 그 기원으로 삼는데, 한반도의 유교 전래는 우리나라의 역사만큼이나 오래된 것이다. 고구려는 372년(소수림왕 2년)에 태학(太學)을 세워 제자를 교육하였다. 학교가 설립될 정도면 유학은 훨씬 이전에 이미 고구려에 도입된 것으로 보인다. 또한 지방 곳곳에 경당을 두어 청년들에게 유교 경전(經典)과 궁술을 연마시켰다. 이것은 유교의 경전과 6예(六藝)로써 교육을 실시하였음을 의미한다. 백제도 거의 같은 시기인 근초고왕 때 박사 왕인(王仁)이 일본에 『논어』 등을 전수하였다는 사실로 보아 유교 경전을 연구하는 기관이 설치되고, 유학 사상이 널리 보급되었음을 알 수 있다.

　신라의 국학(國學) 설립은 682년(신문왕 2년)으로서 교과내용이 오경(五經)으로 되어 있으며, 『논어』·『효경』을 필수로 하였다. 또한 설총은 이두로써 구경(九經)을 설명하였다. 이미 진흥왕 때 화랑 제도를 설립할 때 효제충신은 나라 다스림의 큰 요체[679]라고 하여 유교 이념을 근본으로 했고 임신서기석(壬申誓記石)에서 볼 수 있듯이 화랑들이 연마한 것은 유교 경전이었다. 그 내용을 보면 임신년 6월 16일에 두 사람이 함께 맹세하여 기록한다. 하늘에 맹세한다. 지금으로부터 3년 이후에 충도(忠道)를 지키고 허물이 없기를 맹세한다. 만일 이 서약을 어기면 하늘에 큰 죄를 지는 것이라고 맹세한다. 만일 나라가 편안하지 않고 세상이 크

---

679)　敎之以 孝悌忠信 亦理國之大要也.

게 어지러우면 '충도'를 행할 것을 맹세한다. 또한 따로 앞서 신미년 7월 22일에 크게 맹세하였다. 곧 『시경(詩經)』·『상서(尚書)』·『예기(禮記)』·『춘추전(春秋傳)』을 차례로 3년 동안 습득하기로 맹세한다고 했다.[680] 또한 진흥왕 순수비 속에 나오는 '몸을 닦아 백성을 편안케 한다(修己以 安百姓)'는 『논어』의 구절이나, '충신정성(忠臣精誠)', '위국진절(爲國盡節)' 등의 용어가 나오는 것은 치국의 이념으로서 유교 사상이 기초가 되고 있었음을 보여 주는 것이다.

이와 같이 유교 사상은 이미 삼국시대에 오경 사상(五經思想)을 중심으로 하여 정치이념이 되었으며, 국민을 교육하는 원리가 되었음을 알 수 있다. 원래 유교에서는 효(孝)의 관념을 중시하였는데, 삼국시대에는 국가의 체제가 정비되어 감에 따라 그 기반을 확고히 할 뿐 아니라, 국력을 신장하고 국가를 수호한다는 필요성에 의하여 효(孝)와 더불어 충(忠)의 의미가 더욱 강조되었다. 충과 효는 삼국시대로부터 내려온 한국 유교의 보편적 정신이라고 할 수 있다.

불교 국가인 고려를 세운 왕건의 「훈요십조」에서 제10조는 유교주의적 정치 사상을 반영하고 있다. 이를 보면 '국가를 가진 자는 항상 무사한 때를 경계할 것이며, 널리 경사(經史)를 섭렵해 과거의 예를 거울로 삼아 현실을 경계하라. 주공(周公)과 같은 대성(大聖)도 「무일(無逸)」 1편을 지어 성왕(成王)에게 바쳤으므로 이를 써서 붙이고 출입할 때마다 보고 살펴야 한다'고 하였다.[681]

고려의 4대 국왕인 광종 때부터는 과거(科擧)를 시행하였다. 과거는 중국에서 유교적 시험으로 관리를 선발하는 제도로 수나라 수문제가 만들었던 시험제도에서 유래한다. 수나라 멸망 이후 당나라 2대 황제 이세민 때부터 '과거(科擧)'로 이름을 바꿔서 본격적으로 초시와 복시 2시 체제로 과거를 시행하기 시작하였다. 고려의 과거는 제술업, 명경업, 잡업으로 나뉜다. 제술과는 문학적 재능과 정책 등을

---

680) 壬申年六月十六日 二人幷誓記 天前誓 今自三年以後 忠道執持 過失无誓 若此事失 天大罪得誓 若國不安大乱世 可容行誓之 又別先辛未年 七月十二日 大誓 詩尙書禮傳倫得誓三年.

681) 有國有家, 徹戒無虞, 博觀經史, 鑑古戒今. 公大聖『無逸』一篇, 進戒成王, 宜當圖揭, 出入觀省.

시험하고, 명경과는 유교 경전에 대한 이해 능력을 시험하여 문신을 뽑았다. 잡과는 법률, 회계, 지리 등 실용 기술학을 시험하여 기술관을 뽑았다. 제6대 성종 때에 이르러서는 국자감(國子監)을 세우고 경학박사를 두었으며, 최승로의 진언에 따라 국정을 쇄신하였다. 1289년(충렬왕 15년) 때에 안향(安珦)이 충렬왕을 따라 대도(북경)에 들어가 『주자전서(朱子全書)』를 입수하고 돌아온 후 정부에 건의하여 국학을 세우게 하고 공자나 여러 성현들의 위패를 모시고 제사를 드리는 사당인 문묘(文廟)를 중수하게 하는 등 유학 부흥에 큰 공적을 남겼다.

1392년 유교국가인 조선이 건국됐다. 건국세력들은 왕조 교체를 맹자의 역성혁명론으로 정당화하고 인정(仁政)과 덕치(德治)에 의한 왕도정치와 민본 사상을 바탕으로 한 국가 운영을 천명하였다. 유교 국가의 이념과 철학을 철저하게 구현해 건설한 도시가 수도 한양(漢陽)이었다. 정도전은 『주례(周禮)』의 원리인 '좌묘우사 면조후시(左廟右社 面朝後市)'에 따라 궁궐과 종묘, 사직단, 관청, 시장 등 주요한 공간의 자리를 잡았다. 즉 북악(北岳) 아래에 정궁(正宮)인 경복궁을 세우고 그 왼쪽인 지금의 종로4가 자리에 선왕(先王)의 위패를 모시는 종묘(宗廟)를 짓고 오른쪽인 인왕산 아래 자락에는 토지신과 곡물신을 모시는 사직단(社稷壇)을 배치했다. 그리고 육조(六曹) 등 조정의 주요 관청들을 경복궁의 정문인 광화문 앞 좌우에 배열해 세우고, 다시 종로에 시장인 저잣거리를 조성하도록 했다.

또한 정도전은 경복궁은 물론이고 근정전, 사정전, 강녕전, 융문루 등 궁궐의 주요 건물 하나하나에 유교적 이념과 이상을 새겨 이름을 지었다. 경복궁이란 이름은 『시경(詩經)』 대아(大雅)편 '기취(旣醉)'의 구절 중 "기취이주 기포이덕 군자만년 개이경복(旣醉以酒 旣飽以德 君子萬年 介爾景福)"의 구절로 "이미 술에 취하고 이미 덕에 배부르네. 군자 만년토록 큰 복을 누리리라"에서 뜻을 취하고 글자를 따와 '경복궁(景福宮)'이라고 하였다. 나아가 『주역(周易)』의 팔괘(八卦) 원리와 질서를 담아 한양도성을 축성하고 4대문(四大門)과 4소문(四小門)을 설치했으며 유학의 기본 이념인 '인의예지신(仁義禮智信)'에 따라 한양도성을 지키는 사대문의 명칭을 지었다. 동(東)은 목(木)으로서 봄을 뜻하고 인(仁)이 흥한다는 흥인지문(興仁之門)이라고 했고 서(西)는 금(金)으로 가을을 뜻하며 의(義)를 돈독하게 한다는 돈의문(敦義門)이라 했다. 남(南)은 화(火)로서 여름을 뜻하며 예(禮)를 숭상한다는 의미로 숭례문(崇禮門)이며 북(北)은 수(水)로서 겨울을 뜻하며 지(智)의 뜻을 품은 숙청문(肅淸門)이라고 하였다.

## 2) 유교의 명암

　성종대에 이르러 『경국대전』을 편찬해 유교윤리의 성문화(成文化)를 완성하게 된다.[195] 이로써 예치 관념의 제도화를 시도했던 유교 국가 조선이 본격적인 단계에 오른 것이다. 이와 더불어 친영과 제사 등의 제도를 바탕으로 하는 종법제도가 왕실은 물론 사대부들 사이에도 확산되기 시작한다. 친영(親迎)은 혼인의례인 육례 중 하나로 신랑이 신부집에서 신부를 맞아와 자신의 집에서 혼인을 진행하는 혼례의식이다. 성리학을 이념으로 조선을 건국한 사대부들은 유교식 혼인의례를 조선에서도 시행하고자 하였다. 그러나 신랑이 신부집에서 혼인생활을 하는 남귀여가(男歸女家)의 전통적인 혼인 풍속으로 조선 후기까지도 친영은 뿌리내리지 못하였다. 왕실을 비롯한 사대부층이 친영 도입을 위해 끈질기게 노력한 끝에 혼인 후 신부집에서 생활하는 기간을 단축시키는 데는 영향을 주었다. 그리하여 18세기에는 1, 2년 내에 시집에 들어가는 것이 보편화되기 시작하였다. 이렇듯 원론적 유교 이념이 초기부터 조선 사회를 지배했던 것은 아니다.

　성리학은 고려 말의 혼란으로 고통받는 백성들의 현실을 타개하고자 사대부들이 도입한 사상이다. 오히려 현실 도피에 빠진 불교를 허학(虛學)이라 비판하며 실학(實學)이라는 용어가 등장하는 것도 이 무렵으로 당시 사대부들은 성리학을 실학이라 불렀다. 새로운 사회를 바라는 그들에게 유학은 실사구시의 학문이었고 현실 개혁을 위한 도구였다. 성리학적 이상에 따라 나라를 세운 조선의 학자들은 개방적이고 실용적이었다. 주자 성리학의 경제적 기반인 강남농법이 조선에서도 뿌리내리면서 농업생산의 증가로 조선의 인구도 늘기 시작했다. 조선 초기 550

만 명에 불과했던 인구는 백 년 후인 1500년에는 940만 명에 달하였다. 또 음운 체계를 과학적으로 연구해 독창적인 문자인 한글을 만들었고, 예악을 정비해 음의 길이를 알 수 있는 유량악보(有量樂譜)인『정간보(井間譜)』를 창안했다. 중국보다 앞선 천문, 수학으로 태양력을 기준으로 계산한 역법인『칠정산(七政算)』을 편찬했다. 화포를 개선하고 거북선이 등장한 것도 조선 초의 일이다. 이외에도 고려 활자의 개량이나 기상 관측 등의 성과를 본다면 조선의 유학자들이 추구한 이상은 지극히 현실적이며 민생을 위한 것이었다.

하지만 조선 중기를 거치며 선비들에게 유학은 권력을 유지하기 위한 이념이 되었고, 공부는 출세의 수단으로 변질한다. 이에 분개한 남명 조식은 퇴계 이황에게 다음과 같은 내용의 편지를 보낸다. "요즘 공부하는 자들을 보니, 손으로 물 뿌리고 빗자루 쓰는 법(灑掃應對)도 모르면서 입으로 하늘의 이치를 논하고 있다"며 성리학의 퇴행을 막아 달라고 호소한다. 퇴계는 몸소 거처하면서 제자들을 가르치던 곳인 도산서당을 지으며 직접 설계 도면을 그리고 공사를 감독할 정도로 사물의 이치에 밝은 유학자였다.

특히 임진왜란과 병자호란을 겪으면서 국가가 전쟁터가 되어 초토화가 되었다가 재건하였는데, 이 시기에 성리학이 교조주의와 원리주의 경향이 심화되어 사회가 경직되고 엄격해졌다. 예송논쟁(禮訟論爭)은 성리학의 이념에 집착해 명분과 정통성을 둘러싼 타협 없는 논쟁으로 사회가 이념화되고 경직화된 것을 보여주는 대표적 사례다. 예송논쟁은 효종의 계모이자 효종비 인선왕후에 대한 시가 계모 자의대비(慈懿大妃)의 복상기간을 둘러싸고 현종, 숙종 시대에 발생한 서인(西人)과 남인(南人) 간의 수차례에 걸친 논쟁이었다. 더구나 호란과 명나라의 멸망 이후 조선 양반층과 집권세력에 퍼진 소중화 사상(小中華思想)으로 중국 한족 문화를 전통적으로 이어받은 나라는 조선이라고 자부했다. 이 때문에 청나라를 비롯한 외국 문물들을 오랑캐의 문화라며 무시했고 호란 이후로는 폐쇄적인 고립주의를 고수했다. 이런 경향이 당시 조선 사회와 이후 한국 사회를 권위주의와 가족주의, 연고주의로 이끌었고 조선 후기 부패한 권력자들은 자신들의 기득권을 공고히 하고 피지배층을 억누르기 위해 유교를 왜곡했다. 조선 이후 일제강점기에는 지배층에 대한 복종을 강요했던 일본 무사도의 유입과 함께 한국전쟁과 군사정권으로 변질된 유교전통이 생긴 것이다.

## 가부장적 가족주의

우리나라에서 유교의 폐단으로 주로 언급되는 가부장적 가족주의와 남녀 차별, 허례허식 등이 오로지 유교의 산물이라고 할 수 있는가? 한국은 예로부터 유교적 가부장제에 대한 의식이 강한 것은 아니었다. 남녀가 결혼을 하면 남자가 처가에서 일정 기간 살았던 것이 우리 민족의 오랜 혼인 풍습이었는데, 가부장적인 분위기가 확고하게 정착된 역사는 앞서 보았듯이 얼마 되지 않은 것이다. 연구에 따르면 전통적인 양반층은 여성의 학문 공부를 적극 장려했으며, 부부 간엔 서로 존댓말을 썼다고 한다. 재산 상속에 있어서도 고려시대에 이어서 조선시대 전기에도 여성에 대한 균분상속의 관습이 있었다. 당시 가부장적인 사회였음에도 불구하고 균분상속이 법으로 명문화되어 상당 기간 동안 지켜져 왔던 것이다. 여성은 재산을 소유할 수 있었고, 아들과 동등하게 상속받을 수 있었을 뿐 아니라 상속인이 없는 경우 자신의 재산을 친정 가족에게 줄 수도 있었다. 비록 유교 이데올로기가 지배했던 차별적 사회이기는 하였으나 여성은 재산상 행위 능력과 독립성을 존중받았다. 또 조선 전기에 편찬된 족보의 경우 아들과 딸 구분 없이 태어난 순서대로 기재되었으며, 딸의 자녀들까지 수록되었다. 결국 가부장제의 심화는 조선 후기부터 나타난 현상으로 유교보다는 양란 이후 겪은 사회 변동에 의한 영향이 더 컸다.

## 남녀차별

조선 전기, 임진왜란 전까지는 여성들의 지위가 고려시대와 같았다. 조선 시대 중기의 문인이자 유학자, 화가, 작가, 시인인 신사임당을 보면 당시까지의 여성의 지위를 유추할 수 있다. 신사임당은 여성이면서도 성리학적 지식이 해박했고 화가로서 활동하며 아들 이이, 이우, 딸 이매창을 대학자와 화가, 작가로 길러 냈다. 하지만 왜란 후에 신분제의 동요가 있고 난 뒤에 가부장제가 심해짐에 따라 여성의 재혼이 억압받았고 시집살이가 심해졌다.

오륜의 부부유별(夫婦有別)은 남녀차별을 위한 것이 아니었다. 유교사회는 남녀를 나눠 성 역할을 구분했지만 성 역할 구분은 수단에 불과했고 근본적인 목적은 성 윤리 확립이었다. 남녀를 구분하는 수많은 행동규범은 모두 부부유별의 성윤리를 실천하고 유지하기 위한 것이었다. 퇴계 제자 이덕홍은 부부유별이란 남편은 자기 아내가 아니면 어울리지 않고, 아내는 자기 남편이 아니면 어울리지 않는 것이라고 해석했다. 조선 후기 유학자 한원진도 각자 제 남편과 제 아내를 두고 난잡하지 않은 것이라고 해석했다. 다산 정약용도 부부유별이란 각기 제 짝을 배필로 삼아 난잡하지 않은 것이라며 세간의 오해도 지적했다. "요즘 사람들은 안팎의 구분이 엄격한 것을 부부유별이라고 아는데, 잘못이다." 즉 부부유별은 성 역할 구분이 아니라 성 윤리라는 것이다. 즉 '네 이웃의 아내를 탐하지 말라'와 같은 의미다.

말했듯이 임진왜란과 병자호란을 거쳐 명나라의 멸망 이후 조선이 중화를 계승했다며 소중화 사상을 시작으로 성리학이 더욱 교조화되면서 타 학문의 수용은 물론 새로운 해석을 거부하는 근본주의로 돌아서게 됐다. 이로 인해 조선은 중기까지만 해도 드물지 않았던 여성의 재가와 이혼이 후기로 가면서 금기시되었다. 열녀를 칭송하면서 여자의 정조를 강요하게 됐다. 사실 한(漢)나라의 정치 사상가인 동중서(董仲舒)에 의하여 만들어진 군위신강(君爲臣綱), 부위자강(父爲子綱), 부위부강(夫爲婦綱)의 삼강(三綱)은 주종(主從)과 상하관계의 원리로 구성돼 있는데, 이는 신하와 백성들의 복종을 유도하기 위한 정치적 필요성의 성격이 강했다.

임진왜란 전까지는 딸도 제사에 참여했다. 시집간 누나가 자신의 집에서 제사상을 차리고 남동생이 누나의 집을 방문하여 제사를 지내기도 하였다. 여자가 자기 친정에 가서 제사를 지내거나, 딸이 제사를 지내고 다른 형제들이 그 집을 찾는 사례도 있었다. 조선 후기에 족보 매매로 인해 가짜 양반이 급증했고, 이후 일제강점기와 한국전쟁으로 인해 사실상 족보가 사라지면서 너도 나도 양반을 주장하고 양반처럼 보이기 위해 허례허식이 늘어난 게 오늘날까지 이어지고 있다.

## 허례허식

명분과 명예를 따지는 유교 전통이 강한 우리나라는 어떤 나라보다 체면을 중요시한다고 한다. 이런 체면치레 때문에 허례허식이 만연하고 있다는 것이다. 그런데 『논어』를 보면 노나라 사람 임방(林放)이 예(禮)의 근본에 대해 물었을 때 예(禮)는 사치하기보다는 차라리 검소한 것이 낫고, 상(喪)은 형식적으로 잘 치르기보다는 차라리 슬퍼하는 것이 낫다고 공자는 말했다.[682]

조선 『경국대전』에 따르면 서민과 양반이 지내는 제사 횟수가 달랐다. 3품관 이상은 고조부까지 4대 봉사를 지내고, 6품관 이상은 증조부까지 3대 봉사, 7품관 이하 선비들은 조부모까지 2대 봉사를 하고, 서민들은 부모만 제사를 지냈다. '4대 봉사(四代奉祀)'는 부모·조부모·증조부모·고조부모까지 지내는 제사를 의미한다. 그런데 1894년 갑오경장이 일어나고 반상이 무너지면서, 모두가 너도 나도 높은 양반처럼 4대 봉사를 하는 현상이 생겨났다. 무리해서라도 일반 서민들이 양반식 차례 음식을 준비하다 보니 부담이 컸지만 2대 봉사만 하면 우리 집이 상놈 취급받는다는 인식에 따른 것이다. 이처럼 제사조차도 유교 규범에 따른 것이 아니라 사회 변동과 관념을 쫓아서 행해진 것이다.

---

682) 林放 問禮之本 子曰 大哉 問 禮 與其奢也 寧儉 喪 與其易也 寧戚. 팔일 4.

## 3) 유교와 대한민국의 발전

    대한민국은 단기간에 산업화와 민주화를 이룬 유례없는 나라다. 1960년대 초반만 해도 전쟁의 여파에 허덕이는 낙후한 농업 국가였다. 그러나 이후 높은 경제성장률을 자랑하며 아시아의 신흥 산업국, 이른바 '아시아의 호랑이' 중 하나가 됐고 수십 년간 경제성장이 지속되면서 GDP 기준 세계 10대 경제강국과 G20, OECD(경제협력개발기구)의 일원이 됐다. 이런 성장 배경에는 여러 요인이 있겠지만 예의, 공손함, 성실성, 공동체에 대한 헌신, 국가에 대한 충성 같은 '아시아적 가치'가 경제 발전에 근간이 되었다는 것을 부정하기 어렵다. 이 아시아적 가치의 바탕은 유교적 전통이다. 경제활동의 주체는 가계, 기업, 정부인데 가계(가족)는 교육을 통해 우수한 인적 자본을 키웠고, 가족 같은 기업문화는 기업의 위기상황이나 성장 초기 노사 간의 무한책임으로 기업성장을 뒷받침했다. 또(정부)관료가 도덕적 책임의식을 갖고 가계와 기업이 잘 작동하도록 법과 제도를 제정하고 지원하지 않았다면 지금과 같은 성장은 이룰 수 없었을 것이다.

    대한민국의 민주화 역시 유례가 없다. 영국『이코노미스트』에 따르면 2022년 한국은 완전 민주주의 국가로 분류되며 민주주의 지수는 8.03점으로 전 세계 167개국 가운데 24위다. 이는 교육과 경제 성장을 통해 민주주의와 인권에 대한 의식이 강해졌기 때문이다. 또한 한국에서는 유교적 민본주의 사상이 서구에서 들어온 민주주의와 독특하게 결합됐다. 지금도 자주 인용하는 "민심(民心)은 천심(天心)이다"라는 말은 유교의 5경 중 하나인『서경(書經)』에 나온다. 따라서 민(民)을 국가의 근본으로 중시하는 민본주의는 정치 사상은 민주주의의 근간이 됐다고 할 수 있다.

 하지만 압축 성장은 압축적인 부작용을 낳았다. 성장은 정체되고 양극화가 심화되면서 지역, 세대, 성별, 계층 간의 분열과 갈등은 갈수록 심해지면서 사회통합은 이 시대의 최대 이슈로 떠오르고 있다. 이해당사자에 대한 설득과 사회통합 없이 경제 성장과 사회 안정은 한 발짝도 나갈 수 없기 때문이다. 따라서 대한민국의 미래는 사회통합에 달려 있고 이를 위해서는 사회적 신뢰 회복이 전제되어야 한다.

 자공이 정치에 대해서 물었을 때 공자는 양식을 풍족하게 하고, 군대를 풍족하게 하고, 백성들이 윗사람에게 신의를 지키는 것이라고 했다. 그리고 군대와 양식을 버리더라도 백성들이 신의가 없으면 존립할 수가 없다고(民無信不立) 했다.[683] 이처럼 21세기 사회에도 유교의 역할이 있다. 잘 알다시피 공자의 사상은 혼란한 시기에 사회 안정을 위한 방안을 찾기 위한 것이다. 공자는 보다 안정되고 평화로운 사회를 만드는 데 도움이 될 수 있는 제도, 방법, 과정을 심사숙고했다. 유가의 이상 사회는 친친(親親) 즉 올바른 친족 관계가 사회를 안정시키는 근본이라고 간주했다. 가족은 국가(國家)의 바탕이고 국가는 성인(聖人)의 지혜에 따라 세워진 제도와 함께 사람들의 상호 관계에 의해 유지되었다. 지금 시대의 관점으로 보면 공자는 법이나 제도, 그리고 경제력으로 사회를 강제하기보다는 '사회적 자본(social capital)'을 통해서 사회의 안정과 통합을 이루고자 했다. 사회적 자본이란 법질서 준수와 사회규범, 사회구성원 상호 간의 신뢰와 협동심, 거래상의 신용, 윤리의식, 네트워크, 공동체 정신, 소통 능력, 지식 등과 같은 무형의 자산이다.

 공자의 이를 위해 인(仁)을 제시했고 개인과 사회, 국가 차원에서 이를 실천해야 한다고 주장했다. 사회 갈등의 이슈에서 불편불의 무과불급(不偏不倚 無過不及)한 중용의 도를 찾고 정성(誠)을 다하여 과유불급(過猶不及)하지 않고 조화롭게 '문질빈빈(文質彬彬)'해야 한다고 했다. 먼저 수기(修己)를 위해서 위기지학(爲己

---

[683] 子貢 問政 子曰 足食足兵 民 信之矣 子貢曰 必不得已而去 於斯三者 何先 曰 去兵 子貢曰 必不得已而去 於斯二者 何先 曰 去食 自古皆有死 民無信 不立. 안연 7.

之學)의 자세로 배우며, 기소불요 물시어인(己所不欲 勿施於人. 위령공 23)과 충서(忠恕)로 행하며 잘못을 고치는 데 과즉물탄개(過則勿憚改)해야 한다. 나아가 치인(治人)의 방법으로 내 마음으로 남을 헤아리는 혈구지도(絜矩之道)의 자세와 바른 인물을 등용해 백성을 따르게 하는 '거직조저왕(擧直錯諸枉)'을 행해야 한다. 이어 '필야정명호(必也正名乎)'를 통해 일에는 반드시 정당성을 세우고 힘이 아닌 덕으로 다스리는 위정이덕(爲政以德)을 행한다면 양식이 풍족하고 안정돼 신뢰가 생겨나 '족식족병 민신지(足食足兵 民信之)'하게 된다고 강조했다.

인(仁)과 중용, 충서, 위정이덕 등 마땅한 도리지만 제대로 실천하기는 어렵다. 사실 공자가 이를 가르칠 당시부터 지금까지 제대로 실행하지 못했다. 하지만 공자의 위대함은 안 될 줄을 알면서도 뚜벅뚜벅 행하는 데 있다. 『논어』에 보면 자로가 석문(石門)에서 유숙하였는데, 성문 문지기가 어디에서 왔는지 물었다. 자로가 공씨에게서 왔다고 하자, 바로 안 될 줄 알면서도 하는 그 사람 말인가 하며[684] 문지기가 공자를 조롱했다. 그럼에도 불구하고 공자는 하늘로부터 받은 명(天命)을 행하여 나갔다. 자장이 녹(祿)을 구하는 방법을 배우려 하자 공자는 '많이 듣고 의심스러운 부분은 빼놓고 그 나머지를 조심스럽게 말하면 허물이 적으며, 많이 보고 위태로운 것을 빼놓고 그 나머지를 조심스럽게 행하면 후회하는 것이 적을 것이다. 말에 허물이 적고 행실에 후회함이 적으면 녹은 그 가운데 있는 것'이라고 했다.[685] 이처럼 공자는 천하를 다스리는 목표를 가졌지만 세밀하고 사소한 것부터 하나하나 실천해 나갔기에 만세의 스승이 될 수 있었던 것이다.

---

(684)　子路 宿於石門 晨門 曰 奚自 子路 曰 自孔氏 曰 是 知其不可而爲之者與. 헌문 41.

(685)　子張 學干祿. 子 曰 多聞闕疑 愼言其餘 則寡尤 多見闕殆 愼行其餘 則寡悔 言寡尤 行寡悔 祿在其中矣. 위정 18.

# 참고문헌

『간단 명쾌한 동양사상』. 세계사상연구회. 시그마북스. 2010.

『간명한 중국철학사』. 펑유란. 형설출판사. 2007.

『공자가어1, 2』. 왕숙. 올재. 2021.

『공자와 맹자에게 직접 배운다』. 린타캉 외. 휴머니스트. 2004.

『공자의 철학』. 천병돈 역. 예문서원. 2012.

『공자 잠든 유럽을 깨우다』. 김종록·황태연. 김영사. 2015.

『공자전. 시라카와 시즈카』. 장원철, 정영실 역. 펄북스. 2016.

『공존과 소통 그리고 인성을 세우는 진리』. 심범섭 지음. 평단. 2014.

『관념의 변천사』. 장현근. 한길사. 2016.

『그렇다면, 칸트를 추천합니다』. 미코시바 요시유키. 출판청어람e. 2017.

『그림으로 보는 중국의 과학과 문명』. 로버트 템플. 까치. 2009.

『내 삶을 내 것으로 만드는 것들』. 푸페이룽. 추수밭. 2016.

『논어강설』. 이기동 역해. 성균관대학교 출판부. 2016.

『다시 읽는 서양철학사』. 박해용, 심옥숙. 이담. 2013.

『단숨에 정리되는 그리스 철학 이야기』. 이한규. 좋은 날들. 2004.

『대학·중용강설』. 이기동 역해. 성균관대학교 출판부. 2015.

『덕치 인치 법치』. 신동준. 예문서원. 2003.

『도교문화 15강』. 잔스촹. 알마. 2012.

『도덕의 기원』. 마이클 토마셀로. 이데아. 2020.

『도덕의 탄생』. 크리스토퍼 보엠. 리얼부커스. 2019.

동양고전종합DB(cyberseodang.or.kr).

『동양적 가치의 재발견』. 위잉스. 동아시아. 2007.

『동양학 원론』. 권일찬. 한국학술정보. 2012.

『맨얼굴의 중국사1』. 백양. 김영수 역. 창해. 2005.

『맹자강설』. 이기동 역해. 성균관대학교 출판부. 2015.

『문명이 낳은 철학, 철학이 바꾼 역사1』. 이정우. 길. 2014.

『사대부의 시대』. 고지마 쓰요시. 동아시아. 2013.

『사람다움이란 무엇인가』 신정근 지음. 글항아리. 2011.

『상주사』 윤내현. 민음사. 1990.

『새로 읽는 논어』 오구라 기조. 교유서가. 2016.

『생각하는 힘, 노자 인문학』 최진석. 위즈덤하우스. 2015.

『서울의 제사 감사와 기원의 몸짓』 서울특별시 시사편찬위원회. 2013.

『서울 2천년사 19권 조선시대 서울의 과학기술과 예술』 서울특별시 시사편찬위원회. 2014.

『성리학이란 무엇인가』 안유경. 새문사. 2015.

『세계 철학사』 한스 요아킴 슈퇴릭히. 분도 출판사. 2004.

『세상의 모든 역사1, 2』 수잔 와이즈 바우어. 이론과 실천. 2007.

『순자 교양 강의』 우치야마 도시히코. 돌베개. 2013.

『역주와 해설 성학십도』 고려대학교 민족문화연구원 한국사상연구소 편. 예문서원. 2010.

『유가 전통과 과학』 김영식. 예문서원. 2013.

『유교의 뿌리를 찾아서』 김승혜. 지식의 풍경. 2008.

『유교자본주의 민주주의』 함재봉. 전통과 현대. 2000.

『유교 탄생의 비밀』 김경일. 바다출판사. 2013.

『이중톈 국가를 말한다』 이중톈. 라의눈. 2015.

『이중톈 사람을 말하다』 이중톈. 중앙북스. 2013.

『이중톈의 이것이 바로 인문학이다』 이중톈. 보아스. 2015.

『이중톈 정치를 말하다』 이중톈. 중앙북스. 2013.

『이중톈 중국사 6: 백가쟁명』 이중톈. 글항아리. 2015.

『인물로 본 중국고대철학사』 황준연. 서광사. 2016.

『자유주의와 공동체 주의』 스테판 물홀·애덤 스위프트. 한울아카데미. 2011.

『전국칠웅』 리산. 인간사랑. 2016.

『(마이클 샌델의) 정의사회의 조건』 고바야시 마사야. 황금물고기. 2012.

『조선 도덕의 성찰』 윤사순. 돌베개. 2010.

『종교 유전자』 니콜라스 웨이드. 아카넷. 2015.

『종묘와 사직』 강문식, 이현진. 책과 함께. 2011.

『주자와 양명의 철학』 야스다 지로. 이원석 역. 논형. 2012.

『주자의 사서학과 다산 정약용의 비판』 임헌규. 파라아카데미. 2020.

『중국고대사상의 원형을 찾아서』 이은봉. 출판소나무. 2003.

『중국문명의 기원』 신동준. 인간사랑. 2005.

『중국 사상사』 모리 미키사부로. 임병덕 역. 온누리. 2011.

『중국 사회 속의 종교』 양경곤. 글을 읽다. 2011.

『중국을 말한다 1』 양산췬. 신원문화사. 2008.

『중국을 말한다 2 - 시경 속의 세계』 양산췬, 정자룽. 이원길 역. 신원문화사. 2008.

『중국을 말한다 3 - 춘추의 거인들』 천쭈화이. 남광철 역. 신원문화사. 2008.

『중국을 말한다 4』 천쭈화이. 신원문화사. 2008.

『중국의 역사(100가지 주제로 본)』 판슈즈. 고려대학교 출판부. 2007.

『중국의 종교문화』 박미라 역. 길. 2000.

『중국적 사유의 원형』 박정근. 살림. 2004.

『중국전설시대와 민족형성』 서욱생. 학고방. 2012.

『중국 제국을 움직인 네 가지 힘』 미조구치 유조, 이케다 도모히사, 고지마 쓰요시 지음. 조영렬 역. 글항아리. 2012.

『중용 공존과 소통 그리고 인성을 세우는 진리』 심범섭. 평단. 2014.

『중용 조선을 바꾼 한 권의 책』 백승종. 사우. 2019.

『지혜의 역사』 트레버 커노. 한문화. 2018.

『철학의 멘토, 멘토의 철학』 박승찬 · 노성숙. 가톨릭대학교 출판부. 2013.

『철학의 시대』 강신주. 사계절. 2011.

『체용철학』 강진석. 문사철. 2012.

『춘추전국이야기 6』 공원국. 위즈덤하우스. 2017.

『케임브리지 중국철학 입문』 카린 라이. 심의용 역. 유유. 2018.

『한국사람만들기1』 함재봉. 에이치 프레스. 2020.

『한글 대학 중용』 신창호. 판미동. 2015.

『현토완역 논어집주』 성백효 역주. 전통문화연구회. 2016.

『현토완역 대학 · 중용집주』 성백효 역주. 전통문화연구회. 2016.

『현토완역 맹자집주』 성백효 역주. 전통문화연구회. 2016.

# 찾아보기

# 미주

1 『공자의 철학』. 천병돈 역. 예문서원. 2012. p22~26.

2 『주자의 사서학과 다산 정약용의 비판』. 임헌규. 파라아카데미. 2020. p4.

3 같은 책. p64.

4 『세상의 모든 역사1』. 수잔 와이즈 바우어. 이론과 실천. 2007. p69.

5 『중국문명의 기원』. 신동준. 인간사랑. 2005. p162.

6 『그림으로 보는 중국의 과학과 문명』. 로버트 템플. 까치. 2009. p16.

7 『상주사』. 윤내현. 민음사. 1990. p18.

8 『세상의 모든 역사1』. 수잔 와이즈 바우어. 이론과 실천. 2007. p66.

9 『문명의 새벽』. 자오춘칭, 친원성. 시공사. 2003. p78~83.

10 『중국의 역사(100가지 주제로 본)』. 판슈즈. 고려대학교 출판부. 2007. p73.

11 『상주사』. 윤내현. 민음사. 1990. p339.

12 『중국의 역사(100가지 주제로 본)』. 판슈즈. 고려대학교 출판부. 2007. p143~144.

13 『중국문명의 기원』. 신동준. 인간사랑. 2005. p63~64.

14 『유교 탄생의 비밀』. 김경일. 바다출판사. 2013. p272, 341.

15 『공자의 철학』. 천병돈 역. 예문서원. 2012. p19~21.

16 『세상의 모든 역사1』. 수잔 와이즈 바우어. 이론과 실천. 2007. p28~33.

17 『종교 유전자』. 니콜라스 웨이드. 아카넷. 2015. p228.

18 『중국전설시대와 민족형성』. 서욱생. 학고방. 2012. p5.

19 『중국의 역사(100가지 주제로 본)』. 판슈즈. 고려대학교 출판부. 2007. p47~48.

20 『중국전설시대와 민족형성』. 서욱생. 학고방. 2012. p32~33.

21 『중국문명의 기원』. 신동준. 인간사랑. 2005. p65.

22 『중국전설시대와 민족형성』. 서욱생. 학고방. 2012. p69~71.

23 『중국을 말한다 1』. 양산췬. 신원문화사. 2008. p130~131.

24 『세상의 모든 역사1』. 수잔 와이즈 바우어. 이론과 실천. 2007. p236~238.

25 『중국을 말한다 1』. 양산췬. 신원문화사. 2008. p132.

26 『세상의 모든 역사1』. 수잔 와이즈 바우어. 이론과 실천. 2007. p241.

27 『중국문명의 기원』. 신동준. 인간사랑. 2005. p305.

28 『상주사』. 윤내현. 민음사. 1990. p51~52.

29 『중국의 역사(100가지 주제로 본)』. 판슈즈. 고려대학교 출판부. 2007. p72.

30 『중국문명의 기원』. 신동준. 인간사랑. 2005. p436.

31 『중국 사상사』. 모리 미키사부로. 임병덕 역. 온누리. 2011. p24.

32 『세상의 모든 역사2』. 수잔 와이즈 바우어. 이론과 실천. 2007. p15.

33 『중국문명의 기원』. 신동준. 인간사랑. 2005. p422.

34 『세상의 모든 역사1』. 수잔 와이즈 바우어. 이론과 실천. 2007. p406.

35 『중국의 역사(100가지 주제로 본)』. 판슈즈. 고려대학교 출판부. 2007. p89.

36 『이중톈 국가를 말한다』. 이중톈. 라의눈. 2015. p66.

37 『중국을 말한다 2』. 양산췬. 신원문화사. 2008. p136.

38 『중국의 역사(100가지 주제로 본)』. 판슈즈. 고려대학교 출판부. 2007. p93.

39 『중국을 말한다 2』. 양산췬. 신원문화사. 2008. p137~138.

40 『관념의 변천사』. 장현근. 한길사. 2016. p190~192.

41 『이중톈 정치를 말하다』. 이중톈. 중앙북스. 2013. p43, 51.

42 『중국의 역사(100가지 주제로 본)』. 판슈즈. 고려대학교 출판부. 2007. p94.

43 『중국을 말한다 2』. 양산췬. 신원문화사. 2008. p136.

44 『세상의 모든 역사2』. 수잔 와이즈 바우어. 이론과 실천. 2007. p16.

45 『이중톈 국가를 말한다』. 이중톈. 라의눈. 2015. p54, 126.

46 『문명이 낳은 철학, 철학이 바꾼 역사1』. 이정우. 길. 2014. p16.

47 『이중톈 국가를 말한다』. 이중톈. 라의눈. 2015. p199.

48 『종교 유전자』. 니콜라스 웨이드. 아카넷. 2015. p103~104, 109.

49 『중국 사회 속의 종교』. 양경곤. 글을 읽다. 2011. p124.

50 『종교 유전자』. 니콜라스 웨이드. 아카넷. 2015. p133~140.

51 『중국문명의 기원』. 신동준. 인간사랑. 2005. p239.

52 『세상의 모든 역사1』. 수잔 와이즈 바우어. 이론과 실천. 2007. p363, 404.

53 『상주사』. 윤내현. 민음사. 1990. p50.

54 『동양학 원론』. 권일찬. 한국학술정보. 2012. p202.

55 『이중톈 국가를 말한다』. 이중톈. 라의눈. 2015. p189.

56 『중국문명의 기원』. 신동준. 인간사랑. 2005. p377~379.

57 『중국을 말한다 1』. 양산췬. 신원문화사. 2008. p259.

58  『중국 사상사』 모리 미키사부로. 임병덕 역. 온누리. 2011. p25.

59  같은 책. p13.

60  『한국민족문화대백과』 제례[祭禮].

61  『종교 유전자』 니콜라스 웨이드. 아카넷. 2015. p31.

62  『인물로 본 중국고대철학사』 황준연. 서광사. 2016. p93.

63  『상주사』 윤내현. 민음사. 1990. p47~48.

64  『중국문명의 기원』 신동준. 인간사랑. 2005. p378, 388.

65  『중국 사회 속의 종교』 양경곤. 글을 읽다. 2011. p124.

66  『중국의 역사(100가지 주제로 본)』 판슈즈. 고려대학교 출판부. 2007. p95~96.

67  『논어강설』 이기동. 성균관대학교 출판부. 2016. p152.

68  『중국 사회 속의 종교』 양경곤. 글을 읽다. 2011. p430.

69  『서울의 제사 감사와 기원의 몸짓』 서울특별시 시사편찬위원회. 2013. p45.

70  같은 책. p53.

71  『중국 사회 속의 종교』 양경곤. 글을 읽다. 2011. p430.

72  『중국의 역사(100가지 주제로 본)』 판슈즈. 고려대학교 출판부. 2007. p82.

73  『종교 유전자』 니콜라스 웨이드. 아카넷. 2015. p237.

74  『관념의 변천사』 장현근. 한길사. 2016. p188~189.

75  『인물로 본 중국고대철학사』 황준연. 서광사. 2016. p78~80.

76  『중국의 종교문화』 박미라 역. 서울 길. 2000.

77  『중국 사회 속의 종교』 양경곤. 글을 읽다. 2011. p431.

78  같은 책. p430.

79  『중국 사상사』 모리 미키사부로. 임병덕 역. 온누리. 2011. p12.

80  『문명이 낳은 철학, 철학이 바꾼 역사1』 이정우. 길. 2014. p16.

81  『중국의 역사(100가지 주제로 본)』 판슈즈. 고려대학교 출판부. 2007. p99.

82  『중국문명의 기원』 신동준. 인간사랑. 2005. p357, 416.

83  『중국을 말한다 3』 천쭈화이. 신원문화사. 2008. p20, 22.

84  같은 책. p23.

85  『세상의 모든 역사2』 수잔 와이즈 바우어. 이론과 실천. 2007. p59.

86  『상주사』 윤내현. 민음사. 1990. p340~341.

87  『맨얼굴의 중국사1』 백양. 김영수 역. 창해. 2005. p336~337.

88  같은 책. p339.

89  『중국 제국을 움직인 네 가지 힘』. 미조구치 유조 등. 글항아리. 2012. p20.

90  『중국을 말한다 3』. 천쭈화이. 신원문화사. 2008. p41.

91  『유교의 뿌리를 찾아서』. 김승혜. 지식의 풍경. 2008. p114.

92  『문명이 낳은 철학, 철학이 바꾼 역사1』. 이정우. 길. 2014. p16.

93  『맨얼굴의 중국사1』. 백양. 김영수 역. 창해. 2005. p322.

94  같은 책. p321.

95  『유교의 뿌리를 찾아서』. 김승혜. 지식의 풍경. 2008. p110.

96  『상주사』. 윤내현. 민음사. 1990. p342~343.

97  『세상의 모든 역사2』. 수잔 와이즈 바우어. 이론과 실천. 2007. p279.

98  『맨얼굴의 중국사1』. 백양. 김영수 역. 창해. 2005. p339~340.

99  『유교의 뿌리를 찾아서』. 김승혜. 지식의 풍경. 2008. p101.

100  『중국의 역사(100가지 주제로 본)』. 판슈즈. 고려대학교 출판부. 2007. p120.

101  『동양학 원론』. 권일찬. 한국학술정보. 2012. p419.

102  『유교의 뿌리를 찾아서』. 김승혜. 지식의 풍경. 2008. p44.

103  『공자전』. 시라카와 시즈카. 장원철, 정영실 역. 펄북스. 2016. p141.

104  『케임브리지 중국철학 입문』. 카린 라이. 심의용 역. 유유. 2018. p404.

105  『도교문화 15강』. 잔스촹. 알마. 2012. p75.

106  『사람다움이란 무엇인가』. 신정근. 글항아리. 2011. p48, 82.

107  『중국 사상사』. 모리 미키사부로. 임병덕 역. 온누리. 2011. p135.

108  같은 책. p178.

109  『맨얼굴의 중국사1』. 백양. 김영수 역. 창해. 2005. p348.

110  『그렇다면, 칸트를 추천합니다』. 미코시바 요시유키. 청어람e. 2017. p217.

111  『공자의 철학』. 천병돈 역. 예문서원. 2012. p71.

112  『동양학 원론』. 권일찬. 한국학술정보. 2012. p408.

113  『성리학이란 무엇인가』. 안유경. 새문사. 2015. p209.

114  『유가 전통과 과학』. 김영식. 예문서원. 2013. p251.

115  『중국 사상사』. 모리 미키사부로. 임병덕 역. 온누리. 2011. p263.

116  『동양학 원론』. 권일찬. 한국학술정보. 2012. p410.

117  『중국의 역사(100가지 주제로 본)』. 판슈즈. 고려대학교 출판부. 2007. p494.

118  『한국 사람 만들기1』. 함재봉. 에이치 프레스. 2020. p89.

119  『성리학이란 무엇인가』. 안유경. 새문사. 2015. p212~213.

120  『체용철학』. 강진석. 문사철. 2012. p70.

121  『성리학이란 무엇인가』. 안유경. 새문사. 2015. p118.

122  같은 책. p120~121.

123  『관념의 변천사』. 장현근. 한길사. 2016. p599.

124  『유교의 뿌리를 찾아서』. 김승혜. 지식의 풍경. 2008. p118.

125  『이중톈의 이것이 바로 인문학이다』. 이중톈. 보아스. 2015. p438.

126  『공자와 맹자에게 직접 배운다』. 린타캉 외. 휴머니스트. 2004. p32.

127  『동양학 원론』. 권일찬. 한국학술정보. 2012. p412.

128  『종교 유전자』. 니콜라스 웨이드. 아카넷. 2015. p81, 88.

129  『동양학 원론』. 권일찬. 한국학술정보. 2012. p456.

130  『관념의 변천사』. 장현근. 한길사. 2016. p99.

131  『주자의 사서학과 다산 정약용의 비판』. 임헌규. 파라아카데미. 2020. p20.

132  『유교의 뿌리를 찾아서』. 김승혜. 지식의 풍경. 2008. p103.

133  『주자의 사서학과 다산 정약용의 비판』. 임헌규. 파라아카데미. 2020. p313.

134  같은 책. p313.

135  『성리학이란 무엇인가』. 안유경. 새문사. 2015. p124, 174.

136  『간명한 중국철학사』. 펑유란. 형설출판사. 2007. p350.

137  『성리학이란 무엇인가』. 안유경. 새문사. 2015. p31.

138  『그렇다면, 칸트를 추천합니다』. 미코시바 요시유키. 청어람e. 2017. p161.

139  『철학의 멘토, 멘토의 철학』. 박승찬 · 노성숙. 가톨릭대학교 출판부. 2013. p275.

140  『성리학이란 무엇인가』. 안유경. 새문사. 2015. p57.

141  『동양학 원론』. 권일찬. 한국학술정보. 2012. p434.

142  『사람다움이란 무엇인가』. 신정근. 글항아리. 2011. p49.

143  『문명이 낳은 철학, 철학이 바꾼 역사1』. 이정우. 길. 2014. p16.

144  『철학의 멘토, 멘토의 철학』. 박승찬 · 노성숙. 가톨릭대학교 출판부. 2013. p181.

145  『중국 사상사』. 모리 미키사부로. 임병덕 역. 온누리. 2011. p29.

146  『관념의 변천사』. 장현근. 한길사. 2016. p599.

147  『도교문화 15강』. 잔스촹. 알마. 2012. p73.

148  『유교의 뿌리를 찾아서』 김승혜. 지식의 풍경. 2008. p159~160.

149  같은 책. p157.

150  『공자의 철학』 채인훈. 예문서원. 2012. p101.

151  『동양적 가치의 재발견』 위잉스. 동아시아. 2007. p31.

152  『동양학 원론』 권일찬. 한국학술정보. 2012. p417.

153  『관념의 변천사』 장현근. 한길사. 2016. p390.

154  『성리학이란 무엇인가』 안유경. 새문사. 2015. p38.

155  『유교의 뿌리를 찾아서』 김승혜. 지식의 풍경. 2008. p33~36.

156  『성리학이란 무엇인가』 안유경. 새문사. 2015. p36.

157  『유교의 뿌리를 찾아서』 김승혜. 지식의 풍경. 2008. p36.

158  『중국고대사상의 원형을 찾아서』 이은봉. 소나무. 2003. p149.

159  같은 책. p145.

160  『종교 유전자』 니콜라스 웨이드. 아카넷. 2015. p62.

161  『이중톈의 이것이 바로 인문학이다』 이중톈. 보아스. 2015. p575.

162  『공자의 철학』 천병돈 역. 예문서원. 2012. p127.

163  『중국고대사상의 원형을 찾아서』 이은봉. 소나무. 2003. p147.

164  같은 책. p156~157.

165  『맨얼굴의 중국사1』 백양. 김영수 역. 창해. 2005. p350.

166  『유교의 뿌리를 찾아서』 김승혜. 지식의 풍경. 2008. p138.

167  『인물로 본 중국고대철학사』 황준연. 서광사. 2016. p122.

168  『사람다움이란 무엇인가』 신정근. 글항아리. 2011. p63.

169  『공자와 맹자에게 직접 배운다』 린타캉 외. 휴머니스트. 2004. p104.

170  『중용 조선을 바꾼 한 권의 책』 백승종. 사우. 2019. p238.

171  『공자의 철학』 천병돈 역. 예문서원. 2012. p67.

172  『종교 유전자』 니콜라스 웨이드. 아카넷. 2015. p365~366.

173  『공자의 철학』 천병돈 역. 예문서원. 2012. p87.

174  『도교문화 15강』 잔스촹. 알마. 2012. p75.

175  『관념의 변천사』 장현근. 한길사. 2016. p405.

176  『공자의 철학』 천병돈 역. 예문서원. 2012. p81.

177  『이중톈의 이것이 바로 인문학이다』 이중톈. 보아스. 2015. p454.

178 『공자의 철학』 천병돈 역. 예문서원. 2012. p81~82.

179 『유교의 뿌리를 찾아서』 김승혜. 지식의 풍경. 2008. p144.

180 『공자의 철학』 천병돈 역. 예문서원. 2012. p85.

181 『유교의 뿌리를 찾아서』 김승혜. 지식의 풍경. 2008. p97.

182 『중용 조선을 바꾼 한 권의 책』 백승종. 사우. 2019. p144, 245.

183 『지혜의 역사』 트레버 커노. 한문화. 2018. p148.

184 『간단 명쾌한 동양 사상』 세계사상사연구회 엮음. 시그마북스. 2010. p116, 119.

185 『공존과 소통 그리고 인성을 세우는 진리』 심범섭. 평단. 2014. p8.

186 한국민족문화대백과사전(https://encykorea.aks.ac.kr)

187 『간단 명쾌한 동양 사상』 세계사상사연구회 엮음. 시그마북스. 2010. p216~218.

188 『중국 사상사』 모리 미키사부로. 임병덕 역. 온누리. 2011. p256.

189 같은 책. p261~262.

190 『중용 공존과 소통 그리고 인성을 세우는 진리』 심범섭. 평단. 2014. p60, 66.

191 같은 책. p231.

192 『한글 대학 중용』 신창호. 판미동. 2015. p154.

193 『공자의 철학』 천병돈 역. 예문서원. 2012. p91.

194 『한국 사람 만들기1』 함재봉. 에이치 프레스. 2020. p128~129.

195 같은 책. p129.

# 평생 읽는 논어

ⓒ 이창재, 2024

초판 1쇄 발행 2024년 5월 21일

지은이    이창재
펴낸이    이기봉
편집      좋은땅 편집팀
펴낸곳    도서출판 좋은땅
주소      서울특별시 마포구 양화로12길 26 지월드빌딩 (서교동 395-7)
전화      02)374-8616~7
팩스      02)374-8614
이메일    gworldbook@naver.com
홈페이지  www.g-world.co.kr

ISBN   979-11-388-3143-7 (03150)